富山県山名録

編＝橋本 廣・佐伯邦夫

桂書房

立山（本文P.94）大日岳から

剱御前山からの剱岳 (P.82) 佐伯郁夫

初夏の剱岳 (P.82)
大猫山中腹から

剱岳頂上からの立山方面　(P.94)　佐伯郁夫

室堂からの薬師岳 (P.130)

雪倉岳からの白馬岳（左）と旭岳 (P.29・31) 河島博明

朝日岳（中央、P.22）と長栂山（左、P.5）入善町小杉から

朝日岳（左、P.22）白馬岳（右、P.29）／黒菱山から

左から大地山（P.7）、初雪山（P.6）、白銀ノ頭（P.7）入善町小杉から

宮崎の城山（P.10）三峰から

南保富士山からの剱岳北方稜線。左から剱岳（P.82）・毛勝山（P.52）・駒ケ岳（P.47）・僧ケ岳（P.41）

奥鐘山（P.40）（黒部峡谷対岸から）志水哲也

毛勝三山（P.61）池ノ平山から

僧ケ岳と雪形（P.41）魚津市友道から

毛勝山 (P.52) 駒ケ岳から

滝倉山 (中央、P.49) 駒ケ岳から

駒ケ岳 (P47)僧ケ岳から。林　伯雄

松倉城山 (P.144) 角川ダム対岸から

大日岳（右）と奥大日岳（左）（P.88・86）上市町折戸から

奥大日岳(P.86) 別山から

大倉山 (P.59) 桑首谷左岸から

白倉山 (P.147) 大倉山から

赤谷山（左）・右へ白萩山・白ハゲ山　(P.78・80・80)　中山から

大熊山　(P.91)　小又川から

鍬崎山（P.166）常願寺川対岸、城前峠付近から

立山連峰（P.94〜）大辻山から／林　伯雄

大辻山（P.154）塔倉山から／林　伯雄

尖山 (P.165) 立山町栃津から

鉢伏山 (P.170) 瀬戸蔵山から／佐伯郁夫

塔倉山 (P.158) 城前峠から／林　伯雄

鍬ケ岳からの後立山連峰。左から唐松岳、五龍岳、鹿島槍ケ岳（P.38・64・66）

鹿島槍ケ岳（左）と五龍岳（右）（P.66・64）八方尾根から／佐伯克美

黒部湖と針ノ木岳 (P.69) 雄山山頂から／河島博明

南沢岳 (P.166) 遠景は立山、烏帽子岳から／佐伯郁夫

烏帽子岳の頂上 (P.117) 佐伯克美

水晶岳（P.123）雲ノ平から／佐伯郁夫

赤牛岳（P.121）水晶岳から／佐伯郁夫

鷲羽岳（P.126）と三俣山荘。左奥はワリモ岳／河島博明

三俣蓮華岳（P.128）右に笠ケ岳、左に穂高岳、祖父岳から／佐伯郁夫

寺地山（P.178）池原　等

黒部五郎岳（左）と北ノ俣岳（右）（P.134・132）鷲羽岳から／河島博明

鷲岳（左）と鳶山（右）（P.108・109）松尾谷右岸から

呉羽山山頂からの北アルプス全景（佐伯郁夫）

城山（P.187）富山市金屋から

小佐波御前山（P.177）御鷹山から／佐伯郁夫

金剛堂山山頂からの展望　　（上）白木、小白木と北アルプス北部
(P.220) 河島博明　　　　　　（下）乗鞍岳（左）と御岳（右）

三ケ辻山
(P.294) 宮屋敷付近から

三国山山頂（P.250）から宝達山方面を見る／佐伯郁夫

城山（二上山　P.241）高岡市海老坂から

医王山全景(P.270)　高落場山中腹から

袴腰山（左）奥山（中央）三方山（右）（P.286・287・287）八丁山山腹林道から／佐伯郁夫

猿ケ山、右が大獅子山（P.288・290）大門山山腹から／佐伯郁夫

大門山（左）（P.301）
赤堂山（右）（P.302）
刀利ダム湖畔から

高坪山 (P.284) 庄川対岸から／佐伯郁夫

大笠山（左）と奈良岳（右）（P.307・306）赤摩木古山から／佐伯郁夫

高落場山（左）と高清水山（右）（P.276・275）越形山山頂から／山崎富美雄

笈ケ岳（左）大笠山（右）、手前はタカンボウ山（P.309・307・290）越形山山頂から／山崎富美雄

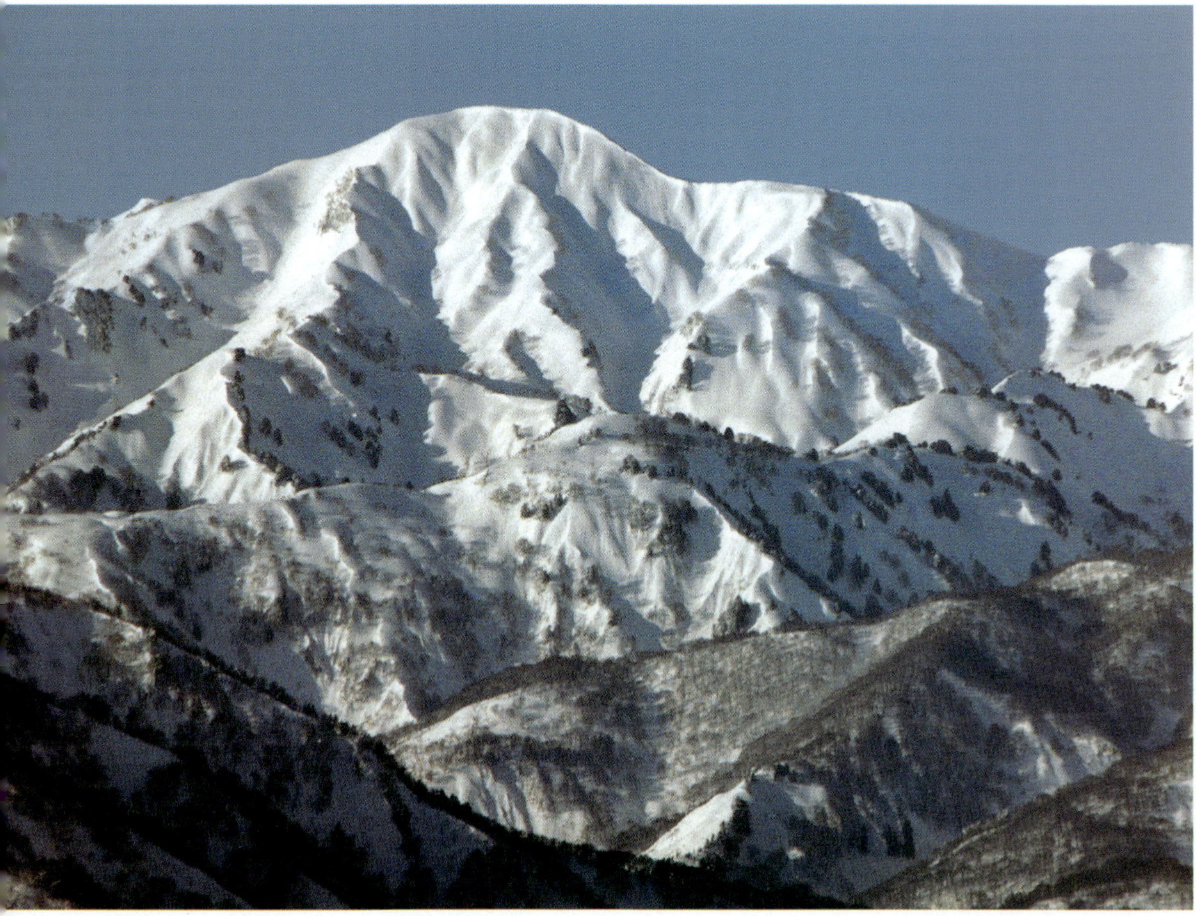

笈ケ岳（P.309）大笠山山頂から。遠景は白山／山崎富美雄

※ 口絵写真中撮影者氏名のないものは編者による

悠久の山山

元・富山県立図書館館長　廣瀬　誠

　天平19年（747）大伴家持は越の大自然を「山高み川雄大し、野を広み草こそ茂き」と賛嘆し、越中には「山はしも繁にあれども、川はしも多に行けども」と歌った。『万葉集』を通じて「山は繁」という表現は越中についてだけ用いられた。

　江戸時代中期、漢学者室鳩巣は「早発魚津」と題した漢詩で「越中百里山河壮」と手放しで感動した。東洋第一の詩人といわれた廣瀬旭荘は万延元年（1860）「越中」と題した七言絶句を作り、

　　白山は西に峙ち立山は東。一帯の高峰碧空に挿む。五月中旬猶雪を積み、横さまに張る千里の玉屏風。

と絶賛した。百里の山河、千里の玉屏風は他地から来越した人々の目を見張らせたのであった。越中はまさに山また山に三方を囲ませ、一方を蒼海に開いた「国のまほろば」であった。英国人アーネスト・サトウは慶応3年（1867）佐渡から能登へ向かうバジリスク号船上から越中の山々をながめた感動を書きとどめた。明治33年日本山岳会の創始者小島烏水は東岩瀬から汽船で直江津へ向かった。船は激しく動揺し、「劔嶽・立山・後立山・赤鬼嶽・鑓ケ岳など群峰天を摩す」壮観を見たが、船酔いの苦しみのため詳細な紀行を書きえなかったと慨嘆した。明治40年代の早春、小説家志賀直哉は直江津から汽船で富山湾を横断して伏木へ向かったが、夜明けが近づくと劔岳から金粉を吹きあげたような曙光が広がり、月は能登半島に傾き、その空は暗く澄んでいた。その壮大神厳な光景は直哉生涯はじめての大きな感動であったという。昭和年代、歌人土屋文明は能登半島突端から富山湾上に雪の山々をながめ、「海こえて白雪の山見えながら一つらなりの夕雲の下」と詠嘆した。

　この越中富山県には天を突いてそばだつ高山峻岳とともに、富山の呉羽山、高岡の二上山、氷見の朝日山など低山でありながら、その文化史上の意義、3000メートルの峰々におさおさ劣らず、まさに「たたなづく青垣山」が起伏していた。

　これら富山県の山々を網羅し、その高さ、所在地、山名の由来、別名異名、自然、歴史と民俗、登山記録・遭難記録、コースタイムにいたるまでつぶさに書きまとめたのが本書。その山数585座、執筆者99氏の多年の登山体験に裏打ちされた粒々たる苦心の結晶である。

　人名録・名士録・紳士録のたぐいは多いが、これは6尺の人間・80年の人生とは比較を絶した百里の山河、千里の玉屏風の幾百万年、幾千万年にわたって風雪に磨きあげられ、研ぎ澄まされてきた峰々の山名録・岳名録・峰名録である。この書を常に机辺に備え、ふるさとの大自然の悠久感にひたることは私の大きなよろこびである。

刊行に寄せて

元・日本山岳会会長　藤平　正夫

　ともかく、大変な労作で記念碑的なものと存じます。関係者各位のご努力に深く敬意を表するとともに感謝します。拝見しているうちに自分の立山初登山のことを思い出しました。学問的な論評は廣瀬先生におまかせすることにして、小生はこの郷土の山々の思い出を気ままに書くより能がないようです。60年前のことで記憶ちがいもあるかと思います。
　高岡に生まれて小学生の時は、日曜ごとに町内のガキどもと二上山でジャングル遊びをやっていました。旧制富山高校尋常科1年の時、山好きな長兄につれられて立山に登りました。終点千垣で電車を降り、乗合タクシーで称名荘（現在の称名滝の駐車場のあたり）へ。そこから歩きました。地下足袋、ゴザ、スゲ笠、金剛杖といういで立ちでした。立山から五色ケ原へ縦走。その途次、獅子岳のトラバース路でお花畑へ。ここで大休止。快晴の北アルプスの大パノラマを眺め、高山植物の花の香りにつつまれ、陶然として空にとけこむような気分になりました。羽化登仙というのか、身も心も吸い込まれたような気がしました。
　五色ケ原から黒部に下り、平から針ノ木岳を経てスバリ、赤沢、鳴沢、岩小屋沢を通り、種池小屋に泊まりました。夜、満月の中で小屋前の池塘のヨシの中に身を潜めていると、小屋の主人の言う通り、兎が2回、3回、撥ねたのを見ました。爺ケ岳、鹿島槍ケ岳が月に照り輝いていました。これが山の世界にのめりこむ始まりであったらしい。それから剱、立山、黒部方面の山は殆ど登りました。そして遂にはヒマラヤやカラコルムの高峰にまで足を踏み入れることになったのです。
　中低山で私のひいきの山をあげるなら、大門山です。金沢勤務通算5年の間に何回も登りました。白山を別として加賀富士といってよいほど堂々とした山容でひかれます。湯涌から福光をこえて通いました。高岡へ勤務するようになっても、店の連中をつれてよく登ったものです。早春の大門山は木々の芽吹き、タムシバの白い花、マンサクの黄の花が眩しかった。帰路は残雪の消えぎわにウドを探しました。ウドの天麩羅は柔らかくて天下の美味と言ってよいでしょう。
　鍬崎山の春も楽しかった。帰りはグリセードが楽しめます。ただし、常願寺川側の斜面は雪崩が多いので要注意。
　春の金剛堂山も美しい山です。山頂の富山藩10代藩主前田利保の歌碑も素晴らしい。「飛騨信濃木曽の峰々みな見えて西は残さぬ白木やまかな」の歌です。利保は大長谷で病気になり、登山を断念したといいます。登頂時に詠もうとした歌が前記です。大長谷村民はこの巨大な歌碑を担ぎ上げたといいます。たぶん、木ぞりを使ったものと思われます。
　今や私は、脚を悪くして山に登ることは不可能になりました。
　「悠然として南山を見れば、山気日夕に佳なり」とうそぶくばかりです。
2000年9月2日

山の文化の一つの区切り

橋本　廣

　深田久弥の『日本百名山』が出版されたのは1964（昭和39）年。その後、『信州百山』『越中の百山』『岐阜百山』『かが・のと百山』等々の出版が相次ぎ、今日、県別の百山ものはほとんど出揃ったと言われる。

　『越中の百山』（北日本新聞社刊）の出版は1973（昭和48）年のこと。これは富山県内の中級山岳123座をとり上げている。幸い好評をもってむかえられ、版を重ねた。しかし、これは、中級山岳の発掘と紹介に主眼を置いていて、すでに知られた北アルプスの名峰80余座はそんぐり割愛されている。ために本県を代表する立山、剱岳、薬師岳等々はいずれも取り扱われていない。同書はまた標高700mに区切りを設け、登山的興味の薄い、それ以下の低山を割愛している。これによって、呉羽山、二上山、倶利伽羅山等々の、歴史、風土を象徴する名山をまた欠くことになった。

　したがって、深田百名山や、他県におけるような意味での"地域山岳名鑑"は、本県では未刊のままと言ってよい。このことが、本書が編まれる一半の理由であった。

　富山は文字通り山の多い国。『越中の百山』の123座に、北アルプスの80山を加え、さらに低山を拾い上げると一体どのくらいの数になるのであろうか。知的興味の動くところ。国土地理院の5万分の1図、同2万5千分の1図にある山名を数えあげるとおよそ250。ほかに既刊のガイドブック等に出てくる山名が約80。加えて市町村全図や同都市計画図、各土木事務所の管内図、国土地理院に永久保存されている三角点の「点の記」などからも山名を採取した。各市町村史、角川書店版、平凡社版の地名辞典から拾い出したものも少なくない。高低を問わず、歴史・山格、登山の適、不適に関係なく、ともかく、山名とおぼしきものを目のつく限り拾い出した。立山、剱岳から標高17.4mの園家山（入善町）にまで及ぶ。

　かくして採取した山名は600有余。それをそのまま並べれば済む、というものではなかった。やはり取捨選択を要した。「前剱」は剱岳の中の一部と見るか、独立の山と見るか意見の分かれるところ。独立ととれば長次郎の頭、八ッ峰の頭、チンネは…ということになる。

　とりわけ低山に問題が多く、まず悩まされたのは山名採取にあたって、地域毎の精粗のバラツキだった。人里近い所はさまでも、そうでない所に困難が集まった。ために実体は堂々たる山でも取り上げられなかったものが少なくない。呼び名があってもどう表記するかわからないもの、いくつもの呼び名があっていずれを代表とするか決めかねるもの…本書によってはじめて活字になるものも少なくないだろう。

　また、山名はあっても、必ずしも山体やピークを表さないものも多かった。お伽ばなしに「お爺さんは山へ柴刈りに…」というときの「山」はピークを言うわけではない。これを無理にピークにあてはめるという誤りをおかしていないかという危惧をぬぐえない。

さて、それらを記述するにあたってまた、多くの問題があった。山をとらえるとき、地形、地質をはじめとし、歴史・信仰・産業・観光・資源・環境…実にさまざまの側面があろうが、全体をふりかえるとき、登り親しむという立場に傾き過ぎているのが目立つ。編集者、各執筆者の出自から、これをやむなしとせざるを得ない。
　かくして、問題だらけの所を、荒っぽく踏み越えつつ、その先にある刊行をひとまずとることとなった。そして今、歴史の中の一つの実験として本書が世に出てゆく。本書をどのように使うか、ここから地名研究の、言語の、民俗の…何を汲み上げてゆくかは次代にゆだねよう。ひとまず、この、世紀の変わり目に、山の文化について一つの締めくくりをつけることが出来たことを喜びとしたい。本書に寄せられた各位のお力添えに心からの感謝を申し上げつつ序文とする。

目　　次

口　絵 (40頁)
悠久の山山………………………………廣瀬　誠
刊行に寄せて……………………………藤平正夫
山の文化の一つの区切り………………橋本　廣

凡例

1 「泊」

1　白鳥山 …………………2
2　菊石山 …………………3
3　黄蓮山 …………………3
4　犬ケ岳 …………………3
5　サワガニ山 ……………4
6　黒岩山 …………………5
7　長栂山 …………………5
8　初雪山 …………………6
9　白金ノ頭 ………………7
10　定倉山 …………………7
11　大地山 …………………7
12　鍋倉山 …………………8
13　黒菱山 …………………8
14　焼山 ……………………9
15　大鷲山 …………………9
16　押場峯 …………………10
17　烏帽子山 ………………10
18　諏訪山 …………………10
19　城山 ……………………10
20　二王山 …………………11
21　南保富士 ………………11
22　二王平峯 ………………12
23　鴈谷峯 …………………12
24　三峰 ……………………13
25　権現山 …………………13
26　南保山 …………………13
27　千蔵山 …………………13
28　馬鬣山 …………………14
29　朴ノ木山 ………………14
30　負釣山 …………………14
31　負釣山南峰 ……………16
32　樫倉山 …………………16
33　道口山 …………………16
34　鷹打山 …………………17
35　舟見山 …………………17
36　水行山 …………………17
37　権現山 …………………18
38　高エ山 …………………18
39　舟平 ……………………19
40　丸山 ……………………19
41　山伏平 …………………19

2 「黒部」(含「白馬岳」)

1　朝日岳 …………………22
2　前朝日 …………………23
3　イブリ山 ………………23
4　横山 ……………………24
5　赤男山 …………………24
6　雪倉岳 …………………24
7　鉢ケ岳 …………………26
8　三国境 …………………27
9　猪頭山 …………………28
10　瘤杉山 …………………28
11　瓢山 ……………………28
12　森石山 …………………28
13　臥牛山 …………………28
14　白馬岳 …………………29
15　旭岳 ……………………31
16　裏旭岳 …………………31
17　小旭岳 …………………32
18　清水岳 …………………32
19　猫又山 …………………32
20　突坂山 …………………33
21　不帰岳 …………………33
22　荒山 ……………………34
23　百貫山 …………………34
24　名剣山 …………………34
25　東鐘釣山 ………………35
26　丸山 ……………………35
27　杓子岳 …………………35
28　鑓ケ岳 …………………36
29　中背山 …………………37
30　天狗ノ頭 ………………37
31　不帰嶮 …………………37
32　唐松岳 …………………38
33　大黒岳 …………………39
34　餓鬼山 …………………39
35　下餓鬼 …………………40
36　奥鐘山 …………………40
37　坊主山 …………………41
38　僧ケ岳 …………………41
39　前僧ケ岳 ………………43
40　烏帽子山 ………………43
41　鋲ケ岳 …………………44
42　小鹿熊山 ………………44
43　小原山 …………………44
44　三ツ倉山 ………………45
45　高倉山 …………………45
46　赤瀬良山 ………………46
47　成谷山 …………………46
48　伊折山 …………………47
49　七尾山 …………………47
50　駒ケ岳 …………………47
51　北駒ケ岳 ………………48
52　滝倉山 …………………49
53　サンナビキ山 …………49
54　西鐘釣山 ………………50
55　ウドノ頭 ………………51
56　西谷ノ頭 ………………51
57　毛勝山 …………………52
58　モモアセ山 ……………54
59　大明神山 ………………54
60　大沼山 …………………55
61　釜谷山 …………………55
62　猫又山 …………………56
63　大猫山 …………………57
64　鬼場倉ノ頭 ……………58
65　刈安山 …………………58
66　土倉山 …………………59
67　大倉山 …………………59
68　カクレ山 ………………60
69　濁谷山 …………………60

3 「立山」(含「大町」)

1　白岳 ……………………64
2　五龍岳 …………………64
3　東谷山 …………………65
4　鹿島槍ケ岳北峰 ………65
5　鹿島槍ケ岳 ……………66
6　牛首山 …………………67
7　布引山 …………………67
8　爺ケ岳 …………………67
9　岩小屋沢岳 ……………68
10　鳴沢岳 …………………68
11　赤沢岳 …………………68
12　スバリ岳 ………………69

13	針ノ木岳	69	69	スゴノ頭	113	25	城山（蓑輪）	147
14	蓮華岳	71	70	丸山	114	26	笠尻山	148
15	北葛岳	72				27	城山（稲村）	148
16	七倉岳	72				28	大山	149
17	船窪岳	73		**4「槍ケ岳」**		29	升形山	149
18	北仙人山	74						
19	仙人山	75	1	不動岳	116			
20	南仙人山	75	2	南沢岳	116		**6「五百石」「有峰湖」**	
21	黒部別山	75	3	烏帽子岳	117			
22	黒部別山北峰	76	4	三ツ岳	118	1	赤谷ノ頭	152
23	黒部別山南峰	76	5	野口五郎岳	119	2	千石城山	152
24	大タテガビン	77	6	真砂岳	120	3	臼越山	153
25	丸山	77	7	赤牛岳	121	4	肉蔵山	153
26	丸山北峰	78	8	水晶岳	123	5	大辻山	154
27	丸山南峰	78	9	赤岳	124	6	奥長尾山	154
28	赤谷山	78	10	ワリモ岳	124	7	長尾山	155
29	白萩山	80	11	池ノ山	125	8	前長尾山	155
30	赤ハゲ山	80	12	祖父岳	125	9	来拝山	155
31	白ハゲ山	80	13	祖母岳	126	10	大丸山	155
32	池ノ平山	81	14	鷲羽岳	126	11	一山山	156
33	小窓ノ王	81	15	三俣蓮華岳	128	12	北山	156
34	劒岳	82	16	間山	130	13	美し山	156
35	前劒	85	17	北薬師岳	130	14	高峰山	156
36	一服劒	85	18	薬師岳	130	15	鍋冠山	157
37	劒御前	86	19	太郎山	132	16	塔倉山	158
38	奥大日岳	86	20	北ノ俣岳	132	17	迯山	158
39	中大日岳	88	21	赤木岳	134	18	奥赤谷山	159
40	大日岳	88	22	黒部五郎岳	134	19	大柏山	159
41	早乙女岳	90				20	あくみ山	159
42	前大日岳	91				21	ハゲ山	159
43	雪見平	91		**5「三日市」「魚津」**		22	そで山	160
44	大熊山	91				23	西山	160
45	木ノ根山	92	1	園家山	138	24	峠山	160
46	細蔵山	92	2	宮野山	138	25	丸山	160
47	中山	93	3	尾山	138	26	さるくら山	161
48	クズバ山	93	4	天神山	139	27	城ケ平山	161
49	西大谷山	94	5	東山	139	28	樫ノ木平山	161
50	立山	94	6	鋤山	139	29	経ケ峰	162
51	別山	96	7	御影山	140	30	宇津露	162
52	真砂岳	98	8	東城山	140	31	大観峰	162
53	富士ノ折立	99	9	背戸山	141	32	上寺	163
54	大汝山	99	10	開木山	141	33	祝坂	163
55	雄山	99	11	大谷山	141	34	座主坊山	163
56	浄土山	101	12	荒惣山	142	35	池田城の山	164
57	室堂山	102	13	笠取山	142	36	不動壁山	164
58	国見岳	103	14	兜山	143	37	尼子谷山	164
59	天狗山	104	15	大杉山	143	38	千垣山	165
60	伽羅陀山	105	16	大平山	143	39	尖山	165
61	龍王岳	105	17	松倉城山	144	40	上ノ山	166
62	鬼岳	106	18	金山城山	145	41	吉峰山	166
63	獅子岳	107	19	坪野城山	145	42	神宮山	166
64	鷲岳	108	20	升方山	145	43	鍬崎山	166
65	鳶山	109	21	水尾城山	146	44	大品山	168
66	越中沢岳	111	22	虎谷山	146	45	瀬戸蔵山	168
67	木挽山	112	23	白倉山	147	46	極楽坂山	169
68	奥木挽山	112	24	尻高山	147	47	与四兵衛山	169

48	大坂森山 …………169	13	御前山 …………191	7	中尾 …………213
49	唇ノ頭 …………169	14	笹津山 …………191	8	山神堂 …………213
50	鉢伏山 …………170	15	大乗悟山 …………191	9	白木峰 …………214
51	笹尾ノ頭 …………171	16	カンナ尾山 …………192	10	小白木峰 …………216
52	烏ケ尾山 …………171	17	御鷹山 …………192	11	仁王山 …………216
53	熊尾山 …………171	18	長山 …………192	12	日尾御前山 …………216
54	高杉山 …………171	19	源平山 …………193	13	祖父岳 …………217
55	高頭山 …………172	20	京ケ峰 …………193	14	袖山 …………218
56	水須山 …………172	21	鼻峰 …………193	15	栃平山 …………218
57	隠土山 …………173	22	別荘山 …………193	16	三ケ峰 …………218
58	麻谷山 …………173	23	尾道 …………194	17	ウスジョウ山 …………218
59	丸坪山 …………173	24	城ケ山 …………194	18	袖ノ谷山 …………219
60	不動壁山 …………173	25	竹原山 …………194	19	りゅうこ峰 …………219
61	安蔵山 …………174	26	夫婦山（男） …………194	20	金剛堂山 …………220
62	小糸山 …………174	27	夫婦山（女） …………195	21	前金剛 …………221
63	滝又山 …………174	28	清水山 …………195	22	中金剛 …………221
64	岩竹山 …………174	29	城ケ山 …………196	23	奥金剛 …………221
65	松ケ窪 …………175	30	上野山 …………196	24	奥座峰 …………222
66	マッキン平 …………175	31	大峰 …………196	25	そばかど峰 …………222
67	割谷山 …………175	32	狢峰 …………196	26	白谷山 …………222
68	二子山 …………175	33	城山 …………197	27	向平 …………222
69	日尾双嶺山 …………176	34	御鷹山 …………197	28	御鷹巣山 …………222
70	大双嶺山 …………176	35	向山 …………198	29	猿倉山 …………223
71	薄波山 …………176	36	森田山 …………198	30	水無山 …………223
72	小佐波御前山 …………177	37	中山 …………198	31	高峰 …………224
73	寺地山 …………178	38	野手高津峰山 …………199	32	西山 …………225
74	猪ノ根山 …………179	39	猫坂山 …………199	33	上西山 …………225
75	和佐府ゼッコ …………179	40	富士屋権現山 …………200	34	尾洞山 …………225
76	祐延山 …………179	41	亀山 …………200	35	葡萄原 …………226
77	瀬戸谷山 …………179	42	増山 …………200	36	大明神山 …………226
78	東笠山 …………179	43	天狗山 …………201		
79	西笠山 …………180	44	ひよどり山 …………201		
80	横岳 …………181	45	頼成山 …………201		**9 「虻ケ島」「氷見」**
81	高幡山 …………181	46	オンダン山 …………202	1	後藤山 …………230
82	池ノ山 …………182	47	貉ケ城 …………202	2	大平 …………230
83	鼠尾山 …………182	48	城山 …………202	3	蔵王山 …………230
84	六谷山 …………182	49	天鳥山 …………203	4	石場山 …………230
85	キラズ山 …………183	50	高場 …………203	5	桝形山 …………231
86	奥山西ノ尾 …………183	51	奥ノ山 …………203	6	大平山 …………231
87	奥山 …………184	52	ジュッカの山 …………204	7	久江原山 …………232
		53	高尾山 …………204	8	鏡山 …………232
	7 「富山」「八尾」	54	鉢伏山 …………204	9	焼山 …………232
1	八ケ山 …………186	55	二条山 …………205	10	エボシ山 …………233
2	呉羽山 …………186	56	牛岳 …………205	11	御殿山 …………233
3	城山 …………187	57	鉢巻山 …………206	12	三角山 …………233
4	高津峰山 …………187	58	峯山 …………207	13	西山 …………234
5	経嶽山 …………188			14	風吹 …………234
6	鳥越山 …………188		**8 「白木峰」「飛騨古川」**	15	碁石ケ峰 …………234
7	丸山 …………189	1	洞山 …………210	16	蛭子山 …………234
8	市兵衛山 …………189	2	大谷ノ頭 …………210	17	朝日山 …………235
9	大澤山 …………189	3	西新山 …………211	18	潟山 …………236
10	古能久礼山 …………189	4	唐堀山 …………211	19	長山 …………236
11	ダイジロ山 …………190	5	大高山 …………211	20	竹里山 …………236
12	猿倉山 …………190	6	戸田峰 …………212	21	蛇ケ谷山 …………237
				22	菅池山 …………237

23	法華ケ峯	……	237	10	瓦山	……	259	22 笠かぶり山 …… 281
24	虹岳	……	237	11	天摩山	……	259	23 八丁山 …… 281
25	臼ケ峰	……	238	12	千羽山	……	259	24 大ジャラ …… 282
26	東山	……	238	13	安居山	……	260	25 中ンジャラ …… 282

10「石動」(含「富山」)

1	大師ケ岳	……	240
2	鉢伏山	……	240
3	二上山	……	241
4	城山	……	242
5	布尾山	……	243
6	布施円山	……	244
7	三方峰	……	244
8	三千坊山	……	244
9	鞍骨山	……	245
10	御杯山	……	245
11	軍頭峯	……	245
12	大高尾	……	246
13	大釜山	……	246
14	奥山	……	246
15	高山	……	247
16	清水山	……	247
17	城ケ平山	……	247
18	元取山	……	248
19	平尻山	……	248
20	奥山	……	248
21	向山	……	248
22	後尾山	……	248
23	大嶺山	……	249
24	下山	……	249
25	焼山	……	249
26	三国山	……	250
27	御来光山	……	250
28	稲葉山	……	250
29	鍋山	……	251
30	矢部山	……	251
31	平山	……	252
32	向山	……	252
33	御坊山	……	252
34	砂山	……	252
35	城山	……	253

11「城端」

1	赤祖父山	……	256
2	扇山	……	256
3	大寺山	……	257
4	八乙女山	……	257
5	前八乙女山	……	258
6	丸山	……	258
7	四十寺山	……	258
8	丸山（池田）	……	258
9	丸山（大野）	……	259

14	興法寺山	……	260
15	ジャクズイ山	……	260
16	火燈山	……	260
17	小白山	……	261
18	桑山	……	261
19	平ケ原	……	261
20	国見山	……	262
21	砺波山	……	263
22	矢立山	……	263
23	源氏ケ峰	……	264
24	大窪山	……	264
25	枡山	……	264
26	梨ノ木平山	……	265
27	松根城の山	……	265
28	柿ケ原山	……	265
29	土山	……	266
30	高松山	……	267
31	坂本山	……	267
32	笠取山	……	267
33	城山	……	267
34	岩崩山	……	268
35	前医王	……	268
36	三千坊	……	268
37	御坊山	……	269
38	ツンボリ山	……	269
39	医王山	……	270
40	奥医王山	……	272

12「下梨」「白川村」

1	飛尾山	……	274
2	長尾山	……	274
3	高草嶺	……	274
4	山の神	……	275
5	杉山	……	275
6	高清水山	……	275
7	高落場山	……	276
8	大滝山	……	277
9	草沼山	……	277
10	奥つくばね山	……	278
11	つくばね山	……	278
12	とぎのしま山	……	279
13	雪持山	……	279
14	樋瀬戸山	……	279
15	高附山	……	279
16	風吹山	……	280
17	北横根	……	280
18	横根山	……	280
19	丸山	……	280
20	タカツブリ山	……	281
21	すぎおい山	……	281

26	ソバツボ山	……	282
27	上松尾山	……	282
28	天王山	……	283
29	越形山	……	283
30	猪越山	……	284
31	高坪山	……	284
32	道谷山	……	284
33	鍋床山	……	285
34	袴腰山	……	286
35	奥山	……	287
36	三方山	……	287
37	中尾	……	287
38	三方山一峰	……	288
39	猿ケ山	……	288
40	ガンザオ山	……	289
41	大獅子山	……	290
42	タカンボウ山	……	290
43	阿別当山	……	291
44	御世仏山	……	292
45	マルツンボリ山	……	293
46	春木山	……	294
47	三ケ辻山	……	294
48	岩長山	……	295
49	白子ノ頭	……	295
50	北ソウレ山	……	296
51	人形山	……	296
52	カラモン峰	……	298
53	大滝山	……	299
54	輪撫山	……	300
55	八若山	……	300
56	細島山	……	300
57	大門山	……	301
58	多子津山	……	301
59	月ケ原山	……	302
60	赤堂山	……	302
61	大倉山	……	303
62	順尾山	……	303
63	コイト山	……	304
64	赤摩木古山	……	304
65	見越山	……	305
66	奈良岳	……	306
67	前笈ケ岳	……	306
68	天ノ又	……	306
69	大笠山	……	307
70	宝剣岳	……	308
71	錫杖岳	……	308
72	笈ケ岳	……	309

◆コラム　① 富山の名山50 ··· 20
　　　　　② 毛勝三山 ··· 61
　　　　　③ 一等三角点の山 ··· 62
　　　　　④ 二等三角点の山 ··· 62
　　　　　⑤ 市町村の最高地点の山 ·· 62
　　　　　⑥ 富士山形の山 ··· 114
　　　　　⑦ 残雪模様（雪形）の残る山 ································· 114
　　　　　⑧ 動物名のつく山名 ··· 136
　　　　　⑨ 色彩に関する山名 ··· 136
　　　　　⑩ 植物名のつく山名 ··· 136
　　　　　⑪ 数字のつく山名 ·· 136
　　　　　⑫ 標高順位30山 ··· 228
　　　　　⑬ 県西部（神通川以西）標高順位20山 ····················· 228

◆富山県山名一覧表 ·· 313
　　　　中部山岳国立公園（立山連峰側）
　　　　　　〃　　　　　（後立山連峰側）
　　　　中級山岳（700m以上）
　　　　低山丘陵（700m未満）

管見的平成富山山事情―本書の編集を終えて―橋本　廣・佐伯邦夫 ···335

◆平野からの山のパノラマ ·· 345
　　1　入善町役場から――湯口敏明
　　2　魚津市役所屋上から――佐伯邦夫
　　3　上市町中心部から――尾井和男
　　4　富山市役所展望台から――森田武夫
　　5　庄川・南郷大橋（高岡市）から――前波　宏・柴田一彦
　　6　砺波市五郎丸から――和田　健
　　7　氷見市中田から――伊藤了一・廣瀬　誠

◆山名索引 ··· 349

あとがき ··· 編者 ···355

◆執筆者一覧 ·· 356

凡　　例

《山名の採取・表記・呼び方》
● 山名の採取は、建設省（現国土交通省）国土地理院の５万分の１、２万５千分の１地形図を基本に、その他の地図、地名辞典などで補った。また、執筆者による現地の古老からの採取も含まれる。
● 別名は別表記と共にできるだけ本文中でふれるようにした。なお、巻末の山名索引では、別名、別表記からも検索できるようにした。
● 山名の読み方は武内正編『日本山名総覧』（1999・白山書房）などを参考に、それぞれの地域における呼び名を尊重しつつ、最終的には執筆者が決めた。

《標高について》
● 国土地理院発行の『日本の山岳標高一覧』（1991）ならびに同５万分の１、２万５千分の１の地形図を基準とし、それに記入のない場合、あるいはそれよりも優位と思われる場合は各市町村発行の１万分の１図などにより補った。
● 標高は山頂（最高地点）の高さとし、山頂に標高記載のない山、あるいは三角点や標高点が山頂とずれている場合（大日岳・大品山など）は、等高線を読み取るなどして標高を決めた。

《区分と配列》
● 県全体を国土地理院の５万分の１地形図ごとに12ブロックに区分した。本県にかかわる同図は20枚なのだが、県域をほんの少ししか含まないもの、あるいは山の数が非常に少ないものは隣接の地形図に併せて下図のようにした。

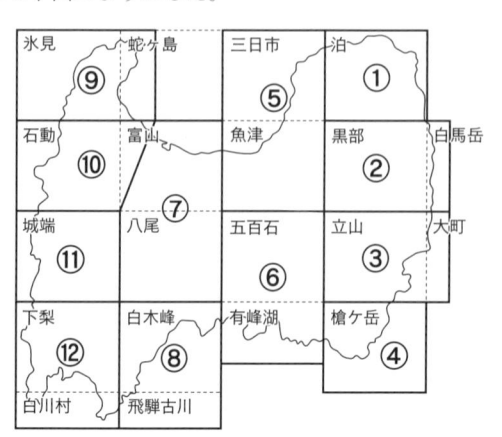

● 地形図名を各章（ブロック）の表題とした。数字は掲載順である。
● ブロック内の掲載順は、だいたい右上（北東）から左下（南西）に拾いつつ、山塊ごとのまとまりも考慮した。

《その他》
● 見出しに付随した市町村名は、山頂のある位置を表す。境界上にあるものは両者、三者を併記したが、その順序に意味はない。
● **G.B** は、その山を取り扱っているガイドブック。記号はそれぞれ下記の書を表す。
　㊥ 『越中の百山』北日本新聞社・1981年
　㊾ 『新版とやま山歩き』C・A・P、1992年
　㋑ 『とやま山ガイド』C・A・P、1996年
　㊩ 『富山県の山』山と渓谷社・1996年
　㊗ 『とやま山紀行』桂書房・1996年
　㊰ 『北陸の百山』能登印刷・1987年
　㊄ 『とやま雪山あるき』桂書房・1989年
　㊀ 『富山の自然100選』C・A・P、1991年
　㋒ 『とやまウオーキングガイド』C・A・P、1999年
　㊊ 『とやまの自然を楽しむ』楓工房・1998年
　㋐ 『ヤマケイ アルペンガイド18 立山・剱・白馬』
　　 山と渓谷社・2000年
● 文末の記号「→」は関連項目を示す。
● 写真説明で、撮影者・提供者名のないものは、その項目の執筆者による。

　本書に盛られた情報は2000年9月時点のものである。

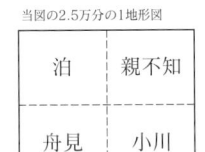

1「泊」

1	白鳥山 …………… 2	22	二王平峯 …………… 12
2	菊石山 …………… 3	23	鴈谷峯 …………… 12
3	黄蓮山 …………… 3	24	三峰 …………… 13
4	犬ケ岳 …………… 3	25	権現山（笹川）…… 13
5	サワガニ山 ……… 4	26	南保山 …………… 13
6	黒岩山 …………… 5	27	千蔵山 …………… 13
7	長栂山 …………… 5	28	馬蠶山 …………… 14
8	初雪山 …………… 6	29	朴ノ木山 ………… 14
9	白金ノ頭 ………… 7	30	負釣山 …………… 14
10	定倉山 …………… 7	31	負釣山南峰 ……… 16
11	大地山 …………… 7	32	樫倉山 …………… 16
12	鍋倉山 …………… 8	33	道口山 …………… 16
13	黒菱山 …………… 8	34	鷹打山 …………… 17
14	焼山 …………… 9	35	舟見山 …………… 17
15	大鷲山 …………… 9	36	水行山 …………… 17
16	押場峯 …………… 10	37	権現山（舟川）…… 18
17	烏帽子山 ………… 10	38	高エ山 …………… 18
18	諏訪山 …………… 10	39	舟平 …………… 19
19	城山 …………… 10	40	丸山 …………… 19
20	二王山 …………… 11	41	山伏平 …………… 19
21	南保富士 ………… 11		

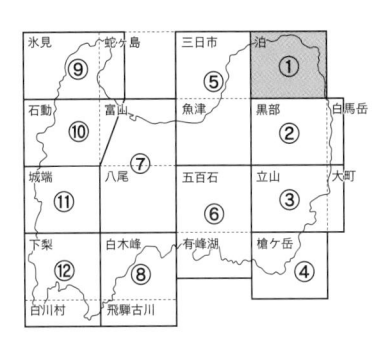

当図の2.5万分の1地形図

泊	親不知
舟見	小川

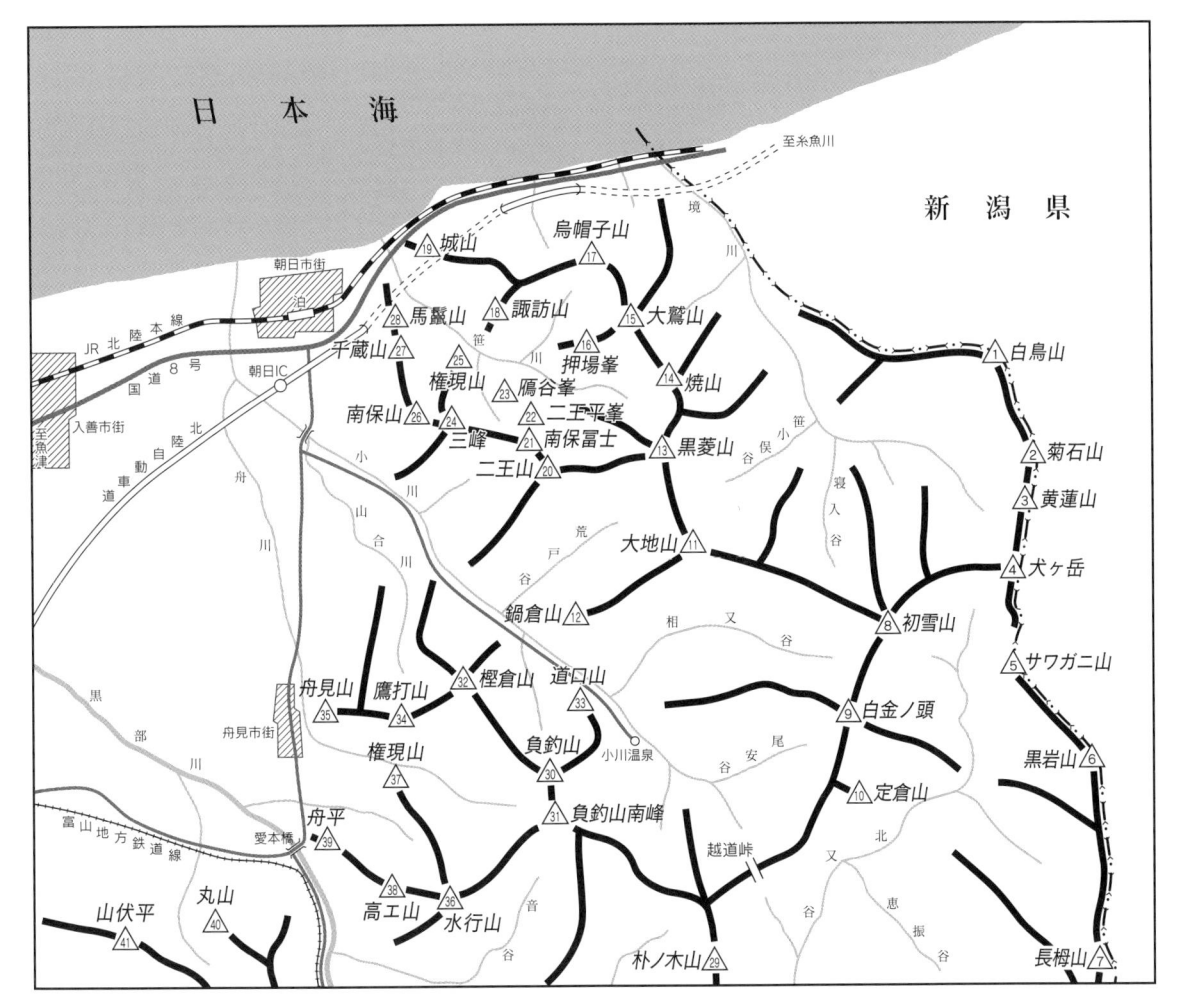

白鳥山

しらとりやま

1286.9m　朝日町・青海町
2.5万分の1図「親不知」
G.B 紀越歩ガ北ア

北アルプスの朝日岳から親不知に延びる山稜の末端部にある山。北へ坂田峠・尻高山・入道山を経て親不知海岸まで半日の行程。南へは菊石山を経て犬ケ岳につづく。富山県の東北端、新潟県境にある。山頂を中心に東、北、西の3面が新潟県に属する。山麓の上路地区（新潟県青海町）の背後にそびえることから上路山とも呼ばれた。越中側の古称は寺山。当山南面の寺谷（境川の源流）にその名が残る。白鳥の名は頂上直下に出る雪形からとか。山容はゆったりとして山懐は深い。境川河口国道8号線上から仰ぐことができる。

上路は「上の路」、つまり親不知・子不知の海沿いの険路（下路）に対して山側の道の意。越中と信州方面を結ぶ交通の要衝だった。当山北方の坂田峠を越えた。この道は日本武尊が開いたという伝承がある。山名も日本武尊にちなむとも。坂田峠は、当山北東面にあった橋立金山の出入口としても越えられた。

上路は山姥の里として知られる。山姥とは山中に住む鬼女。謡曲「山姥」は当地を舞台としている。上路に山姥神社があり、当山北面7合目あたりに「山姥の洞」がある。これらは謡曲愛好者の聖地として巡礼される。楢谷ぞいのこの道をさらに山頂まで延長、登山道として利用されている。途中、鼓ケ滝、扇の滝、鳥居杉などがあり、変化に富む。上路から山姥の洞まで約2時間、山姥の洞から山頂まで約1.5時間である。

この他、坂田峠から栂海新道を行くコースもある。こちらは峠から金時坂、シキワリなどを経て頂上まで約2時間。峠までは林道があり車が入る。上路から峠まで約3.5km。

当山はまた沢登りや山スキーの対象としても親しまれている。北面楢谷は初級の沢登りコースとしてすぐれている。一方、北東面の金山谷は滝、ゴルジュ（峡谷）などが多く玄人向きの難渓として知られる。山スキーコースとしては西面、大滝谷右岸尾根がとられる。山頂に白鳥小屋（無人）が建つ。山頂

上路の山姥神社

白鳥山（初雪山中腹から）

からは、初雪山、朝日岳、剱岳、上信越高原の山々を仰ぐ。→菊石山・犬ケ岳　　　　　　（佐伯邦夫）

菊石山

きくいしやま　　1209.8m　朝日町・青海町
2.5万分の1図「親不知」
G.B 紀 カ ア

　犬ケ岳と白鳥山のほぼ中間に位置する。境川支流北谷及び青海川上流アイサワ谷、金山谷の源頭。

　山名の「菊石」はアンモナイトの和名。アンモナイトとは、巻き貝の殻を持つ軟体動物の化石。中世代に繁栄した。栂海新道開削時、頂上付近でアンモナイトが発見されたことによると聞く。

　古称は下駒ケ嶽。江戸時代の越中の絵図のほとんどは、境川源頭から北へ順に犬ケ嶽、下駒ケ嶽、寺山（今の白鳥山）を描く。いわゆる下駒三山である。歴史的な下駒ケ嶽の名は捨てがたい。

　加賀藩はこのあたりにも黒部下奥山廻りを派遣していた。検分の経路を描いた絵図は多いが、絵図により異同がある。『新川郡婦負郡見取繪圖』の道は、北谷からこの山に登り、寺山谷（今の寺谷）を下降している。

　この山へは、白鳥山経由で登る。藪の中の起伏の多い山道で、白鳥山からはおよそ1.5時間。途中、1241m峰西面に、稜線から北谷へなぎ落ちる大抜けがあり、今も崩落を続けている。この山が全貌をあらわにするのはこのあたりから。樹木に覆われ、鬱蒼（うっそう）とした凸面にしか見えぬが、新緑、紅葉時はことさら視覚をそそる。

　頂からの眺望は、山また山に遮られさして展（ひら）けない。長大な頂稜を引く黒菱、大地山等が積雪期にわずかに目に留まる程度。→白鳥山　　（湯口康雄）

黄蓮山

おうれんやま　　1360m　朝日町・青海町
2.5万分の1図「親不知」「小川温泉」
G.B カ ア

　北アルプスの北端朝日岳から、さらに北へ親不知海岸にのびる山稜（栂海新道）上のピーク。犬ケ岳と白鳥山の間、犬ケ岳の北約2kmの位置にある。一帯はブナ林の中。北側は急傾斜だが、南側は犬ケ岳へゆるやかに続く。

　山名は北東面の黄蓮沢（青海川の上流アイサワ谷の一源流）から。橋立地区（青海町）の人が、ミツバオウレン（漢方薬の原料）を採りに入ることからこの名がある。栂海新道開削に伴う地点名整備の過程で、となりの菊石山などと共に命名された。

［おうれん］

　当山北側の鞍部にテント場。そこから東側へ少し下った所に黄蓮の水場があり、栂海新道縦走者に利用される。当山へは、栂海山荘（犬ケ岳）から約1時間。白鳥小屋（白鳥山）から約2時間である。→犬ケ岳・白鳥山・菊石山　　　　（佐伯邦夫）

犬ケ岳

いぬがだけ　　1593.0m
朝日町・青海町・糸魚川市
2.5万分の1図「小川温泉」

菊石山（北谷源頭の大抜け上部、1241m峰西面から）

犬ケ岳山頂直下の道（栂海山荘付近から）

犬ケ岳（白鳥山頂直下から）左奥は朝日岳。

　白馬岳から親不知に至る稜線の黒岩山と白鳥山のほぼ中間に位置する。境川上流似虎谷、青海川上流アイサワ谷及び姫川・小滝川上流西俣沢の源頭。ただし、南面に隣接する峰をも含めて犬ケ岳というのであれば、黒部・黒薙川・北又谷の源頭でもある。境川河畔からは秀麗な鋭鋒に見える。

　古称も犬ケ岳。山名の由来については、『富山教育』第555号（1967年）に「この山は越中国の東北に位置する。立山から後立山へかけて、古山名には多分に宗教的配慮がなされている点から考えると、東北は鬼門であるので、この忌むべき方角を守護するものとして、犬にちなむ山名を設けたのではなかろうか。」とする廣瀬誠の論考（「犬と古文献－県獣越ノ犬にちなんで－」）がある。

　かつて後立山連峰には、犬ケ嶽、下駒ケ嶽と対をなすかのように上犬ケ嶽（今の唐松岳らしい）、上駒ケ嶽（今の白馬岳）と呼ばれる山々もあった。

　犬ケ嶽、下駒ケ嶽、寺山（今の白鳥山）を総称して下駒三山という。犬ケ嶽はこの盟主。加賀藩黒部下奥山廻りの人々がこの界隈をも検分の対象としていた一時期がある。越後との国境の検分等が主目的。1839（天保10）年の『上下新川郡一町五厘略繪圖』は、境川沿いにこの山に至る道を描く。記録によれば、大平村（現、朝日町大平）を拠点に山中1～2泊の日程で巡視し、引続き小川温泉から蓮花山方面へ向かうのを常としていた。

　山頂からは朝日岳方面を初めとする四周の山々を展望できる。東寄りに少々下ったところに栂海山荘（無人）がある。

　朝日岳北面から日本海に至る栂海新道はこの山を経由している。白鳥北面の坂田峠までは車が入る。峠から白鳥山まではおよそ2時間。そこから気が遠くなるような登り降りを繰り返すこと3時間あまりにして山頂に達する。姫川支流小滝川沿いの林道を利用すれば、東俣沢に沿う林道脇の登山口から、およそ3.5時間で黒岩山。そこから山頂まではさらに2時間強を要する。→白鳥山・黒岩山 (湯口康雄)

サワガニ山　1612.3m
さわがにやま　　　朝日町・糸魚川市
2.5万分の1図「小川温泉」

　北アルプスの北端、朝日岳から親不知海岸に至る山稜（栂海新道）上のピーク。黒岩山と犬ケ岳の中間に位置する。どちらからも約2.5kmの地点になる。昭和40年（1965）代、栂海新道を開削にあたったさわがに山岳会（新潟県青海町）によって、会名をコース中にとどめるべく命名された。

　山容はなだらかだが、山としての形ははっきりしている。植生上ではオオシラビソの北限になる。栂海新道縦走の途次に通られるが、単独で登山の目標にされることはない。コースのほぼ中間点で容易に近づけない。最短コースは小滝川（姫川の支流）の

上流中俣小屋から中俣山、黒岩山を経由して当山へ。中俣小屋から約5時間。当山の北方約3km（約2時間）に栂海山荘（無人）がある。→黒岩山・犬ケ岳
(佐伯邦夫)

黒岩山
くろいわやま

1623.6m 朝日町・糸魚川市
2.5万分の1図「小川温泉」
G.B 越歩県ア

　白馬岳から親不知に至る稜線の長栂山と犬ケ岳のほぼ中間に位置する。黒部・黒薙川・北又谷支流黒岩谷、姫川・小滝川上流東俣沢及び西俣沢の源頭。古称は黒岩ケ嶽、または黒岩嶽。江戸時代の越中の絵図のほとんどはこの山を描く。山名は西面の黒岩谷から来ていると思われる。その黒岩谷の由来について「白馬嶽以北の處女境」（『旅』第8巻第8号・昭和6年＝1931）で塚本繁松はいう。
「黒岩谷という名の起りはこの谷の岩が黒いから起った名である事は、谷へ入って見ると直に分るので一里餘りの全谷悉く黝い角岩から成ってゐて」云々。加賀藩は越後との国境の検分を主目的に、この界隈をも黒部下奥山廻りの範囲に入れていたようである。その道筋を描いた絵図も残っている。『新川郡婦負郡見取絵図』『黒部奥山廻絵図』等である。それらによれば、およその経路は小川支流相又谷〜黒部・黒薙川・北又谷支流吹沢谷〜黒岩谷〜黒岩山〜朝日岳〜白馬岳となっている。絵図のこととてその表現がいかほど精確かは分からぬが、黒岩山には立ち寄らないで黒岩谷から黒岩平あたりに出る道を描いたかに見える図幅もある。奥山廻りにたずさわった人たちの山中日記でもあればその詳細が判然とするのだが、寡聞にしてその存在すら知らない。
　山頂の南面は、黒岩平。ミズバショウ、ハクサン

黒岩山頂（遠方右は初雪山、左は白金ノ頭）

コザクラが目を奪う。八兵衛平、アヤメ平と朝日岳以北に点綴するいわゆるお花畑の大規模なものはここが北端。山頂からは、朝日岳までの広大な稜線のうねりが目睫の間にある。
　1971(昭和46)年、朝日岳北面の吹上のコルを起点に親不知まで北上する栂海新道が拓かれた。この道を利用すれば、朝日岳からおよそ2.5時間。姫川支流小滝川沿いの林道を行き、東俣沢と西俣沢を分ける尾根の道を中俣山経由で登ることもできる。東俣沢に沿う林道脇の中俣新道登山口から、およそ3.5時間の行程。→長栂山・犬ケ岳　(湯口康雄)

長栂山
ながつがやま

2267m 朝日町・糸魚川市
2.5万分の1図「小川温泉」
G.B 県ア

　朝日岳北方に位置するなだらかな山。黒部・黒薙川・北又谷支流恵振谷、漏斗谷及び姫川・小滝川上流東俣沢、姫川・大所川支流白高地沢の源頭。
　建設省国土地理院所蔵の「長栂測站」は、長栂山北方の三等三角点（2071.5m）造標・観測等の明治40（1907）年の記録である。これによるとその所在地は「新潟県越後國西頸城郡小滝村大字小滝字長栂。俗稱、ハサバ山」。「長栂」には「ナガトガ」の振り仮名がある。この山の呼称は一般には「ながつがやま」とされているが、所在地に由来する山名とすれば、「長栂測站」の記述を尊重する方が整合性がありそうである。ちなみにその時の案内者は小滝村の住人2人。長栂の訓は彼らから採集したと考えられる。
　広大な山頂は主として砕岩におおわれている。周囲には小さな池が点在する。朝日の池、照葉の池

黒岩山（黒岩平下部から）

長栂山（北又谷右岸側稜線上の1084m峰＝カサドメの頭から）右は朝日岳。

等々がそれ。朝日の池は塚本繁松の命名。照葉の池は名妓・照葉にちなむというが、委細は不詳。池畔から望む白馬岳方面の山々は佳景である。

山頂東面の白高地源頭部に「八兵衛平」がある。塚本繁松がその景観をたたえて「夕日ケ原は神々の遊び給ふ處とすれば、此處は神々の寝床」といった所。呼称は、1928（昭和3）年に同行した地元羽入村(現・朝日町羽入)の山人、八兵衛を記念して塚本が命名。その顚末は「白馬嶽以北の處女境」（『旅』第8巻第11号・昭和6年＝1931）に載っている。

山頂から北に下ったところにある平が、あやめ平。ヒオウギアヤメの群生地として知られる。これも命名者は、塚本繁松。「白馬嶽以北の處女境」（『旅』第8巻11号）に「私は今迄此處を長栂下平と呼んでゐたが、わづらはしい名なのであやめ平と改稱する事にした」とある。今は「アヤメ平」と書くが、命名者に敬意を表してここでは「あやめ平」とした。山頂へは朝日岳から北上する道をおよそ1時間で達する。→朝日岳・黒岩山　　　　　　　　（湯口康雄）

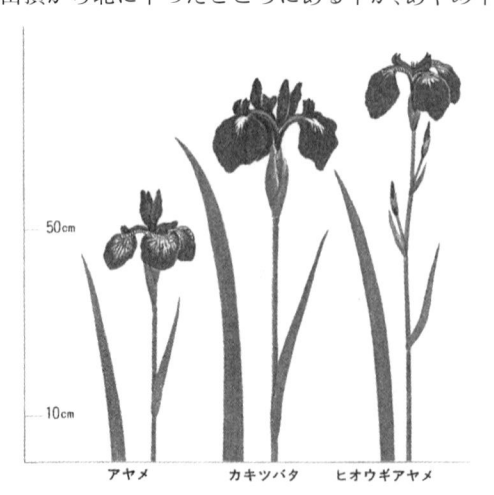

初雪山

はつゆきやま　　　　1610m　朝日町
　　　　　　　　　2.5万分の1図「小川温泉」
G.B 紀 越 歩 カ

　新潟県境近く、東に犬ケ岳、西に大地山とつらなる稜線上に位置する。境川（大平川）の川黒谷、寝入谷、小川の相又谷そして黒部川の北又谷の源流である。

　黒部扇状地から望む初雪山は白馬岳、雪倉岳、朝日岳と続く北アルプス連山の左方に位置し、どこから見てもそれとわかる均整のとれた台形型のピークである。

　登山道はなく、アプローチも遠いため、登山は主に残雪期。日帰りなら境川沿いに溯り北方尾根から登るが、林道のアプローチが長く標高差もあるためきつい行程となろう。犬ケ岳から初雪山を通り大地・焼山に続く稜線は山スキーの好ルートである。

　山頂は広く平ら。気象観測用の高いポールが設置されている。山頂からは間近に犬ケ岳、白金ノ頭、北又谷を隔てて朝日岳が大きい。

　この山はその名のとおり、初雪を頂いたころがひときわ美しい。つらなる高峰群と比べても一歩も引かない独自の美しさを感じさせる。山麓の大平地区

初雪山（大地山から）新庄幸作撮影

では光山とも呼んでいる。そこからの初雪山は狭隘な谷の奥高くに鋭峰として望まれるのだが、ふもとに雪がない頃、谷の奥に突如として真っ白な山が見えるのは驚きである。うす暗い山あいから仰ぐとき光り輝いて見えるのである。平成7年修正測量の2.5万分の1地形図からは初雪山の山名が記載されている。小川上流、越道峠から白金ノ頭をへて初雪山にいたる気象観測装置保守のための作業道はあるが、かなり荒れている。→白金ノ頭・犬ケ岳（筒井宏睦）

白金ノ頭

しろがねのずこ　　1491.5m　朝日町
　　　　　　　　　2.5万分の1図「小川温泉」
G.B 紀 越

　黒薙川と小川の分水嶺上の山で北側の初雪山、南の定倉山と尾根続きとなっている。険谷で知られる黒薙川北又谷の支流白金谷の源頭。

　入善町から眺めると初雪山と長栂山の間に白金ノ頭を望むことができる。冬には膨大な降雪量で頂上付近の樹木はすっぽり雪で覆われ、残雪期にはすこぶる眺めが良い。頂上からは初雪山、犬ケ岳から黒岩山への山々、サワガニ山の右に焼山、剱岳、毛勝山、駒ケ岳、僧ケ岳、黒部川、富山湾、能登半島がみえ、いかにも奥深い山という印象を受ける。

　登山道はなく、残雪期に初雪山から、あるいは越道峠付近から尾根づたいに取りつく。この山へ直接登るには小川の支流の相又谷をつめる。上部はジャッケツ谷に入る。いずれにしても残雪の多いころをえらぶ。→定倉山・初雪山　　　　　（河島博明）

定倉山

じょうくらやま　　1406m　朝日町
　　　　　　　　　2.5万分の1図「小川温泉」
G.B 紀 越

　黒部川の支流黒薙川上流の北又谷の谷ふところにある山。越道峠から初雪山へ続く山並みの主稜線から0.8kmほど東側に外れてある。奥深く平野部からはほとんど見えない。

　標高は近くの初雪山、白金ノ頭より低いが山頂から急峻な尾根をいくつも放射状に派生させる。

　古くは横山といわれていたらしく、西方にある越道峠の古名も横山峠である。

　道はなく小川温泉より北又ダムへ向かう林道の越道峠付近から残雪を利用して尾根をたどるとよい。地形は複雑で初心者は不可。→白金ノ頭・初雪山
（河島博明）

大地山

おおちやま　　1167m　朝日町
　　　　　　　2.5万分の1図「小川温泉」
G.B 紀 越 ガ

　県の東端、朝日町小川の右岸に位置する。支流の荒戸谷および相又谷にはさまれるようにそびえ、北側は境川の笹小俣谷の源流をなす。初雪山からの西へ延びる稜線は当山を経て黒菱山、焼山へと続く。

　新川平野からは、台形をした初雪山の左前方に饅頭のような丸い頭をしたピークとして望まれる。

標柱を建てた夢創塾新道同好会のメンバー。山頂は地元で茶セン原と呼ばれる短く細い木が密生する（長崎喜一提供）

山名の由来であるが、地元の猟師たちの呼称で、荒戸谷の源流部が「おおち」。その源頭をなす山を「おおちの山」と呼んだ。『越中の百山』（北日本新聞社・1973）は単に「大地」としているが、『とやま山ガイド』（C・A・P＝1996）では「大地山」としている。ここでは後者にならった。

長らく残雪期限定で登られてきたが、最近、ボランティア有志によって荒戸谷と相又谷の間の尾根に登山道が開かれた（2000年夏完成）。山裾の小川河畔に長崎喜一さん（朝日町蛭谷）が経営する「夢創塾」があるが、ここを起点に尾根を忠実にたどる。前半は急斜面が多く、トラロープにすがって登るところが数箇所ある。あとは雑木の林。途中、800ｍに鍋倉山。930ｍ付近に長さ25ｍくらいの細長い池がある。水質が悪く飲料には不適。取付きから3.5～4時間で頂上。2000年7月に埋設の標柱がある。頂上も雑木の林で、見晴らしは残雪期の方がよい。→鍋倉山・初雪山・黒菱山　（筒井宏睦）

鍋倉山
なべくらやま　810ｍ　朝日町
2.5万分の1図「小川温泉」
G.B ―

大地山から南西に続く稜線の途中にあるのが当山。かつては、この山域一帯は、炭焼山林として各山頂付近まであちこちに煙が昇り、伐採の後に生えるゼンマイ等山の恵を得ることの出来る宝の山であった。このため、頂上までの作業道は幾本もあったが、山の木が大木になるにつれ、その道も無くなってしまった。そこで、当山から、大地山への登山道開削に3年前に着手。「やまびこ夢創同好会」の努力によって蛭谷地内のやまびこの郷から尾根沿いに2000（平成12）年8月に完成を見た。

登り口は、夢創塾広場に隣接している杉林の作業道が始点で、最初からザイルが20ｍほどフィックスしてある道を直登する。

雑木におおわれた尾根づたいの急坂を30分ほど登ると標高550ｍ附近で大きな赤松が茂っている平坦部に出る。

徐々に道がゆるやかになると、そこは毬頭と呼ばれている5～6ヘクタールの平坦地が広がり、戦前まではアズキ、アワ等が栽培されていたという。

ここから北東に続くやせ尾根を少し下り、再び登ると若いブナが茂った頂に出る。ここが三角点のある鍋倉山の頂上である。取付きから約2時間である。昭和40年(1965)代にチップ材を切り出した山で、運搬用の太いワイヤが周辺に散乱している。

鍋倉山は北向きの山で、雪積も多くかつてはゼンマイの宝庫であった。また、鍋倉谷の水を引いて中腹まで田が耕作され、すばらしい棚田があったが、今は杉林に変身してその面影はない。

大地山へは、相又谷と荒戸谷（共に小川の支流）の分水嶺をたどる。約2時間。→大地山（長崎喜一）

黒菱山
くろびしやま　1043.4ｍ　朝日町
2.5万分の1図「親不知」
G.B 紀越歩雪

笹川源流の山。流域を取り囲むようにして焼山、黒菱山、二王山と連なっている。その真ん中に座す二等三角点の山。点名は「水無」。黒東地区へ穏やかな山容を見せている。この山に向かって、笹川支流の大俣、境の又、境川支流の大平川上部笹小俣谷、そして小川支流の荒戸谷等が入り込んでいる。全体に雑木に覆われている。

黒菱山と焼山（左）＝馬鬣山から（佐伯邦夫撮影）

黒菱山（西面から）佐伯邦夫撮影

　山頂からは、どっしりとした山容の初雪山、さらには犬ケ岳など栂海新道の稜線が一望できる。また、眼下には黒部扇状地、そしてその向こうには日本海が望める。

　登山道はなく、残雪期に登るのが最適。境川沿いの大平地区から水上谷をつめて焼山に至り、そこから尾根伝いに黒菱山へ向かうのが一般的。二王山からスキーで往復するのも楽しい。→焼山・二王山

（井上澄雄）

焼山

やけやま　　　910m　朝日町
　　　　　2.5万分の1図「親不知」
G.B 紀越歩カ雪

　新潟県境近くの山。日本海の海岸線から約4.5km、犬ケ岳から初雪・大地・黒菱と続く稜線上に位置する。境川・水上谷および笹川の源頭部。朝日・入善方面から東方に望める山の1つであるが、黒菱山の左方尾根と重なりあまり目立たない。だが境川の大平集落、笹川の笹川集落よりそれぞれ谷ぞいの道をしばらくつめてから仰ぎ見る焼山は丸っこい頭をした堂々たる山体を見せている。

　焼山という山名は各地に多い。（『コンサイス山名辞典（三省堂）』によると全国で15山）"焼山"という山名は火山、焼畑、水利の悪い田畑などに由来する場合が多いというが、ここの焼山の由来は不明。登山道がないので登るとすれば積雪・残雪期が主（最近、有志によって大鷲山から尾根ぞいに刈開けが進められている）。水上谷または笹川沿いの林道がアプローチとなる。雪の状態が良ければ麓の集落より3〜4時間程度で山頂に立てる（水上谷からの北面尾根はかつては春スキーの好適地だったが、現在では杉が大きく成長してしまった）。

　積雪期の山頂はどこが最高点かはっきりしないほど平らで広い。頂からは南を望むと黒菱山が大きい。左方にはゆったりとした白鳥山、奥に初雪山、犬ケ岳などが目立つ。振り返ると新川平野と日本海も近い。→黒菱山・大鷲山

（筒井宏睦）

大鷲山

おおわしやま　　817.0m　朝日町
　　　　　2.5万分の1図「親不知」
G.B 歩カ

　県東端の境川と笹川の分水嶺上の山。美しい三角形の山容を黒部川扇状地へ見せる。北アルプスのパノラマが日本海から立ち上がって最初のピークとして魚津・滑川・富山市あたりからも見える。

　山名は山頂の三等三角点の点名「大鷲谷」から。大鷲谷は当山南西面にくい込む笹川の支流。「谷」の名を削って「大鷲山」としようと『とやま山ガイド』（Ｃ・Ａ・Ｐ＝1996刊）で提唱、今日に至っている。なお、1872（明治5）年の笹川地区の地図には当山にあたる位置に「尻太山」の名が見える。

　山裾に大平・笹川・宮崎・境などの地区がとり囲むようにしてあり、山懐は深い。山中を林道烏帽子

焼山（北面から）

大鷲山の南面（南保富士から）

山線が複雑にめぐり、笹川と境川をつないでいる。この林道を中心に大規模な植林が展開されている。アプローチはこの林道から。北面8合目あたりに池ノ平。ここから作業道。その終点近くから、最近有志によって北尾根に登山道が開かれた。作業道で車をすてると小1時間で山頂に達する。日本海からの強い風のせいか、山稜の樹木は高山の雰囲気を持つ。山頂付近はブナの森。途中から樹間に黒姫山・初雪山などを仰ぐ。→焼山・烏帽子山　　（佐伯邦夫）

押場峯　　693.8m　朝日町
おしばみね　　2.5万分の1図「親不知」
G.B　-

　押場峯は笹川上流境俣と大鷲谷の間の小山。大鷲山（尻太山）から南西にのびる尾根上のピーク。境俣の支谷、押場ノ谷、谷ノ崩が同山南面へ食い込む。また北面は大鷲谷の支谷が削る。

　山への接近は朝日町笹川地区の雁蔵から。笹川本流ぞいに林道がのびている。笹川右岸、標高約450mあたりまで車で行ける。あとは杉の植林地帯を北に尾根を目指す。

　頂上に点名「境又」の三角点が埋められている。
→大鷲山　　　　　　　　　　（新田川雅好）

烏帽子山　　483.4m　朝日町
えぼしやま　　2.5万分の1図「泊」
G.B　-

　初雪山から大地、黒菱山、焼山、大鷲山を連ねて北上する稜線の末端部に位置する。笹川支流逆谷、大谷川の源頭。

　烏帽子の文字を冠した山は多い。『コンサイス日本山名辞典』(徳久球雄・三省堂編集所編、1978年)に出ている烏帽子の見出し項目は優に70を超える。

　烏帽子という山名は、公家等が用いたかぶりものの形に似ているところから来ている場合が多い。この山もそれだろうが、西面から見る限り、むしろ逆谷を挟んで南に対峙する山こそ烏帽子の形をしている。ちなみにこれを笹川地区では奥烏帽子山と呼んでいる。さらにその南西0.7kmにある545mのピークが前烏帽子山。

　山頂に立つには笹川地区から大鷲山北面に延びる林道を行き、山頂南面の不明瞭な踏跡を辿る。稜線に出てからは、東に進路を取り、北面の杉の植林地との境界を行く。林道から5分ほどで四等三角点がある山頂に達する。

　眼下に城山、宮崎地区、黒部川扇状地を俯瞰。南方に大鷲山を仰ぎ、東方に白鳥山を望む。→大鷲山
　　　　　　　　　　　　　　　（湯口康雄）

諏訪山　　274.7m　朝日町
すわやま　　2.5万分の1図「泊」
G.B　-

　諏訪山は笹川中流右岸の小山。笹川支流大谷川と大溝谷川の間の丘陵のピーク。朝日町笹川地区の村の東背後にあり、笹川下流部の竹内、堀内、深松氏等の御神体とされる山。麓に諏訪神社が鎮座する。祭礼に行われる獅子舞は中世からの伝承といわれ、無形文化財。山中には戦国時代の砦跡が多く残されている。

　山への接近は同地区田中の集落の林道から。杉の植林地が大谷川沿いに頂上直下の南東面まで続く。
→権現山　　　　　　　　　　（新田川雅好）

城山　　248.8m　朝日町
しろやま　　2.5万分の1図「泊」
G.B　県北

　宮崎地区の南、海岸線から0.7kmあまり隔てたところに位置する。北陸自動車道の城山トンネルはこの山の下にうがたれている。

　平安時代終り頃の越中の豪族・宮崎太郎で知られる宮崎城址がある。県内最古の山城の1つ。1965（昭和40）年、県の史跡指定を受けた。三角点のあるところが本丸跡。電波塔等が林立する隣の峰は少し高く、標高およそ250m。

烏帽子西面（烏帽子林道から）

城山東面（烏帽子林道から）

城山より眼下の親不知方面を望む

あたり一帯は、1973(昭和48)年に指定された「朝日県立自然公園」に含まれる。山頂から宮崎寄りに少し下ったところに北陸宮の墳墓があり、その先に芝生広場等が整備された「あさひ国民休養地」がある。海岸近くまで下ると、1936(昭和11)年に国の天然記念物指定を受けた「宮崎鹿島樹叢」がある。「朝日ふるさと歩道」の「城山コース」はこの山経由で宮崎と笹川城山口を結ぶ。

本丸跡をはじめ、あちこちのしかるべき所に道標や説明板がある。休日ともなれば親子連れ等で賑わう。眺望はすこぶるよい。脚下にヒスイ海岸があり、眼前に大鷲、黒菱、南保富士など、笹川源流部の山々が迫る。負釣山の右方遙かに剱岳北方稜線の山々が峰を列ね、その奥に峻険な剱岳が聳える。

最も簡易に山頂に立つには、宮崎側からにしろ笹川側にしろ、山頂南西の城山駐車場を経由する。そこから山頂までおよそ5分。　　　(湯口康雄)

二王山
におうざん　　　784m　朝日町
2.5万分の1図「泊」
G.B 紀 越

二王山は笹川と小川の間の山。2つの川の源流黒菱山から西に走る尾根上に南保富士と500mほどへだてて並ぶ。奥南保富士とも称される。

登るのは笹川側からの南保富士経由。以前は頂上

左より南保富士、二王山、黒菱山（朝日町山崎から）

までの夏道があったが現在はヤブ。従って残雪期のコース。

頂上からは黒部川扇状地の眺めがすばらしい。眼下の笹川の谷あいに集落が寄りそうようにかたまっている。また富山県でもここまでくると山々の眺めはかなり異なる。南に遠く剱岳が見え、毛勝山に続いて僧ケ岳の稜線が長く尾を引き、北アルプスは平野部に没する。→南保富士・黒菱山（新田川雅好）

南保富士
なんぽふじ　　　727.1m　朝日町
2.5万分の1図「泊」
G.B 歩 県

南保富士は笹川と小川の間の山。黒菱山から西に走る尾根上に二王山と並ぶ。国土地理院の地形図に山名はなく、二王山北西の三角点の山がそれ。南保というのは朝日町南保地区。朝日町立南保小学校のある高畠あたりからの姿は特によい。笹川地区の呼び名が「仁王山」。南保富士の名が優勢化するにつれ、この名が後方のピークへ移っていったと思われる。その際、「仁」が「二」に変わった。笹川支流七重谷（しっちゃ）を隔てて二王平峯、鴈谷峯（がんだん）につづく。

南保富士へは、朝日町三峯（みつぼ）グリーンランドから、少し南進して笹川と池ノ原を結ぶ峠（銚子ノ口）へ。

南保富士（三峰大地から）佐伯邦夫撮影

南保富士の頂上（背後に黒部川扇状地）

南保富士から二王山、黒菱山へ続く尾根

ここで舗装道路を離れて、七重滝の矢印の方向に林道を進む。すぐに三峯スキー場の上部を横切る。まもなく林道が二分する。分岐点に「登山口」の標識がある。車はここまで。はじめはスギ林。続いてカラマツの林になり、さらにアカマツの尾根になると剣岳と毛勝三山、僧ケ岳が見えはじめる。

登山口から1時間あまりで山頂に着く。お地蔵様と山名・標高を記した標柱が立っている。

山頂からの展望は素晴らしい。北方眼下に笹川集落と城山、そして日本海が広がる。西に黒部川扇状地、南に朝日岳、剱岳、毛勝山と北アルプスの峰々が続く。

登山口まで戻り、七重滝まで往復してみるのもよい。七重谷川から池ノ原へ水を引いた用水跡が、ふるさと歩道として整備されている。断崖につけられた道は、登山道の趣である。道が谷にぶつかって少し下った所に七重滝の展望台がある。落差は50〜60mほどだが、7段になって落下する光景は見事である。→二王山・二王平峯・鴈谷峯（新田川雅好）

二王平峯

におうぶらみね　　635m　朝日町
　　　　　　　　　2.5万分の1図「泊」
G.B －

二王平峯は笹川と同支流七重谷川の間の山。黒菱山から西にのびる尾根上二王山の北約2km。

二王山より峰続きにラクダのコブ状に3つの山が並ぶ。これを麓の朝日町笹川地区では鴈谷三山と呼ぶ。北から南保富士（仁王山）・二王平峯・鴈谷峯。その真ん中が二王平峯。その昔、七重滝からこの三山を登り修行した修験者がいたという。袴の腰板に似た台形の山容を呈す。同町小川流域地区から見る時、堂々としていて南保富士と見誤りやすい。二王平峯は笹川地区の名でニオウブラと訛って呼ぶ。山名の由来は二王山の前山から。「岩乗越の上」ともいう。同山を巡る笹川は短い川ながら上流部で勾配が大きく、V字型の渓谷を成す。砂防ダムがいくつもつくられ、「七郎右衛門淵」や「おせん落しの谷」など数々の伝説を秘める。逆谷との出合い付近、石仏2体を祀る観音岩は発電所建設のための釣橋を架けたところ、岩が崩れ、橋が流されたため祀られたという。

登山道はなく、積雪期南保富士から尾根をたどる。
→南保富士・鴈谷峯　　　　　　（新田川雅好）

鴈谷峯

がんだんみね　　556.7m　朝日町
　　　　　　　　2.5万分の1図「泊」
G.B －

鴈谷峯は二王山の前山。笹川と同支流七重谷川の間の山。朝日町笹川地区の南東約2km。同地区からの標高差は約500mと勾配の大きい丘陵。笹川本流からアズカリ谷、クチハラ谷、支流七重谷川からニオブラ谷、鴈谷が食い込む。

同山と仁王山（南保富士）、二王平峯を合わせて鴈谷三山と麓で呼んでいる。

七重谷川上流の断層崖に七重滝があり、七瀬になってたぎり落ちる奇観は同町指定の名勝。その昔、この地区に修験者が住み、同滝から鴈谷三山を修行

雁谷三山（左から雁谷峰、二王平峰、南保富士）笹川地区から

の場として活躍したという。

頂上に三角点（点名・清水岩）がある。登山道はなく積雪期が適。→二王平峯　　　　（新田川雅好）

三峰
みつぽ　　　　377m　朝日町
　　　　　　　2.5万分の1図「泊」
G.B　ウ　楽

朝日町の二王山・南保富士の前山。笹川と小川の分水嶺上に、頭を寄せ合うように3つ並ぶ山があって、その辺りの頂点となっている。これが三峰。スキー場として古くから親しまれた。三山の西側が池ノ原地区、北東側に高原状の緩傾斜地がひろがり、三峰台地といわれる。

手前（北側）の峰から順に高くなっていく。377mはまん中の峰の独立標高点。手前の峰がスキー場の頂点で、遊歩道が通じていて、山頂に展望台やベンチがしつらえられている。北はるかに宮崎城跡が見え、その向こうが青い海。あたりは春先、わらび採りに人が入る。

三峰スキー場は1934(昭和9)年の開場という。県東部の代表的なスキー場として戦前は県大会の会場にも使われたが、リフトなどの施設がないため今は忘れられている。近年、ここを中心に、「三峰グリーンランド」として、駐車場、キャンプ場などが整備され、「朝日県立自然公園」「朝日ふるさと歩道」

三峰遠望（千蔵山から。遠景は白馬岳）

の重要なポイントの位置をしめている。→南保富士
　　　　　　　　　　　　　　　　（佐伯邦夫）

権現山
ごんげんやま　　　203.7m　朝日町
　　　　　　　　2.5万分の1図「泊」
G.B　－

権現山は笹川左岸の山。支流七重滝川と同金屋谷の間の小山。名勝七重滝に向かう途中、七重滝川が笹川に合流する地点に突き出た岩峰。

朝日町笹川地区上流部の折谷、小林の氏神、十二社の祀られていた山。ここから射た弓矢が現在の諏訪神社の地に落ちたので、遷宮したという伝えがある。

頂上から地区全域が見渡せる。点名「権現」の三角点がある。→諏訪山　　　　　（新田川雅好）

南保山
なんぽやま　　　342.1m　朝日町
　　　　　　　　2.5万分の1図「泊」
G.B　－

朝日町南保地区の背後（南東側）にある山。南保城跡ともいわれる。宮崎城の支城がおかれたという。尾根づたいに北へ2.5kmの地点に盟塁、横尾城跡（馬鬣山）がある。橋本廣著『とやま雪山あるき』（1989＝桂書房）では「京の保」の名称で紹介されている。これは字名から。

南保地区の高畠から笹川地区雁蔵方面へ越える峠が銚子の口。この峠から西へ一投足の位置にある。

南保山（小川の左岸から）

またすぐそばを「朝日ふるさと歩道」が通っている。山頂から宮崎本城、大鷲山、南保富士などを見る。西側には黒部川扇状地がひろがる。近くに「三峰グリーンランド」があり、スキー場やキャンプ場が整えられて憩いの場になっている。→三峰、千蔵山
　　　　　　　　　　　　　　　　（佐伯邦夫）

千蔵山
せんぞうやま　　　291.2m　朝日町
　　　　　　　　2.5万分の1図「泊」
G.B　－

朝日町の市街地の背後（南東側）に連なる丘陵地のてっぺんの山。馬鬣山から当山を経て三峰グリー

右が千蔵山（左は馬鬣山）

ンランドへと「朝日ふるさと歩道」が通じていて、ここをハイキングするのは四季折々に楽しい。取付きは上横尾地区、笹川トンネルの西側出入口付近。ひと登りで尾根に出て、馬の背のような尾根を行く。馬鬣山、笹川の牧などを経て取付きから30〜40分で頂上につく。尾根はさらに菖蒲池、鳥越峠などを経て三峰に通じている。

頂上は東西とも切れ落ちた細尾根にあり、四等三角点が置かれている。眺望にすぐれ、西側は眼下に市街地を見おろし、その向こうに黒部扇状地がかすむ。東側は笹川地区の屋根が並び、南に三峰スキー場のスロープを望む。その上に雪をおいた白馬岳を仰ぐ。→馬鬣山　　　　　　　　（佐伯邦夫）

馬鬣山
ばりょうざん　　　248m　朝日町
2.5万分の1図「泊」
G.B 歩

朝日町市街地の背後（南東側）に連なる丘陵地の一角。宮崎城の支城があったとされ、横尾城跡、城の腰などとも呼ばれた。馬鬣の「鬣」はたてがみ。明治天皇が当地へ巡幸の折、行在所となった伊東邸からこの山をご覧になって、尾根に林立するアカマツの様子を「馬のたてがみのよう……」と仰せられ

馬鬣山から朝日町を望む

たのが山名の由来という。

山頂を「朝日ふるさと歩道」が通っていて、誰でも気軽に登れる。この取付きは小川温泉（町湯）の南300mぐらいの位置。ここから登って最初のピーク。15分ぐらいで頂上に立つ。ふるさと歩道はさらに三峰グリーンランド、七重滝などをめぐって宮崎城跡につながる。頂上から西側に眺望がひらけ、朝日市街地や、その向こうの日本海を見る。→千蔵山・三峰　　　　　　　（佐伯邦夫）

朴ノ木山
とちのきやま　　　1374.4m　朝日町・宇奈月町
2.5万分の1図「小川温泉」
G.B 雪 紀

朴ノ木山は黒部川支流黒薙川右岸の山。朝日町の平野部から山を仰ぐと、朝日岳の前山越道峠の西側に美しい三角形の山が目に止まる。それが朴ノ木山。その頂から、剱岳の早月尾根のようなまっすぐな尾根が小川の谷間に落ち込んでいる。小川と黒部川の分水嶺が、負釣山から長々とつらなり、このピークに接続している。

朴ノ木山の名は字名「朴ノ木谷」をとった二等三角点の点名の「朴ノ木」から。「点の記」には「トチノキ」とふり仮名。漢字は「栃」をあてるべきと思われるが、なぜ「朴」となっているかは不明。

この山への接近は、朝日岳の登山基地小川温泉から。北又小屋への林道沿い越道峠から。登山道はなく、無雪期であればヤブコギ山行。雪の固くしまった時期が適期。3月中旬から末にかけてが良い。小川温泉から日帰り往復可。

頂上は、黒部川をめぐる山々の大展望台。白馬連山の眺望が楽しめる。→猪頭山　　（新田川雅好）

負釣山
おいつるしやま　　　959.3m　入善町・朝日町
2.5万分の1図「舟見」
G.B 越 歩 力 紀 県

負釣山は黒部川と小川の間の山。黒部川扇状地のどこからでも仰がれる。入善町の市街地から山並みを見る時、スカイラインに朝日岳、白馬岳などの後立山連峰、下方に色濃く黒部川右岸の河岸段丘が横一直線に走る。両者の間に鋭くピラミタルな山容でそびえ立つのが当山。また、朝日町の小川温泉へ向かう途中の打谷あたりから見るこの山は立派であ

負釣山の北面（樫倉山より望む）

る。ど真中に中谷がくい込み、右に西谷、左に東谷と3本の谷が突き上げる。天辺から稜線が稲妻型に落ちる。雪のある時期は一層りりしくそびえ立つ。

　負釣山の山名の由来は定かではない。昔の炭焼きが使うオイ（背負）を作る材料となる笈の木が多く生育していたことからとか。またこの山に修験者が入り、その禅衣である笈摺からという説もある。なまってオッショルヤマとも呼ぶ。陸地測量部の大正2年の初刷り、5万分の1地形図にオイヅルシとルビがある。江戸時代の文化文政の頃（1804～30）の『新川郡村々組分絵図』には、ユノキと記入されている。一方、朝日町側の山麓では中谷ノ頭と呼ぶ。負釣山の登山は長らく残雪期に限られた。しかし最近、西面の舟見側からの登山道が整備され、だれでも気軽に登れるようになった。入善町では負釣山が最高峰になる。そこで、同町の山好きの有志が登山道の整備を進めてきた。負釣山に接近するには旧北陸道の宿場跡舟見から。舟川沿いに、老人ホーム「寿楽苑」、「入善町ふれあい温泉」、さらにケアハウス「バーデン明日」と近代的建物が並ぶ。それを過ぎると、谷間の正面に負釣山が大きな三角形の山体を見せる。

　舟見から舟川沿いの道を2kmあまりで、神仏混淆の神社として知られる「山神社」。まもなく舟川は左手へオコ谷を分け、さらに中谷を分ける。本流もこのあたりで六谷と名を改める。3つの谷それぞれに、流に沿って林道が延びている。オコ谷は舟川の流域から小川温泉方面へ通う峠道。今は峠の上まで車の通る林道（近い将来、ここからスモル谷を下って打谷に出る林道が完成する予定）。終点に車10台ぐらい駐車できるほどの広場があり、負釣山登山口の案内図が掲げられている。

　ナラ、クヌギに松の混じる急な坂道を10分ほど登

負釣山の中谷の頭（小川支流の打谷から）

ると「1合目」と記した標柱が立っている。その上もおよそ10分刻みに2合目、3合目とつづく。だから頂上まで100分余の行程。

せまい頂上に三等三角点が埋設されている。初雪山が東正面に仰がれ、その右に長栂山、朝日岳、白馬岳がそびえる。南西面を僧ケ岳の大きな山体が占める。足下の棚山に池が光り、その向こうに黒部の大扇状地がひろがる。→負釣山南峰 (新田川雅好)

負釣山南峰

おいつるしやまなんぽう　　978m
朝日町　入善町　宇奈月町
2.5万分の1図「舟見」
G.B ㊼

負釣山南峰は黒部川と小川の間の山。負釣山の南0.5kmのピーク。黒部川支流音谷が南から、小川支流下若狭谷が東から、また、舟川支流六谷上流ハヤ谷が西から突きあげる。3つの谷がくい込む頂上が、そのまま朝日・入善・宇奈月町の境界点。

負釣山南峰（負釣山から。遠景は剱岳）

入善町の最高峰というので町の有志による「まちづくり会議」のメンバーが『立志ノ峰』と呼ぼうと提案。1991（平成3）年に立志登山会を催した。登山道はなく三角点のある負釣山からのヤブ尾根を南北する。往復40分ほど。沢登りコースとしての音谷は充分楽しめる。麓には、宇奈月、小川、舟見の各温泉がある。→負釣山　　　（新田川雅好）

樫倉山

かすくらやま　　558.7m　朝日町
2.5万分の1図「舟見」
G.B ㊼

小川の左岸の山。支流の舟川との間、負釣山の前山にあたる。朝日町山崎地区の背後にある南北に細長い台地が棚山。その背後に棚山と並行するように

樫倉山（蛭谷集落から）

山並みが走る。その中心の山。南へ鷹打山につづく。頂上の三角点名が「大谷」、大谷山ともいわれる。この山は周辺の里山に比べ特に蛭谷地区からはひときわ高くそびえ、ここに住んでいる人達は昔からこの山にかかる雲や霞、初冠雪、木の芽の吹き具合、紅葉の色等を観察し生活リズムの指標としてきた。この山の中腹に1500㎡ほどの広場があり、戦国時代には樫倉寺と呼ばれる寺があったと伝えられている。この寺は、前面が垂直の岩壁になっていて侵入が困難な地形になっていることから出城の要素を含み、かつ他国からの侵入監視をする役割を担っていたと伝えられる。ここからは小川流域の全容が手にとるように見える。1955(昭和30)年ごろまでこの跡地で羽入の人が田んぼを作っていた。

羽入から寺跡への旧道を経て尾根沿いをたどれば頂上に登れるが、最高点は尾根に出てから西に相当歩かないと行けない。無雪期はどこが頂上かわかりにくい。近年寺跡への旧道は土砂採掘で跡形もなくなり、今は誰も登る人はいない。

四季を感じる身近な山として、ここに住む人達はこれ以上の開発が進まないよう願っている。→鷹打山
（長崎喜一）

道口山

どぐちやま　　514.7m　朝日町
2.5万分の1図「舟見」
G.B －

小川左岸、支流の打谷との間の山。小川温泉へ行く途中、樫倉山の裾あたりを走ると馬の首筋そっくりな三角形のこの山が正面に見える。かつて五葉松の大木が茂っており、それを切り出すための道が打谷から尾根沿いについていたが、今は道跡がかすかに残っている程度で春先以外は登れない。

県道沿いの東面は昭和50年(1975)代に造林作業が行われ、その作業道が今も標高400mくらいまで

道口山（蛭谷林道2号終点より望む）

利用できる。その上部の雑木林を抜ければだだっ広い道口山頂上にたどり着く。このコースは春に山菜を取りながら登れるが、最後の薮こぎがあるのでほとんどの人は行かない。

各コースとも登るに従い、眼下に小川朝日ダムの緑色をした美しい湖面がひろがる。頂上では0mの富山湾から2500m級の朝日岳連峰を満喫できる。

隣にそびえる入善町最高点の負釣山は、ガベ山（岩山）のため険しく近づき難い山容で見えている。頂上の西側は打谷の東谷に急激に落ち込んでおり、ここを下るのは危険である。

道口山は五葉松、赤松、落葉樹がバランスよく茂っているため、秋の紅葉はすばらしい。これを見るのに1番よい場所は、蛭谷地内の林道2号線終点柿ノ木谷である。　　　　　　　　　　（長崎喜一）

鷹打山
たかうちやま　　　438.4m　入善町・朝日町
　　　　　　　　2.5万分の1図「舟見」
G.B　—

鷹打山は小川支流舟川右岸の山。棚山の背後、樫倉山へ連なる丘陵地の南端の山。朝日町の棚山ファミリーランドの堤から南東に山並みを見る時、負釣山の前山として立つ。

舟見山の城址から東へ約1km。山名は中世にこの地を支配した領主の鷹狩りの山から。

山への接近は、朝日町羽入からの林道棚山線と入善町舟見からの奥中野線がある。近年ゴルフ場開発が進み、三角点のある頂上附近にネットが張られている。残雪期のカンジキハイクに適。黒部川扇状地が広々と一望できる。　　　　　（新田川雅好）

舟見山
ふなみやま　　　252.8m　入善町
　　　　　　　　2.5万分の1図「舟見」
G.B　—

舟見山は、小川支流の舟川右岸の山。黒部川右岸の河岸段丘棚山が横一直線の台地として走る。舟見山はその西南端に位置する丘陵。「狐平」と呼ばれ自然公園（入善町指定）と舟見城址館がある。舟見の市街地から車で約5分。

鷹打山（左。負釣山三合目より望む）

舟見山（山頂に舟見城址館）

入善町舟見は、中世に藤保内の清水の湧く里、垂井村として開けた。その昔、『源平盛衰記』には木曽義仲に従軍した入善小太郎が、砦を築き、戦国時代には飛騨守五郎左近尉が舟見城で上杉勢と戦ったと伝えている。また江戸時代には、北陸上街道の宿場町として栄え、今も町並にその面影を残す。近くに町営「舟見ふれあい温泉」や「バーデン明日」などの温泉がある。　　　　　　　（新田川雅好）

水行山
すいぎょうやま　　　776.7m　宇奈月町
　　　　　　　　2.5万分の1図「舟見」
G.B　—

黒部川右岸の山。黒部川扇状地の要、宇奈月町愛本地区から南を望むと反射板のある高工山が見え

る。その奥約1kmにあるのがこれ。黒部川の支流の中谷、音谷、境谷、金山谷、それに舟川支流の六谷がくいこんでいる。音谷の支流金山谷、唐谷あたりに「水行谷」という字名がある。山名はここからか。また山頂に二等三角点。点名は金山谷。

　宇奈月町栗虫地区より高エ山へ登る道をたどり、東約1km、舟見境と呼ばれる尾根筋まで出、尾根をたどる。積雪期の雪のかたくしまった時期が適期。舟川支流六谷からは林道を使って標高450mあたりまで車を入れ、そこから谷を忠実に南に約1km遡れば舟見境の稜線に出る。　　　　（新田川雅好）

権現山
ごんげんやま　　　250m　入善町
　　　　　　　　　2.5万分の1図「舟見」
G.B　−

権現山の山神社は、江戸時代から炭焼きや石灰石など山の恵みを舟見地区の人々に与える守り神だった。その祭礼は、神主と僧侶がそろって拝礼する珍しい神仏混交。山中深くにあったため明治初年の厳しい廃仏棄釈の被害を受けることなく現在に至った。

　権現山は舟川左岸の山。山神社として知られる。舟見の街並から舟川沿いに約2km林道を遡ると道端に一対の狛犬と鳥居を見る。そこから約70m石段で登った高台に祠が鎮座。祭神は明確ではない。通称、ヤマノカミ、ヤマノカミサマと言われている。県内でも珍しい神仏混交の神社。

　祭日は、2月9日、11月15日の年2回。いずれの日も藤保内神社宮司と真言宗中尾山十三寺住職の2名によって執行される。まず神宮が修祓、祝詞奏上などをしてその後、十三寺住職が般若心経その他を読経し仏事を終え、皆で直会となる。いつの頃から現在のように神宮と僧侶が合同で祭事を行っているかは不明。

　創建の時期は、江戸初期という言い伝えもあるがもっと古いとの説もある。祠のある脇の谷を寺谷と称し、地名にも由緒を感じさせる。（新田川雅好）

高エ山
たかえやま　　　　598.0m　宇奈月町
　　　　　　　　　2.5万分の1図「舟見」
G.B　−

　高エ山は黒部川右岸の山。宇奈月町役場から黒部川本流越しに仰ぐ。山頂に反射板が見える山。地元ではこの山をゴミョウゴヤマと呼ぶ。黒部川右岸の栗虫集落より取付く。村の中ほどを過ぎた所で山路に入る。雑木林を過ぎ、送電線鉄塔が見えてくる頃には、今まで聞えていた黒部川の大きな川音が消え、静かな杉林の中を行く。道は反射板の保守点検に使用しているので踏み跡もしっかりしている。途中、二股の道を左に入り、廃田を過ぎると、小さな沢に出る。対岸へ渡り、さらに沢の中を進む。470m付近で沢と別れ、左手のジグザグの道に入る。汗する間もなく稜線に出る。

高エ山（鍬ケ岳より黒部川右岸を望む。遠景は黒菱山、初雪山）

この尾根続きの山上（小字「上高エ」、標高540m）に城跡があったと伝えられている。山頂からは朝日町宮崎や入善町舟見、黒部市若栗など、黒部川扇状地一帯の城館を見渡せる。この城跡については、江戸時代の史料『越中古城記』『越中古跡粗記』にいくつか記されている。
　栗虫の集落よりゆっくり歩いて1.5時間の行程。
(新田川雅好)

舟平
ふなだいら　　　　　298.6m　宇奈月町
　　　　　　　　　2.5万分の1図「舟見」
G.B －

　舟平は黒部川扇状地扇頂右岸の山。宇奈月町役場の対岸。愛本橋詰から0.5km。山頂付近の地形が舟底の形に似ていることからの名。当山から尾根続きで南東500mに明日山城があった。別名「鼓打城」とも呼ぶ。黒部川に面した西から南にかけては急崖で、天然の要塞。一方、山続きの北から東にかけて

舟平（黒部川右岸の音沢から）

は空堀や堀切が設けられ、これらの方面に備えていた。愛本橋詰から送電線の保守点検用の道がある。黒部川扇状地を間近に見る。
(新田川雅好)

丸山
まるやま　　　　　359.3m　宇奈月町
　　　　　　　　　2.5万分の1図「舟見」
G.B －

　宇奈月町下立金比羅社のうしろの山。黒部市、嘉例沢から下立への林道沿いにある。黒部川中流左岸の十二貫野用水をめぐる一角。下立集落の南約1.5kmになる。下立では杉の枝打ちに出る時、ヘイドへ行くという。裏手の意味。通称ヘイドの山。山が丸く見える位置は嘉例沢から下る途中の角雲谷附近か

ら。下立と嘉例沢は歴史上深い関係にある。戦国末期、魚津の松倉城が落城するまでは舟見と松倉を結ぶ山街道沿線にあたった。丸山山頂に三角点がある。現在は宇奈月町下立財産区として管理されている。黒部川扇状地が一望できる。→松倉城山
(新田川雅好)

山伏平
やまぶしだいら　　417.6m　黒部市・宇奈月町
　　　　　　　　　2.5万分の1図「舟見」
G.B －

　山伏平は新川育成牧場の東端部にある。黒部川左岸にのびる河岸段丘、十二貫野台地上の最高地点。新川育成牧場は黒部市と宇奈月町にまたがる標高約240～420mの丘陵地。起伏が比較的少なく、山伏平から北西に向かってゆるやかな傾斜を成し、牧草地の総面積が約85ヘクタール。間もなく開場30周年を迎える。主な事業は、牛の育成預託、ほかにファームフェアの開催やバーベキューハウスの営業を通じ、地域の畜産振興を図る。一帯は「山伏平」をはじめ「大平」「中大平」「北平」など平の付く名で呼ばれる。「山伏平」は宇奈月町吉城寺の字名で、行者のほら穴があるという浦山地区の八名谷を挟んで下立地区にも同じ名を残す。黒部市街地から車で約10分。眺めはよく、僧ケ岳や朝日連峰が広がり、眼下に黒部川扇状地、片貝川を望み、富山湾のかなたに能登半島を展望できる。
(新田川雅好)

山伏平山頂付近、春クロカンスキーを楽しむ

富山の名山 ― コラム①

No.	山名	日本百名山	日本二百名山	日本三百名山	北陸の百山	No.	山名	日本百名山	日本二百名山	日本三百名山	北陸の百山
1	白馬岳	○	○	○	○	26	人形山			○	○
2	五龍岳	○	○	○	○	27	白木峰			○	○
3	鹿島槍ケ岳	○	○	○	○	28	大門山			○	○
4	劔岳	○	○	○	○	29	医王山			○	○
5	立山	○	○	○	○	30	白鳥山				○
6	薬師岳	○	○	○	○	31	城山（泊）				○
7	黒部五郎岳	○	○	○	○	32	僧ケ岳				○
8	水晶岳(黒岳)	○	○	○	○	33	奥鐘山				○
9	鷲羽岳	○				34	大日岳				○
10	毛勝山		○	○	○	35	鳶山				○
11	奥大日岳		○	○		36	大辻山				○
12	赤牛岳		○	○		37	尖山				○
13	雪倉岳		○	○		38	小佐波御前山				○
14	針ノ木岳		○	○	○	39	呉羽山				○
15	烏帽子岳		○	○		40	二上山				○
16	金剛堂山		○	○	○	41	稲葉山				○
17	笈ケ岳		○	○	○	42	砺波山				○
18	野口五郎岳			○		43	牛岳				○
19	三俣蓮華岳			○	○	44	高清水山				○
20	蓮華岳			○		45	袴腰山				○
21	唐松岳			○		46	マルツンボリ山				○
22	爺ケ岳			○		47	猿ケ山				○
23	朝日岳			○	○	48	碁石ケ峰				○
24	鍬崎山			○	○	49	三国山				○
25	大笠山			○	○	50	奈良岳				○

日本百名山＝深田久弥選定
日本二百名山＝深田クラブ選定
日本三百名山＝日本山岳会選定
北陸の百山＝朝日新聞富山・石川・福井支局選定

桂書房『北越の山歩き』より

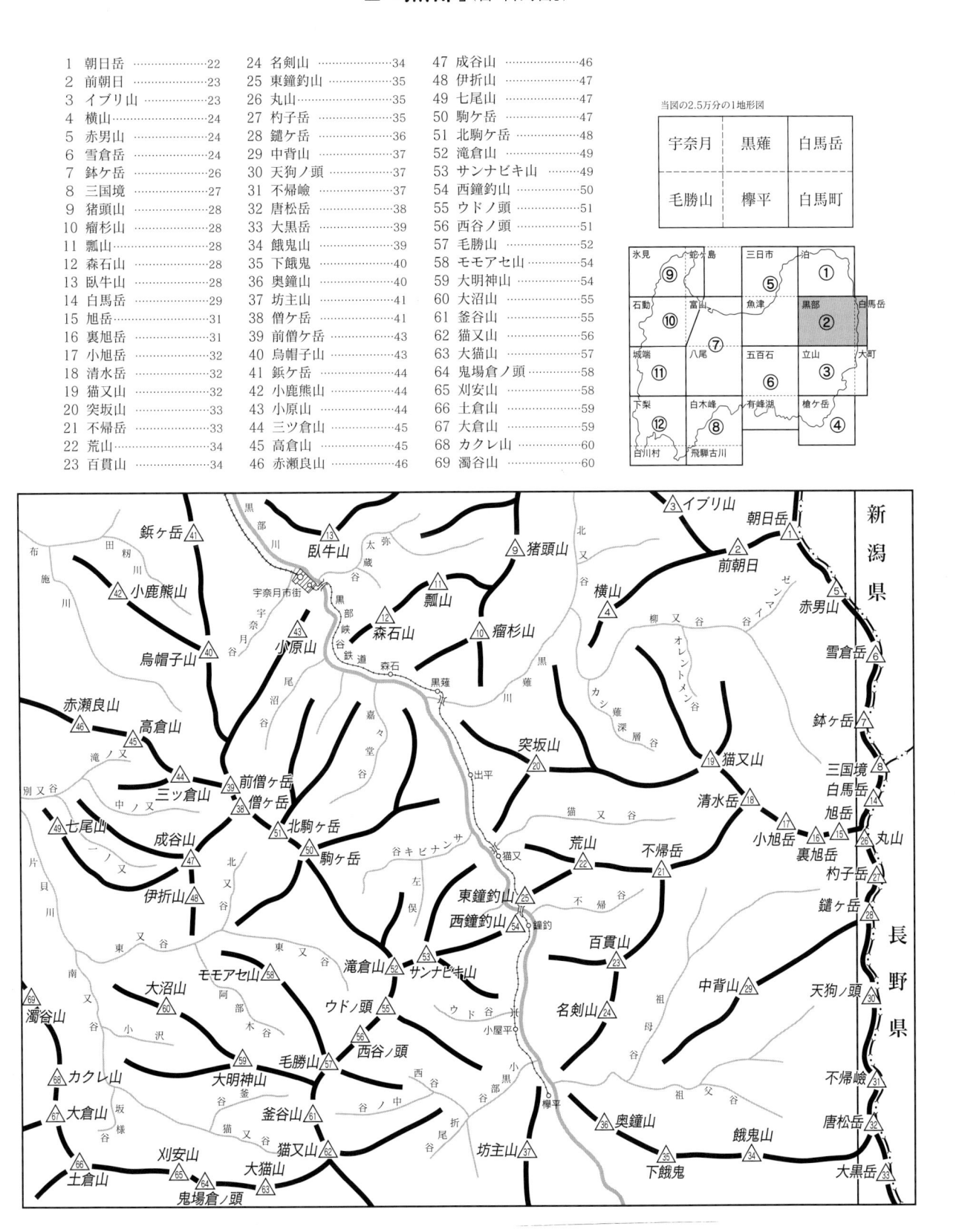

2「黒部」(含「白馬岳」)

1 朝日岳 …… 22	24 名剣山 …… 34	47 成谷山 …… 46
2 前朝日 …… 23	25 東鐘釣山 …… 35	48 伊折山 …… 47
3 イブリ山 …… 23	26 丸山 …… 35	49 七尾山 …… 47
4 横山 …… 24	27 杓子岳 …… 35	50 駒ケ岳 …… 47
5 赤男山 …… 24	28 鑓ケ岳 …… 36	51 北駒ケ岳 …… 48
6 雪倉岳 …… 24	29 中背山 …… 37	52 滝倉山 …… 49
7 鉢ケ岳 …… 26	30 天狗ノ頭 …… 37	53 サンナビキ山 …… 49
8 三国境 …… 27	31 不帰嶮 …… 37	54 西鐘釣山 …… 50
9 猪頭山 …… 28	32 唐松岳 …… 38	55 ウドノ頭 …… 51
10 瘤杉山 …… 28	33 大黒岳 …… 39	56 西谷ノ頭 …… 51
11 瓢山 …… 28	34 餓鬼山 …… 39	57 毛勝山 …… 52
12 森石山 …… 28	35 下餓鬼 …… 40	58 モモアセ山 …… 54
13 臥牛山 …… 28	36 奥鐘山 …… 40	59 大明神山 …… 54
14 白馬岳 …… 29	37 坊主山 …… 41	60 大沼山 …… 55
15 旭岳 …… 31	38 僧ケ岳 …… 41	61 釜谷山 …… 55
16 裏旭岳 …… 31	39 前僧ケ岳 …… 43	62 猫又山 …… 56
17 小旭岳 …… 32	40 烏帽子山 …… 43	63 大猫山 …… 57
18 清水岳 …… 32	41 鉞ケ岳 …… 44	64 鬼場倉ノ頭 …… 58
19 猫又山 …… 32	42 小鹿熊山 …… 44	65 刈安山 …… 58
20 突坂山 …… 33	43 小原山 …… 44	66 土倉山 …… 59
21 不帰岳 …… 33	44 三ツ倉山 …… 45	67 大倉山 …… 59
22 荒山 …… 34	45 高倉山 …… 45	68 カクレ山 …… 60
23 百貫山 …… 34	46 赤瀬良山 …… 46	69 濁谷山 …… 60

当図の2.5万分の1地形図

宇奈月	黒薙	白馬岳
毛勝山	欅平	白馬町

朝日岳
あさひだけ

2418.3m 朝日町・糸魚川市
2.5万分の1図「黒薙温泉」

《概観・構造》

後立山連峰北端の山。富山辺りからは弧状の鈍重な山に見えるが、北西面の小川河畔からの山容はピラミダルで、目をそば立たせるくらいに端正で秀麗。山頂から北上する稜線は新潟県との県境を犬ケ岳、白鳥山と辿り、親不知（新潟県青海町）で日本海に没する。南下する稜線は、雪倉岳、鉢ケ岳を列ねて三国境（富山・新潟・長野県）を経て白馬岳に至る。西面の前朝日、イブリ山を結んで垂下する尾根は北又谷に達する。

この山を源流とする谷には、西面に黒部・黒薙川・北又谷支流恵振谷、南面に黒薙川・柳又谷支流の水谷およびゼンマイ谷、東面に新潟県の姫川・大所川支流白高地沢がある。

《自然》

国指定の特別天然記念物「白馬連山高山植物帯」に含まれる。三角点周辺には砂礫や石塊が露出しているが、その四周は偃松帯。下るにつれ岳樺、オオシラビソが現れる。オオシラビソの中には、季節風の影響により旗形樹形をしているものも見られる。この山の周辺には高原状のところや湿原状のところが多い。西面のイブリ平、夕日ケ原、北面の八兵衛平、アヤメ平、南面の小桜ケ原、東面の五輪高原などである。いずれにも高山植物の群落が見られる。なかんずく、塚本繁松が「自然の大名舞台、天上の楽園」とたたえた夕日ケ原は広大。ちなみに夕日ケ原は、1923（大正12）年に塚本が発見。1926年、山友鈴木弘の発案で塚本が命名した。

《歴史・民俗》

古称は、エブリガタケ。江戸時代の越中の絵図および地誌類は、これに「杁」「恵夫理」「恵振」を当てている。片仮名で「エフリ」、「エブリ」としている図幅もある。

山名の由来については、因幡の国（鳥取県）の伝説「湖山の長者」に似た付会がある。——昔、代掻を1日で終えるのを慣行にしている百姓がいた。ある年、日没までに終わりそうにないので、没せんとする太陽を呼び戻そうとしたところ、天罰てきめんで、代掻中の農夫と農具が奥山へ飛ばされた。それが4、5月頃に現れる駒ケ岳の馬と鼻取りの雪形であり、恵夫理ケ嶽の杁の雪形であるという。しかし、朝日岳のそれは未だに確認されていない。

江戸時代には加賀藩下奥山廻りの道があったと考えられる。小川支流相ノ又谷から北又谷支流吹沢谷

朝日岳（右は前朝日、左は長楸山）越道峠～定倉山間の稜線から

『黒部奥山廻繪図』の一部

〜北又谷〜黒岩谷〜恵夫理ケ嶽と辿り、国境稜線上を上駒ケ嶽(今の白馬岳)へ長駆するものである。累代奥山廻り役を勤めてきた浮田家(富山市)の『黒部奥山廻繪圖』(文化6年＝1809)はこの道を描いている。

　山名が「朝日岳」となるのは、大日本帝國陸地測量部の5万分の1図『黒部』が発行されてから。「朝日」という呼称は越後(新潟県)からのもので、朝日が最初に当たる山という意らしい。1954(昭和29)年に発足した朝日町の町名は、この山に由来する。

《登山道》

　富山県側・北又谷からこの山への道が拓かれたのは、1928(昭和3)年。地元山崎村の大蓮華山保勝会による。一時期、越道峠から裏定倉谷右岸側の尾根を北又谷に下り、イブリ尾根の登山道に登り返す、いわゆる探勝道が拓かれたこともある。渡河地点は魚止ノ滝と又右衛門滝の中間で、吊橋が架っていた。各登山道のコースタイムは次のとおりである。

・イブリ尾根コース＝北又谷(4時間)イブリ山(2時間)朝日小屋(1時間)頂上
・栂海(つがみ)新道コース＝親不知(4時間)白鳥山(3時間)犬ケ岳(6時間)頂上
・蓮華温泉コース＝蓮華温泉(1時間)瀬戸川(1時間)白高地沢(4時間)頂上
・白馬岳コース＝白馬岳(2時間30分)雪倉岳(4時間)頂上

→雪倉岳・前朝日　　　　　　　(湯口康雄)

前朝日

まえあさひ　　2210m　朝日町
　　　　　　　2.5万分の1図「黒薙温泉」
　　　　　　　G.B　—

　朝日岳の前衛峰。西面からは、市女笠(いちめがさ)(王朝時代の外出用の笠)を伏せたような形に見える。幅広い鍔(つば)に当たる部分の東面が朝日小屋があるイブリ平。西面の1段下がったところに広がるのが、お花畑で知られる夕日ケ原である。この山を水源とする谷に、黒部・黒薙川・北又谷支流恵振谷の弥右衛門ビシ、柳又谷支流水谷がある。

　古称はない。登山者が訪れるようになってから、朝日岳の前にあるから仮に前朝日と称していたのが定着したもの。現在の5万分の1図『黒部』や2.5万分の1図『黒薙温泉』にこの山名はあるが、1959(昭和34)年発行の5万分の1図『黒部』にはまだ記載されていなかった。

　イブリ平は、塚本繁松の「白馬嶽以北の處女境」(『旅』第8巻第10号・昭和6年＝1931)によると、1925(大正14)年、吉澤庄作がここに「イブリ平」と書いた棒杭を打ったのがその始まりらしい。

　山頂への道はない。登頂するには朝日小屋から見える東面の雪渓を登る。所要時間は同小屋からおよそ30分。山頂周辺は灌木帯である。

　眺望はきわめてよい。朝日岳以北の山並みにも目を見張るが、柳又谷源流部とそれをとりまく白馬岳方面の山々がことに佳景。→朝日岳・イブリ山

　　　　　　　　　　　　　　　　　(湯口康雄)

イブリ山

いぶりやま　　1791m　朝日町
　　　　　　　2.5万分の1図「黒薙温泉」
　　　　　　　G.B　県⑦

　朝日岳西面、イブリ尾根上部に位置する広大な山。朝日岳の前衛峰的な存在。黒部・黒薙川・北又谷支流カラ谷、コクロベ谷、同じく北又谷支流恵振谷のオル谷、弥右衛門ビシの源頭。

　山名は、1913(大正2)年発行の5万分の1図

右が前朝日(左は朝日岳)　イブリ山山頂から

イブリ山(左奥は朝日岳)　越道峠下部から

『黒部』（初刷）に記載されたのが最初。それ以前は無名の山。江戸時代、越中では朝日岳を恵振ケ嶽、杁ケ嶽などと称していたが、5万分の1図『黒部』の初刷で朝日岳としたため、古称をここへ移したものと考えられる。恵振は杁で「えぶり」と訓ずる。水田の土をならす農具のことである。それをイブリとしたのは地元民の訛りに拠ったためであろう。近年発行の5万分の1図『泊』も、この山の直下にある恵振谷の「恵」に「い」と振り仮名を付し、「いぶり」を強調しているかに見える。

北又谷からの道が拓かれたのは1928（昭和3）年。地元山崎村（現、朝日町）の大蓮華山保勝会による。朝日岳に至るコースで、北又谷渡河地点を起点とし当山を10合目とする。1950（昭和25）年、泊高等学校山岳部がここに避難小屋を建てたがほどなく廃絶した。

北又谷からイブリ坂と称される急坂をおよそ4時間で山頂に達する。道筋を除き山全体が樹木におおわれ、どこが最高点か判然としないくらいである。眼前には雄大な朝日岳が聳え立つ。朝日岳側に下ったところにモリアオガエルが棲息する小さな池がある。→朝日岳　　　　　　　　　　　　（湯口康雄）

横山　　　1053m　朝日町・宇奈月町
よこやま　　2.5万分の1図「黒薙温泉」
G.B　－

黒部川支流黒薙川の上流、北又谷左岸の山。北アルプス朝日岳から西に延びる尾根筋がイブリ山と別れて高度を下げた突端にある。北又谷に面して、横に長い山体をしている。柳又谷はこの山にはばまれて、大きく湾曲して北又谷に合流する。

北又谷の支流の杉谷が北側から当山へ長い山稜にそうようにしてつき上げる。これを登って当山をまたいで柳又谷へ容易に入り込むことができる。これが黒部の中枢部へ通う重要な経路とされ、黒部奥山廻りでも決まったコースになっていた。今日も、柳又谷の遡行者が下部の廊下を省略するためにしばしばこの経路を越える。　　　　　　（上野　光）

赤男山　　2190m　朝日町・糸魚川市
あかおとこやま　2.5万分の1図「黒薙温泉」
G.B　㋐

右が赤男山（左は朝日岳）僧ケ岳宇奈月尾根から

朝日岳と雪倉岳の中間に位置する。黒部・黒薙川・柳又谷支流赤男谷、ゼンマイ谷及び新潟県側の姫川・大所川支流白高地沢の源頭。

古称も赤男山。1825（文政8）年の『越中四郡村々組分繪圖』（石黒藤右衛門信由）など、江戸時代の越中の絵図のほとんどはこの山を描く。石黒藤右衛門信由が著した『加越能三州測量圖籍』（天保6年＝1835）や加賀藩公撰の『加越能三州地理志稿』（文政13年＝1830）もこの山を記載する。

1929（昭和4）年、営林署の林道として越後側蓮華温泉から白高地沢右岸沿いに、朝日岳とこの山との鞍部に達する道が拓かれた。今は廃絶しているが、1930（昭和5）年発行の5万分の1図『白馬嶽及立山近傍』、1933（昭和8）年発行の5万分の1図『白馬嶽』等はこれを記載している。

山頂直下の西面岩壁下部一帯は、この山から崩落した岩石でデブリ状に埋められている。冠松次郎をして「犲岩の大洪水」といわしめた所である。白馬岳への縦走路がここを横断している。山頂への道はない。登頂するには登山道から逸れ、山頂西面の岩壁を避けて藪を漕ぐことになる。

かつては、西面岩壁に巣くうイワツバメがこの辺りに群舞していた。しかし、燕岩とも称された岩壁が剥落して以来、その光景を見ない。朝日岳との鞍部寄りに小桜ガ原と呼ばれる湿地があり、ハクサンコザクラが群生している。朝日岳から小桜ガ原までは1時間、そこからさらに数十分で西面岩壁下部に達する。→朝日岳・雪倉山　　　　　　（湯口康雄）

雪倉岳　　2610.9m　朝日町・糸魚川市
ゆきくらだけ　2.5万分の1図「白馬岳」
G.B　㋕㋐

《概観・構造》

白馬岳と親不知を結ぶ稜線にある山。白馬岳に次ぐ第2の高峰。山容は重厚にしてきわめて壮大。山頂から北上する稜線は、赤男山・朝日岳・犬ケ岳等を連ねる。南下する稜線は三国境を経て白馬岳につながる。

深田久弥は、『日本百名山』（昭和39年＝1964）にこの山を入れてはいないが、後記に「当然選ぶべきものに、雪倉岳、奥大日山、針ノ木岳―中略―などがあった。」と特記している。

高山植物等の調査及び蓮華温泉からのスキーによる登山以外、この山のみを目的に登山するものは稀。多くは、白馬岳～朝日岳間の縦走の途次に山頂に立ち寄る。

この山を源流とする谷には、西面に黒部・黒薙川・柳又谷支流六兵衛谷、東面に姫川支流の大所川上流の瀬戸川がある。

《自然》

国指定の特別天然記念物「白馬連山高山植物帯」の中にある。山頂一帯は岩石が露出しているが、周辺はコマクサをはじめとする高山植物の宝庫。殊に、北面の雪倉ノ池周辺が見ものである。木暮理太郎の「山の憶ひ出を辿りて」（『改造』第11巻第7号・昭和4年＝1929）に、ここにふれた一節がある。「此附近は恐らく白馬連山の中で、最も整った自然の高山植物園ではあるまいか」。ちなみに雪倉ノ池は、1917(大正6)年7月、黒薙川・北又谷支流恵振谷～朝日岳～赤男山と辿ってここに見参した木暮らの命名。

五百沢智也は「氷の山・火の山―白馬岳（その3）」（『岳人』364号・昭和52年＝1977）に、「白馬岳付近氷河地形分図」を掲げ、この山の地形にも氷河の存在を示唆するものがあるとしている。

《歴史・民俗》

古称は鉢ケ嶽。1825(文政8)年の『越中四郡村々組分繪圖』（射水郡高木村藤右衛門）をはじめ、江戸時代の越中の絵図及び地誌類のほとんどは、白馬岳以北の山々を雪倉ケ嶽、鉢ケ嶽、赤男山という順で表している。今日の山名とは雪倉岳と鉢ケ岳が入れ替わっていたのである。ただし、『新川郡組分見取繪圖』『新川郡見取繪圖』等は、今日の山名通り。

雪倉岳（小蓮華山への稜線から）

なお、「鉢」に「蜂」を宛ている図幅もある。片仮名で「ハチケ嶽」としているものもある。

『訂正　越後頸城郡誌稿』（越後頸城郡誌稿刊行会編、昭和44年＝1969）は「雪倉嶽」の項を「蓮華山ノ東北ニ在ル別峯ニシテ越中ニ界ス。此山往古ヨリ銀山ト称ス。天保年間鉱業ヲ試ルト雖モ今ハ廃鉱タリ」と説く。つまり、越後では今日の山名と同じだったのである。また、別項でこの山にふれ、「蓮華山ハ当郡ノ大山ニシテ、大蓮華・乗鞍・雪倉・風吹等ノ数峯集ツテ蓮華ノ形ヲ為ス故ニ此名アリ。四時雪ヲ冠キ雪又雪ヲ積テ、俗ニ古代ノ積雪尚消ヘサル高嶺ナリト云フ」と記している。

《登山道》

1912(大正元)年測図、1915年発行の5万分の1図『白馬嶽』（大日本帝國陸地測量部）には、まだ山頂に至る道はない。瀬戸川左岸の製錬所趾からこの山の北側の肩近くに延びる道を記すのみ。1933(昭和8)年のものでは、製錬所趾経由の道が前記のものと今日のように鉢ヶ岳南方に達するものとがあり、そのいずれもが白馬岳からとの道と合してこの山に向かっている。しかし、山頂は素通り。柳又谷側へ100m余りも下ったところを北上している。当時の登山記録によれば、実際にはかなり山頂寄りを通っていたらしい。

山頂を通る道を記載しているのは『白馬嶽及立山近傍』図（5万分1山嶽圖、陸地測量部、5色刷、昭和5＝1929）。「登山者の便に供する為在来の實測圖へ昭和四年更に部分修正を施したる當部發行五万分一地形圖數葉を集め」云々とあるだけにきわめて見やすい。製錬所趾経由で鉢ケ岳南方に出る道はまだ完成していなかったのか中途で終わっている。今日では、白馬岳から親不知まで北上する縦走路のほか、蓮華温泉からの道も整備されている。ただし、蓮華温泉からの道は、三国境と鉢ケ岳との鞍部の南側に出てから鉢ケ岳経由で北上するもののみ。山頂の南側、鉢ケ岳との鞍部には避難小屋がある。各登山道の所要時間は次のとおりである。

・白馬岳からの北上コース＝白馬岳・雪倉岳頂上　2～3時間。
・蓮華温泉コース＝蓮華温泉・雪倉岳頂上　5～6時間。　　　→白倉山・朝日岳　　（湯口康雄）

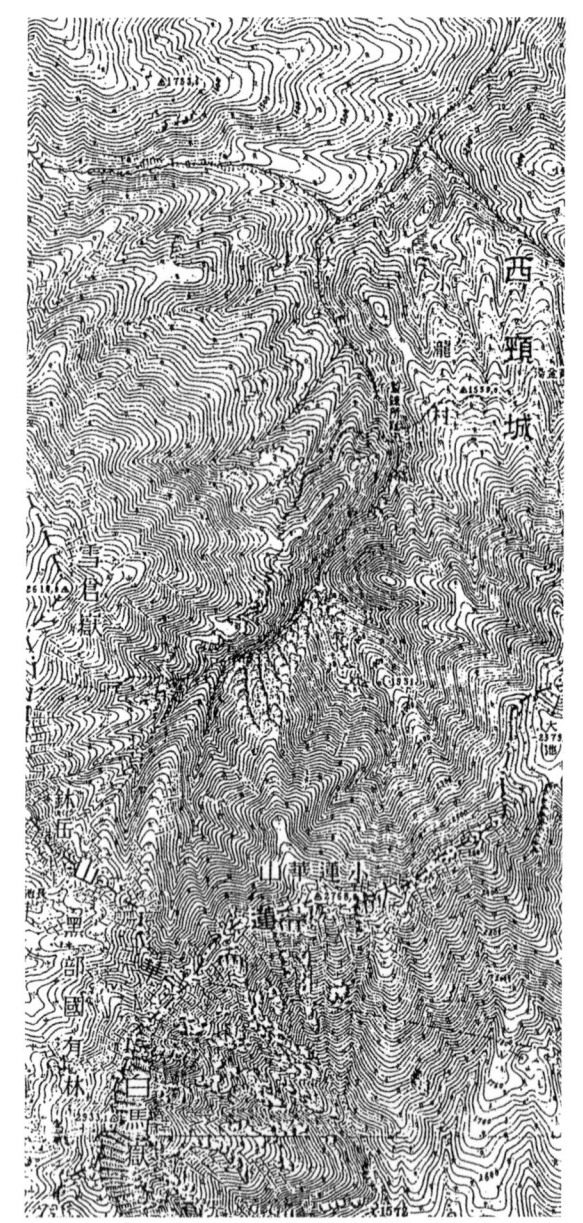

大正元年測図の5万分の1「白馬嶽」より

鉢ケ岳
はちがだけ　　2563m　朝日町・糸魚川市
2.5万分の1図「白馬岳」
G.B ⑦

白馬岳北面に位置する。黒部・黒薙川・柳又谷支流六兵衛谷及び姫川支流大所川の瀬戸川等の源頭。冠松次郎の言葉を借りれば、「鉢を伏せたような至極平凡な山」。

古称は雪倉ケ嶽。江戸時代の越中の絵図のほとんどはこう表記している。1839(天保10)年8月の

鉢ケ岳（左手前は長池、三国境上部から）

『上下新川郡一町五厘略繪圖』には鉢ケ嶽山とある。
　山頂一帯は砕岩に被われ、砕岩の間にコマクサを散見する。山頂の南面下部に池がある。長池と称するその周辺には高山植物の群落がある。黒薙川の開拓者・塚本繁松は「黒薙川柳又谷」（『山岳』第26年第3号＝1931）に、「恐らく白馬附近ではこの平程お花畠の美しい所はなかろう」、「敷町の間続いてゐる南京小櫻の大群落など夢ではないかと思はれる程美しかった」と記している。
　1932(昭和7)年8月、冠松次郎は雪倉岳との鞍部で武田久吉、田辺和雄と邂逅後長池に下って池畔で4泊。池周辺の見渡す限りのタカネキンボウゲの群落を目のあたりにしている（『山渓記2』冠松次郎・昭和43年＝1968）。
　かつては、白馬岳からこの山の山頂経由で雪倉岳に延びる道もあったが、今は東面・新潟県側の山腹を通る。山頂への稜線には踏跡があるが、辿るものは稀。1931(昭和6)年に拓かれた山腹を横断する道は、この山と雪倉岳との鞍部に至るもので、8月上旬までは4、5カ所雪渓を横切ることになる。
　白馬岳から三国境を経て鉢ケ岳との鞍部までおよそ40分。そこから稜線上の踏跡を10分あまりで山頂に達する。
　山頂からは、白馬岳をはじめとする柳又谷源流部の山々及び瀬戸川源流部の山々を間近に仰ぐ。柳又谷から一気に迫り上がっている旭岳は一偉観である。→白馬岳・雪倉岳
（湯口康雄）

三国境
さんごくざかい

2751m
朝日町・白馬村・糸魚川市
2.5万分の1図「白馬岳」
G.B ⑦

　県境上の1地点。白馬岳の北方約1kmにある。富山、岐阜、新潟3県の分岐点。本県にかかわる3カ所の3県の分岐点の1つだが、他の三俣蓮華岳や笠ケ岳に比べると山体の独立性が低い。
　白馬岳方面からくると後立山連峰の縦走路はここで二分する。左が鉢ケ岳、雪倉岳を経て朝日岳へ。右は小蓮華山を経て白馬大池方面へ。これが長野・新潟の県境になる。
　ここから白馬岳へかけての登山道はやや急な岩稜のやせ尾根で1時間弱。鉢ケ岳方面、小蓮華山方面

へは比較的ゆるいザクの道が続く。鉢ケ岳へは1時間強。小蓮華山へは1時間。→白馬岳　(橋本　廣)

猪頭山
いのがしらやま　　1353m　朝日町・宇奈月町
2.5万分の1図「黒薙温泉」
G.B 越 紀

　黒薙川右岸の山。黒部川支流の弥太蔵谷源流の1峰。越道峠の南3.5km。三角点はない。山奥に位置するため、入善町などの平野部から山頂の一部が見えるのみ。
　一般登山道はなく、残雪期に越道峠から朴ノ木山を経て、黒薙川右岸山稜をたどる。日帰りするとなると、なかなかにハードな日程。白馬岳から親不知へと続く山並みが見渡せる。→朴ノ木山　(上野　光)

瘤杉山
こぶすぎやま　　1353.2m　宇奈月町
2.5万分の1図「黒薙温泉」
G.B 紀 越

　黒部川の黒薙川合流点の北東にある山。東面へコブ杉谷（黒薙川支流）がつき上げる。西面は森石沢の流域。黒薙川対岸の突坂山から見た山容は険しい釣鐘状で、怪異。
　一般登山コースはなく、谷筋から残雪期に登られた記録がある。積雪期登山に慣れた熟練登山者の山とみるべき。黒部峡谷鉄道の黒薙駅を起点として頂上まで約5時間。筆者のささやかな登山は、春の彼岸のこと。森石山から雪の稜線をたどった。頂上はひねこびたスギの上に、大きなキノコ雪がかぶさっていた。
　山頂からは、黒部川ぞいの山々、後立山連峰の展望がすばらしい。　　　　　　　　　　(上野　光)

瓢山
ふくべやま　　1261.4m　宇奈月町
2.5万分の1図「黒薙温泉」
G.B —

　黒部川の右岸支流森石沢と弥太蔵谷を分ける稜線上の山。森石山の北東1.7kmにある三角点の山。
　この山自体は登山の対象とはならない。積雪期に森石山から瘤杉山あるいは猪頭山方面へ縦走する登山者が山頂を通過する程度で、登山者は極めて稀である。→瘤杉山　　　　　　　　　(上野　光)

森石山
もりいしやま　　1106.0m　宇奈月町
2.5万分の1図「宇奈月」
G.B 越 紀

　黒部峡谷の柳河原発電所の上部の山。宇奈月温泉の南東に位置する。しかし温泉街からは尾根の端しか見えない。黒部川右岸側の支流、弥太蔵谷と森石谷に挟まれている。名の由来は豊かな森に覆われた山中のあちこちに岩が多いからとか。

森石山（宇奈月温泉おもかげ橋から）

　登山道はないので登るとすれば残雪期を選ぶ。黒部峡谷鉄道の最初のトンネルを抜けた所、または柳河原発電所の導水管の上から尾根に取り付くのが一般的。頂上まで約5時間。
　山頂からの眺望はよく、西から南にかけて堂々とした僧ケ岳、駒ケ岳、北に負釣山、東には猪頭山、朝日岳、真南には黒部の奔流が眺められる。

(富樫正弘)

臥牛山
ねうしやま　　840.0m　宇奈月町
2.5万分の1図「宇奈月」
G.B 紀

　宇奈月の温泉街の北東にそびえる山。黒部川左岸の小原山（平和観音像の建つ山）と温泉街をはさんで向き合う。昭和30(1955)年代、当山山腹の「琴音の滝」などとともに命名されたが、充分知られていない。橋本廣編『とやま山紀行』(1996＝桂書房刊)では「馬瀬谷山」として取り上げられている。これは山頂の三角点名「馬瀬谷」から。黒部の山岳ガイド故高島石盛のメモには「馬瀬山」とある。なお馬瀬谷は弥太蔵谷(黒部川)の支流で当山南東面にある。
　登山道はない。登るなら春、4月が適期。背面の音谷からその支流の当山北面へつき上げる小沢を登

臥牛山（小原山中腹から）

る。音谷から山頂まで約3時間である。山頂からは、ブナのこずえ越しに僧ケ岳、駒ケ岳が屏風のように立ち並ぶのを仰ぐ。南に森石山が高い。足下にある笹の温泉街は見えない。→小原山　　（佐伯邦夫）

白馬岳
しろうまだけ

2932.2m　朝日町・白馬村
2.5万分の1図「白馬岳」
G.B 歩 カ 県 自 北 ア

《概観・構造》

　白馬三山（白馬岳・杓子岳・鑓ケ岳）の盟主。お花畑のみならず、日本三大雪渓の1つともいわれる白馬大雪渓があることでも知られる。頂稜は非対称山稜で、富山県側は緩斜面であるが長野県側は断崖に近い。

　山頂から富山県と長野県を分けて北上する稜線は三国境で二岐し、1本は雪倉岳を経て朝日岳へ、もう1本は白馬大池をかすめて箙岳へ下降する。杓子岳、鑓ケ岳を列ねて富山・長野県境を南下する稜線は、不帰嶮を経て唐松岳へ伸びる。旭岳、清水岳を結んで西下する尾根は突坂山経由で黒部峡谷の黒薙川出合に達する。東面には、白馬岳主稜、三合尾根などの岩稜が垂下する。これらの岩稜は、雪稜と化す積雪期によく登攀される。

　この山を源流とする谷には、西面に黒部・黒薙川の源流柳又谷、南面に黒部・祖母谷上流清水谷、東面に姫川支流松川の北股入がある。

《自然》

　この山一帯は1952(昭和27)年、「白馬連山高山植物帯」として国の特別天然記念物指定を受けている。季節風の影響を受けるとともに、地形・地質が

白馬岳（小蓮華への稜線から）

変化に富んでいるため高山植物の種類が豊富。

山頂は岩礫で被われているが、付近には風衝草原が見られる。大雪渓を登り終えた辺りの葱平(ねぶかびら)から始まるお花畑には高山植物の群落があり、種類も多い。お花畑の中には、かつて山崎直方博士らが氷河擦痕とした、条痕のある岩盤が露出している。

《歴史・民俗》

江戸時代における越中側からの呼称は、蓮花山、大蓮花山、大蓮華山または上駒ヶ嶽。この頃の絵図はおおむね、このいずれかで記載している。現在の白馬という呼称は信州（長野県）側からのもので、東面・小蓮華山寄りの斜面に黒々と現れる代掻き馬の雪形に由来する。この代馬(しろか)がやがて白馬に転訛したとする説が一般化している。

越中側からは、早くから道が拓かれていた。道筋の詳細は判然としないが『奥山廻岩城記録』（元禄13年＝1700）は、元禄12年の黒部下奥山廻役内山村三郎左衛門の鑓ヶ嶽越えを伝えている。その頃はまだ道と呼ぶにほど遠かったらしく、記録に「さら越同事ニ極タル道筋ハ無御座候」とある。

やがて、黒部下奥山廻りの検分登山が定期的に行われるようになる。その道筋は、小川温泉〜北又谷〜杉谷峠〜柳又谷〜猫又山〜蓮花山（今の白馬岳）と辿るもので、その登山記録というべき山中日記も残っている。三郎左衛門の鑓ヶ嶽越えの道筋もこれと似ていたものと考える。

黒部下奥山廻りの検分登山は、後立山（今の鹿島槍ヶ岳）へかけても実施されていた。道筋は、猫又山の下の方までは白馬岳へ向かう道と同じであるが、そこから猫又谷に逸れて祖母谷へ乗越し、餓鬼(がき)谷、後立山谷（今の東谷）と長駆してその山頂に立つものであった。

1895(明治28)年8月、小杉復堂は黒部下奥山廻りの道を往復、漢文で「游大蓮華山記」（『復堂遺文』昭和5年＝1930）をものしている。その後この道は廃(すた)れ、今はない。

1907(明治40)年8月、吉澤庄作らが祖母谷を遡行、清水岳経由で白馬岳に達している。登山記は『山岳』第5年第1号（明治43年＝1910）に「越中方面　大蓮華山登攀録」として掲載されている。この方面からの登山としては初期のものである。

《登山道》

この山へは現在、四周から登山道が通じている。すでに廃れて久しいが、かつて、祖母谷から中背尾

白馬岳山頂直下（白馬山荘付近から）

旭岳（手前は白馬山荘。左側の道は祖母谷温泉に至る。白馬岳から）

根を経由する道も拓かれていた。
　各登山道のコースタイムは次のとおりである。
・縦走コース＝唐松岳（4時間）鑓ケ岳（2時間）頂上
・朝日岳コース＝朝日岳（3.5時間）雪倉岳（2.5時間）三国境（40分）頂上
・大雪渓コース＝猿倉（1時間）白馬尻（5時間）頂上
・白馬大池コース＝白馬大池（1.5時間）小蓮華山（40分）三国境（40分）頂上
・祖母谷コース＝祖母谷温泉（5時間）不帰岳避難小屋（2.5時間）清水岳（3時間）頂上　　（湯口康雄）

旭岳
あさひだけ　　2867m　宇奈月町
2.5万分の1図「黒薙温泉」
G.B　—

　白馬岳と清水岳の間に位置する。白馬岳の前衛峰。黒部の黒薙川上流柳又谷、同祖母谷上流の清水谷の源頭。白馬岳北方の朝日岳との混同を避けるため、「きょくじつあさひ」または「しろうまあさひ」と呼ぶこともある。
　古称は鎗ヶ嶽または鑓ヶ嶽。『加越能三州測量図籍』（石黒藤右衛門信由・天保6年＝1835）は前者を、『新川郡組分見取繪圖』は後者を採っている。旭岳となるのは5万分の1図『黒部』から。江戸時代の越中の絵図はこの山の西面、今の猫又山の辺りに朝日岳を描くが、それを旭岳としてここに冠したとも考えられる。定説はない。
　小川温泉から北又谷、柳又谷経由で信州へ越える道が、この山をかすめて古くから拓かれていた。この山の祖母谷側を通るもので、1699（元禄12）年には奥山廻り役・内山村三郎左衛門が踏破している。『加越能三州地理志稿』（文政13年＝1830）は鑓ケ嶽の項に、「在駒ケ嶽西。元禄上記云。鑓ケ嶽有間道。通信濃州。不有定路」と記載している。しかし、やがてこの道は、黒部下奥山廻りの道として定期的に踏まれ、明治まで存続する。
　山頂への道はなく、登山者は稀である。登頂するには、祖母谷温泉――白馬岳間の道から逸れ、南面の踏跡を辿る。岩の露出した狭隘な山頂は、分岐点から20～30分のところにある。
　眼前には白馬三山（白馬岳・杓子岳・鑓ケ岳）が迫る。北面に白馬以北の山々が、西面には立山・剱と剱岳北方稜線が展開している。眼下に柳又谷源流部がうねっている。→白馬岳　　（湯口康雄）

裏旭岳
うらあさひだけ　　2733m　朝日町
2.5万分の1図「黒薙温泉」
G.B　県ア

　白馬岳から南西へ清水岳、不帰岳をへて祖母谷温泉に下るルート上の山。旭岳と清水岳の間の小ピークに東側から裏旭岳、小旭岳の名が与えられている。

「裏」は信州側を基準とした名。旭岳はその特徴的な山容で目立っているのに、裏旭岳はひっそりとしている。一般登山路でいえば、旭岳は南麓の雪田を通過するだけだが、裏旭岳はその山頂を通る。そのぶん登山者に身近なはずなのに、その存在を意識されることはあまりない。

北に柳又谷の源流越しに朝日岳を仰ぐ。南に立山、剱岳、唐松岳、鹿島槍ケ岳などを見はるかす。裏旭と小旭との鞍部には8月末まで雪田もありハイマツが見事である。→白馬岳・旭岳　　　（佐伯克美）

小旭岳　　　2636m　朝日町
こあさひだけ　　2.5万分の1図「黒薙温泉」
G.B ㊩㋐

白馬岳から西へ清水岳にいたる稜線上、裏旭岳と清水岳の中間に位置する。頂上付近は岩まじりのヤセ尾根。このため縦走路は南面中腹をほぼ水平にトラバースしている。この道と頂上の標高差は約100m。時間にすれば20～30分だろうか。あえてそこに立つ者はいない。

小旭岳から清水平にかけては高山植物の美しいところである。コバイケイソウ、ハクサンイチゲ、ミヤマキンバイ、イワウチワ、チングルマ、ハクサンコザクラなどが、それぞれに広い群落をなし、その棲みわけの絶妙さには驚かされる。小旭岳と清水平の間の白っぽいザレにはコマクサの群落もある。まさに雲上の花園といえる。→白馬岳・清水岳・裏旭岳
　　　　　　　　　　　　　　　　（佐伯克美）

清水岳　　　2603m　宇奈月町
しょうずだけ　　2.5万分の1図「黒薙温泉」
G.B ㊩㋐

白馬岳の前衛峰。白馬岳・旭岳から黒部川へのびる山稜上部の山。

一般的には、白馬岳と祖母谷温泉を結ぶ登山コースの1通過点である。黒部扇状地から仰ぐ山容は堂々として立派。山頂一帯は高山植物の宝庫である。過去には、清水小屋があったが、今は、不帰岳の避難小屋にかわる。この小屋は、黒部の山主・故高嶋石盛氏が関係各所に働き掛け建設された。

祖母谷温泉からは樹林帯の中、《名剣の登り》《百貫の登り》を詰めると2000m付近で鎖場に出、不帰岳の避難小屋に着く。そこからも苦しい登りだが、しだいに傾斜が緩み高山植物が迎えてくれる。

清水岳の手前で再び、上りが待っている。清水山頂はさえぎるものもなく、晴天であれば360度のパノラマが期待できる。

残雪期は、コース上迷いやすいところが多く、マーカーは施してはいるが、注意が必要だ。→不帰岳・白馬岳　　　　　　　　　　　（前澤　功）

猫又山　　　2308m　宇奈月町
ねこまたやま　　2.5万分の1図「黒薙温泉」
G.B －

白馬岳から黒部・黒薙川出合に垂下する尾根にあるずんぐりした山。清水岳の北西に位置する。黒部川支流猫又谷及び黒部・黒薙川の柳又谷支流カシ薙深層谷等の源頭。

古称は朝日岳。小川温泉から北又谷、柳又谷を経て蓮花山（今の白馬岳）に至る黒部下奥山廻りの道はこの山を経由していた。1863(文久3)年の「下奥山日記」（竹内甚之進）はその山中記録。ここでは「朝日岳」ではなく、「猫」として登場する。この頃西面の猫ノ躍場も知られていたらしく「猫躍場」と記されている。

小旭岳の稜線（裏旭から。佐伯邦夫撮影）

左奥から白馬岳、旭岳、清水岳。猫又山は清水岳と手前の無名峰との間にある丸い山。猪頭山への稜線から。

　1895(明治28)年、小杉復堂は黒部下奥山廻り道を辿って白馬岳を往復、漢文で「遊大蓮華山記」(『復堂遺文』昭和5年=1930)をものしている。猫ノ躍場にふれ、「藩命をおびた猟者が、踊っている一丈余りの金華猫を撃ち殺したことに因む」としている。塚本繁松は「黒部の古道を訪ふ」(『山岳』第36年第2号・昭和17年=1942)で、このあたりの広大な草原を「天上の楽園」とたたえている。

　猫又の山名については、青木純二に「猫又山(黒部峡谷)」(『山の傳説─日本アルプス篇』・昭和5年=1930)がある。人を襲う猫又という「怪獣が居た山を人々は猫又山と呼んで怖れた」云々。これはしかし、越後国(新潟県)重倉山(しげくら)の猫又伝説に酷似している。

　黒部下奥山廻りの道は、1917(大正6)年に踏破した鈴木益三の記録によれば、すでにほぼ廃絶状態であった。今は積雪期に白馬岳の西尾根(突坂尾根)を登るパーティや、柳又谷(黒部・黒薙川上流)のカシ薙深層谷やオレントメン谷を溯行する人が通るのみ。→白馬岳・清水岳　　　　　　　(湯口康雄)

突坂山
とっさかやま　　1503.7m　宇奈月町
2.5万分の1図「黒薙温泉」
G.B 越 歩 カ 雪 紀

　黒部川・黒薙川合流点の南東にある山。黒薙川を隔てた対岸に瘤杉山(こぶすぎ)がある。山名は山容が鶏冠(トサカ)に似ることに由来するという。

　黒薙温泉あたりから白馬岳へと続く長大な尾根の末端のピーク。白馬岳への積雪期の登山コースとしては難易度が高い。登山適期は、頂上付近に雪が残る5月。黒部峡谷鉄道笹平駅から送電線の巡視路を登り、さらに尾根筋の残雪をたどる。笹平駅から頂上まで約5時間。

　頂上からは剱岳をはじめ、朝日岳など後立山連峰の展望に恵まれる。　　　　　　　　(上野　光)

不帰岳
かえらずだけ　　2053.5m　宇奈月町
2.5万分の1図「欅平」
G.B 越 県 ア

　白馬岳・旭岳から黒部峡右岸へのびる山脈の中間部にある。

　山の西側の猫又谷は、年々崩壊が進んでいる。過

不帰岳（東面から見る）佐伯邦夫撮影

去には、何度も巨大な土石流が発生し黒部川本流に注ぎ、黒部峡谷鉄道を埋める被害も。昔の人に、ここら辺り一帯に入り込むと2度と帰ってこれないと恐れられていたという。山名もここから。

山頂の東300mほどに避難小屋があって、白馬岳と祖母谷温泉を結ぶ長い登山コースの中で重要な役割を果たしている。山頂への道はないが、小屋からヤブを分けると20分ほど。しかし、祖母谷温泉からここまでは5時間ほどの苦しいアルバイト。水場は豊富で、野生動物に出合うこともしばしば。小屋から白馬岳までまた4〜5時間である。→清水岳・百貫山　　　　　　　　　　　　（前澤　功）

荒山
あらやま　　　1600m　宇奈月町
2.5万分の1図「欅平」
G.B －

黒部峡谷右岸不帰谷と猫又谷の流れを分ける位置にある。不帰岳の前衛峰。

不帰岳からは間の大きな山に隠れ見ることは出来ないが、当山山裾の東鐘釣山からは小便谷を挟んで見える。

登山道はなく、残雪期に当山西面にくい込む狢谷（むじなだに）（黒部支流）を詰めるしかない。この谷は傾斜がきわめて強く、慎重に条件を選ぶ必要があろう。

清水岳・不帰岳一帯はツキノワグマの生息地であり、残雪期には熊の親子連れの足跡が絶えず、他にはニホンカモシカなど、動物が生息するに良い環境と考えられる。

入山は黒部峡谷鉄道の猫又もしくは鐘釣で下車。線路上の徒歩は許可が必要である。→不帰岳
　　　　　　　　　　　　　　　　（前澤　功）

百貫山
ひゃっかんやま　　1969.8m　宇奈月町
2.5万分の1図「欅平」
G.B 紀越雪

黒部川中流右岸の険しい山。支流の不帰谷と祖母谷の間にそびえる。南1.5kmの名剣山と並ぶ。これも同じような急峻な山。黒部峡谷鉄道鐘釣駅の東2.5km。二等三角点がある。

祖母谷温泉から白馬岳への登山道が東側山腹を通る。延々と続く厳しい登山道の下りには「百貫の大下り」の名がある。登山は、残雪期に白馬岳への途中から尾根筋をたどるのが賢明であろう。頂上は木々が繁り、展望はきかない。

百貫山。遠景は白馬岳（ブナクラ峠から）佐伯邦夫撮影

黒部川に向かって、残雪が遅くまであることで知られる百貫谷が落ちる。→不帰岳　　　（上野　光）

名剣山
めいけんやま　　　1906m　宇奈月町
2.5万分の1図「欅平」
G.B 越紀

黒部峡谷右岸の山。支流の祖母谷との間にそびえる。山裾に欅平や猿飛峡、名剣温泉、祖母谷温泉など、黒部峡谷を代表する観光スポットをしたがえる。これらと当山山頂の比高は1300mほどあり、山肌は最も黒部らしく切り立ってそびえ、黒部峡谷の象徴的存在。尾根続きで北に百貫山。さらに不帰岳、清水岳を経て白馬岳につらなる。

名剣山（左）と百貫山（清水岳から。遠景は剱岳＝佐伯邦夫撮影）

　行程は、祖母谷温泉から林道を15分ほど奥へ進むと、名剣沢出合いに着く。白馬岳への登山口ともなっているが、登山道を離れ、ひたすら名剣沢を詰めると二又。そこから右へコースを取りコルまで一直線に登り頂上を目指す。

　山頂は、立木が少なく、名剣の岩峰と相良く並び立ち、百貫山・不帰岳・白馬連峰を仰ぐ。黒部の谷を隔てての毛勝連山の眺望は貴重。→百貫山

（前澤　功）

東鐘釣山
ひがしかねつりやま
759m　宇奈月町
2.5万分の1図「欅平」

東鐘釣山とかつての錦繍温泉（大正7年に洪水で流失）

G.B —

　黒部峡谷鉄道沿線にある奇峰。同鉄道の猫又と鐘釣駅の間にある。鉄道はこの山の中腹をくりぬいたトンネルを通る。黒部本流は当山にぶつかり西側を巻くように流れている。

　相向かいには黒部川を隔てて西鐘釣山が聳え、急峻な峡谷美を一層盛り立てている。いずれもお寺の鐘を伏せたような山容。垂直な壁が天を突く勢いを感じさせる。近年、この壁がロッククライミングの対象とされるようになった。河川巡視路が山を取り巻くように付けられ、これを利用し岩場へ取り付く。一般登山道はないが、不帰谷に入り、背後（東側）の鞍部から尾根をたどり山頂に達することができる。

（前澤　功）

丸山
まるやま
2768m　宇奈月町・白馬村
2.5万分の1図「白馬町」
G.B ㋐

　白馬岳の西南約1km、村営頂上宿舎の裏手に位置し、岩峰の離山とキャンプ場を挟んで対峙している。小さな丸い隆起の山で、ハイマツと草花に覆われている。登山道が山頂を通っているがうっかりしていると通過してしまいそうな山。

丸山（山頂を後立山の縦走路が通る。白馬岳との鞍部から）

　山頂からの眺望は良く、北側に白馬岳、雪倉岳、朝日岳、旭岳、清水岳、南に大きく杓子岳、鑓ケ岳を眺め、西側には黒部川を挟んで立山、剱岳、毛勝三山、僧ケ岳を見る。→白馬岳　　（池原　等）

杓子岳
しゃくしだけ
2812m　宇奈月町・白馬村
2.5万分の1図「白馬町」
G.B ㋐

杓子岳（屋根形の山頂。丸山から）

　後立山連峰白馬岳と鑓ケ岳の間にあり、白馬岳から南に２km、南北に長い屋根型の山。信州側(東面)は岩壁で杓子沢へ切れ落ちている。北東稜末端に天狗菱がそそり立っていて白馬大雪渓上部から良く見える。越中側（西面）は、祖母谷の支流清水谷の源流部となっている。山頂は瓦礫帯で、北端に木の標識が立っている。山頂下部にコマクサの大群落がある。山名の杓子は女性を表す。南隣の鑓ケ岳の鑓は男性を象徴していることと対照している。他に木地屋との関連説など諸説ある。なお、越中の絵図では文化文政（1804～）時代以降、鑓ケ岳を大蓮華山、杓子岳を小蓮華山としていた。

　白馬岳、鑓ケ岳とともに白馬三山と云い、富山平野からも見える。山頂を通る道もあるが、一般登山道は西面を巻いている。信州白馬村の猿倉から大雪渓を登って６時間要する。

　山頂から北に白馬岳、旭岳、南には目の前に鑓ケ岳、西には黒部川を挟んで剱岳、毛勝三山、僧ケ岳を眺める。→白馬岳・鑓ケ岳　　　　　（池原　等）

鑓ケ岳
やりがたけ

2903.1m　宇奈月町・白馬村
2.5万分の１図「白馬町」
G.B ⑦

　後立山連峰稜線上のピーク。山頂は白馬岳から南へ約２km、北側に小さな突起の前鑓ケ岳を有す。山頂は東西に細長く瓦礫で構成されている。東端に三等三角点の石柱と方位の付いている木の標識がある。黒部川と姫川の分水嶺。祖母谷支流の清水谷、祖父谷支流の中ノ谷、姫川支流の湯入沢、杓子沢の源流の山。白馬岳、杓子岳とともに白馬三山と云う。山名は信州白馬村や富山平野から槍のように鋭く見えることから。信飛国境の槍ケ岳と区別するため、白馬鑓ともいう。

　登山道は山頂を通過するものと、越中側の巻き道とがある。白馬村の猿倉から鑓温泉を通って山頂まで６時間を要する。東に３本の岩稜があり、積雪期登山のルートとなっている。

　立山連峰の最低鞍部平杭乗越（毛勝山と滝倉山の間）越しに富山平野から見え、新雪時にはいち早く白くなる。農民はこれをレンゲと呼んでいた。宇奈月町の最高地点であるが、黒部市からはっきりと仰がれる。

　山頂からは360度の眺望を楽しめる。北に杓子岳、

鑓ケ岳（丸山から）

白馬岳、旭岳、清水岳、南に五龍岳、鹿島槍ケ岳、西に黒部川を挟んで立山、劔岳、毛勝三山、僧ケ岳、遠くに能登半島も見える。東には戸隠山、黒姫山、遠く富士山も眺められる。→白馬岳　　　　　　　　　（池原　等）

中背山　　　　2074.7m　宇奈月町
なかせやま　　　2.5万分の1図「欅平」

G.B －

　白馬三山の鑓ケ岳から南西（黒部峡谷側）へ延びる長大な尾根の中ほどにある。清水尾根の百貫山あたりから見ると美しい三角錐を呈する。尾根を、当山の名を取り中背尾根とも。またこれは、黒部川支流の祖母谷と祖父谷の流域を分ける。

　昭和の初年（1930年代）に、尾根の末端の祖母谷温泉から当山を経て白馬岳に通じる尾根道が切り開かれたが、その後手入れが行き届かないまま、大戦中の空白などがあって廃道となった。戦後、1950年代に再開されたが、利用者もないままふたたび廃絶した。

　1995（平7）年7月の大水害のとき、当山南西で大崩壊が起き、祖父谷に巨大な堰止め湖が現出。このことに伴う防災上の必要から、尾根の下部に切り開きがなされた。これは、祖母谷温泉から山頂までの3分の2ぐらいにまで達している。必要ならこれを使うことができよう。祖母谷温泉から日帰りでのピストンは、やゝ強行ながら可能と思われる。→白馬岳
　　　　　　　　　　　　　　　（佐伯邦夫）

天狗ノ頭　　　2812.0m　宇奈月町・白馬村
てんぐのあたま　2.5万分の1図「白馬町」

G.B ⑦

　後立山稜線上の鑓ケ岳から南に約2km、東西に2つのピークを持つ小高い山。稜線上に1つ、そこから越中側に200mほど入った所に砂礫とハイマツの間に三等三角点を持つピーク。近くに草原の台地がある。北に約1kmで天狗山荘、南に向かうと天狗の大下りとなり、不帰嶮に続く。姫川の支流天狗沢と黒部祖父谷の支流奥不帰谷の源流に位置する。

　　　　　　　　　　　　　　　（池原　等）

不帰嶮　　　　2614m　宇奈月町・白馬村
かえらずのけん　2.5万分の1図「白馬町」

G.B ⑦

　後立山の鑓ケ岳と唐松岳との鞍部にある岩稜帯。

不帰嶮（不帰Ⅰ峰＝左下、Ⅱ峰北峰、Ⅱ峰南峰、Ⅲ峰を見渡す）

鑓ケ岳側からⅠ峰、Ⅱ峰北峰、Ⅱ峰南峰、そしてⅢ峰と4個のピークがあり、Ⅲ峰が2614m地点となる。山名の由来は、姫川の支流不帰沢の源流となっているところから。

尾根が細い岩稜帯のため、登山道はクサリ場や金属の桟道が設置されている。Ⅰ峰、Ⅱ峰は山頂を通過するが、Ⅲ峰は大きく巻いている。

唐松岳八方尾根の第3ケルン（八方池）辺りから全体が良く眺められる。また、大沢野町大久保付近から立山連峰のブナクラ乗越を越えて見える。→唐松岳　　　　　　　　　　　　　（池原　等）

唐松岳
からまつだけ　　2695.8m 宇奈月町・白馬村
　　　　　　　　2.5万分の1図「白馬町」
G.B ㊙ ㋕ ㋐

富山県と長野県の境界上の1座。南北に連なる後立山連峰のほぼ中間に位置し、北へ鑓ケ岳、杓子岳、白馬岳と続き、南は五龍岳、鹿島槍ケ岳へと続く。一方、東へは八方尾根が、西へは餓鬼尾根がのび、奥鐘山を経て黒部峡谷の欅平対岸に達する。北面へは姫川支流の松川の上流、南股入の1源流唐松沢が突き上げている。西面は黒部の流域で、祖父谷、餓鬼谷などの源流が突き上げている。山頂には二等三角点があり、点名は「唐松谷」。唐松岳は信州側の名で越中側の古称は上犬ケ岳。

富山・長野どちら側へも三角形のとがったピークを見せている。平野部では、黒部扇状地の入善町から望見できる。山頂から北には不帰ノ嶮の険しい岩場が続く。

八方尾根の麓には有名な八方尾根スキー場がありスキーヤーで賑わう。1998年にはオリンピック冬季大会の会場ともなり注目を集めた。スキー場のゴンドラ・リフトは通年営業しており、これを利用すれば一気に稜線に出ることができ、尾根伝いに4時間余りで唐松岳山頂に達する。頂上直下に唐松岳山荘がある。

一方、富山県側からは、黒部峡谷の祖母谷温泉から餓鬼山を経由し、餓鬼谷源頭のカール地形をトラバースして唐松岳山荘に至るコースがある。約8～10時間の行程で健脚向き。途中、餓鬼山に避難小屋がある。また、大黒鉱山跡があり、明治40年（1907）代から大正にかけて銅の採掘が盛んに行われていた。

頂上からの眺望は超一級。黒部川を挟んで立山、剱岳、毛勝三山等の大パノラマが広がる。また、松

唐松岳（奥に覗くのは不帰嶮。唐松岳山荘から）佐伯郁夫撮影

川の向うには岩岳山（岩岳スキー場）なども望まれる。　　　　　　　　　　　　　　（井上澄雄）

大黒岳
だいこくだけ　　2390m　宇奈月町・白馬村
2.5万分の1図「白馬町」
G.B ⑦

　後立山連峰の唐松岳と五龍岳の鞍部にある小さなピーク。五龍山荘の北約2km稜線上にある目立たない山。山頂は信州側が切れ落ちたハイマツ帯で、南端にシャクナゲの群落があり、山頂直下にはシラビソの原生林がある。黒部川の支流餓鬼谷と姫川の支流平川から派生している大黒沢の源流鞍部に位置し、この五龍岳側鞍部が後立山連峰の最低鞍部（2320m）にあたる。名称は信州側から見て山容が大黒様に似ていることから生じたと思われる。

　登山道は信州側崩壊のため、山頂の西側を巻いている。→唐松岳・五龍岳　　　　　（池原　等）

中央の小高いのが大黒岳（登山道は越中側を巻いている）

餓鬼山
がきやま　　2127.9m　宇奈月町
2.5万分の1図「欅平」
G.B ⑦

　唐松岳から西へ延びる長大な尾根（餓鬼山尾根）が、奥鐘山の大岩壁で黒部川に落ちる。この尾根の中ほどにある顕著なピークが餓鬼山である。餓鬼山尾根の南面は餓鬼谷、北面は祖父谷である。祖父谷上流の中ノ谷などの水を集めて祖母谷と合流する。中ノ谷と奥不帰谷の出合うあたりに1995年7月の大崩壊で大きなせき止め湖ができた。

　この山は大黒鉱山（銅山）のあった山として知られる。1907(明治40)年に創業され現場近くに精錬施設と飯場などが作られた。坑口は餓鬼谷源頭の左岸、標高1900mの地点。作業道は信州側におりている。1909年春、越冬中の人夫ら16人中6人が病

餓鬼山の山頂から餓鬼谷、大黒鉱山跡を見下ろす（佐竹剛彦提供）

死している。最盛期には作業員が百数十人にのぼり、30kgの銅の延べ棒が日に２、３本もつくられた。越中の作業者も多かったので欅平（けやきだいら）からの作業道も付けられたが、1918(大正７)年、鉱脈が切れて閉山となった。鉱滓が散乱するあたりは今も植物があまり生えていない。八方尾根に「荷継ぎ小屋」跡の石垣が残っている。

餓鬼山尾根の登山道は、もとは富山側から大黒銅山に上がった作業道を登山道としたものである。従って、大黒銅山への最短距離でつけられ、1650mの餓鬼ノ田圃から餓鬼山の南斜面を捲くルートであった。ここはササヤブが茂り崩壊地もあるため、1986年に登山道は稜線に移り、立派な避難小屋もつくれらた。この避難小屋に水はない。

なお、餓鬼山は単独で登山の対象になる山でなく、祖母谷温泉から唐松岳に登る、あるいはその逆の登山ルートの通過点である。

餓鬼山から唐松岳との鞍部へ下って行く途中に、餓鬼谷、西不帰谷、西唐松谷を見渡せる場所がある。白眉は西唐松谷の上流、唐松岳直下の山肌にかかる80mの巨大滝である。登山家の志水哲也氏はこの滝に、餓鬼山に登山道を開いた高嶋石盛氏にちなんで「石盛滝」と名付けている。尾根通しに登山道がついたからこその滝見台である。祖母谷温泉から南越、餓鬼山避難小屋を経て、餓鬼山山頂まで約６時間である。唐松岳からは約３時間。→唐松岳

(佐伯克美)

下餓鬼
しもがき　　1668.7m　宇奈月町
2.5万分の１図「欅平」
G.B 県

餓鬼山の下方にあるピークの意。祖母谷温泉から唐松岳への登山コースの最初のピーク。餓鬼山の西約2.5kmの位置にある。三角点をもっているから、れっきとした存在。祖母谷温泉から祖父谷に入り、鉱山道名残の石畳もある登山道を登り南越にでる。南越からはブナ林を緩やかに登る。オオシラビソの尾根を越えると登山道のそばに「餓鬼の田圃」と呼ばれる湿原が広がる。中央にロボット雨量計が設置されている。この湿原に向かって左手後方のヤブ山が下餓鬼山頂である。湿原からは標高差にしてわずか20m。この間に道はないが樹林の中をたどれば10分ほどで頂上。

なお、登山道は、この先、稜線を進むとオオシラビソとネズコの深い森を過ぎ、餓鬼山避難小屋となり、次いで、アカマツ、シラビソ、コメツガなどが印象的な細い尾根となって餓鬼山山頂にいたる。

下餓鬼から2.5時間。→餓鬼山　　(佐伯克美)

奥鐘山
おくかねやま　　1543m　宇奈月町
2.5万分の１図「欅平」
G.B 越 北 紀

黒部峡谷下ノ廊下右岸の山。支流の祖母谷と本流との間にそびえ立つ。後立山連峰の唐松岳から西にのびる尾根（餓鬼山尾根）の末端のピーク。黒部峡谷鉄道の終点欅平駅からすると、本流を隔てた対岸の山がそれ。

西側がスッパリと切れ落ち、黒部の谷底まで700mの絶壁となっている。岩壁としては本邦最大のスケールを誇る。1956（昭31）年９月、「黒部峡谷付猿飛ならびに奥鐘山」として国の名勝、天然記念物に、1964（昭39）年７月には特別名勝、特別天然記念物に指定された。

奥鐘は奥鐘釣の略。この山の下流約４kmの地点に東鐘釣山、西鐘釣山がある。これらに対して奥という意味。これらは絶壁をつり鐘に見立てた名称。鐘

奥鐘山（黒部川対岸の水平歩道から）

釣温泉はここから出た名。藩制時代の古図には奥鐘山にあたる位置に「つりがね山」「河内鐘釣」と記されたものもある。絶壁を眺めるのは、欅平駅から阿曽原方面への水平歩道をたどり、志合谷と折尾谷の中間の尾根からがよい。雨が降ると壁全体が滝と化す。

この壁が登山対象としてはじめて登攀されるのは1963(昭38)年、大阪の紫岳会パーティによる。以来、ハイレベルのロッククライミング場としてクライマーの注目を集め20数本のルートが加えられた。いずれも高度なテクニックと強靱な気力、体力を要するルートで、1日では山頂に達せられず、途中でのビバークを要する。

一般コースはないが、祖母谷温泉と唐松岳を結ぶ登山コース中の南越乗越から西へ尾根をたどると山頂に達する。山頂から東に唐松岳をはじめとした白馬連峰を、南に剱岳を仰ぐ。

北側山裾に名剣温泉、祖母谷温泉がある。欅平とこれらの温泉を結ぶ奥鐘橋はこの山名から。

(佐伯邦夫)

坊主山
ぼうずやま　　1667.9m　宇奈月町
2.5万分の1図「欅平」
G.B　―

黒部峡谷の谷ふところにそびえる山。仙人山から北へのびる北仙人尾根(坊主尾根)の末端のピーク。黒部峡谷鉄道の終点欅平の背後の山。黒部本流を隔てて奥鐘山と向き合う。国土地理院の地形図は、当山の南約3.5kmにある2199m峰(北仙人山)を坊主山としているが、冠松次郎氏の著書をはじめ、昭和初期の文献はすべてここにいう山を坊主山としている。北仙人尾根を一名坊主尾根というが、このこ

とから生じた混同かと思われる。

坊主山の山頂が坊主平、北仙人尾根に道があった大正～昭和初期にはここに坊主小屋(無人)があって、登山者に利用されたが、今日道も小屋も完全に廃絶した。積雪期に北仙人尾根を登山するごく限られた人のみが訪れる。→北仙人山　(佐伯邦夫)

僧ケ岳
そうがだけ　　1855.4m　魚津市・宇奈月町
2.5万分の1図「宇奈月」
G.B 歩 力 県 目 北 ア

《概観・構造》

立山連峰北端の山。弓なりの弧を描いたゆったりとした山容を新川地方へ見せている。同地方のシンボルとして親しまれてきた。山体は大きく山ふところは深い。

僧ケ岳(大杉山から)

山頂を通り南北に走る主稜線が、黒部川と片貝川の水を分ける。黒部川側(東面)は宇奈月町に、片貝川側(西面)は魚津市に属する。また片貝の支流の布施川の源流部は黒部市に属する。

山頂から宇奈月の温泉街に通ずるのが宇奈月尾根、この途中から分かれて嘉例沢森林公園あたりへ通ずるのが烏帽子尾根、西南方向へのびるのが衣尾根。正面の、片貝川と布施川を分けるそれを赤瀬良尾根ともいう。

この山に関する谷は、黒部の支流に尾沼谷、宇奈月谷があり、片貝では別又谷、北又谷などである。この山を中心としたときの衛星的な山として、西に三ツ倉山、成谷山があり、北へのびる主稜線ぞいに烏帽子山、鋲ケ岳がある。また南へは北駒ケ岳、駒ケ岳、毛勝三山へとつづき、黒部川の左岸の山並みを形成する。

坊主山(左下に崩壊地のある山。ブナクラ峠から)

僧ケ岳4峰（左から前僧ケ岳、僧ケ岳、北駒ケ岳、駒ケ岳。大平山から）

《自然》

　日本海に直面しているため冬の季節風をまともに受け、日本有数の風衝地帯といわれる。これが他に見られない植生上の特色を生む。尾根の風上側の樹木は極端に矮小化、所によっては裸地化し、逆に風下側に大量の雪が堆積、雪田植生の発達が見られることがそれ。山頂直下の仏ケ平には、風をさけつつ、細い筋状に樹木が生える生垣状風衝群落の発達を見る。また、中腹1000m前後はユキツバキの宝庫として知られ、あるいは、県内ではこの山にのみ分布する草本も多い。

《歴史・民俗》

　山名は山頂部西面に現れる僧形の雪形から。僧馬岳とも書いた。また古くは仏ケ岳とも呼ばれた。雪形を持つ山は珍しくはないが、僧ケ岳のそれは、多彩、複雑、かつ生活との密接な関わりにおいて群をぬき、本邦屈指の存在とされる。初夏、季節の風物詩として毎年必ず新聞等で紹介される。

　雪形は見る場所によって異なり、また雪解けと共に変化する。魚津市からの場合、袋を担いだ僧、大入道、猫が現れ、のちに僧が尺八を吹き、大入道と猫が馬に変わる…という複雑さ。これが黒部市に移るとまたがらりとちがう。その消長が年ごとに異なり、それに農事を対応させ、また作の豊凶を占った。

　僧ケ岳はその名にふさわしい信仰の山でもある。布施川の山壊、魚津市小川寺の真言宗千光寺の奥の院としてあがめられ、山頂に大威徳明王像を祀った。ただし、秋にはこれを山麓に担ぎ下ろし、春また山頂に遷座がくり返された。1990(平成2)年、長らくとだえていたこの仏事が、黒部市の僧ヶ岳保勝会によって復活をみた。

《鉱山・林道・登山道》

　この山は受難の山でもある。太平洋戦争中、この山の東面で兵器増産のためのモリブデン採掘が行われ、その鉱石搬出のために宇奈月尾根に牛車道が刻

僧ケ岳の雪形《入道》4月に撮影（湯口康雄撮影）

坂本都子さんの慰霊碑（別又谷左岸林道上）

まれ、山肌が大きく荒廃した。近年はまた広域基幹林道、別又僧ケ岳線が開通、霊山の額に、横一文字に傷痕が走ることになった。この林道が果たしたもう1つのいまわしい役割としてオウム真理教事件とのかかわりがある。それは教団の凶行の犠牲となった坂本堤弁護士一家のうち都子夫人の死体遺棄場に使われたことである。1997（平成9）年林道、魚津側起点から約6km地点に慰霊碑が建立された。

僧ケ岳はスポーツ登山の対象としてもすぐれ、初心者の尾根歩きから、山スキー、沢登りとくめども尽きないものを提供してきた。

登山コースは宇奈月、黒部、魚津からそれぞれ開かれている。宇奈月コースは平和観音像から宇奈月尾根をたどる。4～5時間。黒部は烏帽子尾根を行く。嘉例沢森林公園から烏帽子山を経て林道まで3時間、林道から僧ケ岳頂上まで3時間。魚津片貝東又谷コースは約4.5時間。→駒ケ岳　（佐伯邦夫）

前僧ケ岳
まえそうがだけ　　1775m 魚津市・宇奈月町・黒部市
2.5万分の1図「宇奈月」
G.B　—

僧ケ岳の前衛峰。独立性が弱く、僧ヶ岳の山体の一部として扱われる。山頂は僧ケ岳の頂上の北約0.8kmにあり、別又乗越を隔てて僧ケ岳と向き合う。古くは御前とよんだ。僧ケ岳の風衝地帯の一角にあたり、大きな木がなく、風衝草原がひろがる。宇奈月温泉、あるいは烏帽子尾根方面から僧ケ岳に登るときの通過点。山頂から西側に眺望がひらけ、新川平野と富山湾をを見おろす。有名な僧ケ岳の雪形ではこの山頂西面に兎が現われる。→僧ケ岳・三ツ倉山
（佐伯邦夫）

烏帽子山
えぼしやま　　1274.2m　黒部市・宇奈月町
2.5万分の1図「宇奈月」
G.B 越歩県

僧ケ岳の衛星峰の1つ。同山から北に延びる山稜上、4kmの地点にある。延長さらに3.5kmで鋲ケ岳につづく。また西に小鹿熊山（おがくま）をしたがえる。山稜の東側は黒部川、西側は布施川の流域になる。前者は宇奈月町に後者は黒部市になる。山名は山容からと思われるが、きわだった形を示さず、僧ケ岳の山体の一部と見える。古図には「日干山」としたものもあるが、山名採取の際の聞きちがいによるアテ字と思われる。

三ツ倉山からの前僧ケ岳

鋲ケ岳からの烏帽子山

当山北方の鋲ケ岳の西面山腹に「嘉例沢森林公園」が開設されていて、そこから当山に登山道が通じている。これはさらに、宇奈月と魚津市を結ぶ林道をまたいで僧ケ岳に通じている。森林公園から当山まで、尾根づたいに約2時間。当山から僧ケ岳までさらに約4時間である。森林公園へは国道8号線から布施川ぞいに登り、田籾・嘉例沢を経て車で約1時間である。このほか、西面からのコースとして布施川の1源流の小形谷を登るコースもある。布施川ダム上流の林道上の登山口から約1.5時間である。山頂から、黒部の峡谷を隔てて後立山連峰を仰ぐ。また北に黒部川扇状地、西に布施川の流域を俯瞰する。
→僧ケ岳・鋲ケ岳　　　　　　　（佐伯邦夫）

鋲ケ岳
びょうがだけ　　861.1m　黒部市・宇奈月町
2.5万分の1図「宇奈月」
G.B 県 楽 越 歩

僧ケ岳から北に延びる山稜（烏帽子尾根）の先端にある山。黒部扇状地の扇頂にほど近い位置にある。山頂を通る主稜像を境に東側が宇奈月町、西側が黒部市となる。東側は黒部の谷へスッパリ切れ落ちているが、西側は8〜9合目あたりに緩傾斜帯がひろがり、峰平と呼ばれる。当山は魚津市、黒部市などから見ると、烏帽子山、あるいは僧ケ岳の1つの肩ぐらいにしか見えないが、黒部扇状地や入善町舟見地区あたりからは秀麗なピークとして仰がれる。名称は山容を鋲の頭に見たとこから。

峰平一帯は「嘉例沢森林公園」として親しまれている。「嘉例沢」は当山西麓の地区の名。同地区から当山にかけては嘉例沢城跡をはじめとし、史跡が多い。公園にはキャンプ場が整備され、遊歩道が網の目のように通じている。当山山頂に展望台がある。

鋲ケ岳と黒部扇状地（烏帽子山の中腹から）

公園駐車場から山頂にいたるには幾通りかのコースがあるがどれをとっても20分〜30分で頂上に達する。なお、歩道の1つは烏帽子山に通じさらに僧ケ岳につづく。頂上からの眺めはとりわけ多彩。目の下に黒部の谷。その一角を占める宇奈月の温泉街。その上に北アルプスの朝日岳、白馬連峰が間近に迫って見える。これがさらに唐松岳、五竜岳……と後立山連峰につづく。一方、反対側には黒部川扇状地が、さながら模型のように見おろせる。→烏帽子山
（佐伯邦夫）

小鹿熊山
おがくまさん　　571.5m　黒部市
2.5万分の1図「宇奈月」
G.B 歩

小鹿熊山は僧ケ岳の山裾の小山。僧ケ岳の北の烏帽子山から北西、布施川の谷間へのびている山稜の末端近くのピーク。山麓の池尻から頂上までの高度差が約400m。頂上をかすめるように林道がついている。全面、杉の植林に履われた暗い山。俗称、千歩ケ平。薪炭生産の村の割山であった時代、年をおいて薪木を切る刈跡が縞模様に見えるのでバリカン山とも呼んだ。当時は山スキー、カンジキハイクの人がおとずれた。

小鹿熊山（嘉例沢から）

広々とした頂上、点名「大鹿熊」の三角点がある。新川平野が足下に広がり、その向こうを日本海の波涛が洗う。→烏帽子山　　　　　　　（新田川雅好）

小原山
おはらやま　　638m　宇奈月町
2.5万分の1図「宇奈月」
G.B 楽

宇奈月温泉街の背後（南側）にそびえる山。宇奈

月スキー場の天辺、僧ケ岳宇奈月尾根の末端のピーク。黒部川をはさんで臥牛山と向き合う。宇奈月スキー場は一名、大原台スキー場とも言われた。最高地点から東に100mほど離れて三角点。9合目あたりに広場があって平和観音像が建ち、宇奈月温泉の1観光スポットとなっている。また、宇奈月からの僧ケ岳登山の起点ともされる。

　宇奈月の温泉街からここまで車で約15分。遊歩道をたどれば徒歩約1時間。冬季はスキーリフトが運行されている。かつては遊歩道が最高地点まで整備されていたが、手入れが行き届かず、草木に覆われてしまった。広場からの展望はまことによく、僧ケ岳、駒ケ岳の北面をはじめ、黒部峡谷をめぐる重畳たる山々をのぞむ。また、眼下に宇奈月ダムの湖水を見おろす。→僧ケ岳　　　　　　（佐伯邦夫）

三ツ倉山
みつくらやま　1480.5m　黒部市・魚津市
2.5万分の1図「宇奈月」
G.B 越 紀

　僧ケ岳の前衛峰。前僧ケ岳から北西にのびる尾根（僧ケ岳正面尾根）上1.5kmの地点にある。尾根は当山からさらに延長、赤頼良山につづく。この尾根が布施川（北側）と片貝川（南側）の流域を分ける。前者が黒部市に、後者が魚津市になる。広域基幹林道「別又僧ケ岳線」は宇奈月から黒部市を通って魚津市片貝川に通じているが、この林道が当山の中腹

を鉢巻状にめぐっている。魚津市、黒部市などからは、主峰の僧ケ岳と重ってはっきりしないが、朝日町、入善町などからは僧ケ岳の右にスカイライン上のピークとして仰がれる。

　頂上に三等三角点が置かれる。「点の記」（明治40年＝1907）はここを「東布施村（現黒部市）大字福平字孫谷」としている。点名も「孫谷」。三ツ倉山は片貝谷（魚津市）の呼び名。当山南面（別又谷側）に国有林の境界の刈り明けがあり、前記林道上からこれを伝って山頂に達せられる。林道から1時間余りと思われる。無雪期はブナ・ダケカンバなどに覆われていて眺望はない。残雪期は主峰僧ヶ岳と対面する。同山の有名な僧形の雪形を見るのに最適である。→僧ケ岳・前僧ケ岳　　（佐伯邦夫）

高倉山
たかくらやま　1053m　黒部市・魚津市
2.5万分の1図「宇奈月」
G.B －

　僧ケ岳の衛星峰の一つ。片貝川と布施川の分水嶺上のピーク。僧ケ岳の北西約4kmの地点にある。南へ三ツ倉山につづき、西に赤瀬良山をしたがえる。片貝川側から言えば、別又谷支流の滝ノ又の源流になり、布施川側から言えば苅又谷の源頭にあたる。僧ケ岳布施川本流コース開設40周年記念誌『僧ケの峰に』（僧ヶ岳保勝会・1995年刊）等では単に「高倉」としているが、山体、ないしはピークの名称であることは明らかなので、ここでは「高倉山」とした。

　1907（明治40）年魚津中学（現魚津高校）教諭の吉沢庄作（黒部市）らの一行が、布施川本流から僧ケ岳に登頂した際、悪天候にあい、帰路を当山方面に変更、福平に下山している。その記録に次のよ

三ツ倉山（高倉山から）

高倉山（中央。片貝川側から）

うに述べてある。「先に登りたる渓谷はとても下れぬから僧岳の（中略）北方に走れる背梁を伝ふて高倉に出で、大熊谷より帰ることにし（中略）相励まして高倉までたどりついたのは六時…」

登山には布施川ダムの上流約1km。苅又谷右岸の尾根を登る。植林が稜線上にまで達しているので、その作業路をうまくひろえばダムから3時間ほどで山頂に達せられよう。　　　　　　（佐伯邦夫）

赤瀬良山

あかせらやま　　824.7m　黒部市・魚津市
　　　　　　　2.5万分の1図「宇奈月」
　　　　　　　G.B　−

赤瀬良山は僧ケ岳の前山。前僧ケ岳から北西にのびる片貝川、布施川の分水嶺上にある。魚津市片貝地区の黒谷、山女の東背後にあるが頂上は見えない。やや上流の片貝第2発電所付近からは、別又谷の空に見える。また約7km下流の東山橋付近からは、東南に僧ケ岳、三ツ倉山、赤瀬良山とピラミダルな三山が重なって見える。

この山への接近は林道のある片貝側から。断層、浸食によって複雑に起伏した山腹を縫って林道が付けられている。別又谷右岸山腹を約4km、杉の植林を過ぎると明るい雑木林に出る。赤瀬良谷の瀬音を聞きながら1キロほどで山女からの道と合流。さらに谷を2本渡って1kmほどで林道の終点。途中山名の由来を思わせる鮮明な赤い堆積岩の露出している所を通る。取付は頂上から南西に張り出した細い尾根。樹齢数百年を感じさせる大杉がある。シャクナゲや笹の混じった雑木林の中を約1時間ヤブコギして頂上につく。

樹間から東側目前に僧ケ岳。西に富山平野と日本

赤瀬良山から望む（七尾山）

海。さらに遠く能登の山並。北側に布施川上流の山域と集落を俯瞰。南に東芦見尾根の山稜が続く。

雪積期のカンジキ・スキーハイクに適。→三ツ倉山・高倉山　　　　　　　　　　　　（新田川雅好）

成谷山

なるたんやま　　1600.0m　魚津市
　　　　　　　2.5万分の1図「毛勝山」
　　　　　　　G.B　カ⑦

僧ケ岳を取り巻く山の1つ。僧ケ岳から南西に延びる尾根（衣尾根）上、僧ケ岳から約2.5km地点に山頂。魚津あたりから僧ケ岳を仰いだとき、山体右端の肩状のところがそれ。山名はこの山の南西面にくい込む成谷（片貝東又谷の支流）から。北面が、

成谷山（僧ケ岳衣尾根から）

山名となった成谷を遡行する

同様一ノ又谷の源流にあたることから一ノ又とも。両谷とも中級の沢登りコースとしてすぐれている。一般登山コースは片貝川東又から尾根に取りつき、伊折山を経て約2時間で頂上に達する。この道はさらに1.5時間で僧ケ岳に通ずる。このコースによって、地元魚津市の市民登山が毎年行われている。前半、伊折山までがハシゴを登るような急坂で苦しい。山頂からの眺望は南西側にひらけ、毛勝山、大明神山などの北面が大きな迫力でそびえ立つ。また、他

からほとんど見ることができない片貝東又谷源流のウドの頭、滝倉山などの山姿を仰ぐのは貴重。→僧ケ岳・伊折山　　　　　　　　　　（佐伯邦夫）

伊折山
いおりやま
1370m　魚津市
2.5万分の1図「毛勝山」
G.B 県⑦

　僧ケ岳の南西尾根（衣尾根）の裾にある山。僧ケ岳の東又コースの途中になる。片貝川東又谷の阿部木谷出合から取りついて、急坂を登り切った肩状の所。このコースが整備された1987年にこの山の南面をなす伊折谷から取って名づけられた。「イオリ」は山肌の崩壊地の意とか。登山口から頂上まで1.5時間。ロープを下げた、極限的急坂が数カ所ある。樹間から毛勝山北面の毅然たる姿を仰ぐ。山頂はブナをはじめとした雑木の林で展望はきかない。ここ

頂上の標柱。壊れているのは熊のしわざ。

から成谷山を経て僧ケ岳まで約2.5時間である。→成谷山・僧ケ岳　　　　　　　　　　（佐伯邦夫）

七尾山
ななおやま
695m　魚津市
2.5万分の1図「宇奈月」
G.B　—

　七尾山は片貝川上流右岸の山。僧ケ岳の前山成谷山から西にのびる尾根（本流と一ノ又谷の間の尾根）の裾の山。

七尾山（片貝平沢地区から）佐伯邦夫撮影

　真直な稜線から何本も側稜が出ていて、馬の背骨に対する肋骨のような様相を呈する。七尾の山名の由来を感じる。
　片貝川から側稜の間に食い込む谷に水落谷、モクロ谷、清水谷や裏半兵衛谷などがある。
　魚津市片貝地区の東蔵、平沢から南東に約2km。僧ケ岳と毛勝山の間の空を分けて見える。植林のされていない手つかずの落葉広葉樹の山。下流の東山橋からは四季の色彩を示す。
　取付は片貝川別又谷の支流一ノ又から。一ノ又第2堰堤手前の橋を渡ると道はなくなる。これより高みを狙って急な雑木林の中を攀じ登る。格闘約2時間で稜線に出る。最初のピークが頂上。これより南東1kmほど先に標高830.3mの三角点がある。→成谷山　　　　　　　　　　（新田川雅好）

駒ケ岳
こまがだけ
2002.5m　魚津市・宇奈月町
2.5万分の1図「毛勝山」
G.B 越 紀 カ

　立山連峰北端の山。片貝川東又谷源流の1峰。立山連峰での中部山岳国立公園はこの峰まで。北2.5kmに僧ケ岳、南は滝倉山を経て毛勝三山につづく。この連峰のラインが黒部川と片貝川の流域を分ける。前者は宇奈月町に、後者は魚津市に属する。
　しかし、当山は両市町の人里からはほとんど見えず、なじみは薄い。滑川市以西の地区からは見えるが、僧ケ岳と毛勝三山にはさまれて存在感が薄い。県東部では黒東地区、入善町朝日町から見える。
　山名は雪形から。当山前衛峰の北駒から北に張り出した山稜西側に馬の形が現れる。年によって異るが4月が中心。入善町舟見地区、朝日町などからよく見える。木暮理太郎の『山の憶ひ出』（1938・

駒ケ岳（右）と北駒ケ岳（伊折山から）

龍星閣・他）には宇奈月町音沢のガイド佐々木助七が独楽に似ていることから命名したと紹介されているのは誤り。駒ケ岳の名は北日本・東日本各地に分布しているが、当山はその日本海側における南西限にあたる。以後は「馬」ではなく「牛」の習俗の地方になるわけだが、それもまた本県の牛岳にはじまるのはおもしろい。全国の駒ケ岳を有する自治体が集まって「駒ケ岳サミット」が1989年を第1回としてはじめられたが、その第4回が1996年、宇奈月町で開催された。

登山道は開かれていない。2002年を期して登山道開設の動きがある。残雪期に僧ケ岳から尾根づたいに往復される。僧ケ岳頂上から往復3時間。黒部の谷を隔てて後立山、白馬連峰の大パノラマが展開する。また毛勝山の巨大な山容も迫力ある眺め。僧ケ岳からは見えないが剱岳が毛勝山の左肩に姿を見せる。無雪期は沢コースがとられる。南面の滝倉谷は中級の沢登りの対象としてすぐれた内容とされる。下降は西面の笠谷がとられる。この際、山頂から黒部側へ迷うケースが多いので慎重を要する。黒部川側のサンナビキ谷、嘉々堂谷は黒部の支流の中でも屈指の困難な谷とされる。→僧ケ岳・北駒ケ岳
（佐伯邦夫）

北駒ケ岳　1914m　魚津市・宇奈月町
きたこまがだけ　2.5万分の1図「宇奈月」「毛勝岳」

G.B ―

僧ケ岳と駒ケ岳の間にある山。駒ケ岳の北西約0.6kmの位置にある。見る場所によっては駒ケ岳の肩の1つに過ぎない。一般に「北駒」と略して呼ばれる。三山は吊り尾根で結ばれ、1つの山塊を形成している。平野部では朝日町、滑川市、富山市などから見えるが、地元の魚津、黒部などからは見えない。

1950年前後、活発な活動をした地元の魚津高校山岳部あたりの命名かと思われる。同部部報2号（1949年刊）に、「北駒のコル」（当山と僧ケ岳の間の鞍部）などとともに当山の名がみえる。初出か。

当山から北へ大きな尾根がのび、黒部川支流の尾沼谷と同嘉々堂谷の流域を分ける。1940年代のはじめ（太平洋戦争中）、この尾根の頂上から約1kmの地点にモリブデンの鉱山が稼働していた。また、「駒ケ岳」の名の起こりになった駒（＝馬）の雪形

馬の雪形が残る北駒ケ岳（僧ケ岳宇奈月尾根から）

は、この尾根の西面（尾沼谷側）に現れる。

　登山道はなく、残雪期に、僧ケ岳から駒ケ岳へ縦走するときに通られる。尾根の北側に危険な雪庇が続く。頂上直下は急傾斜だが、頂上は広く平坦。僧ケ岳から約1時間。→僧ケ岳・駒ケ岳（佐伯邦夫）

滝倉山
たきくらやま　　2029m　魚津市・宇奈月町
　　　　　　　　2.5万分の1図「毛勝山」
G.B ㊗

　立山連峰の毛勝山の北方、駒ケ岳との中間にそびえる。毛勝山から連峰の主脈が北東方向にのび、本山に至るや方向を90度かえて、北西に走って駒ケ岳につながる。本山からまた東に尾根がのび、サンナビキ山をおこす。本山はこれら3方向に延びる山稜の要にそびえる。これらの尾根の間へは黒部支流のウド谷、サンナビキ谷左俣、片貝川東又谷源流の作之丞谷がつき上げる。

　山容は立派だが、一般のなじみが薄く、山名の定着も必ずしも充分ではない。国土地理院の地形図に本山が記載されるのは昭和40年（1965）代から。

滝倉山（大平山から）

　「滝倉山」は元は「滝倉岳」と呼ばれ、毛勝山の別名、古名だった。同山が毛勝山に統一されると、余った「滝倉」の方が、毛勝山北方の次なる高峰である当山に冠されることになる。その経緯ははっきりしない。「滝倉山」をすわりの悪いものにしているいま1つの理由に、片貝川東又谷支流の滝倉谷との整合性の問題がある。即ち、滝倉山は滝倉谷の源頭にという、もっともな意見があることである。そして駒ケ岳の南東1.2kmにある1969m峰あたりを滝倉山としている文献も少なくない。しかしこれはピークとして必ずしも顕著とはいえず、「滝倉」という由緒ある、しかも堂々たる名称はやはり毛勝山に次ぐ高峰に与えるのがふさわしい。滝倉谷とのズレはやむを得ないとするべきだろう。

　山頂からは北に駒ケ岳、南に毛勝山を見る。また黒部の谷間を隔てて後立山連峰がすばらしく、剱岳の北面を仰ぐのもりりしい。平野部で本山をのぞむのは滑川市、富山市水橋地区など。

　登山道はなく、登山は残雪期をえらぶ。僧ケ岳から毛勝三山、剱岳方面への縦走の際に通られる。この山を単独で目指す場合は東面からする時はウド谷、西面からの場合は作之丞谷を登る。毛勝山と同様、日帰り可能と思われる。もっと登られてよい山。

　当山についての最新の記録が雑誌『新川時論21』12号、『北日本新聞』（99・6・24付）にある。→サンナビキ山　　　　　　　　　　（佐伯邦夫）

サンナビキ山
さんなびきやま　1949.2m 宇奈月町
　　　　　　　　2.5万分の1図「毛勝山」
G.B ㊗

　立山連峰の毛勝山と駒ケ岳の間の山。国土地理院の地形図は「サンナビキ」とカタカナ書きだが、

滝倉山（左）とウドノ頭（駒ケ岳南面から）

「三名引」「山靡」などとも表記された。一応、主稜線から東（黒部側）に1km弱外れた、標高1949mの三角点のある峰をそれとしたが、サンナビキ山をどの山と特定すべきか必ずしも明確ではない。毛勝山の東北約3kmにある、国土地理院の地形図が滝倉山としている峰をそれとする文献も少なくない。しかし、最近、民間の登山地図（昭文社・他）が大胆に前記三角点の峰をサンナビキとしていることもあってしだいに定着しつつある。後述するが、山名が山中の宿所という意味なら、天空へ突き立つようにそびえる山は「滝倉山」にゆずって、山容のよりおだやかな1949m峰がふさわしいと言えよう。以下それとして述べていく。

江戸時代から明治にかけて、片貝谷（魚津市）から黒部峡谷の鐘釣温泉へ通ったときこの山を越えたとされる。『下新川郡史稿』上巻（1909・富山県下新川郡役所）には「片貝川に沿ひ平沢村を経、僧岳の南麓を過ぎ、日又谷を遡り、三名引山を超え、鐘釣温泉の南方ヨヘラ谷に出たる…」と経路を記している。1889(明治22)年、地理学者大塚專一が鐘釣温泉からこの山を超えて島尻（魚津市）に出たが、その報告では「山靡岳」とあてられている。靡（なびき）は猟師や行者の用語で宿泊所を意味すると言われる。温泉へ通う人の中継地あたりから出た名か。往時の温泉道は、東又谷の支流の成谷や赤倉谷にあったらしい。下降は黒部支流のガラ谷、ヨヒラ谷をとった。これらの道は今日完全に廃絶している。登ろうとするときは残雪期に駒ケ岳から縦走することになろう。あるいは東又谷からその支流作之丞谷を登るのもよい。無雪期に沢づたいに登るとすれば黒部支流の似合谷、ウド谷がコースになろう。いずれも沢登りの経験を要す。

平野部からこの山を望見できるところとして朝日町がある。なお、当山の三等三角点名は「独活谷」。黒部川の支流にサンナビキ谷があり、その左俣が当山を源流とする。同谷には黒部流域における最大の滝がある。→滝倉山　　　　　　　（佐伯邦夫）

西鐘釣山

にしかねつりやま　　　740m　宇奈月町
　　　　　　　　　　　2.5万分の1図「欅平」
G.B 越 紀

黒部川中流域、黒部峡谷鉄道・鐘釣駅の西に峻立する岩山。対岸の東鐘釣山と同じく、鐘を伏せたような特徴のある山容の山。鐘釣駅から山に入るとすぐに見上げるような西鐘釣の岩壁が現れる。この岩壁は毛勝山域・滝倉山の北東に伸びる尾根の末端に

サンナビキ山（滝倉山中腹から）遠景は白馬岳。

西鐘釣山（送電線監視路途中で）

当たる。

　鐘釣駅から送電線の監視路を利用して2時間で頂上に立つことができる。標高が低いので峡谷の沈んだ所から眺める感じとなる。下流対岸の東鐘釣山、その先へと蛇行して行く黒部の青い水、その後ろに突坂山、森石山、上流はV字谷の奥に坊主山から仙人山への尾根が見られる。新緑や紅葉の時はこの辺りに霧がかかると殊に見事な景色となる。

　黒部の谷はこの山の東から北を削るように流れている。その麓には鐘釣温泉があり、河原に露天風呂が設けてある。昔は片貝の村（魚津市）からもサンナビキ山を越えて湯治に来ていたという。また、この向かいの百貫谷出合には小規模ながら万年雪が見られる。→東鐘釣山　　　　　　　　　（富樫正弘）

ウドノ頭
うどのずこ　　1967m　魚津市・宇奈月町
　　　　　　　2.5万分の1図「毛勝山」
G.B ―

　北アルプス毛勝山の北東約2kmにある山。黒部川支流のウド谷の源流にあたるところからこの名。片貝川東又谷の源流の1峰でもある。特徴のない名称とはうらはらに、強烈な個性の奇峰。南面の西谷側、東面のウド谷側、西面の東又谷側、いずれも激しく

僧ケ岳槍見の池から見た滝倉山（左）とウドノ頭

切れ落ち、ノミのような鋭い山体でそびえ立つ。一山全体が凝灰岩のかたまり。

　積雪期、残雪期に僧ケ岳、駒ケ岳方面から毛勝三山への縦走のときに通られるが、コース中の最難所とされる。山頂から東へ延びる尾根がウド尾根。平野部でこの山を仰ぐところは、早月川の河口の両岸地域に限られる。→毛勝山　　　　（佐伯邦夫）

西谷ノ頭
にしだんのずこ　1922m　魚津市・宇奈月町
　　　　　　　　2.5万分の1図「毛勝山」
G.B ―

　北アルプス毛勝山の北東1.2kmにある小ピーク。小黒部谷（黒部川）支流の西谷の源頭にあたることからこの名。独立性が弱く、毛勝山の山体の一部と見なされる。平杭乗越をはさんでウドノ頭と向き合う。平杭乗越は片貝東又谷から小黒部谷へ越える峠。ここから毛勝山に向かってひと登りの位置にある。残雪期毛勝山から駒ケ岳方面へ、あるいはその逆の縦走のときに通られるが、この山のみで登山の対象にされることはない。山体は急峻で、特に西谷側はスッパリと切れ落ちている。山頂はオオシラビソの林である。→毛勝山　　　　（佐伯邦夫）

西谷ノ頭（手前の山。遠景は毛勝山。ウドノ頭中腹から。）

毛勝山
けかちやま

2414.4m　魚津市・宇奈月町
2.5万分の1図「毛勝山」
G.B 越歩カ北ア

《概観・構造》

　片貝川源流の山。釜谷山、猫又山と合わせて毛勝三山とよばれる。立山連峰の景観形成においては主峰の立山、剱の北側を支える重要な位置を占める。『万葉集』巻17の「立山賦」では立山に対応する川として片貝川をあげており、古代の立山は当山だったとする説もある。「日本百名山」を選んだ深田久弥は「当然選ぶべきもの」の1峰として当山を上げている。

　三山の山頂をつなぐ主稜線が黒部川と片貝川の分水嶺となる。黒部川側が宇奈月町、片貝川側が魚津市。三山は北へ滝倉山、駒ケ岳、僧ケ岳へとつづき、南へ赤谷山、赤兀（あかはげ）、白兀（しろはげ）を経て剱岳に連なる。

　毛勝山は高さのつり合う2峰から成り、南峰北峰と呼び分けている。三角点のある北峰が主峰とされる。ここにはまた1997年、有志によって地蔵尊が置かれた。南峰から西へ大明神尾根がのび、中ほどに大明神山がある。北峰からは西北尾根（東又尾根とも言う）がのび、途中にモモアセ山がある。この2つの尾根の間を電光形に割って阿部木谷、毛勝谷がつき上げる。また北側側面をまわりこむようにして東又谷がつき上げる。東面は小黒部谷支流の中ノ谷の流域になる。

《山名について》

　毛勝山の古名は「瀧倉ケ岳」といった。陸地測量部の地形図も当初は「滝倉岳」としていたが、大正時代から今日の名称に改められた。一方、1863（文久3）年製の『新川郡海岸分間絵図』には「瀧倉ケ岳　或ケカチ山」とあるから、古くから今日の名称もあった。毛勝山は、山体正面につき上げている毛勝谷から。毛勝谷は平野部からもよく見える大雪渓で、この山のシンボル的存在。さて、「毛勝」とはどういう意味か。『小谷口碑集』（小池正太郎編・1922年・郷土研究社刊）には「終歳雪ノ消ユルコトナキ一大雪谿ヲ地方ノ人ハけかつ谷ト呼ンデヰル…」とある。つまり同地方（長野県小谷村あたり）の人には「けかつ谷」は固有名詞ではなく普通名詞。毛勝はあて字。毛勝谷は阿部木谷の源流にあたるが、「アブキ」がまた庇状の地形を言う頸城（くびき）方言とか。小谷村は新潟県西頸城郡と分かち難く接している。同地方の言葉が片貝の奥地へ入り込んだ理由は何か。

　「糸魚川市史」によれば、1512（永正9）年、越後上早川（現糸魚川市）の不動山城が、長尾為景の攻撃にあって落城、城主山本寺景貞は部下将兵20騎と共に越中に落ちのびた、となっている。一方、片貝地区の口伝ではこの景貞らは浦本（現糸魚川市）から海上に逃れ、経田浜（魚津市）に上陸、片貝川を遡上して最奥の平沢に来て、そこを永住の地と定めた、とされる。（『片貝郷土史』1995年・魚津市片貝公民館刊）

　「ケカチ」「アブキ」とも、この人々がもたらしたものと思われる。

　なお、雪渓の消長で農作物の豊凶を占うなど語源考証の多くは後世の付会と思われる。

《登山史》

　この山の登山家としての登頂は1910(明治43)年、田部重治らが片貝川阿部木谷、毛勝谷コースで往復したのが最初であろう。田部はその紀行を名著『山と渓谷』に掲載、この山を世に知らしめる上で多大な貢献をした。積雪期の登頂は1933（昭和8）年、立教大学の奥平昌英らが最初。その後1955（昭和30）年3月、脇坂誠ら京都大学パーティが毛勝山から剱岳への登山に成功した。厳冬期の登頂は1953（昭和28）年、高瀬具康ら魚津高校パーティによる。大明神尾根の支尾根の魚高尾根はこのときのコースから命名された。

《登山コース》

　登山道は開かれておらず、残雪期に残雪を利用して登られる。片貝側の阿部木谷、毛勝谷がメインルート。4月下旬～6月が適期。雪渓の上部はかなり急傾斜でピッケル、アイゼンなどの装備が必要。初心者の登山は不可。阿部木谷と東又谷の合流点付近にある片貝山荘を起点とすれば頂上まで約5時間。往復約8時間である。なお山荘は無人、使用にあたっては魚津市教育委員会の許可が必要（緊急時を除く）。このほか、沢登りコースとして東又谷本流もおもしろい。下山は毛勝谷へ。健脚者の1日コース。
→釜谷山・猫又山　　　　　　　　　　（佐伯邦夫）

上は成谷山から見た毛勝山北面、下は伊折山から見た毛勝山（左）と大明神山

モモアセ山

ももあせやま

1479.1m　魚津市
2.5万分の1図「毛勝山」
G.B　—

　北アルプス毛勝山の西北尾根の裾にある。ピークらしい形をしていず、尾根の1つの肩に過ぎない。たまたま三角点がおかれたので尾根上にあった呼称がこの地点に定着したものと思われる。三角点の点名は「曲谷」。曲谷は片貝東又谷の支流でこの山の北面にあたる。曲谷にとなり合って上流側にモモアセ谷がある。これは、西北尾根につき上げる谷として最も顕著なもの。出合からツメまで、20を越える滝が連なる谷として知られる。沢登りの対象として、当山塊屈指の存在。名を同じくするピークと直接つながらないのが残念である。東又谷、阿部木谷の出合(西北尾根の末端)から尾根づたいに切り開きがある。取付きから約2時間で頂上。なお、山頂が中部山岳国立公園の境界になる。→毛勝山（佐伯邦夫）

モモアセ山（手前の山。伊折山から。奥は毛勝山）

大明神山

だいみょうじんやま

2082.6m　魚津市
2.5万分の1図「毛勝山」
G.B ㊗

　毛勝三山の前山の1つ。中部山岳国立公園にかろうじて入る。片貝川を上流で大きく東又谷と南又谷に分けいてるのが大明神尾根。そのまん中にあるのが当山。毛勝山南峰の西2kmになる。北面は東又谷支流の阿部木谷の流域で、その支流の宗次郎谷、大明神沢が本山へつき上げる。西側は南又谷支流の小沢、南面からは同じく釜谷がくい込む。これらをかかえて山ふところは大きい。山頂付近は南面はなだらかだが、北面は激しく切れ落ちて非対称山稜を見せている。

　山名のいわれは不明。古図には滝倉山（毛勝山）にくい込む谷として明神谷を描いている。また流域

大明神山（阿部木谷出合付近から）

には山神大明神をまつる祠がいくつかある。

　平野部の入善からは僧ケ岳の右に、黒部市からは毛勝山の右にそれぞれ連峰のスカイライン上のピークとして仰がれる。1969年1月、この山の頂上付近で大阪府立大生4人が風雪のため凍死という惨事が起きた。山麓、片貝第4発電所近くにその遭難碑が建つ。登山道はなく、残雪期に登るしかないのだが、山体は総じて急峻で一般向きとは言い難い。山頂から毛勝三山のほか剱岳、大日連山、僧ケ岳、駒ケ岳などを仰ぐ。→毛勝山　　　　　（佐伯邦夫）

大沼山　　　1404.0m　魚津市
おおぬまやま　　2.5万分の1図「毛勝山」
G.B　—

　毛勝三山の前山の1つ。大明神尾根の末端にある。山としての独立性は小さく、尾根の1つの肩状に過ぎない。北面はタバコ谷（片貝上流東又の支流）の源流になり、南面はイタズリ谷（同南又小沢の支流）がつき上げる。山頂に三等三角点があり、点名は「煙草」。だから、当山を煙草山又はタバコ山としている文献もある。山名は北西面を占める大沼谷から。「大沼」はアテ字で、「大ノマ」つまり大雪崩の意と思われる。片貝上流の東又谷と南又谷の合流点あたりを「オノマ」と呼ぶのもこれから。

　登山道はなく、積雪期、大明神尾根を末端から登るときに通られる。この山のみを目標とする場合は前記のタバコ谷、又はイタズリ谷を登る。いずれも急峻な谷で沢登り、岩登りの心得が必要だろう。→大明神山・毛勝山　　　　　　　（佐伯邦夫）

釜谷山　　　2415m　魚津市・宇奈月町
かまたんやま　　2.5万分の1図「毛勝山」
G.B 越 紀

　立山連峰北半の毛勝三山の1峰。三山のまん中の峰。北に毛勝山、南に猫又山が。三山中標高が1番高い。東側が黒部川、西側が片貝川の流域になる。前者が宇奈月町、後者が魚津市に属する。山頂が魚津市の最高地点になる。山容は端正な三角形を表わす。東面へは小黒部谷の1源流中ノ谷が、西面へは片貝川上流南又谷の支流釜谷がつき上がる。山名はこの谷名から。

　古名を姥倉ケ岳といったが、古地図にもそれを記したものが少なく、無名峰と誤解され、1915(大正4)年、釜谷からこの山に登った田部重治らが釜谷山と命名、発表、それが定着した。

　釜谷の「釜」というのは一般に滝壺を言うが、釜

大沼山（片貝第三発電所付近から）

釜谷山（猫又山から。右は毛勝山南峰）

谷の場合は同じ水流の浸食作用によるより特殊な例の甌穴（ポットホール）を意味する。甌穴とは、小石、岩片が水流の渦巻き作用によって岩を削り、川底の岩盤に円形、お釜状の穴をうがつものを言う。その後、流路が変わって、川岸の岩盤上に穴がポッカリと残されることがある。釜谷の中間部の滝場帯に、五衛ェ門風呂に似た甌穴が見られた。

さて、先の田部重治らは釜谷登攀後、毛勝三山に登頂、剱岳、立山を縦走、黒部の谷をわたり、赤牛岳を越え信州大町に下山した。この山中12泊に及ぶ大登山をふり返り、最もスリリングだったのは釜谷登攀だったと総括されている。この記録は山の古典として名高い『山と渓谷』（1929年、第一書房刊）に収められている。このほか初期の記録として1948（昭23）年、魚津高校山岳部によるものが雑誌『山』161号（昭24年8月号）にある。

釜谷は沢登りの対象として充実した内容を誇る。猫又谷との出合いから山頂まで約8時間。適期は8〜9月。ロープの使用などがあり、初心者は不可。一般登山者のための登山道はないが、三山をつないで黒部側に草地がひろがり踏み跡をたどると毛勝山、猫又山いずれからも1時間ほどで釜谷山頂に達する。7月中は、山頂東面に残雪があり、水を得ることができる。山頂から黒部の谷を隔てて後立山連峰が見事である。→毛勝山・猫又山　　（佐伯邦夫）

猫又山
ねこまたやま　2378.0m　魚津市・宇奈月町・上市町
2.5万分の1図「毛勝山」
G.B 越 紀 ア

立山連峰の北部、毛勝三山中の1峰。1番南側に位置する。三山の中で最も低く、山容もおだやか。山頂を通って南北に走る主脈によって南側は赤谷山につらなり、北へ釜谷山、毛勝山に並ぶ。この山稜が黒部川と片貝川に分水嶺をなし、黒部川側は宇奈月町に、片貝側は魚津市に属する。また当山山頂から西へ東芦見尾根がのび、これが片貝川と早月川の分水嶺をなす。早月川の流域は上市町に属する。山体を取りまく谷をもっとこまかく言えば、黒部側（東面）は小黒部谷の1源流、中ノ谷及び折尾谷の流域になり、片貝側（西面）は南又谷上流の猫又谷、早月側（南面）はブナクラ谷支流の戸倉谷がつき上げる。

古名をブナクラ岳といい、船倉ケ岳、船峭ケ嶽、掬倉ケ岳などと表記された。当山の南側、赤谷山との鞍部がブナクラ峠、そこへつき上げる早月川側の支流がブナクラ谷、古名は現在これらの地名に名残をとどめている。

猫又山の名は西面の猫又谷(片貝川南又谷)から。人を襲う怪猫が猫又。尻尾が二又に裂けていることからの名とか。片貝の奥山に人を襲う猫が住んでいて恐れられていたが、その猫の出没する谷という意味であろう。あるいはまた、この谷が西股と東股にきっぱりと分かれているところから出た名かとも思われる。その分岐は平野部の富山市水橋あたりからもよく確認される。

毛勝三山には登山道が開かれていず、登山は残雪期に、残雪をつたってなされた。しかし、1993（平5）年、有志の努力によってブナクラ谷ぞいの道がブナクラ峠まで修復され、1998（平10）年には峠を足がかりに北へ尾根ぞいに猫又山まで登山道が開通した。これによって毛勝三山の一角がはじめて一般登山者に開放されることになった。ブナクラ谷の車道終点から峠まで2時間、峠から山頂までまた2時間の行程。山頂から黒部の谷間を隔てて後立山連峰の眺望がすばらしい。剱岳の大観また圧巻である。大日岳連山を北側から眺めるのも貴重である。西ははるかに大倉山が三角形の山容を見せ、その向こうに富山平野と富山湾がひろがる。

一方、片貝川側も、南又谷ぞいに車道が1000mまで上がり、取りつきやすくなった。こちらは従来通り残雪期が適期。約4時間で山頂に立つ。→釜谷山・毛勝山　　　　　　　　　（佐伯邦夫）

大猫山
おおねこやま　　2070m 魚津市・上市町
2.5万分の1図「毛勝山」
G.B 越紀

猫又山（毛勝三山）を取り巻く山の1つ。猫又山から真西に延びる東芦見尾根上の、猫又山から2km地点に山頂がある。ピークと言うより尾根の一部、富山市あたりから毛勝方面を仰いだとき、猫又山の右手前にある山。早月川のブナクラ谷の支流。大ブナクラ谷が頂上付近に突き上げていることから、ブナクラ山とも呼ばれる。

積雪期、残雪期に東芦見尾根の縦走の通過点とされる。最近、ボランティアグループによって、ブナクラ谷(早月川)右岸尾根に登山道が切り開かれた。

片貝南又谷から仰ぐ猫又山

大猫山（小又川出合いから）佐伯邦夫撮影

同谷の車道終点から取付き、山頂まで約4時間。

山頂からの剱岳には圧倒される。早月尾根から本峰へ、そして北方稜線の峰々を経て赤谷山、赤谷尾根と、白萩川源流の山々があまねく眺めわたされる。
→猫又山　　　　　　　　　　　　　（小林喜一）

鬼場倉ノ頭
おんばくらのずこ

1969m　魚津市・上市町
2.5万分の1図「毛勝山」
G.B 越 紀

毛勝三山の猫又山の前山の1つ。猫又山から真西に延びる東芦見尾根上、猫又山から3km地点に山頂がある。山名は山頂の手前の草原に鬼のキバ（鬼歯）を思わせる岩塔がいくつか突き立つことからとか。片貝川南又谷の支流の鬼場倉谷が北西面につき上げる。鬼場倉谷はかつて巨岩がごろごろしていて壮観だったが、近年の砂防工事で今は見る影もない。

一般登山道はなく残雪期に鬼場倉谷をつめるのが一般的で、南又谷の出合から2時間半で稜線へ出られる。さらに稜線づたいに1時間半で山頂であるが、手前の露岩部が東芦見尾根で唯一ロープを使用する所である。

山頂からの展望は北に大明神尾根、東の正面には大猫山への斜面が広がりその向こうに猫又山、釜谷山を望む、南には剱岳、大日連山、眼下に細蔵山そ

鬼場倉ノ頭（1820m地点から）

して早月川、西には大倉山の彼方に日本海が広がる。
→猫又山　　　　　　　　　　　　　（小林喜一）

刈安山
かりやすやま

1689.9m　魚津市・上市町
2.5万分の1図「毛勝山」
G.B －

毛勝三山の猫又山の前山の1つ。猫又山から西に延びる山稜（東芦見尾根）上のピーク。北面に片貝川南又谷の支流刈安谷があり、山名はここから。南面は早月川支流の鍋増谷の源流になる。「刈安」に

刈安山（土倉山辺りから）

は2つの意味があるとされる。1つは「かりやすい＝容易」の意。いま1つは植物の「かりやす草」の意。この場合、どれにあたるのかは不明。山名考証の手がかりとして立山の五色ケ原の東に刈安峠がある。

登山道はないが、残雪期に刈安谷を登れば容易に山頂に達せられよう。山頂から剱岳、大日連峰北面を仰ぐ。→猫又山　　　　　　　　　（佐伯邦夫）

土倉山
どくらやま　　　1384m　魚津市・上市町
　　　　　　　　2.5万分の1図「毛勝山」
G.B 紀

大倉山（魚津市・上市町）の南東約1.5kmの魚津市・上市町の境界線上にある山。

東芦見尾根上の西方に位置する。地元の早月川集落では通称「巻山」（まきやま）、また反対側の片貝川集落では「土倉」（どくら）と呼んでいる。

登山道はなく、残雪期に早月川の鍋増谷から土倉山の南西尾根に取り付くか、または片貝川の土倉谷を詰めて大倉山との鞍部に出て土倉山に達することができる。

頂上は広々とした台地で、眺望は絶景。毛勝三山、剱岳、大日岳などが屏風のように打ち並ぶ。

ここからさらに東方に延びる東芦見尾根上には刈安山、鬼場倉ノ頭、大猫山などが連なっている。

（吉本豊彦）

大倉山
おおくらやま　　1443.0m　魚津市・上市町
　　　　　　　　2.5万分の1図「毛勝山」
G.B 越 紀 歩 カ 雪 県

早月川と片貝川の分水嶺上のピーク。鍬崎山や大辻山などにならぶ立山連峰の前衛峰。猫又山に発して西へ走る同分水嶺（東芦見尾根）はこの山にいたり、大きく2つに分かれる。1つは北に向き、カクレ山、濁谷山、大平山とつづき、いま1つは西に延び、さらに二分して、白倉山、尻高山となる。2つの分岐の間を割って入るのが小早月川の谷々。大倉山はこれら山塊の盟主の役割を果たす。

魚津あたりへは台形のどっしりとした山容を見せ、海岸線から数キロ入っただけで、立山をかくし、スカイラインに並ぶ。滑川、上市あたりからは美し

西面から見た大倉山（この山容から「笠」の名も）

い三角形のピークとして仰がれる。

　この山は山麓の村落によってそれぞれ異なる名称で呼ばれてきた。早月川流域の、上市町折戸地区あたりでは編笠に似た山容から、笠、あるいは笠ケ頭と呼ばれた。片貝谷（魚津市）では青石山。大倉山は小早月川の虎谷（魚津市）あたりの名称。

　山体は総じて急峻。かつ岩は脆弱で崩壊し易い。全体が広葉樹林に覆われている。片貝川側（東面）には、青石谷、土倉谷が、早月川側（西面）へは桂又谷、桑首谷などがくい込む。北面は小早月川（早月支流）の源流をなす。これらの谷はいずれも初級の沢登りの対象として興味深い。

　長らく残雪期専用の山として親しまれてきたが、1990（平成2）年、地元有志によって登山道が開かれた。上市町蓮沢地区から桑首谷ぞいの林道を2.5kmほど行き、標識に導かれて尾根道に取りつく。名うての急坂で登りは苦しい。途中標高100m毎に御影石の標柱が埋められている。取りつきからおよそ2.5時間で山頂に達する。山頂は東西に細長く、東側の端に三角点。祠や登山道開さくのモニュメントは、当初、西側のピークにあったが、2000(平成12)年、三角点のピークに移された。山頂あたりは

頂上にあるモニュメントと祠

うっそうたる広葉樹林だが、下界側と立山、劍を仰ぐ山側にそれぞれ展望を楽しむための刈り開けがなされている。→猫又山　　　　　　　（佐伯邦夫）

カクレ山
かくれやま　　　1325m　上市町・魚津市
　　　　　　　　2.5万分の1図「毛勝山」
　　　　　　　　G.B　―

　早月川と片貝側の分水嶺上の山。大倉山の北約1kmにある。小早月川上流東又の源流の1峰。片貝川側は南又谷支流の青石谷の流域になる。山名は早月

カクレ山（中央の黒い山。白倉山の頂上から、右は大倉山）

側のもの。人里近くからは望見できないことからか。雑木におおわれた平凡な山。積雪期に濁谷山から大倉山へ縦走するときに通られる。山頂から仰ぐ毛勝三山は圧巻。その左に劍岳の雄姿をのぞむ。→大倉山　　　　　　　　　　　　　　　（佐伯邦夫）

濁谷山
にごりだんやま　　1238.0m　魚津市・上市町
　　　　　　　　　2.5万分の1図「毛勝山」
　　　　　　　　　G.B　紀歩

　毛勝三山の猫又山から片貝川と早月川の分水嶺として東芦見尾根が西へのびる。この長大な尾根の後半にある1座。大倉山と大平山の中間に位置する。滑川方面から見るとき白倉山の左上部に見える台形の山がそれ。頂上には一等三角点があり点名も「濁谷山」。

　濁谷山は、別名割谷の頭（ワルダンノズコ）とも呼ばれる。また、片貝谷（魚津市）では貸倉山（かしくら）とも呼んだ。山名の由来は西面にくい込む濁谷（小早月川支流）から。その名が示すように山の西面は崩壊が激しく、出水時には谷の水がよく濁る。割谷も同様この山につき上げる急峻な沢。

　一般登山道はなく、残雪期を利用して登る。小早

濁谷山（大倉山から、左奥は大平山）佐伯邦夫撮影

月川の虎谷集落より林道虎谷・坪野線を坪野方向に行く。林道が角川の流域へ越える峠の直前で二手に分かれており、これを右に折れ、杉の植林の中の林道を行く。終点の作業小屋から尾根に向けて西面の斜面に取りつく。杉林をぬけて尾根に出てその尾根沿いに進むと狭い稜線の頂上に着く。

一等三角点の山だけあって展望はすばらしい。毛勝三山、僧ケ岳、駒ケ岳が間近に、少し離れては剱岳の雄姿が仰げる。→大倉山・大平山

(井上澄雄)

毛勝三山──コラム②

　剱岳北方稜線(立山連峰北半)の中の、毛勝山・釜谷山・猫又山でもって1つのまとまりを形成しているが、これを毛勝三山とよぶ。また別に片貝三山、小黒部三山ともよばれる。さらには魚津市の最頂部にあたるところから魚津三山とも。

　古くから三山という意識でとらえられ、滝倉岳(毛勝山)姥倉岳(釜谷山)船倉山(猫又山)と語尾をそろえて呼ばれた。遥拝信仰の対象だったと考えられている。また地元では現在名のようにも呼ばれていて、統一的な地形図が整えられていく過程で今日の名に。ただし、釜谷山は1915(大4)年にこの山に登った田部重治によって命名された。

　三山は頭を寄せ合うようにそびえているが、毛勝山は南北2峰ある所から、場所によっては4山にも見える。魚津三山の名があるが、魚津の平野部からは一部地区を除いては猫又山が見えず、2山のみ。ただし、毛勝山の2峰と釜谷を合わせて三山とされる場合も多い。三山の北側の切れ込みが平杭乗越、南側がブナクラ峠で、いずれも標高1750m。北アルプス主稜線のギャップでは異例に深く(低く)、ともに黒部への通い路として越えられた。三山はこれらの切れ込みから比高650mで一気に立ち上がり、これだけでもって雄渾の存在。立山連峰のパノラマ形成において極めて重要な役割を占める。

　連峰の中心は言うまでもなく立山・剱岳。この南側を固めるのが薬師岳一帯だが、これとつり合うべく北側を支えるのが毛勝三山。薬師岳に比して北に位置する分、雪が多く、山の白さがきわだつ。上市町からの場合は、中央が剱岳で、その両側に大日岳山群と毛勝三山が主峰とほぼ同等の高さで並ぶ。三山は北アルプス、又の名中部山岳国立公園に属していながら開発の手が入れられず、自然のままの状態がかなり保たれているのは貴重である。

　文献として『魚津三山を訪ねて』(長井真隆著、1961年刊行)がある。

　なお「○○三山」と呼ばれるものとして、全国的には「出羽三山」(山形県)「越後三山」(新潟県)「鳳凰三山」(南アルプス)などが知られる。本県では「立山三山」(雄山、別山、浄土山)、「白馬三山」(白馬岳、杓子岳、鑓ケ岳)がある。このほか県東端の山で「下駒三山」(犬ケ岳、下駒ケ岳、寺山)や「鴈谷三山」(南保富士、二王平峰、鴈谷峰)、五箇山の道谷山三山(前道谷、中道谷、奥道谷)の例が本文中に見える。

(佐伯邦夫)

赤谷山からの毛勝三山(左から猫又山、釜谷山、毛勝山)佐伯郁夫撮影

一等三角点の山(標高順) ── コラム③

1　立山（立山町）
2　白馬岳（朝日町・長野県）
3　大笠山（上平村・石川県）
4　金剛堂山（利賀村・八尾町）
5　六谷山（大山町・岐阜県）
6　濁谷山（魚津市・上市町）
7　医王山（福光町・石川県）
8　蔵王山（氷見市・石川県）
9　城山（富山市）
10　園家山（入善町）

二等三角点の山(標高順) ── コラム④

平地のものは省略してある所在地の（　）は三角点の位置が
その市町村よりはずれているもの

1　薬師岳　　　　大山町
2　野口五郎岳　　大山町、長野県
3　鹿島槍ヶ岳　　宇奈月町、立山町、長野県
4　蓮華岳　　　　立山町、長野県
5　唐松岳　　　　宇奈月町、長野県
6　南沢岳　　　　大山町、長野県
7　越中沢岳　　　大山町
8　大日岳　　　　立山町、上市町
9　朝日岳　　　　朝日町、新潟県
10　毛勝山　　　　魚津市、宇奈月町
11　白ハゲ山　　　上市町、宇奈月町
12　鍬崎山　　　　大山町
13　百貫山　　　　宇奈月町
14　僧ケ岳　　　　魚津市、宇奈月町
15　三ケ辻山　　　（利賀村）、岐阜県
16　瀬戸谷山　　　大山町
17　白木峰　　　　八尾町、岐阜県
18　犬ケ岳　　　　朝日町、新潟県
19　北ソウレ山　　利賀村、岐阜県
20　水無山　　　　利賀村、岐阜県
21　突坂山　　　　宇奈月町
22　猿ケ山　　　　上平村、福光町
23　朴ノ木　　　　朝日町、宇奈月町
24　高頭山　　　　大山町
25　杉山　　　　　城端町、利賀村、（平村）
26　西新山　　　　細入村、八尾町
27　高峰　　　　　利賀村
28　黒菱山　　　　朝日町
29　牛岳　　　　　庄川町、利賀村、（山田村）
30　八丁山　　　　福光町
31　高峰山　　　　上市町、（立山町）
32　医王山　　　　福光町、石川県
33　夫婦山　　　　八尾町
34　水行山　　　　宇奈月町
35　小佐波御前山　大沢野町、大山町
36　東城山　　　　魚津市
37　尖山　　　　　立山町
38　城山（箕輪）　滑川市、上市町
39　碁石ヶ峰　　　氷見市、石川県
40　稲葉山　　　　小矢部市
41　国見山（倶利加羅峠）　小矢部市、石川県
42　エボシ山　　　氷見市
43　三千防山　　　氷見市、高岡市
44　城山（二上山）高岡市
45　虹岳　　　　　氷見市、石川県
46　城山（泊）　　朝日町
47　天狗山　　　　砺波市
48　アマイケ山　　小矢部市
49　森田山　　　　婦中町
50　蛇ケ谷山　　　氷見市
51　鳥越山　　　　大門町
52　御世仏山　　　平村

市町村の最高地点の山 ── コラム⑤

1　朝日町　　　白馬岳
2　宇奈月町　　鑓ヶ岳
3　入善町　　　負釣山
4　黒部市　　　前僧ヶ岳
5　魚津市　　　釜谷山
6　滑川市　　　尻高山8合目
7　上市町　　　剣岳
8　立山町　　　立山
9　大山町　　　水晶岳（黒岳）
10　大沢野町　　キラズ山
11　富山市　　　三ノ熊の中山
12　婦中町　　　オンダン山
13　細入村　　　唐堀山
14　八尾町　　　金剛堂山
15　山田村　　　牛岳
16　小杉町　　　野手高津峰山
17　大門町　　　鳥越山
18　氷見市　　　石場山
19　高岡市　　　大高尾
20　砺波市　　　ジュツカの山
21　小矢部市　　大嶺山
22　福岡町　　　大釜山
23　福光町　　　大門山
24　庄川町　　　牛岳
25　井波町　　　大寺山
26　福野町　　　桑山8合目
27　井口村　　　扇山
28　城端町　　　袴腰山
29　利賀村　　　三ケ辻山9合目
30　平村　　　　人形山
31　上平村　　　笈ケ岳

新湊市、大島町、下村、舟橋村には山がないので割愛した

3「立山」(含「大町」)

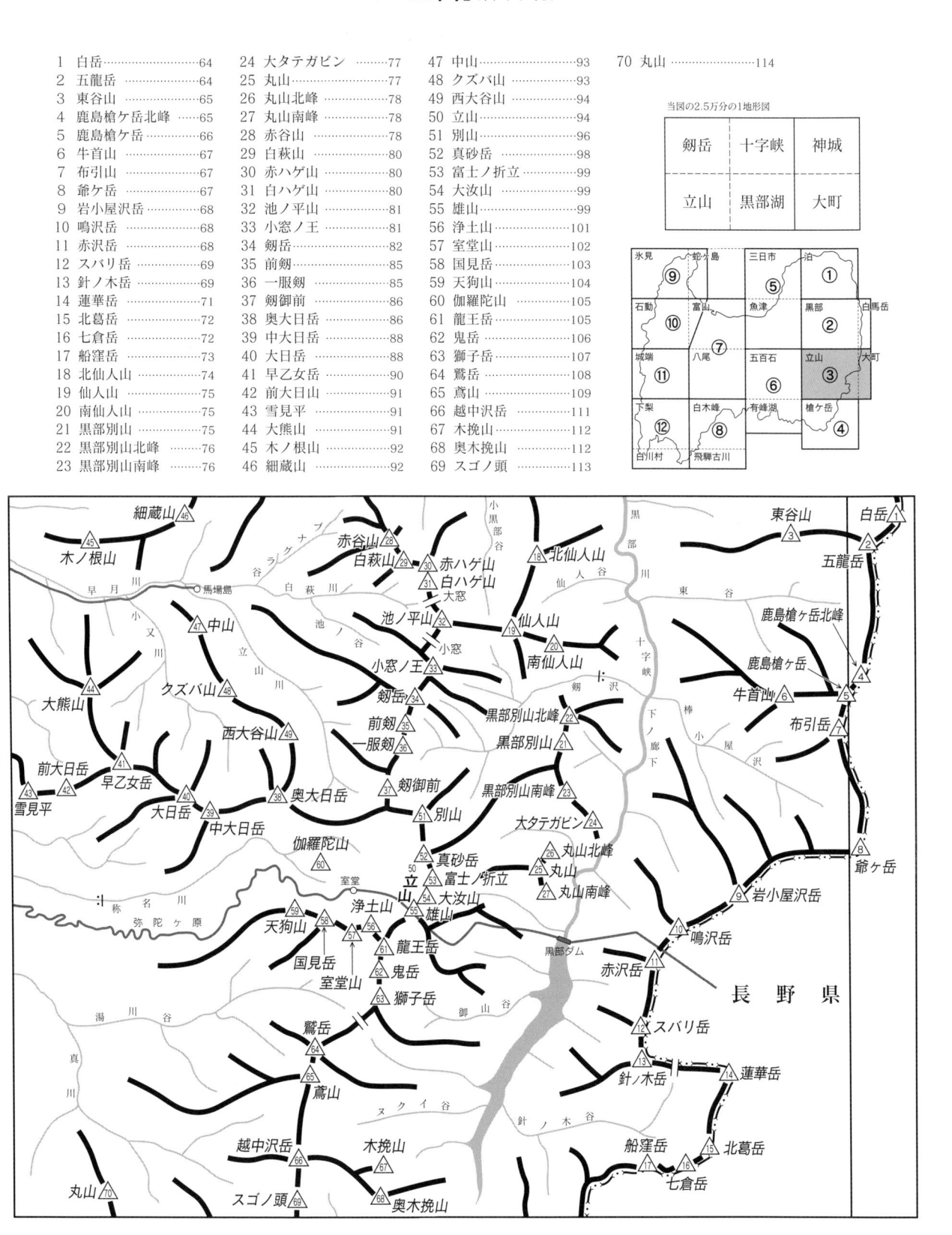

№	山名	頁	№	山名	頁	№	山名	頁	№	山名	頁
1	白岳	64	24	大タテガビン	77	47	中山	93	70	丸山	114
2	五龍岳	64	25	丸山	77	48	クズバ山	93			
3	東谷山	65	26	丸山北峰	78	49	西大谷山	94			
4	鹿島槍ケ岳北峰	65	27	丸山南峰	78	50	立山	94			
5	鹿島槍ケ岳	66	28	赤谷山	78	51	別山	96			
6	牛首山	67	29	白萩山	80	52	真砂岳	98			
7	布引山	67	30	赤ハゲ山	80	53	富士ノ折立	99			
8	爺ケ岳	67	31	白ハゲ山	80	54	大汝山	99			
9	岩小屋沢岳	68	32	池ノ平山	81	55	雄山	99			
10	鳴沢岳	68	33	小窓ノ王	81	56	浄土山	101			
11	赤沢岳	68	34	剱岳	82	57	室堂山	102			
12	スバリ岳	69	35	前剱	85	58	国見岳	103			
13	針ノ木岳	69	36	一服剱	85	59	天狗山	104			
14	蓮華岳	71	37	剱御前	86	60	伽羅陀山	105			
15	北葛岳	72	38	奥大日岳	86	61	龍王岳	105			
16	七倉岳	72	39	中大日岳	88	62	鬼岳	106			
17	船窪岳	73	40	大日岳	88	63	獅子岳	107			
18	北仙人山	74	41	早乙女岳	90	64	鷲岳	108			
19	仙人山	75	42	前大日岳	91	65	鳶山	109			
20	南仙人山	75	43	雪見平	91	66	越中沢岳	111			
21	黒部別山	75	44	大熊山	91	67	木挽山	112			
22	黒部別山北峰	76	45	木ノ根山	92	68	奥木挽山	112			
23	黒部別山南峰	76	46	細蔵山	92	69	スゴノ頭	113			

当図の2.5万分の1地形図

剱岳	十字峡	神城
立山	黒部湖	大町

白岳
しらだけ　　2541m　宇奈月町・白馬村・大町市
　　　　　　2.5万分の1「神城」
　　　　　　G.B ㊗㋐

　後立山稜線上、五龍岳の北東約1kmの地点。五竜山荘の北側にあり、後立山稜線上から遠見尾根への分岐点。山頂は瓦礫とハイマツに覆われ、白岳と書かれた石柱が立っている。山名は着雪が多い所からきており、岩峰の五龍岳と対照的。

白岳（手前が五龍岳山荘）

　山頂を通り南北に走る主稜線と東に派生している遠見尾根により三大河川の分水嶺となっている。主稜線西面の水は餓鬼谷を経て黒部川へ。遠見尾根北側の水は、白岳沢に集められ平川を通り姫川へ。南側は、シラタケ沢から大川沢、鹿島川、高瀬川、犀川、千曲川、信濃川と名を変えてゆく。

　山頂からは、目の前に五龍岳を仰ぎ、北に唐松岳を見る。西側は黒部川を挟んで劔岳、毛勝三山、僧ケ岳を望む。→五龍岳　　　　　　　　（池原　等）

五龍岳
ごりゅうだけ　2814.1m　宇奈月町・大町市
　　　　　　　2.5万分の1図「神城」
　　　　　　　G.B ㊗㋐

《概観・構造・自然》
　後立山連峰のほぼ中央の山。急峻な岩峰を持ち、後立山連峰の中で最も男性的な山容。灰色のひん岩で構成されており、花崗岩と違い浸食作用が少なく高峰を作る特徴がある。北側から稜線通しにG0の頭、G1の頭、G2の頭、山頂、主稜線から外れているG4の頭、黒いピークのG5の頭と岩峰が続く。山頂は東西に長く、三等三角点は西端にある。

　山頂を通り南北に走る主稜線が、富山県宇奈月町と長野県大町市に分ける。山頂から北方1.1km地点に白岳。ここから東側に遠見尾根を分ける。さらに北に向かい唐松岳、白馬岳、朝日岳へと続く。南方の尾根には鹿島槍ケ岳、針ノ木岳、三俣蓮華岳が連なる。西尾根は東谷山、下東谷山へと続き黒部川に落ちている。

　西側の水は東谷尾根で東谷と餓鬼谷に分割され、共に黒部川に流れ込んでいる。東側の水はシラタケ沢に集められ、大川沢、鹿島川、高瀬川、犀川、千曲川、信濃川と名を変えて日本海に注ぐ。

　この山は富山平野の所々から見える。黒部川の鉄橋から入善町にかけては黒部川の谷間に、富山市からは赤谷山の北にあるブナクラ峠越しに、砺波地方からは劔岳の大窓越しに、氷見灘浦海岸からは毛勝山の北側にある平杭乗越の向こうに見る。

　日本海から吹き付ける冬の湿った季節風は毛勝山、僧ケ岳で上昇し、上空で冷やされ大量の雪となって後立山に降り積もる。しかし、急峻な岩肌を持つ五龍岳は強風にさらされるためあまり積雪を見ない。

《歴史》
　山名は五龍岳のいくつかの岩峰のうち登山者がG2と名づけた岩峰の雪形が武田信玄の家紋四つ割菱に似ていることから「御菱」と呼び、それがなまって「ごりゅう」に。漢字の「五龍」があてられたのは1908（明治41）年7月、登山家三枝威之介氏が五龍の字を用いて以来、とされている。

　「後立山―ごりゅうざん―五龍」説の後立山とは現在の鹿島槍ケ岳を示している事が確定的になった。越中側の古称は餓鬼岳である。1697（元禄10）年の奥山廻記録では、「がきが嶽」、同13年の奥山

五龍岳（唐松岳の下りから）

御境目通絵図にも「がきの嶽」で記載。以後の新川郡の絵図に「餓鬼岳」と記載される。

《登山道》

後立山縦走コースの中心で、鹿島槍ヶ岳方面や唐松岳方面への登山者が多い。山頂から1km北方の白岳鞍部に五龍山荘がある。

縦走路の他に遠見尾根から登るコースも一般的であるが、稜線に出るまでは視界も悪く平たんな道であり、冬山登山者に人気がある。富山県側から五龍岳に直接登るコースはなく、祖母谷温泉から南越コースで唐松山荘を経て登れるが長時間を要する。

各登山道の所要時間は次の通りである。
・遠見尾根コース＝五龍とおみスキー場テレキャビン地蔵平山頂駅から五龍山荘経由で、約6時間。
・南越コース＝祖母谷温泉から大黒銅山跡、唐松山荘、五龍山荘経由で　約12時間。　（池原　等）

東谷山　　　2380m　宇奈月町
ひがしだんやま　2.5万分の1図「十字峡」

G.B ―

五龍岳の西尾根上のピーク。山頂は五龍岳から約1.7km地点にあり、山容は三角錐を見せ広葉樹林とハイマツに覆われている。五龍岳との鞍部には数個の地溏がある。この西尾根は黒部支流の餓鬼谷と東谷に挟まれている、三等三角点（2297.3m）は山頂から500mほど下部にある。

五龍岳山頂からは急な砂礫伝いの尾根で登山道はなく、容易に近づけない。山姿は唐松山荘辺りから良く眺められる。→五龍岳　　　　（池原　等）

東谷山（右の尾根上の三角形の山、左は五龍岳）

鹿島槍ヶ岳北峰　2842m
かしまやりがだけほっぽう　宇奈月町・大町市
2.5万分の1図「神城」

G.B 自北ア

鹿島槍ヶ岳の主峰（南峰）の北東約0.5kmに山頂。北槍とも言う。南峰とは美しい吊り尾根でつながる。標高は南峰よりも50mほど低い。見る場所によってはどっちが高いかよくわからないこともあって、古くは「背比べ」といわれた。黒部扇状地の入善町あ

鹿島槍ヶ岳（剱岳小窓谷から。佐伯郁夫撮影）

たりから仰ぐときは、両峰の高さの違いがきわだつ。山頂を通って南北に走る主稜線を境に、西側が宇奈月町、東側が長野県大町市になる。前者は黒部川支流の東谷の源流になり後者は鹿島川（信濃川にそそぐ）の源流になる。古名にまた「隠里嶽」の名もある。隠里は平家の落武者が隠れ住んだという伝説から。カクネ里と読む。当山北東面の谷底がカクネ里。カクネ里の上、北槍頂上まで一帯を鹿島槍北壁と呼ぶ。また、当峰から東へ0.5kmに荒沢の頭があり、この東面が荒沢奥壁。両者が鹿島槍の岩場の代表。昭和の初年（1926）から、学生登山界が中心になって、主として積雪期の初登攀争い、開拓劇がくりひろげられた。

　この山に直接登る一般登山道はない。五龍岳、もしくは鹿島槍南峰から縦走される。五龍岳から約6時間、南峰から約0.5時間。当山北側直下にキレット小屋がある。→鹿島槍ケ岳　　　（佐伯邦夫）

鹿島槍ケ岳
かしまやりがだけ

2889.1m
宇奈月町・立山町・大町市
2.5万分の1図「神城」
G.B 自 北 ア

《概観・構造》
長野県との境界上の山。北アルプス後立山連峰の主峰。南北2つの峰とそれを結ぶ吊り尾根がつくる山容は美しい。本県の中心部からは望見できない。黒部扇状地の人善あたりからは気品のある尖峰として仰がれる。また高岡市石瀬あたりからは大窓の切れ込みの中におさまると指摘されている。

　北へ五龍岳、唐松岳と連なり、南へは爺岳、鳴沢岳、赤沢岳を経て針ノ木岳につづく。これらは黒部の右岸山綾と呼べる。山綾の西側が本県に属する。山頂から西に牛首尾根がのび、これが宇奈月町と立山町を分ける。宇奈月側は黒部川支流の東谷の源流となり、立山町側は同じく棒小屋沢（ぼうこや）の流域になる。棒小屋沢は黒部本流にそそぐとき十字峡を作る。東面の大冷沢、荒沢、大川沢などは鹿島川にまとまり、高瀬川、犀川、千曲川を経て信濃川にそそぐ。

　山体は角閃石、名玢岩や輝石安山岩から成る。長野県側は急崖で富山県側はなだらかな非対称山稜の典型を示す。我が国の近代アルピニズムの舞台として穂高岳や剱岳と共に重要な役割を果たす。

《民俗・山名》
　山名は鹿島の里にそびえる尖峰の意。これは明治以後の名称で、古くは双耳峰であることから「背比べ山」と呼ばれた。また「隠里嶽」とも。これは平家の落人伝説から。今日「カクネ里」として北峰北東面の谷にその名を残している。さらには大冷沢源流に現われる雪形から「ツル岳」「シシ岳」とも言われた。

　越中名は「後立山」。これは今日、連峰全体の名称として使われている。かってこの名不適切につき、「鹿島槍連峰」と呼ぶべきという提唱が百瀬慎太郎によってなされたが広まらなかった。夏季、立山頂上から見ると、当山から日が昇ることから、山頂の神官らは「御影岳」と呼んであがめたとも言われる。黒部奥山廻の記録では道の険阻がくり返し強調されている。山麓鹿島地区の狩野家には登行記念帳が保存されていて、近代登山史の貴重な記録とされる。

《登山史》
　近代以後の記録で最も古いものとして1890（明治23）年、地理学者大塚専一らが鹿島谷から登頂、爺岳方面へぬけている。引きつづき明治期では三枝威之助が黒部側から登頂あるいは辻本満丸、中村清太郎らが針ノ木岳まで縦走、榎谷徹蔵がさらに槍までの縦走に成功している。また、五龍岳から鹿島

一番遠景が鹿島槍ケ岳（清水山から）

槍に縦走、八峰(はちみね)のキレットをはじめて通過したのは中村孝次郎らの一行といわれる。

大正期はさらに細かく登られ、昭和期に入ると、積雪期登山と岩壁登攀の時代をむかえ、学生登山部を中心にカクネ里の奥の北壁や荒沢奥壁などを舞台として初登攀争いがくりひろげられた。今日、この山の北壁等を登ったのち牛首尾根から黒部峡谷に下り、黒部別山を経て剣岳を越えるコースが国内で最もハードな積雪期登山のプログラムとして実践されている。

《登山コース》

登山はすべて長野県側から。JR信濃大町駅から鹿島地区を経て大谷原までタクシー。これより大冷沢に入り赤岩尾根に取りつき、これを登りつめるのが、この山に直接登る唯一のコース。赤岩尾根は、前半は樹根・岩まじりの急登、上半はヤセ尾根、崩壊地の通過などがあって健脚向き。大谷原から冷乗越経由で約8時間。途中、冷乗越に冷池(つべたいけ)山荘がある。山頂から黒部の谷間を隔てて仰ぐ立山、剣岳は圧巻、これをはじめとして360度のパノラマはすばらしい。→鹿島槍ケ岳北峰　　　　　　　　（佐伯邦夫）

牛首山

うしくびやま　　2553m　宇奈月町・立山町
　　　　　　　2.5万分の1図「十字峡」
　　　　　　　G.B　－

鹿島槍ケ岳南峰から西に張り出している牛首尾根上のピーク。この尾根は黒部川の支流東谷と棒小屋沢に挟まれている。山頂は鹿島槍ケ岳から約1.8km地点にあり、五龍岳や種池山荘辺りから眺められる。牛の背を思わせるなだらかな山容で草原とハイマツに覆われている。

この尾根は鹿島槍ケ岳の冬季登山コースに用いられる。山頂から鹿島槍ケ岳南峰まで以前は踏み跡があったが、今はその痕跡を残すにすぎない。→鹿島

牛首山（手前）。遠景は毛勝三山（鹿島槍ケ岳から）

槍ケ岳　　　　　　　　　　　　（池原　等）

布引山

ぬのびきやま　　2683m　立山町・大町市
　　　　　　　2.5万分の1図「十字峡」
　　　　　　　G.B　㋐

後立山稜線上、鹿島槍ケ岳の南に伸びる尾根上の三角形の小さなピーク。山頂は鹿島槍ケ岳から1km地点にあり、砂礫と雑草の山。冷乗越をはさんで爺ケ岳と向き合う。

西側の水は棒小屋沢を経て黒部川へ、東側の水は

布引山（手前の小ピーク）と爺ケ岳（3つのピークをもつ山）

北俣本谷に集められ、大冷沢、鹿島川、高瀬川、犀川、千曲川、を経て信濃川に合流する。

山頂から、北に鹿島槍ケ岳南峰を大きく眺め、南に爺ケ岳、岩小屋沢岳。西に黒部川を挟んで立山、剣岳、毛勝三山を眺める。→鹿島槍ケ岳(池原　等)

爺ケ岳

じいがだけ　　2669.8m　立山町・大町市
　　　　　　　2.5万分の1図「神城」
　　　　　　　G.B　㋐

後立山稜線上のピーク。鹿島槍ケ岳から南へ約4kmの地点に山頂。北峰（2631m）、中央峰（2669.8m）、南峰（2660m）に分かれる。山頂はハイマツと瓦礫で構成され、中央峰に数個の岩とその脇に三等三角点があり、爺ケ岳山頂の標識は南峰にある。春先この山に現れる種蒔爺さんの雪形が山名の由来。江戸時代にはゴロクと呼ばれ、北峰を五岳、中央峰を六岳、南峰を祖父岳（ジジダケ）と呼んでいた。越中古名は「栂山」又は「栂谷ノ峯」。

東面は黒部川の十字峡にそそぐ棒小屋沢の源流、東面は鹿島川の支流小冷沢と篭川の支流白沢の源流である。北峰から東に伸びている尾根を冷尾根と云

い、途中から小冷尾根を分ける。中央峰から東南に張り出している尾根は、白沢天狗尾根と東尾根に分かれ、前者は白沢天狗山に続いている。南峰から南東に伸びている尾根を南尾根と云う。

一般登山道は扇沢から種池山荘を経て山頂まで4時間半のコースと、大冷沢の西俣出合から冷池山荘を経て6時間半のコースがある。

山頂から北に鹿島槍ケ岳、南に赤沢岳、針ノ木岳、蓮華岳、槍ケ岳。西方は黒部川を挟んで薬師岳、立山、劔岳、毛勝三山を望む。→鹿島槍ケ岳

(池原　等)

岩小屋沢岳
いわごやざわだけ　2630.3m　立山町・大町市
2.5万分の1図「黒部湖」
G.B ㊗㋐

後立山稜線上のピーク。針ノ木岳の北東約5kmに位置する。北峰(2630.3m)と南峰(2623m)を持つ双耳峰。三等三角点は北峰にある。山名はこの南面に食い込む岩小屋沢(篭川の支流)から。東南は扇沢の支流奥小沢と黒部川の支流新越沢と岩小屋沢の源流にあたる。山頂の東面(信州側)の崩壊が激しく、数年毎に稜線上の西側に登山道が付け替えられている。また、山頂近くは猿の生息地となっている。

中央が岩小屋沢岳（爺ケ岳との鞍部から）

一般登山コースは、南北の稜線沿いに山頂に達する他、扇沢から柏原新道、種池山荘を経て岩小屋沢岳まで約5時間のコースがある。山頂から北東2.5kmに種池山荘、南西1kmに新越乗越山荘がある。

山頂から、北方に爺ケ岳、鹿島槍ケ岳、五龍岳、白馬岳、南方に鳴沢岳、針ノ木岳、蓮華岳を望む。西方に黒部川を挟んで立山、劔岳、遠くに能登半島が眺められる。→針ノ木岳
(池原　等)

鳴沢岳
なるさわだけ　2641m　立山町・大町市
2.5万分の1図「黒部湖」
G.B ㋐

後立山稜線上のピーク。針ノ木岳から北約3.8km地点に山頂、瓦礫とハイマツで覆われている。北西側は富山県立山町、東南は長野県大町市。黒部川と高瀬川の支流篭川に挟まれる。黒部川の支流鳴沢と篭川の支流鳴沢の源流にあたる。この山頂から南へ300mほど進んだ稜線上の真下を、黒部ダムから扇沢へ抜ける関西電力のトンネルが通る。

この山に直接登る道はなく、南北の稜線から山頂に達するしかない。

鳴沢岳（岩小屋沢岳から）

山頂から、南正面に針ノ木雪渓を見、その右に針ノ木岳、赤沢岳、対して左に蓮華岳。北方に爺ケ岳、鹿島槍ケ岳、五龍岳、白馬岳を望む。西側は黒部川を挟んで、立山、劔岳を望む。→針ノ木岳

(池原　等)

赤沢岳
あかざわだけ　2677.8m　立山町・大町市
2.5万分の1図「黒部湖」
G.B ㋐

後立山稜線上のピーク。県境上の山。針ノ木岳と爺ケ岳の間に位置し、針ノ木岳の北約2.5km地点に山頂。山頂の西側は立山町、東側は長野県大町市で山頂に三等三角点がある。山頂は瓦礫帯で一部にハイマツが生えている。黒部川支流の赤沢、大スバリ沢、長野県側は篭川支流の赤沢の源流にあたる。山頂から黒部湖にのびている西尾根は、岩稜帯となり

赤沢岳（右に続く岩尾根の岩峰が猫の耳）

岩登りのゲレンデになっている。この尾根の2533m地点に奇峰の猫ノ耳がある。

一般登山コースは、後立山を縦走してくるもので、扇沢から針ノ木峠を経て約8時間で山頂に立つのが最短コースである。また、白馬岳方向から縦走してきた場合、黒部湖を初めて眺めることができるのがこの山頂である。

山頂から、南方にスバリ岳、針ノ木岳、蓮華岳、水晶岳。北方に爺ケ岳、鹿島槍ケ岳、五龍岳、白馬岳。西方眼下に黒部湖を見、その対岸に薬師岳、五色ケ原、立山、剱岳。遠くに能登半島を望む。→針ノ木岳　　　　　　　　　　　（池原　等）

スバリ岳

すばりだけ　　2752m　立山町・大町市
　　　　　　 2.5万分の1図「黒部湖」
G.B ㋐

後立山連峰の針ノ木岳を取り巻く山の1つ。針ノ木岳から北に伸びる尾根上、針ノ木岳から約0.6km頂点に大スバリ岳、小スバリ岳の2つの山頂を持つ。山頂は岩石で構成され、所々にハイマツを有する。スバリは狭い所の意味で、黒部峡谷をはさむ立山・後立山両連峰が最も接近した地点を指すのであろう。

一般登山コースは、扇沢から大沢小屋、針ノ木峠、針ノ木岳を経て約6時間で頂上に達する。黒部湖の平ノ渡場から入るなら針ノ木谷、針ノ木峠を経て約8時間を要する。

西面眼下に黒部湖、その向こうに剱岳、立山、薬

スバリ岳（手前の丸い山。奥は針ノ木岳）

師岳の山稜が連なる。山頂から黒部湖へのびる西尾根は、大スバリ沢と小スバリ沢に挟まれた岩稜帯で岩登りのゲレンデになっている。東面眼下に針ノ木雪渓がある。→針ノ木岳　　　　　　（池原　等）

針ノ木岳

はりのきだけ　2820.6m　立山町・大町市
　　　　　　 2.5万分の1図「黒部湖」
G.B 県北 ㋐

《概要》

後立山連峰の代表的な山。立山からみると黒部湖を隔てた対岸の山。高く立派な山容を誇る。藩政時代の越中名は「地蔵岳」。冠松次郎の『後立山連峰』（1931・第一書房）によると、1910（明治43）年7月、日本山岳会員辻本満丸、中村清太郎、三枝威之助氏等が後立山連峰を縦走したとき、針ノ木岳と命名。大町近郊大出の人達は厩窪の頭と呼んでいたようである。

針ノ木峠の由来は近辺に榛の木が多いことから転訛して針の字が与えられたという。

また、越中の木挽がこの山を槍ケ岳と云っていたとも記されている。

《針ノ木峠の歴史》

針ノ木峠は古くから越中と信州を結ぶ重要な峠であった。

1584（天正12）年富山城主佐々成政の一行百名は、湯川からザラ峠、刈安峠、平ノ渡し、針ノ木谷

針ノ木岳（左奥は雄山）

右の尖峰が針ノ木岳（中央奥は蓮華岳、左は赤沢岳。雄山山頂から）

を登り、針ノ木峠を越え大町に出て、遠州の徳川家康をたずね、連合を嘆願に行ったと伝えられる歴史的峠である。それは1、2月のことであり、今日の装備・技術をもっても容易なことではない。

針ノ木峠を越えて、密猟、盗伐などが行われ、加賀藩の奥山廻りでは最も重視、毎年巡視の折、加賀藩領であることを明示した制札を立ててくるのを慣例とした。明治に入ると、奥山廻りは廃止され、針ノ木峠から、平を経て、立山温泉に至る有料道路がつくられたが、崩壊や水害のため、保守不能で廃止となっていく。牛も通う立派な道で、刈安峠付近やその下部に当時の道跡が今も残っている。

《登山の発展》

山麓の町、大町で旅館「対山館」を営む、百瀬慎太郎により1925（大正14）年、大沢小屋が建設され、その後1930（昭和5）年、針ノ木峠に針ノ木小屋が建てられた。それによって、針ノ木岳は、多くの人に親しまれる山となる。

1963（昭和38）年、黒部川第4発電所が完成して道路事情は大きく変わり、籠川谷沿いの1日がかりの行程が、大町有料道で30分で行けるようになった。

長野県側からのコースが便利になり、登山者も多くなるが、針ノ木谷からのコースは度重なる洪水で今では登山道はほとんど流されてしまった。観光客数の多い立山方面には、大きな投資がなされるが、歴史の道針ノ木谷コースは疎まれている。

山開きは毎年6月中旬以降の日曜日に行われてい

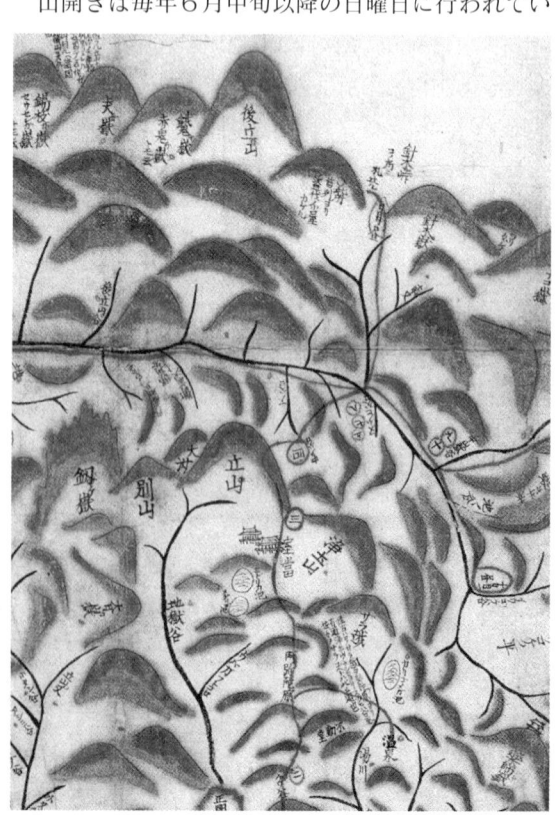

1809（文化6）年の『黒部奥山廻絵図』の一部

※ 2001134

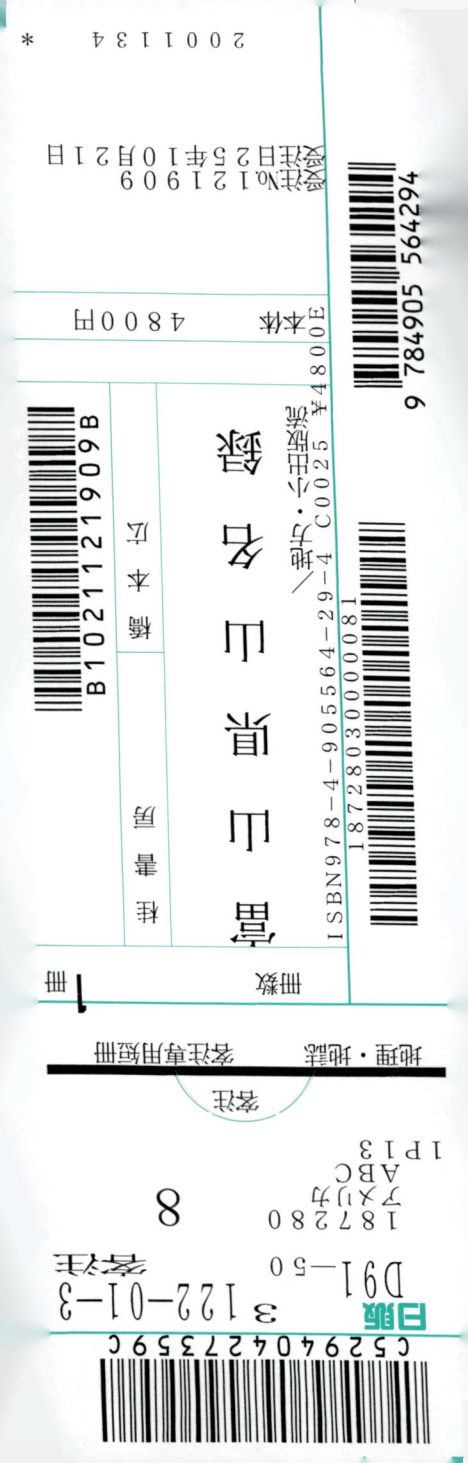

受付No.121909
発注日 25年10月21日

本体 4800円

9784905564294

書名 経済学・金融論／暮らし C0025 ¥4800E

B102112112909B

雑誌名

巻号

ISBN978-4-905564-29-4
1872803000081

冊数 1冊

経理・用度　参考書用図書冊

客注

D91-50
3122-01-3 客注先
1872280　アメリカ
8　ABC
IP13

C52940427359C

る。同時にこの方面の発展に力を注いだ百瀬慎太郎を顕彰する慎太郎祭も同氏のブロンズ像や歌碑のある大沢小屋で行なわれる。

《登山案内》

　扇沢バスターミナルから、針ノ木自然歩道に導かれていくと、大沢小屋に着く。その先で針ノ木雪渓に入り、それをたどっていくと、針ノ木峠に立つ。峠からは県境稜線ぞい。雪渓歩行のためアイゼンがいる。

　黒部湖方面からのコース、ダム湖畔にそった道を、平ノ小屋へ。そこで渡し船で対岸に移り、針ノ木谷に入る。荒れた川原歩きがつづく。途中で北側から合流してくる谷を選び、針ノ木峠に出る。

　谷の中には橋もなく、何度かの渡渉は避けられないので、それに適合した装備を選定せねばならない。

《コースタイム》

・扇沢(1.5時間)大沢小屋(3.5時間)針ノ木小屋(1時間)針ノ木岳。
・黒四ダム(4時間)平ノ渡場(7.5時間)針ノ木小屋。
　他に七倉からのコース、後立山縦走コースもある。

（佐伯郁夫）

蓮華岳
れんげだけ　　　2798.6m　立山町・大町市
　　　　　　　　2.5万分の1図「黒部湖」

G.B 県 ア

　蓮華とはハスの花であり、仏教とのかかわりが強い。この山名は各地にあり、白馬岳の古名も大蓮華。岐阜、長野、富山の三県境に三俣蓮華岳がある。

　蓮華岳は戦国の武将佐々成政が厳冬に越えたという由緒ある針ノ木峠を間にして、針ノ木岳と対峙している。知名度は針ノ木岳に比べると低く、登る登山者も半分以下であろう。

　山容は針ノ木岳の鋭峰に比べると、丸味のあるおだやかなものだが、ひとたび南側に廻ると、切立った崩壊しやすい断崖が北葛乗越まで、一気に落ちこんでいる。梯子や鎖を伝ってのコースであり、下方に登山者がある場合は、小さな落石も許されない。ここを「蓮華の大下り」と呼んでいる。

　山頂は東西に長く、頂上西側の一角には、大町市にある若一王子神社の奥官がまつられている。

　山頂一帯は砂礫地であり、高山植物の女王コマクサの大群落が見事。面積は広く、規模は、北海道大雪山と並び本州一と云われている。

　その花園を求めて、針ノ木小屋から往復する人が多い。登山者のほとんどが扇沢駅から針ノ木雪渓、針ノ木峠経由又は後立山連峰の縦走の途次に訪れる。富山県側からは、黒四ダム湖畔の長い道をたどり、平ノ渡し船で対岸の針ノ木谷に入り、谷を溯

右が蓮華岳、左は針ノ木岳、間が針ノ木峠（七倉岳から）

行し、針ノ木峠へのコースになるが、近年度重なる洪水で、谷の道は荒れている。所々の石に古いペンキの跡をとどめるだけであり、谷におけるコース判断の能力と、沢登りの技術が要求される。

《コースタイム》
　扇沢（5時間）針ノ木峠（5時間）七倉岳→針ノ木岳　　　　　　　　　　　　（佐伯郁夫）

北葛岳
きたくずだけ　　　2551m　大山町・大町市
　　　　　　　　2.5万分の1図「黒部湖」
G.B 県 ⑦

　高瀬川流域の七倉ダム下流に葛温泉がある。その北側に北葛沢と呼ばれる沢があり、その源頭の山が北葛岳。山名はその沢名からつけられたものだろう。北側の蓮華岳と最低鞍部を北葛乗越という。戦国武将の佐々成政が、針ノ木峠を越えたのではなく、北葛乗越から下葛沢を下降したという説や、北葛岳に登って北葛尾根を下ったとする説もある。（『佐々成政　非運の知将の実像』遠藤和子著）

　冬に七倉沢や北葛沢を下降するのは、余りにも危険である。両沢共に崩壊が烈しく、上部は急峻である。針ノ木雪渓の雪崩を回避する意味で別ルートを選ぶとするなら、北葛尾根から鳩降付近の尾根を経て、高瀬川に出るコースは妥当な気もする。

　登山路は、針ノ木峠から蓮華岳を越えて、七倉岳への縦走路のみで、この山だけを目標に登る道はない。蓮華岳以南は登山者も少なく、静かな山歩きが楽しめる。

　北葛乗越からは見えているのだが、なかなか遠い。七倉岳から行くと小さいピークを3つ越して、矮小のダケカンバが生えた所をジグザグに登って平担地になった所が山頂である。

《コースタイム》
針ノ木小屋(40分)蓮華岳(2.5時間)北葛岳。七倉山荘(7時間)七倉岳(2時間)北葛岳。→蓮華岳
　　　　　　　　　　　　　　　　（佐伯郁夫）

七倉岳
ななくらだけ　　　2509m　大山町・大町市
　　　　　　　　2.5万分の1図「黒部湖」
G.B ⑦

　高瀬川の七倉ダムに流れこむ七倉沢の源頭にある山。北アルプスの北部と南部を結ぶ接点にある。そ

北葛岳（七倉岳から）

七倉岳頂上。右奥は蓮華岳、左奥は針ノ木岳

のためか北の山と南の山に人気をうばわれ、訪れる登山者は少ない。標高は低いのに、南からも北からも険しいコースを経なければならないのもその理由であろう。

北からのコースは、針ノ木岳から蓮華岳、北葛岳と崩壊のはげしい緊張する場所を通過しなければならない。南側烏帽子岳からのコースは、不動沢源頭部の多くの危険箇所を通過しなければならない。

1番容易なのは七倉ダムから。船窪新道といわれるコースである。それとて標高差1000mの一気の登りであり、鼻突八丁と呼ばれる所もある。

黒部湖畔の平ノ渡場から針ノ木谷沿いのコースもあるが熟達者向きである。針ノ木峠から烏帽子岳に至る県境沿いの登山道は、この山の頂上部を通っている。一帯はオオシラビソの巨木の茂る森の中の道で所々にシャクナゲ。なかには樹高3mを超えるものもあるが、北アルプス山中でこれだけ大きなシャクナゲを見かけることは少ない。七倉岳上部では横切るようにして、船窪乗越に出る。東よりに進むと、頂上直下のキャンプ場に出る。

七倉岳の山頂は南北に細長く、三角点のある北端が最高地点である。ここまでが富山県で、南側部分は長野県となる。

山頂部はハイマツと背の低いダケカンバが疎らに生えていて眺望はよい。南側の足下に高瀬ダムの湖面が見え、正面には槍ヶ岳を中心とした高瀬川上流をとり囲む山々が見える。

南端の船窪小屋は小さな小屋で、収容人員は50名。今も石油ランプを使っているので、発電機のエンジン音がなく、静か。囲炉裏があって、一昔前の山小屋を彷彿とさせる。この小屋は七倉岳にあるが船窪小屋とつけられている。

《コースタイム》
扇沢（5時間）針ノ木峠（5時間）七倉岳。七倉山荘（6時間）七倉岳。　　　　　（佐伯郁夫）

船窪岳
ふなくぼだけ　　2459m　大山町・大町市
2.5万分の1図「黒部湖」
G.B ㊥㋐

針ノ木谷の源流部をとりまく山稜は、大きくコの字型に東へ張り出している。その南端に位置するのが船窪岳。

針ノ木谷から見上げると、七倉岳と船窪岳の間の

大きな空間は船底のような形をしている。また船窪乗越の七倉岳側に、二重山稜になっている所（現在のキャンプ地）があり、そこが船形の窪みになっている、などの理由から鞍部を船窪乗越という。

国土地理院の地形図には、船窪乗越のあたりに船窪岳と記されてあるが、そこには顕著なピークはなく、肩のような地形。

大町市ではその西側の最高地点（2459m）を船窪岳としている。

この山に至る富山県の登山コースは、針ノ木谷を溯行し、船窪沢合流点から、左手の尾根に取付く。オオシラビソやネズコの巨木が茂る森の中に登山道があり、船窪乗越附近で、七倉岳からの縦走路に出会う。そこから西側に山稜をたどっていく。何カ所もワイヤーや梯子が設けられてあり、それらの補助手段にたよらねば登れない難コースである。風化のはなはだしい所では、足下から小砂利が波うって崩れる場所もある。

コースの途中の左手上部の斜面にニッコウキスゲの大きな群落がある。

山頂はオオシラビソの樹林だが、南側は開けているので、高瀬ダム湖とその向こうに槍ケ岳方面の眺望ができる。熟達者でなければ無理。1番近い山小屋は船窪小屋。それは船窪岳ではなく、七倉岳の南側にある。→針ノ木岳　　　　　　　　（佐伯郁夫）

北仙人山

きたせんにんやま　　2199.1m　宇奈月町
2.5万分の1図「十字峡」
G.B －

黒部の谷ふところにそびえる孤峰。小黒部谷と黒部本流を分かつ北仙人尾根の主峰。国土地理院の地形図が坊主山としている山。この辺りがよく登られた昭和の初年の文献によれば坊主山は、当山の北約3kmにある。1667.9m峰である。この山の名を取った北仙人尾根は別名坊主尾根ともいわれる。このことから生じた混同かと思われる。

剱岳の北東池ノ平でモリブデン鉱の採掘が行われた大正のはじめに、北仙人尾根に道が開かれ、鉱山が閉鎖された後も、剱岳と黒部峡谷を結ぶ経路として登山者に利用された。しかし阿曽原、仙人谷を経由する谷ぞいのコースが開かれるや急速にすたれた。今日は積雪期における剱岳へのルートとして登られる。長い困難なコースで、それだけに山頂に立った時の高揚感は大きい。山頂からは白馬岳、鹿島槍ケ岳と立山、剱岳を同じ視座におさめる。→仙人山・坊主山　　　　　　　　（佐伯邦夫）

北仙人山（南面から。遠景は白馬連峰）

仙人山（池ノ平山中腹から。遠景は右が鹿島槍、中央は五龍、左奥は唐松岳）佐伯郁夫撮影

仙人山
せんにんやま　　　2211m　宇奈月町・立山町
2.5万分の1図「十字峡」
G.B ㋕㋷㋐

　劔岳の衛星峰の1つ。同峰北東約3km、池ノ平と仙人峠の間にある。劔岳北方稜線の池ノ平山（西仙人山）から東へのびる。宇奈月町と立山町の境界をなす尾根上のピーク。この尾根は仙人池、南仙人山を経てガンドウ尾根につづく。当山から北へは北仙人尾根（坊主尾根）がのび、北仙人山、坊主山などを経て小黒部谷出合に達する。この山は、人里からはどこからも望見できない。
　山名は当山の北東面をなす仙人谷から。南側山腹を劔岳と黒部峡谷を結ぶ登山道が横切る。池ノ平小屋から尾根づたいに切り開きがある。同小屋から約30分。山頂から仰ぐ劔岳北面は圧巻。近くに仙人池ヒュッテ、池ノ平小屋がある。→池ノ平山・北仙人山
（佐伯邦夫）

南仙人山
みなみせんにんやま　2173.1m　立山町・宇奈月町
2.5万分の1図「十字峡」
G.B —

　黒部川支流の劔沢左岸山稜上のピーク。仙人山の東、約1.5kmにある。「南」は仙人湯を基準とした名。劔沢の大峡谷をはさんで黒部別山北峰と向き合う。当山をふくむ山稜をガンドウ尾根というが、ガンドウは大型の鋸。峰頭を連続させている地形を鋸の歯に見立てた名。その歯の1つが当山。ガンドウ尾根の最高峰にあたる。尾根の末端は黒部S字峡。登山道はなく、訪れる者はいない。冬季、鹿島槍ヶ岳から黒部峡谷を横断して劔岳を目指す際の1コースとされる。西へ0.5kmに仙人池ヒュッテがある。→仙人山
（佐伯邦夫）

黒部別山
くろべべっさん　　2353m　立山町
2.5万分の1図「十字峡」
G.B —

　黒部別山は黒部川のほぼ中央、左岸に位置する立山連峰の衛星峰。立山真砂岳から東する真砂尾根を3km下降するとハシゴ谷乗越。ここからほんの少し高度を上げて黒部別山となる。丸山同様に南北に長く、南峰、主峰、北峰がある。丸山よりも標高は高く、南北の広がりも大きい。
　川の浸食によって中腹は急峻に切れおち、黒部川筋に多い典型的な台形の山並が、氷河時代の名残をとどめている。
　東面・主に別山谷流域は黒部川までの標高差が1000mから1300mあって、おびただしい数の岩壁、岩稜、ルンゼ（岩溝）が複雑に入り組み、黒部川に落ち込むにつれ、さらに急峻となって、黒部下

右から黒部別山南峰、中央峰、北峰（左端遠景は鹿島槍ケ岳。剱沢から）佐伯郁夫撮影

ノ廊下の左岸を形成し、黒部川の浸食の凄さがうかがえる。それに対し西面、内蔵助平側や剱沢側は高度差も小さく、傾斜もゆるいヤブ山となっている。

黒部別山には登山道はないが、ハシゴ谷乗越から黒部別山主峰を経て北峰まで踏跡が続いている。密ヤブに続く不明瞭な踏跡を登って行くと、黒部別山の稜線にでる。ここはカモシカ平という見通しの効く草原で、後は北峰までの踏跡も比較的明瞭である。

奥山廻り役に係わる黒部の絵図（1840年から41年の作と推定される）には、「内蔵助平」「内蔵助谷」「剣谷」に囲まれて「黒部別山」が描かれている。初めての「黒部別山」の記載は1913（大正2）年の陸地測量部の地形図である。大正後期から登山者を迎えるようになった。立山別山に対する名称として黒部別山と呼ばれる。

黒部別山の東面のほとんどを流域にするのが別山谷。吸水能力に乏しい岩場ばかりなので、大雨が降るとすぐ鉄砲水を発生させる。日電歩道が横切る出合のすぐ上で二分。右俣は残雪が多い谷で、雪が多い夏は容易に登下降できるが、秋は雪渓がズタズタに切れていて危険。左俣は大滝が連続して沢登りのコースとして楽しめる。登攀的要素が濃い上級コース。

なお、黒部丸山や当山の登山記録（主に岩登り）を集大成した書に『黒部別山』（1986年・黒部の衆の私製本）がある。→丸山・黒部別山北峰・黒部別山南峰　　　　　　　　　　　　　（志水哲也）

黒部別山北峰　2284.3m　立山町
くろべべっさんほっぽう　2.5万分の1図「十字峡」
G.B ―

南北に3つ並ぶ黒部別山の1番北の峰。三山中1番低い。登山者は稀だが、ハシゴ谷乗越からカモシカ平に上がり、主峰を経て、北峰に至る踏跡を辿れば登れる。

北峰から黒部下ノ廊下の白竜峡に下りるのが壁尾根。十字峡に下りるのは北尾根。剱沢大滝の右岸の大岩壁に下りるのがトサカ尾根である。どれも、積雪期に後立山連峰を越えてくる強靱な登山家により登られた記録がある。→黒部別山・黒部別山南峰
　　　　　　　　　　　　　　　　　（志水哲也）

黒部別山南峰　2300.3m　立山町
くろべべっさんなんぽう　2.5万分の1図「十字峡」

G.B −

　南北に三山並ぶ黒部別山の1番南の峰。三山中最も高い。黒部別山の南峰と北峰の名は大正時代、第三高校山岳部が発表した概念図が最初であろう。

　カモシカ平から南峰へは踏跡もなく、シラビソ、シャクナゲなどの猛烈なやぶこぎとなり、登山者はめったに上がってこない。

　南峰から内蔵助谷出合に下りる南尾根は長くて、ギャップが多い岩稜。内蔵助平に下りる南西尾根は短いヤブ尾根。どちらも積雪期に登られた記録がある。→黒部別山・黒部別山北峰　　　（志水哲也）

大タテガビン　　2076m　立山町
おおたてがびん　　2.5万分の1図「十字峡」

G.B −

　黒部峡谷下ノ廊下左岸にある絶壁。《タテガビン》は巨大な岩壁がはるか頂までそそり立つ地形。昔、信州の猟師や釣師はそういった。越中ではピンカ。したがって大タテガビンとは2076mピークを指すのではなく、内蔵助谷出合から新越沢やや下流の大タテガビン第1尾根までの黒部川左岸側の岩壁、岩稜、ルンゼ全体を指す。特に大タテガビン南東壁は黒部別山周辺を代表する岩場である。

　この山域の最高峰である2076m峰は、黒部別山南峰から内蔵助谷出合へ下りる南尾根のP4（上から数えて4つ目のピークという意）といわれ、むろん、登山道は通っていない。黒部ダムから眺めると、南尾根の顕著なギザギザが黒部別山の前に筍立している。2076m峰の南東面にある大タテガビン南東壁は、丸山東壁、奥鐘山西壁と共に「黒部三壁」といわれる。高度差500m、ほぼ垂直の大岩壁は、破砕帯の登攀が非常に脆く、かなりの危険を伴うため、他の2つほど登られていない（せいぜい年間2〜3パーティであろう）。昭和40年（1965）代に開拓されたルートが南東壁には7本あり、大タテガビン全体ではルンゼを中心に20〜30本ある。→黒部別山

（志水哲也）

大タテガビン（内蔵助谷から。佐伯克美撮影）

丸山　　2048m　立山町
まるやま　　2.5万分の1図「黒部湖」

G.B −

　黒部ダムを基準にしたときの立山連峰の前衛峰。標高は立山よりも約1000m低い。立山連峰から東、黒部川へ下るのが丸山中央山稜。富士ノ折立から内蔵助乗越、内蔵助峰と高度を落とし、御前谷乗越（丸山乗越）から、再び高度を上げて丸山主峰となる。南北に長い台形の山並。その上辺部は北峰、主峰、南峰の3峰で構成される。西面の内蔵助谷や御前谷の上部は高度差400mほどだが、東面は黒部川の浸食で800mも急峻に切れ落ち、ことに北峰の東面は、丸山東壁というクライマーに有名な大岩壁を形成する。

　1907（明治40）年、陸地測量部の柴崎芳太郎らが黒部別山とともに丸山主峰に登った。丸山の名称はその後、冠松次郎が黒部下ノ廊下下降の時に付けたもの。

　丸山は、標高が低く登山道も通っておらず、ほぼ全山が樹木に覆われていて目立たない。黒部の丸山を有名にしているのは、なんといっても高度差500mに及ぶ大岩壁・丸山東壁の存在による。

　1963（昭和38）年に大町ルートからトンネルが貫通し、黒部ダムが完成すると、後立山連峰を越え

丸山の東壁（内蔵助谷から。佐伯郁夫撮影）

なくても黒部湖周辺に入れるようになり、丸山東壁には昭和40年代前半を中心に約30本の登攀ルートが開拓された。

近年では黒部川筋でもっとも登攀者を迎えている岩壁だ（年間50パーティぐらいか）。丸山東壁は全体に硬質の花崗岩で、リスに乏しく、登攀ルートは埋め込みボルトを多用した人工登攀が主体。特に東壁の中央壁は見事な岩塔状を成し、上部は庇状で威風堂々とそびえ立つ。登攀ルートは長く、オーバーハングなどもあって、中上級ルートばかりである。しかし、そういうクライマーは丸山主峰はおろか、北峰すら登らないことが多く、主峰が登られるのは、冬季、強靱なパーティが丸山東壁から北峰、そして立山連峰へ登り次ぐときに通過するぐらいであろう。→丸山南峰・丸山北峰　　　　　　　（志水哲也）

丸山北峰
まるやまほっぽう　　2023m　立山町
2.5万分の1図「十字峡」
G.B　—

黒部支流の内蔵之助谷右岸の山。南へ丸山主峰、丸山南峰と並ぶ。丸山東壁があるのが丸山北峰である。日電歩道の内蔵助谷出合から見ると、丸山東壁を有する丸山北峰の針峰が格好いい。

丸山東壁を登るパーティのおよそ3分の2は北峰まで上がらずに下降してしまう。残り3分の1は北峰まで登り、内蔵助にのびる急峻なヤブ尾根である北尾根を2〜3回の懸垂下降をまじえて下降している。→丸山　　　　　　　　　　　　（志水哲也）

丸山南峰
まるやまなんぽう　　1981.3m　立山町
2.5万分の1図「黒部湖」
G.B　—

黒部ダム下流左岸の山。北へ丸山主峰、丸山北峰に続く。立山黒部アルペンルートの黒部平あたりから望むと、御前谷を隔てて、丸山南峰が非常に急峻に聳えているが、その奥、丸山中央峰にかけては平坦な穏やかな尾根が続き、ダケカンバ、シラビソ、シャクナゲなどが密生し、カモシカの姿もよく見かける。登山者はめったにない。→丸山（志水哲也）

赤谷山
あかたんやま　　2260m　上市町・宇奈月町
2.5万分の1図「剱岳」
G.B　越紀歩カ県

剱岳北方稜線上の山。剱岳の北約4kmの地点にある。北西へブナクラ峠をへだてて毛勝三山に続く。登山記録に最初に現れるものは、1915（大正4）年7月、木暮理太郎、南日重治（後に田部姓となる）南日実らが毛勝山から剱岳への縦走の途中に登る。積雪期登山は1933（昭和8）年3月、立教大学山岳部奥平正英、須賀幹夫が馬場島を出てブナクラ谷から当山を経て剱岳へ登り早月尾根を下降、馬場島へ19時間の日帰り登山をしている。

1949（昭和24）年早稲田大学山岳部碓井弘ほか15名が赤谷尾根から剱岳に登頂。赤谷尾根はこのとき名づけられる。

赤谷尾根は山頂から西に延びる尾根。登山道はない。積雪期にのみ登られる。1960（昭和35）年、このコースを登った富山大学山岳部は山頂付近で風雪に閉じ込められ、6人全員が死亡。1980（昭和55）年、京都大学山岳部も2名の犠牲をだしている。積雪期の山頂は、東側に吹きたまった雪で広い雪原となっている。なお、赤谷尾根は富山県登山届

赤谷山と赤谷尾根（右）遠景は右へ赤ハゲ山、白ハゲ山、大窓、池ノ平山（大猫山中腹から）

出条例の規制を受ける。

　無雪期のコースとしてブナクラ谷からブナクラ峠を経て当山に登る登山道が有志の努力によって1993年に開通した。山頂から南側への少し下がった所に岩屋（しゃくなげの岩屋）がある。荒天その他非常時に使える。

　山頂は東側に傾斜した草原である。積雪期に踏んだあの水平で広い平はどこかと一瞬迷うほど。東面には遅くまで雪の残るくぼみがある。チングルマやツガザクラが一面に咲き、秋にはチングルマの紅葉が美しい。

　山頂からの眺望はなんといっても劍岳北面の圧倒

左から赤谷山、白萩山、白ハゲ山（大日岳北面から）佐伯邦夫撮影

的な姿である。鹿島槍ケ岳から北の後立山連峰も望まれる。北側には毛勝三山を真近に見ることができる。コースタイムは次の通り。
ブナクラ谷取入口（2.5時間）ブナクラ峠（2時間）赤谷山頂上。　　　　　　　　　　（佐伯郁夫）

白萩山
しらはぎやま　　　2269m 上市町・宇奈月町
　　　　　　　　　2.5万分の1「劔岳」
G.B －

　劔岳北方稜線上の一突起。この山は赤谷山の南東0.6kmの位置にある。赤谷山から南方に下がった最低鞍部の西側には細長い池がある。南北40m、東西10mぐらいのもので、いつでも涸れることなく水を得ることができる。そこからが白萩山への登りとなる。主として小黒部谷側に登路を求める。ハンノキなどの茂る尾根にところどころ東側から回り込むようにして山頂に立つことができる。

　南方に白ハゲ山があり山名が似ているので混同されやすい。西面に白萩川がある。白ハゲから白萩川、そしてさらに白萩山と名称が生まれていったと思われる。→赤谷山　　　　　　　　（佐伯郁夫）

赤ハゲ山
あかはげやま　　　2330m 上市町・宇奈月町
　　　　　　　　　2.5万分の1図「劔岳」
G.B －

　劔岳から北方にのびる稜線上にあり、劔岳側から池ノ平山・白ハゲ・赤ハゲ・白萩山・赤谷山と連なる。白ハゲ山と白萩山の中間にあって、赤い岩の崩壊地が西面にある。それが命名の元になっているのではないかと思われる。山頂の南側は小さな岩峰を連ねて白ハゲ山へとつづく。その1つには不安定な大岩が突出していて、馬場島あたりからも肉眼で確認することができる。この岩峰は小黒部谷側を回りこんで通過できる。いずれにしても、赤谷山以南は登山道はなく、経験豊富な一部の登山者が年に数パーティ通るだけである。→白ハゲ山　（佐伯郁夫）

白ハゲ山
しらはげやま　　　2387.5m　上市町・宇奈月町
　　　　　　　　　2.5万分の1図「劔岳」
G.B 雪

　大窓の北側にあり、南へ赤ハゲと並ぶ。登路としては大窓の西側のハイマツ混じりの草地を横切って

池ノ平山北峰（池ノ平山から。遠景は毛勝三山）

尾根にそったガレに出てそれを登りつめて尾根に出る。露岩のある尾根で、細い部分もある。山頂には二等三角点の標石があり、東側は狭いが草原になっていて、夏には一面にチングルマのお花畑となる。積雪期や残雪期の登山には小黒部谷側に雪庇が延びる。山頂直下は傾斜が強く初心者の登山は危険である。→赤ハゲ山　　　　　　　　　　　（佐伯郁夫）

池ノ平山
いけのたいらやま

2561m　上市町・宇奈月町
2.5万分の1図「十字峡」
G.B ―

　劔岳北方稜線上の山。小窓と大窓のあいだに険しい岩壁とともに聳えたつ。古絵図や古文書には西仙人山となっている。この名は西仙人谷（小窓へつき上げる白萩川の1源流）として今も残っている。現在の地図作製にあたって陸地測量部は当山東面の池ノ平の名をとって池平山としてしまった。

　この山の東側と南側にはモリブデン鉱山のたくさんの坑道跡が残っている。特殊合金を作るために重要なモリブデン鉱を、第1次、第2次大戦中に採掘した。池ノ平小屋の近くに洗鉱していた跡があり、今もキラキラ光るモリブデン鉱が落ちている。

　昭和30年（1955）頃まで、大窓には、大きな櫓がたっていた。白萩川の河原にもワイヤ類が散乱していた。今でも、大窓から白萩川に下る途中に3カ所石積みの架台が残っている。大規模な索道がかかっていたことがうかがわれる。運送経路は池ノ平から大窓に運び大窓からは索道で白萩川に降ろし、白萩川ぞいにブナクラ谷出合へ、さらに早月川ぞいに滑川へと運ばれていた。鉱山小屋はその後、登山の山小屋に転用今日に至っている。

　池ノ平山へは、小屋の近くから山頂付近まで草付きの斜面で、踏跡がある。山頂から北へはかすかな踏跡で大窓に至る。南側は小窓へと急峻な尾根に踏跡がある。大窓へ向かうにも、小窓へ向かうにも、コースの取り方がむずかしく、経験のある人のガイドを要す。　　　　　　　　　　　（佐伯郁夫）

小窓ノ王
こまどのおう

2760m　立山町・上市町
2.5万分の1図「十字峡」
G.B ―

　劔岳の衛星峰の1つ。頂上から北北東1km地点にある。小窓尾根の頂点にあたる。鋭い岩峰で、劔岳のギザギザの山容形成上重要な役割を演ずる。特に南側が垂直に切れ落ち、この壁がチンネ北面と向き合って三ノ窓の切れ込みを形成する。

小窓ノ王（小窓尾根から）

三ノ窓から当峰東側へ廻り込むようにして登れば、容易に山頂に達せられる。南側の絶壁は王南壁と呼ばれ、ロッククライミングの対象として劒岳でも高難度の岩場とされる。

特異な名称だが、小窓の頭のさらに上にあるところから「頭」よりも上位の概念として「王」が選ばれたものと思われる。吉沢一郎（日本山岳会）著『登高記』（1930年・古今春院）に「仮称」としてはじめてあらわれる。同氏の命名と思われる。なおこれに対応して小窓の西側にある小ピークに対して小窓妃（ヒ）の名が与えられている。（佐伯邦夫）

劒岳
つるぎだけ　　2998m　立山町・上市町
2.5万分の1図「劒岳」
G.B　歩 カ 県 目 北 ア

劒岳発見の銅錫杖頭。長さ13.4cm、輪径10.9cm（国指定工芸品、富山県立山博物館蔵）

《概説》
　立山連峰の中心をなす山。日本アルプスのシンボル的存在。山頂から四方へ鋭い岩稜を張り出させ、高い緊張感をみなぎらせている。これが劒岳という山名と絶妙にマッチ。同じ北アルプスの南部の穂高岳と並び、我が国の近代登山の発展の重要な舞台となった。

　山頂を通って南北に走る主稜線が早月川と黒部川の流域を分ける。黒部川側が立山町に早月川側は上市町に属する。前者を東面、後者は西面とよばれる。富山平野から仰ぎ見るのは後者になる。

　東面には平蔵谷、長次郎谷、三ノ窓谷などが並ぶ。これらは劒沢にまとまり、劒ノ大滝（幻の滝）を経て、黒部十字峡にそそぐ。どの谷も豊富な万年雪をとどめ、「岩と雪の殿堂」と言われる。東面の尾根として源次郎尾根と八ツ峰がある。

　西面は早月川の上流の白萩川と立山川の流域になる。山頂から早月尾根が西にのび、これが両流域を分ける。立山連峰の山並みのうち、劒岳以北を、劒岳北方稜線とも言う。劒岳を構成する岩は飛騨変成岩類の花崗岩、片麻岩など。冬季は日本海からの季節風をまともに受け、気象条件は日本の山では最も厳しいとされる。

《歴史》
　1907（明40）年、陸地測量部の柴崎芳太郎らが、山頂に捧げられていた奈良～平安初期のものと鑑定された錫杖の頭と、鉄剣を発見、同時に修験者が参籠したと思われる岩室や焚火のあとなども発見されている。このことから、劒岳も立山とほぼ同じ10世紀初頭前後に登頂されたことがうかがわれる。連峰の全体的な呼称だった「たちやま」が、登頂、開山の過程で一方は「立山」に、また一方は「太刀山＝劒」と分化独立していったと思われる。その後立山は広く一般に登拝され親しまれていったのに対し、劒岳は登攀の困難さ、山容のおかし難い威厳などから一般人による登拝の習慣は育たず、立山や大日岳を揺拝所として仰ぎあがめる山として歴史をきざむことになったと思われる。

　登山家による登頂は1909（明42）年、吉田孫四郎（高岡市）石崎光瑶（福光町）らによる。このときのガイド宇治長次郎（大山町）の名をとって長次郎谷が命名された。同様にして佐伯平蔵（立山町）が平蔵谷に、佐伯源次郎（同）が源次郎尾根に名をとどめる。引き続き開拓期を荷う人に田部重治、小暮理太郎、近藤茂吉、吉沢庄作らがいた。

　1920年頃（大正半ば）から学生の登山が盛んとなり慶応、学習院、三高などのパーティによって八ツ峰や源次郎尾根が登攀された。立山芦峅寺のガイドがそれを支えた。早月尾根は冠松次郎、池ノ谷は石黒清蔵、東大谷は吉沢一郎らによって登攀された。積雪期登山が展開されるのは大正の末から。早、慶、東大、同志社、立教など、学生たちの舞台であった。その陰で東大の窪田他吉郎らが、劒沢小屋もろともに雪崩の犠牲となったのは1930（昭5）年だった。

上は別山中腹付近からの剱岳東面（佐伯郁夫撮影）下は大猫山からの剱岳北面

上は北仙人尾根から見た剱岳北面、下は別山乗越から見た剱岳

これをはじめとして、悲惨な事故もあとをたたず、1966（昭41）年、冬季登山の規制として「富山県登山届出条例」が制定された。

《登山コース》

　剱岳登山は東面からするのが一般的。剱沢の源頭のカール（圏谷）の底が別山平でここに剱沢小屋をはじめ、キャンプ場、警備派出所、診療所などがあり、夏山登山の根拠地となっている。ここに至るには立山黒部アルペンルートの室堂ターミナルから雷鳥沢を登り、別山乗越を越える。室堂から約2.5時間。このほか黒四ダムから内蔵之助谷を登り、ハシゴ谷乗越を越える経路、黒部峡谷の欅平から阿曽原、仙人峠経由のコースがある。前者は約1日、後者は2日の行程。

　剱沢からは別山尾根（剱岳の南尾根）をたどる。往復約7時間である。一方西面の登山基地として早月川上流馬場島（上市町）がある。ここから早月尾根をたどる。山頂まで約10時間。途中に早月小屋がある。冬季は主として西面からのコースがとられる。

（佐伯邦夫）

前剱
まえつるぎ　　　2813m　立山町・上市町
　　　　　　　　2.5万分の1図「剱岳」
　　　　　　　　　G.B　—

　剱岳の前衛峰。「ぜんけん」とも言う。別名軍隊剱、軍剱とも。大正の末年（1926）、2人の陸軍将校が霧の中を登山し、当山を剱岳本峰と誤認したのを芦峅のガイド衆があざ笑ってこう呼んだとされる。剱岳の南尾根＝別山尾根上、剱岳から0.7kmの地点にある。

　奥大日岳などから剱岳を見たとき右側の肩状の所がそれ。これのみが登山の目標とされることはなく、剱岳登頂の1通過点。一服剱との間の武蔵のコルと平蔵の頭との間の「門」とにはさまれてある。この門への途中に前剱の鎖場がある。剱岳の一部らしく鋭いピーク。特に西側が東大谷の谷底へスッパリと切れ落ちている。ただし山頂は平坦で休憩によい。山頂から立山方面、後立山連峰、富山平野などへの眺望がすばらしい。

　山頂から東へ前剱尾根、西へ前剱西尾根が張り出す。このほか、この山にちなんだ名称に前剱の大岩、前剱西壁、前剱沢などがある。→剱岳（佐伯邦夫）

前剱（剱御前山から）

一服剱
いっぷくつるぎ　　2618m　立山町・上市町
　　　　　　　　　2.5万分の1図「剱岳」
　　　　　　　　　G.B　—

　剱岳のギザギザの山容を形成する1峰。剱岳の頂上から南にのびる尾根（別山尾根）の剱御前と前剱の間にある。黒百合のコルと武蔵のコルに挟まれた小さな岩塔状のピーク。別山尾根を登るときの最初の休憩地。

　1940年代、旧制富山高校山岳部員らによる命名と言われる。珍しくコミカルな名。国土地理院の地形図には山名の記載はない。

　別山尾根に取りつくには3つのコースがある。1つは別山乗越から忠実に尾根をたどるもの、いま1つは剱御前の東面中腹を横切るもの、さらには剱沢の別山平をまわるものである。この3コースが一服剱で1本にまとまり剱岳に向かう。西側は東大谷へ切れ落ち、その上に奥大日岳がそば立つ。東側は剱沢源流の草原がひろがり、その彼方に鹿島槍ケ岳が秀麗な姿を見せる。

　1994年2月、この山の南西面で早稲田大学生4人が遭難、うち3名が死亡というアクシデントが起

朝の剱山荘と一服剱（右）

きた。山頂の南0.5kmに剱山荘がある。→剱御前・前剱　　　　　　　　　　　　　　　（佐伯邦夫）

剱御前
つるぎごぜん　　2792m　立山町・上市町
　　　　　　　　2.5万分の1図「剱岳」
G.B ―

　剱御前の名称は、本来剱岳の尊称。剱岳そのものを指す言葉だが、剱岳を遥拝する地とか、剱岳の前衛峰の意味に用いられている。

　現在は別山乗越から剱岳に向かう別山尾根の、クロユリのコル手前のピークを指す。剱御前小屋のある乗越鞍部をいう場合もある。

　剱御前には1907（明治40）年に柴崎芳太郎が選点した三等三角点がある。点名は別山。剱岳へは剱沢を経由することが多く、このピークを踏む人は少ない。鶴ケ御前と記すのは誤り。

　富山平野からは大日岳の影になるが、魚津方面からは剱岳と立山の間に、くっきりとその尾根が認められる。

　剱御前小屋直下の剱沢源流部は、剱沢カールで越年する雪がある。積った年ごとの層が縞状になり、貝に似ていることから「ハマグリ雪」と呼ばれる。この雪渓が氷河に近い性質を持つことは、昭和4(1929)年に今西錦司によって指摘されている。その後小笠原和夫、藤平彬文氏らによって調査された。

　1930年1月、剱御前から発生した雪崩が剱沢小屋を押し潰し、窪田他吉郎ら一行4人の他、芦峅ガイドら計6名が遭難死した。

　剱御前小屋の建つ別山乗越は、登山路の要衝でもある。道は六方へ分岐し、立山、剱、大日への交差点の様相を呈している。登山者の重要な休憩、宿泊地。大正末から昭和の初頭にかけて雷鳥沢の道が開削され、1930年、芦峅寺地区共有の山小屋が建てられた。別山乗越小屋とも呼ばれた。建設費の一部は日本山岳会に協力を求めた。募金集めに初代佐伯平蔵が奔走。現在この小屋を管理するのは、第1次南極隊員になった、芦峅ガイド5人衆の1人、佐伯宗弘現立山ガイド協会長と子息佐伯和起。→剱岳
　　　　　　　　　　　　　　　（佐藤武彦）

奥大日岳
おくだいにちだけ　　2611m　立山町・上市町
　　　　　　　　　2.5万分の1図「剱岳」

G.B 紀歩県ア

《**概観**》

　南北に続く立山連峰から別れ、西に延びる大日連山の最高峰。かつての修験ルートといわれる尖山、大辻山、早乙女岳、大日岳と続く尾根の最奥の山。上市町と立山町の境界線上にあり、尾根は早月川と称名川の分水嶺となる。室堂ターミナルから日帰り山行に適すが、まだ俗化されずに静寂さが保たれている。

　田中澄江はその著『沈黙の山』に紹介、足もとに咲く花の多さを驚嘆している。天狗平の北にその平坦な稜線の山塊があり、右肩に剱岳が顔を覗かせる。富山平野からは大日岳の影に隠れ、見られる場所は少ない。

《**自然**》

　奥大日岳一帯は花崗閃緑岩などの変成岩で形成される。尾根の北側は雪食されて急崖。冬季南西の季節風が卓越し、巨大な雪庇を造ることは有名。南側は称名川に浸食され、称名の廊下と呼ばれるV字峡谷となる。稜線の一部は二重山稜となり、その窪地に水が溜る。1961（昭和36）年に藤平彬文氏によってクロサンショウウオが発見されている。湿地にはコバイケイソウやキヌガサソウなどの高茎植物が

大日岳連山（大猫山中腹から）佐伯邦夫撮影

群生。1957（昭和32）年に星野嘉助と共に立山に訪れた中西悟堂は、野鳥記『雲海』に、奥大日の空高く舞うイヌワシの帆翔を記す。「輪を描く鷲のすがたも小さく見え奥大日のうえの空澄む」。柳瀬留治は歌集『立山』に「奥大日に雲退けゆきて大汝真砂岳あらわる弥陀ヶ原ひろく」と詠み、荻原井泉水は天狗平からの眺めを「雄山から大日岳にかけて、万里の長城のように壁立している連峰のジグザグがまことに雄大」と表現。

奥大日岳（天狗平から）

《歴史・民俗》

　奥大日岳は大大日とも称し、立山修験では劔岳を遥拝する重要な山とされる。この山の最高地点2611mから北に延びる大谷尾根に護摩平があり、峰中勤行の修法、護摩を焚く石組や祭壇跡などの遺構があると伝える。「護摩堂谷」「行者溜り」の地名が遺る。天台宗独立無本山岩峅寺、芦峅寺の修験者は、峰入り大廻峰を行ったがその順峰は、尖山〜礼拝殿山（来拝山）〜大辻山〜大日岳〜劔御前〜立山三山〜五色ケ原〜薬師岳〜有峰〜祐延山〜中地山〜岩峅寺で、達成した行者は権大僧都法印の資格を授けられたという。真言密宗大本山大岩山日石寺の行者は、上市折戸の立山社に詣で、馬場島〜大日岳〜劔御前〜劔岳のルートを辿ったとされる。

《三角点・旧道》

　奥大日岳の中央部、二重山稜になる北側に三等三角点がある。柴崎芳太郎が1907（明治40）年に選点造標したもの。標高は2605.9m。最高点はこれより東にあるが、登山道はその下部を巻いているの

奥大日岳（室堂平から３月）

で登れない。国土地理院の『点の記』には「立山村大字芦峅寺村ヨリ室堂ニ到リ地獄谷ヲ経テ白萩村伊折村ニ通ズル昔山道ヲ進ミ頂上（室堂乗越か）ヨリ左折シテ進ム事十丁餘ニテ達ス」とあり、地獄谷から早月谷に抜ける旧道について触れている。藩政期に芦峅寺衆徒は、地獄谷で採掘した硫黄を加賀藩に献納したが、文政年間（1818〜30）にはその採掘権を、民間の下青出村平四郎に藩は裁許した。その搬出は立山参詣道を避けるため、立山川に沿った道を開削した。硫黄は途中の釜場で精製され、馬場島から早月谷を伊折に経由し、滑川の加賀藩御倉に運ばれた。硫黄の産出は1884（明治17）年の2800貫をピークに間もなく廃絶し道も廃れる。この室堂乗越ルートは、近年登山道として再利用されたが、現在立山川沿いの道は通行止。一部の春山スキーを楽しむ人が馬場島へ滑り下りる。

　コースタイムは次の通り。

・室堂ターミナル（1時間）新室堂乗越（1時間）カガミ谷乗越（1時間）奥大日岳。
・称名滝登山口（3時間20分）大日平山荘（2.5時間）大日小屋（1.5時間）奥大日岳。

→大日岳　　　　　　　　　　　　　（佐藤武彦）

中大日岳
なかだいにちだけ　　2500m　立山町・上市町
　　　　　　　　　2.5万分の1図「劔岳」
G.B －

　大日岳を大日と中大日岳とに分けているが、本来は大日岳の一部、国土地理院発行の地形図に山名の記載はない。大日岳と中大日岳の鞍部に大日小屋があり、奥大日側に岩石庭園の七福園がある。東西に延びた尾根に登山道が続き、大日連山を縦走の折に通過するピーク。北側は崩壊した崖で、小又川の支流大日山谷の源流部。南に張り出した尾根は大日平に達し、称名川とザクロ谷の分水嶺。南側山裾を称名V字峡谷が流れる。称名滝から不動滝までを「下の廊下」、不動滝から大谷出合までを「中の廊下」その上流を「上の廊下」とする。

　1961（昭和36）年に下の廊下を探索した本多啓七氏は、左岸のコメツガ林の林床岩穴にヒカリゴケの生育するのを発見。1988（昭和63）年には中大日岳の東側稜線岩陰に生育するのを、佐藤武彦が山岡正尾氏に報告。山岡著『光蘚との50年』にそれらの記録が記載される。「ヒカリゴケを旅する」には、大日岳の詠として2首「大日に光蘚見つけしと告げて来し佐藤情報に心たかぶる」「大日を昭和八年に登りたり富高ヒュッテの朝かがやける」がある。花崗岩の岩塊が累積する眺望の良い広場が七福園。立山の主と呼ばれた牧野平五郎は中野峻陽、長枝春秋、大間知喜一郎らの名士一行とこの山に遊んだ時、女性1人を含みそれを弁財天に見立て、その7人を七福神に喩えて命名。行者岩屋は七福神岩屋と呼ばれることもある。箱庭のような弥陀ケ原高原を眼下に、遠く槍ケ岳、穂高岳、笠ケ岳を望む。室堂平を前にした立山三山の眺めもいい。

　大日連山の尾根はかつての修験行者の歩いたルートで、籠山修行の岩屋遺跡が点在する。1893（明治26）年に温泉探査に訪れた河合磯太郎が双竜飾の銅錫杖頭を発見したのをはじめ、須恵器、青磁の破片、修験者の登攀具のフック付き鉄製の鎖、奉納された刀子などが表採されている。

　劔岳や大日岳を信仰の対象した修験道も、いつしか立山三山を巡る立山禅定へと変遷する。「立山縁起」などの記述からも、それが推測される。立山黒部アルペンルートのパークラインを見おろしながら、時代の変遷を回想する山行も、時にはいいのでは。多様な高山植物、静かさの中にメボソムシクイやルリビタキのさえずりが聞こえ、雑念を忘れさせてくれる。→大日岳・奥大日岳　　　（佐藤武彦）

大日岳
だいにちだけ　　2501m　立山町・上市町
　　　　　　　2.5万分の1図「劔岳」
G.B 歩県自北ア

《概観》

　古来から信仰の対象として遥拝された山。平野部から眺めた雪を戴く姿は優美。均整のとれた山体に、

大日岳（左から前大日、早乙女、大日、中大日岳。上市辺りから）

春には朧に3人の乙女が雪形となって顕われる。大日連山は西から早乙女岳、大日岳、奥大日岳で、かつて修験者が辿った道順に沿って付けられた名。近年大日岳を前大日岳と中大日岳に分けたため、山名に混乱が生じた。現在は二等三角点のある山を大日岳と旧に復したが、前大日岳の名称が溢れ、1779mの何の変哲もないピークにそれを当てる。山頂からの360度の眺望は素晴らしく、剣の大将と呼ばれた佐伯文蔵は、剱岳を望む展望台として、黒部別山とこの大日岳をあげる。日本海に沈む夕陽は美事という。三角点は1902(明治35)年に古田盛作によって選点される。点名は大日山、標高2498m。上市町と立山町の境界はこの尾根通しに続くが、大日岳から西には登山道がない。2000(平成12)年3月5日に発生した大型雪庇崩落で、文部省登山研修所冬山研修生が巻き込まれた事故はこの山頂。南西の季節風で北東に張り出した雪庇が山頂部から崩れたもの。

《歴史・民俗》

丸く穏やかな山容の大日岳は大日如来をイメージさせる。大日如来は毘盧遮那仏と同義で日輪の象徴、密教の教主。不動明王とは表裏一体。黒々として険しく尖る剱岳(祭神天手力男尊、本地不動明王)と一対をなす。

立山信仰の源流である台密、東密の修験道では、剱岳と大日岳が修験の行場とされ、両山山頂遺跡からは銅製錫杖頭が発見されている。共に8世紀から9世紀初頭の遺物で、立山信仰初期の宗教活動が窺われる。

大日岳は金峰山とも呼ばれ、芦峅寺日光坊の佐伯秀永師、義道父子は、秘法口伝の「大日灌頂密法」「金峰山八流の法」などを修し、修験道を近年まで連綿と引継いでいたが、1868(明治元)年に発令された神仏分離で途絶した。かつて大日岳には大日堂があり、修験者の入峰御堂の三巡り、紫燈護摩供修法が行われたとされる。1961(昭和36)年の山頂発掘調査で、堂跡からアオモリトドマツ製の柱根と、室町時代のものと思われる鉄釘が発見され、伝承が裏付けられている。その御堂は剱岳を背にし、剱岳を拝む位置に建てられていた。

現在この立山修験の復活を願い、芦峅寺雄山神社佐伯令麿宮司の子息佐伯史麿権禰宜は、修験行者松井泰徳と共に、大日岳への峰入りや紫燈護摩の儀式

上は大日平から見た大日岳(佐伯邦夫撮影)

右は大日岳発見の銅錫杖頭(国指定工芸品)

などを試みる。

芦峅寺の姥堂から東正面に見える山は大日岳。芦峅中宮寺の境内鐘突堂にあった梵鐘は、1869（明治2）年に本宮の念法寺に移されたが、その鐘には「南無御姥大日如来」の銘があり、御姥さんは大日如来とされる。維新で破壊された姥堂には本尊として釈迦如来、阿弥陀如来、大日如来の三尊を祀り、過去、現在、未来を標すという。立山曼荼羅図の来迎寺本は、姥堂の後方に三山を描いているが、大日岳を表したものか、またその上部には劔岳を描く。

《登山道と山小屋》

大日岳へは大日連山縦走の折、大日小屋から往復することに。大日岳と中大日岳の鞍部にある大日小屋は、旧制富山高校(現富山大学)の富高ヒュッテとして、日光坊の佐伯義道が建てたのが前身。戦後千寿ヶ原の杉田旅館主人杉田三江子が学生達の協力を得て復活させた。称名滝から大日岳への道は踏跡が残るだけであったが、小屋の建設に伴って整備された。大日平の東端にある大日平山荘は、1962（昭和37）年に佐伯民一氏によって開設、1994（平成6）年の雪崩に破壊されて山影に移築。その先の崖上からは、一ノ谷から流れ落ちる落差90mの不動滝が眺められる。大日平から弥陀ケ原に通じる道は、1969（昭和44）年に称名V字峡谷の吊橋が流失して廃道となった。コースタイムは次の通り。

・称名滝出合（3時間）大日平山荘（2.5時間）大日小屋（50分）大日岳往復　→早乙女岳・奥大日岳

（佐藤武彦）

早乙女岳
さおとめだけ

2050m　上市町・立山町
2.5万分の1図「劔岳」
G.B 越歩

立山連峰から西へ大きく延びる大日尾根の一角にある。大日岳から下がった肩のような平らな尾根部分。ピークらしい瘤もなく山麓からは特定しがたい。地形図には山名のみで標高の記載がないが、「く」の字型尾根中央部2050m地点と考えていい。千石城山（上市町）からは大日岳右下の肩に平らな尾根として見える。

山名は早乙女姿の雪形に由来するといわれているが、はっきりした雪形は特定されていない。

現在登山道はないが、残雪期に常願寺川右岸の支流人津谷をつめ、大日尾根の人津谷乗越から雪見平・前大日岳を経て登るコースと、早月川左岸の支流小又川からコット谷をつめ、大熊山との鞍部（大熊ノコル）から早乙女岳への尾根を登るコースがとられている。

残雪期の山頂は平らな幅広い尾根が「く」の字型

大日岳（奥のピーク）と早乙女岳（大日の右下の平。千石城山から）

に曲がり、変形したオオシラビソの樹冠が疎らに顔を出しているのみ。展望は間近に迫る剱岳が圧巻、毛勝三山と東芦見尾根、赤谷山から剱岳、早月尾根と小窓尾根、剱御前、奥大日岳、大日岳等が素晴らしい。→大日岳　　　　　　　　　　（松井和一）

前大日岳
まえだいにちだけ　　1778.8m　上市町・立山町
2.5万分の1図「剱岳」
G.B 越 紀

　大日尾根を西へ下る稜線上の1ピークで、早乙女岳に続くなだらかな山頂の山。大熊山や早乙女岳と共に千石川(せんこく)源流部の1つに当たる。

前大日岳（大熊山から。右後ろは鍬崎山）

　山頂は東西に長く平らで広い。山麓からははっきり見え難いが、大品山―鍬崎山尾根や大熊山からは大日稜線上にこの山がよく見える。展望の素晴らしさは抜群。北は僧ヶ岳から毛勝三山・東芦見尾根・大熊山、南は浄土山から薬師岳・北ノ俣岳・鍬崎山・鉢伏山・白山連峰、西は臼越山から大辻山が望めるが、雄山が大日岳に隠れ見えない。
　登山道がないので、残雪期に登られている。称名川の右岸七姫平(しちひめだいら)から人津谷をつめて人津谷乗越で大日尾根に上がり、尾根通しに雪見平を経て緩斜面の幅広い尾根を2～3の小瘤を超えて登る。
　雪見平からは、晴れるとブナやダケカンバが並ぶ素晴らしい稜線漫歩となる。人津谷乗越にある文部省登山研修所冬季前進基地（小屋）を利用すれば好都合。→早乙女岳　　　　　　　　　（松井和一）

雪見平
ゆきみだいら　　1566m　上市町・立山町
2.5万分の1図「剱岳」
G.B －

　立山連峰から西へ大きく延びる大日尾根は、大日

雪見平（臼越山から）

岳・早乙女岳・前大日岳と下り、更に緩傾斜の尾根が右折し、人津谷乗越へつづいている。この曲がり角が雪見平（神木平）である。山麓からは判り難いが、臼越山や大辻山からよく見えている。
　雪見平は尾根上の平らな台地で西縁に立山杉の大木がある。南に鍬崎山と悪城ノ壁(あくしろ)が大きく迫り、広大な弥陀ヶ原と鷲岳・鳶山・越中沢岳・薬師岳と続く連峰そして北に毛勝方面が大きく開けている。
　登山道はないが、残雪期の早乙女岳や大日岳登山の通過点となっている。コースは人津谷を右岸沿いの林道を辿り、更に右岸沿いに臼越山の下を通り人津谷乗越に上り、右折して大日尾根を登る。雪見平から人津谷乗越・臼越山への尾根は素晴らしいブナ原生林である。
　人津谷乗越には文部省登山研修所冬季前進基地（小屋）がある。→前大日岳　　　　　　　（松井和一）

大熊山
おおくまやま　　1628.5m　上市町
2.5万分の1図「剱岳」
G.B 紀 越 歩 ガ 雪

　大日連山の前衛峰。早月川左岸の山。大日岳から西へ下る尾根上の最初のピークが早乙女で、ここで二岐する尾根を北へ下ると大熊山がある。登路として、早月川の支流、小又川のそのまた支流のコット谷がある。コット谷の鞍部は早乙女岳と大熊山の分岐点となる。
　コット谷はゆるやかなカールのような谷で、中山を隔ててブナクラ谷と向き合う位置にある。
　登山適期は5月上旬までだが、早い時期は、雪崩・落石・滑落の危険があり、通れるのは4月中旬以降。5月に入ると下部の雪がとけて河原が出てく

大熊山（馬場島への途中から）佐伯郁夫撮影

木ノ根山（右奥は劒岳。千石城山から）佐伯郁夫撮影

る。遅くなると上部も雪がとけて歩きにくくなり、ヤブこぎになる。残雪期に登る山ではあるが、適期は短い。小又川の出合からは生コンプラントの上を通って、堰提を何カ所か越えていく。早い時期は雪崩や落石の危険のほか、大きいデブリが何カ所かあるので気をつける。コット谷の鞍部から大熊山へはアップダウンが1カ所あり、それを越えればもう一息である。大熊山の山頂はなだらかな台地。早乙女岳・大日岳・劒岳・赤谷山・毛勝三山と展望が良い。大熊山の西の大熊谷をつめるコースもあるが、上部はかなり急な登りとなる。このコースは劒青少年研修センターから1つ目の川の横の林道をさかのぼって、行き止まった所から取り付く。

　コースタイムは次の通り
・小又川出合い（1時間）コット谷出合い（1.5時間）コル（1時間）大熊山山頂。→早乙女岳

（山崎隆博）

木ノ根山

きのねやま　　1134.5m　上市町
　　　　　　　2.5万分の1「劒岳」
　　　　　　　G.B 紀 越

　早月川の上流、伊折（いおり）から馬場島にかけて右岸側に連なる山稜上の中間あたりに位置する三角点のピーク。猫又山から西に延びる東芦見尾根の支脈は細蔵山を経て、木ノ根山を通って早月川と鍋増（なべぞう）谷の出合で尽きる。

　残雪期に、この山から早月川の対岸を見ると大日岳から劒岳に至る稜線が手にとるように望める。また、細蔵山が際立って大きくそびえて見える。出合から残雪をたどれば2時間半ほどで頂上に着く。三角点の山だが独立峰ではないので頂上は判りにくい。→細蔵山

（新庄幸作）

細蔵山

ほそぞうやま　　1551m　上市町
　　　　　　　2.5万分の1図「劒岳」
　　　　　　　G.B 越 紀

　早月川上流右岸にある山。劒岳展望のビューポイントである早月川の伊折橋を渡らずに左折し、早月川右岸沿いに2、3分入ると鍋増谷に出る。谷間の正面に細蔵山が見える。早月川と鍋増谷の間にある尾根の末端から地図上で3.3kmの所が木ノ根山。さらに3km奥が細蔵山である。古い時代は黒鉛の鉱脈があり採掘していたらしい。残雪期を利用して登る山で頂上直下の急登を考えるとカンジキ、アイゼン、ピッケルは欠かせない。標高450mの尾根の末端からのアプローチは実に長い。しかし尾根から見る眺

細蔵山の山頂（遠景は東芦見尾根）

望は劒岳の北方稜線を始め大日、早乙女、大熊山と続く連なりはアプローチの長さを感じさせない。途中、木ノ根山への登りから樹齢数百年はたっているであろうタテヤマ杉の巨木とブナの深い森に入る。木ノ根山を過ぎると暫くやせ尾根が続き、小さなアップダウンの後、1330mの広いピークにつく。正面に細蔵山山頂までの急斜面がデーンと立ちはだかっている。いったんコルまで下り、標高差300mを急登し山頂を目指すことになる。

山頂は50mくらいの広い台地状になっている。山頂からの展望は素晴らしく、早月尾根に遮られて立山三山は見えないが、劒の北方稜線と奥大日に続く山々、左に大きく立ちはだかる大猫山を始め、鬼場倉の頭、土倉山から大倉山へと続く稜線は見る人達を魅了させてくれる。しかし、日帰りで行くにはアプローチが長過ぎるのとガスがかかると迷いやすいので山中1泊の方がいい。

山頂からズームアップした急峻な小窓雪渓が有名なプロ写真家、白旗史郎の写真集の中で紹介されている。→木ノ根山　　　　　　　　　（林　伯雄）

中山
なかやま　　　　　1255.0m　上市町
　　　　　　　　　2.5万分の1図「劒岳」
G.B 越 歩 県 楽

劒岳の登山基地馬場島にある山。馬場島から劒岳を仰ぐとき、背後の山がそれ。頂上は劒岳の絶好の展望地として、近年多くの登山者が訪れる。奥大日岳から西大谷山、クズバ山と稜線が続き、中山を経てこの尾根が尽きる。

かつては積雪期にごく一部の登山者が登るに過ぎなかったが、上市町が1979（昭和54）年から3カ年をかけて登山道を整備、今日では中山遊歩道として、大勢の登山者で賑わっている。

この道づくりを担当したのは、元馬場島荘管理人の酒井政雄氏だが、完成するまでの3カ年の努力に感謝したい。

馬場島の立山川と白萩川の合流地点左岸に中山登山口。立山川へ架かる橋の手前からジグザグの急な道を登りはじめる。取り付きから30分ほど登ると対岸に細蔵山、大猫山、猫又山の全景が見えてくる。眼下には、緩やかなS字状となって白萩川が流れる。川の音を聞きながら、しばらく登ると右手に立山杉の大きな老木が現れる。そしてブナクラ峠、小窓尾根などが見えてくる。例年だと5月中旬頃までこの付近から頂上にかけて残雪があり、雪面の大きなステップを登りきると「五本杉尾根」の道標に出る。ここから右手に大日岳が見えはじめる。

傾斜の緩い尾根を20分も登ると中山頂上に出る。ここから望む劒岳は北アルプスの王者らしい風格を十分に見せてくれる。また、劒岳をとりまく猫又山、ブナクラ峠、大熊山、早乙女岳の景観も素晴らしい。コースタイムは次の通り。

・中山登山口（1.5時間）五本杉尾根（20分）頂上
　→クズバ山　　　　　　　　　（細川　正）

中山の山頂から仰ぐ劒岳

クズバ山
くずばやま　　　　1876m　上市町
　　　　　　　　　2.5万分の1図「劒岳」
G.B 越 紀

早月川源流立山川と、同川支流小又川の間、奥大日岳から北西に伸びる西大谷尾根の中間地点に位置する。尾根の上部に西大谷山、下部に中山がある。馬場島手前の小又川出合の橋から見ると三角錐状に聳えている。

この形がクズの葉に似ているので、クズバと言われるようになった。地元の人は、小又川から頂上に突き上げているガレた沢の出合付近もクズバと言っており、以前は「クズバの頭」と呼ばれていた。また、国土地理院の古い地形図では、この山は西大谷山として記されていた。

この山自体を対象として登られることは稀で、積雪期に馬場島から奥大日岳へ向かうときの通過点となることが多い。

山頂からは、劒岳の南西面、奥大日岳そして大日

岳が屏風のように3方を囲んで連なり、盆地の中にいるような感じがする。

残雪期に馬場島から約5時間。コースは立山川から東小糸谷を登り、中山の背後の鞍部に出て、あとは樹林の尾根をたどる。→中山、西大谷山

（富樫正弘）

西大谷山　2086.7m　上市町
にしおおたんやま　2.5万分の1図「劒岳」
G.B 越 紀

奥大日岳から北西に伸びる尾根の上部に位置する。富山市から劒岳を見るとき、その右下手前に重なっている稜線の中程にある。しかし、顕著なピークでないために稜線の一部にしか見えない。山名は東大谷の対岸にある山の意として名付けられた。

東側から立山川が、西側から小又川（おまた）がこの稜線を深く削り採っている。小又川の懐奥にはカスミの大滝がかかる。立山川には以前、地獄谷からイオウを運び出したルートがあったが、今はその跡も消えている。

この山の南側、標高2100m付近に「天狗の踊場」または「護摩平」「行者ケ原」などとも呼ばれる平地がある。その昔、真言宗の修験者が修行したところと言われている。近年、発掘調査がなされたが遺構等は確認できていない。

山頂からは、東大谷をはじめとして劒岳の南西面が手に取るように観察できる。北方に毛勝山、東に劒岳、南から西にかけて大日三山が連なる。残雪期なら、馬場島からクズバ山を越えて約10時間。また、立山の室堂から奥大日岳を越えて約5時間の行程である。→クズバ山

（富樫正弘）

立山　3015m　立山町
たてやま　2.5万分の1図「立山」
G.B ガ 県 自 北 ア

《概観》

飛騨山脈の北部、黒部川左岸山稜の中ほどにある。白馬岳、槍ケ岳などと並んで北アルプス（＝中部山岳国立公園）を代表する山。立山連峰の主峰。富山県のシンボルとしてあがめ親しまれている。

かつては「たちやま」といい、富山平野から仰ぐ連峰の峰々全体を指したともいうが、今日では狭義には雄山神社峰本社の建つ立山山頂を指す。台形の楯状の尾根にある大汝山、富士ノ折立までを含める場合もある。立山信仰上では、浄土山、立山雄山、別山を立山三山という。称名川と黒部川の分水嶺で、3方向に氷河地形を持つ。

志賀重昻『日本風景論』に、「世に「大」を説く

右から雄山、大汝山、富士ノ折立と続く立山連山（大きな窪みは山崎カール）菊川茂撮影

もの多ししかれども真成なる自然の「大」は実に立山絶頂より四望するところにあり」と記す。加賀白山、駿河富士山と共に越中立山は日本三霊山に数えられる。

《自然》

日本の屋根と呼ばれる飛騨山脈は、日本最古の岩石飛騨変成岩からなり、造山運動で隆起したとされる。立山もその1峰。冬期この尾根に遮られて多量の降雪を見る。稜線の東側には南西の季節風に運ばれた雪が吹き溜まり、御前沢圏谷の氷河地形（猿又ようの堆石堤があってサルマタノカールと俗称）を持つ。西側には、東大理学部山崎直方博士によって1905（明治38）年に発見されたカールがある。石井逸太郎によって「山崎圏谷」と命名され、1945（昭和20）年に国指定天然記念物になっている。3段になった堆石堤や、氷食されて立つ岩峰のローソク岩（観音岩）がある。山裾は立山火山の溶岩で埋められた室堂平。地獄谷やみくりヶ池などの火山活動が認められる。立山を中心にした1000ヘクタールに約300羽の雷鳥が生息。山頂付近で、ニイガタヤチネズミ、アカジムグリ、アナグマなどが発見された。時々雷鳥の親子が見かけられる。

《歴史・民俗》

立山は701（大宝元）年、佐伯有頼の開山と伝えられる。山の姿が阿弥陀仏の五体とし、「一ノ越」は膝、「二ノ越」は腹、「三ノ越」は肩、「四ノ越」は首、「五ノ越」は頭部、山頂は「烏瑟」とする神体山。室堂平を囲む八方の山々は、仏の坐す「八葉蓮華」に見立てる。

山頂に加賀藩の造営した権現堂、室堂平には籠堂の室堂があり、全国から立山禅定者が参拝。また越中男子16才の元服（成人）登拝の儀式は近年まで続く。立山禅定は岩峅寺、芦峅寺の宿坊から立山中語が室堂まで案内、次日に神官、御師の先導で登り、懺悔坂では「帰命頂礼大権現、慚愧懺悔六根清浄」を唱えた。

1860（万延元）年に造営された山頂社殿は老朽化し、1996（平成8）年に芦峅寺佐伯令麿宮司、岩峅寺佐伯静夫名誉宮司が相計らい、工匠酒井仁義棟梁によって再建され、136年ぶりの造営遷宮式が挙行された。総欅三間社流造り、内陣赤漆塗りの扉に神紋「違い鷹の羽」を描く。右手上座に天手力男尊

1996年7月10日、雄山神社峰本社の社殿が建て替えられ、ご神体の遷宮式が行われた（岡田順一氏提供）

雄山頂上へ右下から《白竜》のように昇る雪形。
如意宝珠を手にするか。

(地主刀尾天神)、左手下座に伊裝諾尊（本地阿弥陀如来）を祀る。江戸時代の古称に「立山両山権現」「立山大菩薩」「竜山権現」などがあり、神仏習合女人結界の山。

《登山来歴抄》

　太政官布告で女人禁制の掟が1872(明治5)年に廃されて以後初めて立山に登った女性は、1909(明治24)年のヨハネス・デ・レーケの娘ヤコバ・ヨハンナ・デ・レーケ当時13才とされる。1919(大正8)年には富山高女、女子師範学校。1959(昭和34)年には皇族の清宮貴子内親王殿下が登山。

　外国人では1878(明治11)年のアーネスト・サトウ。1893(明治26)年と1914(大正3)年にウォルター・ウェストン。文人では1617(元和3)年に大淀三千風、1749(寛延2)年に池大雅、1783(天明3)年に橘南谿、1799(寛政10)年に佐藤月窓。単独行の加藤文太郎は1926(大正15)年から死去する前年の1935(昭和10)年まで毎年のように訪れる。『日本百名山』の著者深田久弥は「立山は天下の名峰」と記す。

《登山道》

　室堂ターミナルから立山頂上を日帰りで往復するのが一般的となる。立山黒部アルペンルートが完成する以前は、室堂平か一ノ越で1泊し、山頂本殿で御来光を拝するのが常であった。冬期はアルペンルートが閉鎖されるため、山の猛者が山スキーで千寿ヶ原からテント持参で訪れる。春は山崎カールや浄土沢をテレマークスキーやスノーボードを楽しむ人達が滑り下りる。
　　　　　　　　　　　　　　　　　（佐藤武彦）

別山
べっさん

2880m　立山町
2.5万分の1図「剱岳」
G.B 歩 県

　立山三山の内、1番北側に位置するのが別山。かつては帝釈岳または忉利山という。その由来は、須弥山の山上にあるのが忉利天で、喜見城があってそ

室堂平から見た別山と、銅造男神立像（像高46）。鎌倉初期の寛喜2（1230）年造像の刻印がある（国指定彫刻）。

立山曼荼羅（来迎寺蔵）。上部の山々は右から菩薩たちが来迎する浄土山、雄山、大汝山、富士ノ折立、剱岳。

こに帝釈天が止住するとされ、この山をそれに仮想したもの。この別山帝釈岳に奉祭されていたといわれるのが、富山県立近代美術館に収蔵されている銅像男神立像。その唐冠、唐服、唐靴の尊像は帝釈天で1968（昭和43）年に国指定文化財に。「立山禅定」「寛喜二年」の銘などが陰刻されている。

立山曼荼羅図には、別山山頂に社殿と池を描き、参詣者はそこから真北にある剱岳を遥拝している。別山の頂上にある池を硯ケ池とか経ケ池と呼ぶのは、庚申信仰との結びつきからで、それは、人間の体内には、三戸虫が棲み、その人の善悪の諸業を庚申の日に帝釈天に報告する。帝釈天はそれを逐一記録、それを基に人の寿命は定められるとされ、その時に用いるのがこの天然の硯。また、秋彼岸に芦峅寺で挙行された布橋灌頂会で使用された白布は、その後裁断されて縫製し、経帷子に仕立てられたが、版木で経を刷る時の墨水は、この池水を汲んで持ち帰って用いた故事による。

別山山頂の祠はいつしか倒壊したままになっていたが、雄山神社峰本社を造営するにあたり、御神体を一時大汝山に仮殿を建て、そこに納め祀られたが、本社落慶遷宮式の後、その仮殿は別山社に転用。仮殿は本来杉の白木造りが習いであったが、これは総欅造りの立派なもの。祭神は長白羽命という。1998（平成10）年6月21日の快晴の日に、別山山頂でその鎮座祭は、佐伯令麿宮司のもと盛大に執行された。御神体には、新たに立山神像を模した帝釈天像をクスノキで製作し、それと1900（明治33）年に京都の松田伊太郎氏が別山社に奉納されていた八咫鏡を納める。

別山は立山信仰上では特別の聖地とされ、この頂から先を禁足地とした。立山三山を巡る禅定者は、この地から真北の剱岳を遥拝した後、真砂岳に引返し、その鞍部に祀られている不動明王立像のある所から、大走り、小走りという行者走りのガレ場を駆け下って室堂に戻ったものという。現在縦走路は西に延びて剱御前に達しており、その慣例を踏襲する者はいない。また、この山頂を踏まない横巻きの道があるため、硯ヶ池を見ずに通過する人があるのは残念な事だ。この池は木曽御岳の一の池（2980m）二の池（2905m）に次ぐ日本第3位の高山湖。長径10m、短径5m、深さ0.3mほどで、富山大学植木忠夫教授によって命名されたタテヤマケンミジンコが生息する。雪渓を陸、湖水を海に見立てる長大

立山東面のカール群。右から剱沢、真砂、内蔵助、サルマタの各カール（藤井昭二『大地の記憶』2000年・桂書房から）

な硯だが、9月には雪渓は消え、湖水も枯れる。平坦な山頂にはケルンがいくつも積まれ、剱沢を隔てて真近に眺める剱岳は見飽きることはない。

　立山室堂より雄山経由4時間、雷鳥沢経由2時間→立山　　　　　　　　　　　　（佐藤武彦）

真砂岳
まさごだけ　　　　2861m　立山町
　　　　　　　　　2.5万分の1図「剱岳」
G.B ―

　立山の富士ノ折立と別山の間にある山。淡紅色の斑状花崗岩が、長年の風化作用で砂状になった約1.5kmの砂礫帯の丘陵。いくつかの小高いピークを持つ。歩くたびに足元がザラザラと崩れることから「蟻の戸渡り」とされ、富山城主佐々内蔵助の立山越えはここだとの伝承もある。

　山頂から東に延びる真砂尾根に内蔵助山荘がある。この山荘は以前内蔵助カールの推石堤上に建てられたが、2度、雪崩にあって現在の位置に移築された。初代経営者は芦峅ガイドの佐伯利雄。リザ組を統率した熊撃として有名。1957（昭和32）年に日本野鳥の会創設者の中西悟堂一行、星野嘉助、下山善太郎らを案内している。悟堂の紀行『越中立山』に「山名どおりの砂のザラ場となったが、先頭の佐伯がふと立ち止まって無言で指さす稜線の前方に、1羽の雷鳥がしきりに砂を浴びているのに、古賀君がさっそくカメラを向ける。内蔵助平の上部に当たるカールの雪渓の上で、ガスがなければ眼前に黒部別山が出るところだ。《たどりゆく真砂の尾根にひっそりと　砂を浴びをるひとつ雷鳥》」と記す。

　真砂尾根と丸山尾根の間に広大な氷食面を持つ内蔵助カールがある。その底にS字状の推石堤に堰き止められた越年性の雪渓があり、20m近く推積して氷河氷となっている。夏には時に、径1mのマンホール状縦穴がいくつか現れる。名古屋大学水圏科学研究所の樋口敬二教授を中心とするグループが調査。穴の底部から氷詰の木片や葉片が採取され、年代測定の結果、1700年前の植物片とわかる。1988（昭和63）年に日本最古の氷と認定されている。1999（平成11）年にはその近くの砂礫地下から永久凍土が発見されたと、国立極地研究所の福井幸太郎氏の報告がある。冬期は南西の季節風が強く、尾根の東側に多量の雪が吹き溜ることによる。真砂岳と別山の間にも真砂沢カールがある。

　1989（平成元）年の10月9日未明に、紅葉を楽しむ京都、滋賀の中高年パーティが、真砂岳と脇道に分岐する辺りで吹雪のため遭難。10名の内8名が疲労凍死。安易な中高年登山に警鐘を鳴らす。

　真砂岳には雄山神社の末社真砂岳社の社地を区割

するが社殿はない。八心思兼命を祭神とする。登山ルートは北の別山に続くが、雷鳥沢へ直接下る大走り、小走りのエスケープルートもある。立山禅定の道は、別山か剱岳を遥拝した後、行者返しを戻り、不動尊の石仏のある位置から行者走りを下って、賽ノ川原を経由し、室堂、玉殿岩屋へと帰った。→立山
（佐藤武彦）

富士ノ折立　　2999m　立山町
ふじのおりたて　2.5万分の1図「立山」
G.B 県

　立山から北に延びる平坦な尾根が、下方に折れ込む断層上の岩峰。「富士ノ折戸」「富士ノ折立岩」とも表記される。立山曼荼羅絵図には、この山の辺りに富士山を白く描いたり、この山そのものを富士の形に描く。稜線からは遠く富士山が眺められる。富士山からも当然立山は見える。「夏の日のかがよふみ空　目もはるに富士よりのぞむ越の立山」という幸田露伴の歌がある。古来から立山三山巡りは、人間の過去、現在、未来を感得する行とし、別山から剱岳を遥拝し自身の魂の未来永劫を祈った。富士ノ折立とは、不死の世界に折り立つ意と推測される。

　かつてはここに富士権現を祀る社殿があった。現在は雄山神社の末社、富士社の社地のみがある。祭神は木花咲夜姫命。山頂東には遅くまで残雪があり、下方に黒部川を望む。山頂から東へ延びる丸山尾根と雄山東面第4尾根の間にカールがあるが、登山道はピークを通らないので見られない。北に向う急斜面を下る時、別山の上部に剱岳、右手に内蔵助カールを望む。→立山
（佐藤武彦）

大汝山　　3015m　立山町
おおなんじやま　2.5万分の1図「立山」
G.B 歩 県 ア

　立山連峰の最高峰。富山県の最高地点でもある。立山を継走する人の多くは、脇道を通過するため、この山頂を踏まないが立山の最高峰は登っておきたい。眼下に黒部ダムが眺められる。室堂平からは大汝山より雄山のほうが高く感じられるが、黒四ダムからは、ひときわ大きく高いのが良くわかる。大汝山を中央にして南に立山雄山、北に富士ノ折立があり、廣瀬誠氏はそれぞれの峰に、立山権現、白山権現、富士権現を祀り、この3峰を日本三霊山に見立てて参拝したのではとする。

　古来より立山山頂の本殿を再建造営の折には、この地に仮殿を建て、御神体を移したとされ、御内陣ともいう聖地。山頂に雄山神社の末社「大汝社」の社地があり、祭神は大汝神。大汝は大己貴で大国主命の別名。神社明細帳に載るが、現在は社殿も本尊もない。立山名所絵図には「大汝　本尊十一面観音」と記される。山頂近くの花崗岩が累積する辺りに祭祀遺跡の石組遺構が残る。この廃祠遺跡から廣瀬誠氏は、杉の柱根、木片、鉄製の奉納剣、土器片、和釘多数を発見、堀田敬三氏は刀子、古銭などを表採している。

　融雪期に頂上直下の西面山肌には、「汝」の雪形が白く現れる。

　大汝山東面の尾根を探検したのは藤平彬文。1956（昭31）年に金大医学部山岳部員ら6名と共に南から第1、第2、第3、第4尾根を踏査。大汝山から張り出す第2、第3尾根にニードル（針峰）群のあるのを発見。「日本のカラコルム」と新聞報道される。その特異な景観を持つ尾根に「藤平尾根」と命名された。

　この2つの尾根に挟まれて右俣のカール、雄山直下に左俣のカールがあり、合流して「サルマタ」のカールとなる。

　山頂東面には夏でも残雪がある。剱岳を取材した新田次郎が佐伯文蔵の案内でこの地を訪れ、その雪田に休憩した。その時、剱岳一帯の雷鳥調査を終えて下山途次の富山県雷鳥調査隊と合流。新田次郎は「コップ1杯ずつの氷アズキをご馳走になった。3000メートルの高所で戴いた氷アズキは頭の芯から昇天するほど旨かった」と『剱岳・点の記』の後書に記している。

　1995（平成7）年に峰本社が解体された折、立山の御神体を納めた仮殿は、1996（平成8）年の山上遷宮式後に、ヘリで別山に空輸され、別山社に転用された。→立山・雄山・別山
（佐藤武彦）

雄山　　3003m　立山町
おやま　2.5万分の1図「立山」
G.B カ 県 自 北 ア

　立山の主峰。通常「立山に登る」というのは、こ

の頂上に立つことをいう。最狭義の立山を意味する。一般に、室堂平から東に見える台形の山塊を立山と呼び、その右端のピークが雄山である。伊耶那岐神(いざなぎ)と手力雄神(たぢからお)を祀る雄山神社の峰本社がある。

　雄山の山名の起こりについては、明らかではないが、廣瀬誠氏は「明治維新の神仏分離後、立山権現は復古して雄山神社に、峰名も雄山に、神山を敬って御山とあがめていたので雄山という呼称にも結びつきやすかったのであろう」と推測する。(『立山黒部奥山の歴史と伝承』1984・桂書房)

　山頂の峰本社の社殿建造の年代は不明だが、室町時代の1524 (大永4) 年の金銅製奉納札が出土していることから、それ以前と考えられている。江戸時代には、立山は加賀藩治下におかれ、何回も加賀藩の手で建て替えられている。1996 (平成8) 年、新しく社殿が建造されたが、それ以前のものは、1860 (万延元) 年に建造されたものである。神殿は、三間社流造、総欅造、高さ2.9m、間口3.0m、奥行1.8m。簡素で剛健な構造となっている。

五ノ越の三角点と頂上の雄山神社

　立山開山伝承によると、立山の山容はそのまま仏の姿で、一ノ越はその膝、二ノ越は腰、三ノ越は肩、四ノ越は頸、五ノ越は仏の頭であるとされている。五ノ越には、社務所が建ち、一等三角点 (2991.59m) が設置されている。

　山頂直下室堂平側には国指定天然記念物「山崎圏谷(カール)」がある。幅約400m、長さ600mの凹地で、1905 (明38) 年に山崎直方によって氷河

競い合うように並ぶ雄山 (左) と大汝山。左手の雪渓はサルマタのカール (御前谷上空から)

地形と指摘されたもの。この指摘をもとに、日本の氷河研究がスタートした。その後、雄山など立山連峰の黒部川（東側）斜面で、いくつもの圏谷が明らかにされている。

室堂平から雄山へは、登山道が整備されており、約1時間で一ノ越、ここからガレ道で急斜面となり約50分で山頂に達することができる。山頂からは、北アルプスの山並み、遠く富士山、富山平野、富山湾、能登半島など素晴らしい展望を楽しむことができる。→立山　　　　　　　　　　（菊川　茂）

浄土山
じょうどさん　　2831m　立山町
2.5万分の1図「立山」
G.B 歩 ガ 県 ア

立山信仰に語られる立山三山は、浄土山、雄山、別山。この三山は神仏が過去、現在、未来から来臨する所とし、かつての立山禅定は、この三山を巡って結願することになっていた。近年は立山山頂の雄山神社峰本社にだけ参拝する人が多いが、この浄土山にも是非巡拝してほしいものだ。

山頂の浄土山社は天日鷲命を祀る総欅造りの社殿だが、朽ち果て押し潰されていた。その復元を目指し、富山国際職藝学院の上野幸夫教授等によって全ての部材は2000（平成12）年7月にかつぎ下ろされた。立山曼荼羅絵図では、立山三山はデフォルメされて描かれるが、現在最も古いものといわれる来迎寺の曼荼羅絵図の浄土山は、いくらか写実的に描いている。それは絵図と室堂平から眺めた浄土山とを、実際に対比してみればわかる事だが、三山があたかも横臥する仏の涅槃の姿で、その頭部にあたるのが浄土山。絵図は額に社殿を描き、岩肌には、落ちくぼんだ眼孔、歯を剥き出しにした口などを隠し絵のように描き込んでいる。それは浄土山の山体の容貌とおおむね一致する。

また、浄土山には、飛天、日輪、紫雲に乗る25の如来菩薩などの奇瑞が取巻いて描かれる。雄山に登り御来光を拝し、振り返って西に位置する浄土山方向の雲海や煙霧に、自身の影を写す時、ブロッケン現象を見ることが多いが、それを弥陀三尊や二十五菩薩の来迎と、昔の人は感応したのだろう。

室堂から浄土山へは、一ノ越経由の道と室堂山から直登する2つのルートがある。前者は、浄土山北側の山裾を巻くザンゲ坂の旧道を辿るもの。途中には西国三十三所観音霊場の分霊として祀られている

ミクリガ池越しに望む浄土山（左は室堂山荘）

観音石仏の、最終三十三番観音がある。1993（平成5）年7月11日、佐藤武彦により再発見された石仏。ただし現在の道から下方に離れた位置にあるため、積雪期でなければそこへは行けない。祓堂後方にある雪渓は浄土沢のカールで、ここが称名川の源流域となっている。一ノ越山荘から続く尾根の鞍部に、道を遮る大岩がある。文献には浄土山への登路に御光岩という巨巌があると記して、雲煙がたち込めて視界悪化の時、その岩が光明を発して登拝者を導くと伝えるが、この大岩がそれなのだろうか。祓堂からこの岩に向かうかすかな踏跡が認められ、そこから見る岩の表面は、電光型の割れ目が入っている。

室堂山から浄土山に直登する道は、岩石累々で傾斜が急だが、途中のお花畑にハクサンフウロやトリカブトなどが群生する。平坦な山頂には、阿弥陀堂跡や第9師団日露戦役の戦没者供養塔という3段に石積した基壇、また、先に記した浄土山社がある。龍王岳寄りには緑色に塗られた建物と物見櫓がある。これはかつて陸軍の測候所であったが、富山大学の植木忠夫教授によって、1951（昭和26）年の夏から同大学の立山研究室となり、現在も活用されている。浄土山から眺める四方の風景は、まさに浄土そのものといえる。

立山黒部アルペンルート室堂ターミナルから一ノ越経由、室堂山経由、どちらも1時間30分。→立山

（佐藤武彦）

室堂山
むろどうやま

2668m　立山町
2.5万分の1図「立山」
G.B　—

室堂とは本来、室は窟であり籠る所、堂は神仏を祭る建物を指し、籠り堂のこと。立山室堂は日本最古の山小屋、解体修理されて1995（平成7）年には国の重要文化財に指定された。

室堂山はこの室堂から1番近い山として、国見岳と浄土山の鞍部にある小ピークを指すようになった。国土地理院の地図に山名の記載はないが、眺望が良く、室堂ターミナルから近いため、立山黒部アルペンルートを利用した観光客や、春山スキー、スノーボードの人達が手軽に登れる山として人気が高い。

立山カルデラの火口壁の縁にある展望台からは、カルデラを囲む山々、天狗山、国見岳、鬼岳、獅子

雄山頂上から室堂平を望む。手前の鋭い尖った岩は氷河期を忍ばせるローソク岩（菊川茂撮影）

室堂小屋（明治42年『富山県写真帖』より）

岳、鷲岳、鳶山や、カルデラ底にある刈込池や新湯が見える。また、薬師岳や有峰湖、湖に浮かぶ宝来島、遠くに白山、ザラ峠や五色ケ原の奥に槍ケ岳、穂高岳、野口五郎岳とカール、雲ノ平や笠ケ岳、赤牛岳などの山並が一望できる。

登山道沿いに、造山運動で隆起した花崗岩と室堂山溶岩の安山岩との異質な岩石、また、氷河地形のサイドモレーンや氷河の流れた痕跡である擦痕の認められる岩石、重力断層による地表の割れ目などが観察できる。室堂山はライチョウやオコジョにも出会える穴場となっている。

室堂平より50分。→浄土山・国見山（佐藤武彦）

国見岳

くにみだけ

2620.8m　立山町
2.5万分の1図「立山」
G.B　—

国見とは国境の形勢を高所から見分することをいう。国見岳はかつて為政者による国見がなされた山なのだろう。ただ古図のほとんどは、隣りにある天狗山を国見岳とする。現在国見岳も天狗山にも登山道がないため、その眺望を楽しめるのは積雪期だけである。国見岳から天狗平へのスキー滑降は、春山スキーの醍醐味。山頂には柴崎芳太郎が1907（明治40）年に選点造標した三等三角点（点名「大横手」）がある。雄山神社の末社国見岳社は、祭神を豊受皇大神とするが社殿はない。

富山県の5年ごとに行なう立山地域のライチョウ生息数調査でこの山を訪れた時、三角点の近くに木箱を囲んだ石積があった。箱の内側は金箔押しで、中に2個のコケシが納められていた。国見岳の南側は急峻なカルデラ壁だが、昭和（1926～）初期に、立山温泉からカルデラの崖に続く細尾根を登り、国見岳と浄土山の鞍部に出て室堂に至る道が開削された。御歌道という。三ノ越の岩盤に、摂政裕仁親王の立山御歌碑が完成したのを記念して造られたもの。この御歌道は廃道になっているが、室堂山の途中にあるリンドウ平から国見岳側に続く石畳道がかすかに残っている。

国見岳の東側にある雪渓は称名川の支流大谷の源流部。この谷に吹き溜る雪が「雪の大谷」と呼ばれ、20m近い積雪となる。4月下旬に立山黒部アルペンルートが開通すれば、除雪された車道にその雪の壁を見ることが出来る。近年ではそれが雪見観光の目玉として脚光を浴びている。→天狗山（佐藤武彦）

天狗山と天狗平、遠く槍、笠ケ岳がみえる（奥大日岳から）上野光撮影

天狗山

てんぐやま

2521m　立山町
2.5万分の1図「立山」
G.B —

　立山の前山。立山カルデラの外縁上に並ぶ1峰。北面に天狗平がひろがり、天狗平山荘と立山高原ホテルが建つ。古絵図では、天狗山は天狗平嶺とも記された。また、現在の国見岳を天狗山としたものが多い。弥陀ケ原からこの山を眺めたとき、山頂から北に伸びる稜線が、いかにも天狗の長い鼻を連想させてユーモラス。また、山の姿が編笠に似ているとして、編笠山とも呼ばれたという。南側は立山カルデラの崩壊地。その落石の音は天狗の仕業とされ「天狗のつぶて」とした。また天狗風という旋風もあって、立山曼荼羅絵図には羽団扇を持つ山伏姿の天狗をこの山影に描いているものもある。

　かつての立山参拝のルートは、天狗山の山裾を巻く「一ノ谷道」と「姥ヶ懐道」が追分から分岐して当山北面の鏡石で合流していた。姥ヶ懐道はすたれて、昭和になってその南側に美松坂道が開通、小松坂新道と呼ばれ、立山高原バス道路が完成するまで、多くの人に利用された。

　美松坂は一部石畳になった快適な登山道だが、整備が充分でなく現在は歩く人も少ない。

　この登山道には1957（昭和32）年に山岡正尾先生が発見されたヒカリゴケが生育している。

立山カルデラ（右端から国見山、天狗山がカルデラを縁どるように並ぶ）。白く見えるのは富山平野。
立山砂防工事事務所提供。

天狗平山荘裏手の沢には、自然石に刻んだ水原秋桜子の句碑「龍膽や巖頭のぞく劔岳」がある。

天狗平辺りが森林限界で、アオモリトドマツやダケカンバなどの樹木がなくなり、ハイマツ帯となって高山らしい景観となり、立山の3000m級の山々が一望され、極楽平とも呼ばれたという。高原バスを利用したスキーヤーは天狗平から美松、そして弥陀ケ原へと滑降して行く。また天狗山へ直登する上級者もいて、この辺りは春山スキーのメッカとなっている。ただ、1970（昭和45）年11月にスキー合宿した同志社大学山岳スキー部員が、天狗平山荘を間近にしながら、吹雪のため7名が遭難死、その現場近くの大岩に、遭難碑と阿弥陀仏が祀られていることを知る人は少ない。→国見山　　（佐藤武彦）

伽羅陀山　　2380m　立山町
からだせん　　2.5万分の1図「立山」
G.B　－

立山の地獄谷を囲む山。一方を地獄谷に面し、他方は称名川を挟んで大日山塊に向く。地獄谷からの有毒ガスのため、植生はほとんどみられない岩山。

伽羅陀とは地蔵浄土の意の梵語で、地獄谷の亡者救済の聖地とされている。山頂には、小さな祠があり、石仏・石塔が安置されている。別名をエンコウヤマという。修行者延好の名にちなむとか。地獄の業火高く立つことを意味する炎高山であるともいわれている。

山頂からは、地獄谷の全景が眼下に開け、その噴煙を隔てて浄土山、立山・劔岳へと連なる山並み、大日岳連山などがせまる。

地獄谷は立山火山の水蒸気爆発による凹地で、中央のカジヤ地獄のある丘を境に、2つの凹地が接している。かつてはミクリガ池と同じように水を貯えた湖沼となっていたことが、堆積物から明らかになっている。

現在、地獄谷から称名川へは、落差130mのソーメン滝が流下する。地獄へ落ちた亡者が赦免され、この滝から娑婆へ戻るとされ、赦免滝が本来の意。また、地獄谷から北東部へはコンヤ川が称名川へ注いでいる。この2つの流れで、湖水が流出し凹地になったものである。

地獄谷は、有毒ガスの発生の危険性が高く、立ち入りが制限され、定められた遊歩道だけしか通行出来ない。そのため、伽羅陀山へは登ることは出来ない。
（菊川　茂）

地獄谷にあるカジヤ地獄。奥は伽羅陀山

伽羅陀山の山頂の祠（石仏・石塔の安置）

龍王岳　　2872m　立山町
りゅうおうだけ　　2.5万分の1図「立山」
G.B 県

竜王とは、竜族の王で仏法を守護、雨を祈る本尊という。常願寺川の支流、湯川の源流に位置するのが龍王岳。室堂平からは浄土山の陰に隠れて見られないが、立山登山道の懺悔坂を一ノ越に向かう時、祓堂を過ぎた辺りから右手に、その秀麗な三角形に尖った岩峰が顔をみせる。山頂には雄山神社の末社、龍王嶽社の小社があったようだが、現在社殿はない。祭神は天水分神と国水分神で、天地の水の分配を司る神となっている。

鋭い尖峰に降った雨は、このピークで二分され、東に流れて黒部川、西に流れて常願寺川に注ぐ。立山カルデラ底にある池沼の1つ刈込池は、竜王の住処とする。伝説では、立山開山の祖佐伯有頼は、常願寺川の氾濫を鎮めるため、水害をもたらす三里四

龍王岳（獅子岳付近から）佐伯克美撮影

方の悪龍や大蛇を、立山権現に祈って全てこの池に封じ込めたという。

　1858（安政5）年の地震による大水害を記憶に止めるため、「飛騨越中安政地震　山抜泥水化物口説」という口説節を流布させたが、それには延々とその悲惨な情景を読み込んでいる。その1節は、『南谷には大きな池よ、山を開いた有若（有頼）さまは、あまたの大蛇が住みなす故に、権現様に頼ませられて、大蛇狩込池じゃと御座る…』となっている。かつて立山温泉には、龍王岳から勧請した祭神を祀る水上龍王堂があって、この池の龍神に請雨止雨を祈祷したという。

　つい近年まで、人間の人智の及ばぬ事は、全て神仏に祈るしかなかった非力を忍ばれる。立山カルデラ一帯は、「知られざるもう1つの立山」として見直されつつあるが、立山山岳信仰の裏面史、治水の歴史として、龍王岳の存在は貴重では。

　龍王岳は五色ケ原への縦走路から外れているため、登られることは少ないが、1度は登りたい山だ。登路の分岐点に仮設小屋の風雪除け石積があって、その前に続く踏跡を辿ればすぐ山頂に立てる。頂は狭いが360度の展望は素晴らしい。切立つ断崖の足下に御山谷の広い谷間が覗かれ、東に伸びる永嶋尾根は龍王のカールと鬼岳のカールに挟まれている。

　龍王のカール底に小さな堰止湖があり、かつて一ノ越山荘はその湖水を利用し山荘池といったが、今は龍王池と呼ぶ。ちなみに現在一ノ越山荘は、水源を龍王岳北側の雪渓に求めている。龍王岳と鬼岳の間にあるU字状の窓は、富山平野から見ることの出来る氷河地形という。龍王岳は立山カルデラの崩壊地と、黒部川側の浸食地形を望む格好の展望台といえる。

　立山黒部アルペンルート室堂ターミナルから約1.5時間。→浄土山　　　　　　　　（佐藤武彦）

鬼岳
おにだけ

2750m　立山町
2.5万分の1図「立山」

G.B —

　立山連峰の浄土山の南約1キロにある山。北の龍王岳（2872m）と南の獅子岳（2714m）の中間に位置する。「南の獅子岳との間に名称の混乱があって問題になったが決め手はなく、一応北の峰が鬼岳と決められた。餓鬼岳と書いた文献もある。（廣瀬誠、『世界山岳百科事典』）」

　当山の西側は常願寺川源流の湯谷川源頭部の断崖で、南北に続く稜線は立山カルデラの火口状壁のふちになっている。一方東側は黒部湖に注ぐ御山谷に面し、黒部湖をはさんで針ノ木岳と相対する。御山

鬼岳（立山カルデラの刈込池から）佐伯克美撮影

谷の西側には東面する４個のカール（圏谷）が並んでおり、鬼岳の北側に鬼岳北圏谷、同じく南東部には鬼岳南圏谷がある。

　立山一ノ越方向から南へ五色ケ原方面に縦走する場合、龍王岳西側の山腹を巻いて、鬼岳との鞍部への急傾斜を下ったあと、登山道は鬼岳の山頂を通らず東側斜面を回り込んでつけられている。鬼岳の東面には雪渓を横断するところが２ケ所あるため、夏の登山シーズンにはロープが張られている。カール地形の最上部を横切って進むので雪の多いときはスリップに注意。

　鬼岳から獅子岳にかけて高山植物の咲き乱れるお花畑があり、登山道脇にクロユリの花を見つけることもある。両ピークの鞍部では立山火山から流れ出した溶岩層も見ることができる。→龍王岳・獅子岳
（山田信明）

獅子岳

ししだけ　　　　　2714m　立山町
　　　　　　　　　2.5万分の1図「立山」
　　　　　　　　　G.B 県

　立山連峰の浄土山と五色ケ原の中間に位置する山。北隣の鬼岳との間で名称の混乱が問題になったこともあるが、1959（昭和34）年版の国土地理院地形図から現在の標記に統一された。

　山の東側は御山谷が注ぐ黒部湖を眼下に望み、対岸には針ノ木岳がそびえる。西面は常願寺川の源流湯川谷の源頭にあたり、立山カルデラを取り囲む山々を一望できる。南には五色ケ原、さらに遠く薬師岳や赤牛岳の眺望が素晴らしい。

　立山から五色ケ原を経由して薬師岳方面への人気の高い縦走路が通っている。現在鬼岳は東面を回り込んで通過するが、獅子岳は山頂を通る。この両ピーク間は高山植物の豊富なところ。獅子岳山頂から

獅子岳（右）常願寺川上流松尾谷から。佐伯邦夫撮影

ザラ峠への長い下りは岩屑の混ざった足元の不安定な道であるが、ロープや鉄梯子もつけられている。標高差300mのジグザグ道を下りきると、ザラ峠（2348m）。ここは立山町と大山町の境界で、湯川谷の反対側は黒部川の支流中ノ谷である。湯川谷には立山温泉へ下る登山道があったが、立山カルデラの崩壊が激しく廃道となってしまった。古くから有名な立山温泉は1973（昭和48）年に廃湯となり往時の面影はまったく見られない。→鬼岳（山田信明）

鷲岳
わしだけ　　　2617m　大山町
　　　　　　　2.5万分の1図「立山」
G.B —

立山カルデラに面した山の1つで、山の北側と西側は立山火山の火口壁の断崖となって常願寺川の支流湯川谷に向かって切れ落ちている。すぐ南隣の鳶岳（2616m）、カルデラ壁の北側の国見岳（2620.8m）や天狗山（2521m）とほぼ同じ標高でならび、大きな釜状の地形を作っている。

対照的に東面および南面はゆるやかな傾斜で五色ケ原の大草原となっている。この極端な対照地形は立山方面からよく観察できる。五色ケ原は立山火山の爆発によって形成された溶岩台地で、標高2400〜2500m。高山植物の宝庫となっている。立山から薬師岳への縦走路と、刈安峠から平の小屋（黒部湖畔）に至る登山道がここで分岐する。頂上からは湯川谷越しに雄大な弥陀ケ原高原や立山・大日連山を見渡すことができる。また後立山連峰や黒部源流の山並みも一望できる。縦走路のすぐ北に位置する獅子岳（2714m）との鞍部がザラ峠（2348m）で、今も激しい崩壊の続く湯川谷の源頭にあたる。峠名は「岩くずが堆積してザラザラと崩れやすい地形」に由来するとされる。佐良峠とも書く。

かつて越中から信州へ通じる立山連峰横断路がザラ峠を越えて利用されていた。富山城主佐々成政が冬にこの峠からさらに針ノ木峠を越えたという「佐良佐良越え」は有名な伝承である。湯川谷沿いに6kmほど下ったところにあった立山温泉（1973年閉鎖）からの登山道は荒廃して通行不能。

ザラ峠から鷲岳火口壁に沿ったゆるやかな登山道を30分ほどたどると五色ケ原の一角に出る。五色ケ原の登山道は木道が整備されている。五色ケ原ヒュッテ（2380m）、五色ケ原山荘（2500m）の2つの山小屋とキャンプ場がある。室堂からは浄土山、獅子岳を経由して半日コース。

なお古絵図では鷲岳・鳶岳の別名として「鯉鮒岳」

鷲岳（左端がザラ峠、右が鳶山。カルデラ展望台から）佐伯克美撮影

鳶山（中景のピーク。その奥は鷲岳。右遠景に剱岳）佐伯克美撮影

と記載されたものがあるといい、「大鷲岳」と称した時期もあった（平凡社『富山県の地名』）。→鳶山
（山田信明）

鳶山
とんびやま

2616m　大山町
2.5万分の1図「立山」
G.B 県 北

　立山火山の浸食カルデラを取り巻く火口壁の1つのピーク。すぐ北に位置する鷲岳（2617m）とともに北西面はカルデラの断崖となって常願寺川源流の湯川谷に切れ落ちている。鳶・鷲の両山は、立山カルデラの荒々しくえぐられた山容とともに富山平野からも見ることができる。北東面は対照的に五色ケ原の大草原が広がり黒部川に向かってなだらかに傾斜している。五色ケ原は立山火山の爆発によってできた広大な溶岩台地である。南西面は真川の支流鳶谷、南東面は黒部川の支流ヌクイ谷のそれぞれ源流をなす。

　立山から五色ケ原を経て薬師岳へ向かう縦走路が山頂を通っており、五色ケ原山荘からは山頂まで約30分。豊富な高山植物を楽しみながらゆっくり散策できる。山頂からは五色ケ原全体を見渡せ、縦走路上の山々が手にとるように見える。カルデラの底にある湯川谷や刈込池などを眼下に見下ろせる。また槍・穂高、後立山連峰を一望できる贅沢な展望台となっている。室堂から五色ケ原までは龍王岳、獅子岳、ザラ峠を経由して約5時間の行程。五色ケ原ヒュッテ、五色ケ原山荘の2つの山小屋があり、キャンプサイトもある。

　鳶山の山名はその山容から名付けられたものといわれる。一方、「火山地形をトンブ・トンビ・トンベなどと称し、トンビに鳶の字を当てたのであろう（廣瀬誠『立山のいぶき』C・A・P）」との説もある。別名を「奥大鳶山」ともいう。

　1858（安政5）年2月の大地震の際に、この山の一角が大崩壊し大量の土砂が雪崩とともに湯川谷・真川谷をせき止め、これが雪解けとともに土石流となって常願寺川下流に2回にわたって大洪水をもたらした。この「立山大鳶崩れ」は、越中水害史上最大とされている。この時に全山崩壊したといわれる大鳶、小鳶は現在の鳶山から西へ派生した尾根の一角にあり旧立山温泉の背後にそびえていたとい

上は大鳶崩れの跡。下は立山カルデラの全貌（「立山カルデラ砂防博物館・常設展示総合解説」より）

立山カルデラ全景（白線内が立山カルデラ）

う（平凡社『富山県の地名』）。また古絵図でこの山あたりに「鯉鮒岳」という名前が残っているのは、残雪の雪形が現れたことに由来するという（同書）。安政の大地震以降あばれ川として土砂の流出が著しいことから、1906（明治39）年以来カルデラ内部では砂防工事が営々として続けられている。なお、これを学ぶための「立山カルデラ砂防博物館」（県立）が、1998（平10）年立山町千寿ケ原にオープンした。→鷲岳　　　　　　　　　　　　（山田信明）

越中沢岳
えっちゅうさわだけ

2591.4m　大山町
2.5万分の1図「立山」
G.B　県　ア

　立山から薬師岳への稜線上にある山。五色ケ原の南に位置する鈍角三角形をした穏やかなピーク。富山平野からもスカイライン上に顕著な姿をあらわしているが、その知名度は北アルプスの中でも非常に小さい。「黒部の源流に孤高を誇る山」と表現した岳人もいたが、この山に達する道は縦走路のみで、薬師岳あるいは五色ケ原をめざす登山者が通過していくだけの不運な山。

　山体は黒部型花崗岩といわれる後期中生代の岩石で形成されている。東に派生する稜線上には木挽山（2301m）があり、黒部川上の廊下を大観できる。東面に黒部川からヌクイ谷及び廊下沢の2つの支流が食い込んでいる。山名の由来は、このヌクイ谷から。この谷の信州側呼称が越中沢で、ヌクイ谷の源頭にある山という意味。一方、西面は真川の支流スゴ谷のスゴ二の谷に落ち込んでいる。

　頂上からは後立山連峰から槍・穂高連峰まで一望でき、また東側には黒部湖の南端付近を見下ろせる。頂上には二等三角点がある。点名は「栂山（つがやま）」で1902（明治35）年に芦峅寺から立山温泉経由で山頂に至り埋設された。古絵図には「数合山（すごうやま）」ともある。

　北には越中沢乗越（2356m）をへだてて鳶山（2616m）がほぼ同じ高さでそびえ、その先に広大な五色ケ原が横たわっている。コルまでは広くてなだらかな尾根で高山植物を楽しめる。一方南面は深く切れ落ちたスゴ乗越（2140m）をへだてて薬師岳の雄大で優美な山塊を望む。

　頂上の北面はなだらかで、悪天時に誤って木挽山方向の稜線に迷い込むことがあり要注意。対照的に南面は急傾斜となっている。薬師岳方向から縦走した場合、越中沢岳南面の登りは道も悪くきつい斜面だ。下りの場合も足下に注意が必要でコース中の難所である。縦走路は約300m一気に下り、スゴの頭（2431m）の肩まで少し登り返したあと、さらにスゴ乗越まで約250mの急降下となる。立山・薬師縦走路中の最低鞍部であるスゴ乗越は樹林帯で、さ

越中沢岳（スゴ小屋から）佐伯克美撮影

らにこぶをひとつ越えると、樹林の中に赤い屋根のスゴ乗越小屋に着く。五色ケ原山荘から薬師岳までのルート上の唯一の山小屋で、キャンプ指定地となっている。→薬師岳　　　　　　　　　（山田信明）

木挽山
こびきやま

2301.1m　大山町
2.5万分の1図「立山」
G.B　—

　立山から薬師岳への稜線のほぼ中間にある越中沢岳から東側に派生する尾根上の小ピーク。山頂には三等三角点（点名「木引谷」）があり、窪地に水のたまった池が見られる。山の東側を黒部川が流れ、越中沢岳と黒部川のほぼ中間に位置するが、縦走路から4kmほどはずれていて、登山道もないことから一般には知られていない。かつて山中で樵が樹木を伐採し木を挽いたことからこの名があるといわれる。

　西側の2482m峰を元木挽山、その南側のピークを奥木挽山と呼ぶなど標高の似通った山塊をなしている。木挽山のすぐ南側から元木挽谷が流れて黒部川に注ぎ、北側は大きな支流ヌクイ谷が平ノ小屋の南で黒部川に注ぐ。一方、奥木挽山の南側は有名な下ノ黒ビンガと呼ばれる大岩壁となって黒部川上ノ廊下になぎ落ちている。木挽山と越中沢岳との鞍部（約2400m）を源頭とする廊下沢が南に向かって黒部川に注いでいる。黒部川の対岸には南西方向に南沢岳や烏帽子岳が望める。→越中沢岳（山田信明）

奥木挽山
おくこびきやま

2470m　大山町
2.5万分の1図「立山」
G.B　—

　黒部峡谷の上ノ廊下左岸にそびえる孤峰。北約1.5kmに木挽山があり、黒部湖方面を基準にしたときこの「奥」にあたる。越中沢岳から東（黒部峡谷側）に張り出した尾根は、下るにつれて末広がりに分岐。その北側の1峰が木挽山であり、南の1峰が当山になる。木挽山に比して当山の方が標高も高く、山としての独立性も大きい。

　東面から熊ノ沢がくい込み、一方西面は廊下沢の流域になる。南は黒部上ノ廊下に面しその下端が下ノ黒ビンガの絶壁。黒部の川底から比高1000mで

木挽山（一番遠景の中央。その右が奥木挽山。手前左側の黒いシルエットはスゴノ頭。間山から）佐伯郁夫撮影

そびえ立ち、また越中沢岳方面からも遠く、もちろん登山道はなく、登山記録も見ない。越中山岳のうちでは最も僻遠の山ということになろう。→越中沢岳・木挽山
　　　　　　　　　　　　　　（佐伯邦夫）

スゴノ頭
すごのずこ　　　　2431m　大山町
　　　　　　　　　2.5万分の1図「立山」
　　　　　　　　　G.B ⑦

越中沢岳の右端にちょっと突き出て見えるのがスゴノ頭
（砺波市太田橋付近から）橋本廣撮影

薬師岳の北約6kmにある。薬師岳から立山方面への縦走路上の山。山容はほぼ三角錐で、東面は廊下沢へ、南面はスゴ乗越からスゴ沢へと、いずれも黒部川「上ノ廊下」の深い谷へ落ち、西面はスゴ二の谷から常願寺川支流の真川へ、北面は越中沢岳の鞍部へ下がっている。山名をスゴのカシラまたはスゴのズコと呼ぶ人もある。

近くのスゴ乗越辺りは、シラビソ、コメツガの疎樹林であるが、高度を上げるにつれて樹木がなくなり、ガラガラした岩屑の斜面となる。山の上部は大きな石や岩を積み重ねた状態で、山頂部はハイマツ帯が拡がっている。

間山、薬師岳が壮大。東には黒部川の深い谷を挟んで、奥黒部の山々が迫り、南には雲ノ平から笠ケ岳を望み、北西には鍬崎山から富山平野が富山湾へと拡がっている。

富山市呉羽山の観望台からは、鍬崎山の左、越中沢岳の右肩に寄り添うように三角形の当山の頭が望める。歴史的には1858（安政5）年、大鳶崩れの大災害のときの報告書「立山大破損届聞取書」の中に「すごうと申す山、大抜けして真川まで押し出し川をせきとめた」ことが記されている。

登山口の折立から立山方面へは長いコースなので、1泊または2泊が必要。縦走路の太郎兵衛平、薬師岳山頂部、スゴ乗越、五色ケ原に山小屋があり、また薬師峠、スゴ乗越、五色ケ原にキャンプ場がある。

・薬師岳（4時間）スゴ乗越小屋（1.5時間）スゴノ頭（1.5時間）越中沢岳（3.5時間）五色ケ原（5時間）一ノ越（50分）室堂　→薬師岳（高橋正光）

越中沢岳や薬師岳（鳶山から）

丸山
まるやま

1962.6m　大山町
2.5万分の1図「立山」
G.B　—

　常願寺川の上流真川のスゴ谷と岩井谷の間に隆起する山。北薬師岳から北西に派生する尾根の下方にある。尾根の末端より真川沿いに、有峰方面へ通ずる工事用の道が走っており、スゴ谷沿いに砂防工事の道が上流へ延びている。この山自体には道はなく、目立たない山だが、厳冬期の登山記録として、大阪大学山岳部の14名が1963年12月22日より1月4日の期間にこの丸山尾根を極地法で進み、北薬師から薬師岳登頂に成功（大阪大学山岳部1963年度の『時報』）し、法政大学山岳部の4名は2000年12月23日より1月1日にかけ、丸山尾根から北薬師―薬師岳―太郎平小屋―折立へ縦走（法政大学山岳部2000年度『時報』）している。　　　　（橋本　廣）

富士山形の山
(円錐形または梯形の山)
── コラム⑥

南保富士
東鐘釣山
西鐘釣山
座主坊山
上寺
大辻山
尖山
鍬崎山
祖父岳
袴腰山
高坪山
タカンボウ山
大門山

残雪模様(雪形)の残る山 ── コラム⑦

新しく発見された残雪模様や
伝承だけで模様の判然としないものも含む

白鳥山	白鳥
朝日岳	エブリ、バンジョメ
僧ケ岳	僧、馬、虚無僧、兎、猫、鶏、少年、少女
	馬に乗った人、尺八を吹く僧、花嫁
駒ケ岳	馬と鼻とり
濁谷山	エプロン
剱岳	シカノハナ、ナギナタ、清蔵坊、熊、2匹の鹿
	傘
早乙女岳	田植女
立山	サルマタ、舞姫、羊、マントの人、笑顔(ピエロ)
大汝山	「汝」の文字
鍬崎山	大鳥
鯉鮒岳	鯉と鮒
薬師岳	「山」文字、ムササビ、大鳥
黒部五郎岳	「八」の字
赤牛岳	「辻」文字、馬
鉢伏山	「う」の字
西笠山	笠
牛岳	牛
八乙女山	乙女
袴腰山	「C」文字
人形山	人形、三ツ星
大日岳(前大日岳)	早乙女
真砂岳(真砂沢)	白熊、鹿の角
猿ケ山	

4 「槍ケ岳」

1	不動岳	116
2	南沢岳	116
3	烏帽子岳	117
4	三ツ岳	118
5	野口五郎岳	119
6	真砂岳	120
7	赤牛岳	121
8	水晶岳	123
9	赤岳	124
10	ワリモ岳	124
11	池ノ山	125
12	祖父岳	125
13	祖母岳	126
14	鷲羽岳	126
15	三俣蓮華岳	128
16	間山	130
17	北薬師岳	130
18	薬師岳	130
19	太郎山	132
20	北ノ俣岳	132
21	赤木岳	134
22	黒部五郎岳	134

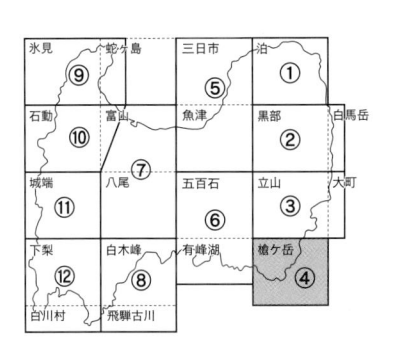

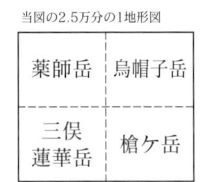

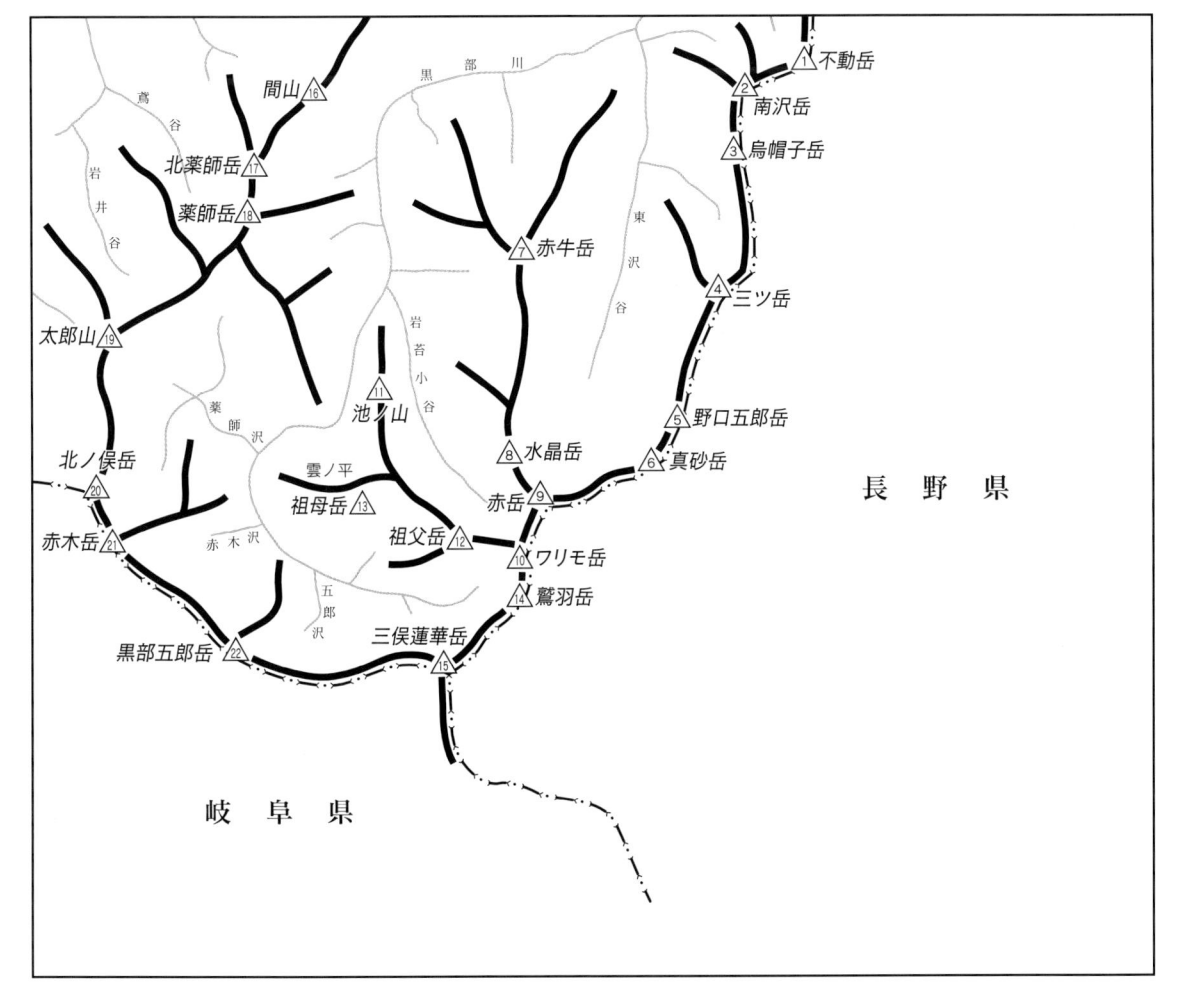

当図の2.5万分の1地形図

薬師岳	烏帽子岳
三俣蓮華岳	槍ケ岳

不動岳

ふどうだけ

2601m 大山町・大町市
2.5万分の1図「烏帽子岳」
G.B —

　黒部源流の烏帽子連峰中の1峰。烏帽子岳の北約3kmの所にある。不動岳とは信州側の呼称で、越中側では針ノ木岳と呼んだ。（現在の針木岳とは同名になるが全く別の山）。針ノ木岳の名は1803（享和3）年の「奥山御境目見通山成川成絵図」はじめ多くの古絵図に記載。針木峠のすぐ南に大きく見えるところから針ノ木岳と呼ばれたのであろう。1911（明治44）年榎谷徹蔵は不動岳について「如何にもしっかりした堅牢な風貌を備へてゐる」（「後立山山脈峰伝ひの記」）と評した。その堂々たる山容が不動明王に見立てられたものであろうか。後立山山脈には宗教的山名も宗教的施設もほとんど無いが、その点異色の存在だ。1915（大正4）年、長谷川如是閑一行が縦走して不動岳頂上に達したとき「真黒に風化したいろいろの形の大きい花崗岩の堆積—ただの堆積でなく、わざと角と平石とが接触するやう積み上げた、空隙の多いピラミッド」とこの山を形容し、「すべての岩がその角によって互に支えてゐるので、畳1枚の平面もない、全くの尖岩である。これが不動岳の頂上であった」（『日本アルプス縦断記』）と書き記し、また河東碧梧桐は「不動嶽頂上で、人夫が越中の海が見える」「能登の岬がずんと伸びてゐる」（『雪線踏破7日記程』）と下界をなつかしそうに見つめていたという（廣瀬誠）。

　不動岳を源とする不動沢（高瀬川支流）はたいへん崩壊が激しく、毎年の激しい崩壊で県境稜線が少しづつ富山県側に移動しているのである。不動という名が皮肉である。

　この山は船窪岳との南沢岳の間にあり、悪路の連続するコースで、夏の最盛期でも通行する人は稀である。この山頂は縦走者の単なる通過点でしかない。登山中に事故があって、連絡や救助を求める場合も数キロ先の烏帽子小屋まで行かねばならない。→烏帽子岳・船窪岳・南沢岳　　　　（佐伯郁夫）

南沢岳

みなみさわだけ

2625.3m 大山町・大町市
2.5万分の1図「烏帽子岳」
G.B —

　黒部源流の1峰。黒部湖から針ノ木谷を登っていくと、最初の大きな支流が南沢。その源頭部にあるのが当山。山名は沢名から。

　烏帽子岳の北側になる。烏帽子岳から烏帽子田圃や、四十八池と呼ばれる美しい草原を越えていくと、その延長上にある。

　1911（明治44）年、榎谷徹蔵は「頂上は砂地でかなり広やかである」と記し、この山の東南の肩で

中景の左から南沢岳、不動岳。（真後ろは針ノ木岳）烏帽子岳から

南沢岳（四十八池の一つ、エボシ田圃から）

「陣営の篝火」を焚いて野営したという。この山が登山記録に載った最初のものであろう（「後立山山脈峰伝ひの記」）。1915（大正4）年、河東碧梧桐ら一行がこの山を縦走通過したとき「南沢岳の頂上は光明赫奕とした白砂の露出であった。それに真白な砂と光を競ふ岩石も処々に組み立てられてゐた」と書き、中腹の濃き偃松帯に言及し、「強い日と強い緑との、目もさめる許りの取り合わせであった」「古代の錦を織り成してゐた」（『日本アルプス縦断記』）と絶讃した（廣瀬誠）。

この頂上までは烏帽子小屋から誰でも登ることができる。しかし、その北針ノ木峠までのコースは難路で避難小屋等もなく、道も曖昧。自分でルートの選択をする能力が必要となる。逆に針ノ木岳方面からの縦走者にとっては、緊張の連続が南沢岳で解放され、ほっとする場所である。

頂上附近には白い砂礫地に美しいコマクサがピンク色の花をつけている。群落の面積こそ大きくはないが、その1株あたりの花の多いことでは他に類を見ない。

大町から高瀬ダムへはタクシー（一般車は入れない）。高瀬ダム（5時間）烏帽子小屋（2時間）南沢岳。富山県側の折立から入山した場合、どのコースを選んでも3日間を要す。→烏帽子岳（佐伯郁夫）

烏帽子岳
えぼしだけ

2628m　大山町・大町市
2.5万分の1図「烏帽子岳」
G.B 県

《概要》

長野県との県境上、後立山連峰の南に位置する。槍ケ岳から燕岳に連なる稜線を表銀座と言い、それに対して、槍ケ岳から烏帽子岳のコースを裏銀座と呼ぶ。誰がつけたのか裏というには適切とは思えないが、そのコースの北の玄関となる山である。

烏帽子に似た形状の山に烏帽子岳等の名称が付けられることは多く、県内でも僧ケ岳の北方や朝日町、氷見市などにある。ここに記述する烏帽子岳は、山頂付近に烏帽子の形をした岩塔がそそり立ち、花崗岩の風化した白い砂とハイマツのコントラストが美しい山である。『富山県の地名』（平凡社・1994）によれば、越中側古名は折岳。折って立てたような鋭峻な岩峰に由来。1803(享和3)年の「奥山御境目見通山成絵図」に記載され、以後の新川郡絵図類にはおおむね見える。1775(安永4)年の盗伐者三吉捕縛

天に向かってつき立つ烏帽子岳（南側直下で）佐伯郁夫撮影

事件にちなみ三吉岳（さんきちだけ）と俗称された山であるらしい。

《自然》

南へは三ッ岳から水晶岳まで岩礫の稜線が続き、北へは南沢岳から船窪岳へと東面に巨大な崩落崖帯が続く。烏帽子岳と三ッ岳の鞍部、標高2550mにある烏帽子小屋は高木限界線付近で、オオシラビソの林をバックに建っている。小屋から山頂までの砂礫地帯には、イワギキョウ・イワツメクサ・ミヤマキンバイなどが見られる。烏帽子岳東面の平地には雪田が遅くまで残って池塘となり、その数の多さから四十八池と呼ばれている。また、烏帽子岳から北の南沢岳へと連なる稜線上では、花崗岩の白い砂礫地にコマクサが多い。

《歴史》

天明年間（1781～1798）加賀藩奥山廻り役は南沢～烏帽子岳～野口五郎岳～三俣蓮華岳～有峰に検分登山をした。近代の登山者としては志村寛が1907（明治40）年、東沢乗越から初登山。1909年、案内人上条嘉門次と辻村伊助が槍ヶ岳～烏帽子岳を縦走。また1911年、案内人大西又吉と榎谷徹蔵が扇沢～爺ケ岳～鹿島槍ケ岳～針ノ木岳～蓮華岳～烏帽子岳～三俣蓮華岳～槍ケ岳を縦走している。

烏帽子小屋は1924（大正13）年に、島々に近い稲核（いねこき）の猟師上條文一によって建てられた。以来、小屋は子の鉄一から孫の文吾に受け継がれている。

《登山》

野口五郎岳、真砂岳、三俣蓮華岳、双六岳と続く人気登山コースの入り口にある。

入山は、大町から七倉までバスで40分、そこからダム管理用の舗装道路を歩いて高瀬ダムに着く。ここまでタクシーで入ることもできる。ダムから不動沢、濁沢を渡り、北アルプス三大急登の1つと言われるブナ立尾根を登って烏帽子小屋に着く。富山県側の窪地に建てられた小屋のベンチに座ると、周囲の針葉樹を額縁に赤牛岳、薬師岳のカール、越中沢岳が絵画を見るように眺められる。小屋から烏帽子岳へはニセ烏帽子を経て穏やかな稜線を40分ほど歩く。頂上は大きな岩場の上なので、岩登りの雰囲気が味わえる。展望は素晴らしく、黒部の深い谷の向こうに剱・立山連峰が広がる。五色ケ原、薬師岳と続き、手前に、赤牛岳がどっしりとある。

なお、大町から入山する登山者は、ほとんど烏帽子小屋から南の野口五郎岳方面に向かい、北方の不動岳、船窪岳方面には入らない。これは、主稜線の東面が激しく崩壊を続けていて、登山道が不安定なためである。

富山県側から烏帽子岳に直接登るコースはない。有峰から入山すれば、黒部五郎岳又は雲ノ平を経て、野口五郎岳・烏帽子岳となる。長い縦走である。また、黒部湖から針ノ木岳を溯って船窪乗越に出、船窪岳、不動岳、南沢岳、烏帽子岳とたどる方法もあるが、針ノ木谷はコースが荒れており熟達者向き。また、船窪乗越から南沢岳までの稜線は一応登山路はあるものの、長野県側が崩壊しているので要注意。コースタイムは次の通り。

・大町（バス40分）七倉（徒歩2時間、タクシー15分）高瀬ダム（5時間）烏帽子小屋（40分）烏帽子岳頂上 　　　　　　　　　　　　（佐伯克美）

三ツ岳
みつだけ　　2844.6m　大山町・大町市
2.5万分の1図「烏帽子岳」
G.B　－

県境稜線上で、烏帽子岳と野口五郎岳の中間に位置する。長野県側から言えば高瀬川の支流、三ツ沢の源頭である。花崗岩の3つの峰からできているのでこの名がある。古名真砂岳。富山県側の人里から

三ツ岳山頂に憩う登山者（佐伯郁夫撮影）

は本来見えない山域だが、当山のみ立山連峰のスゴ乗越の切れ間越しに、富山市の北部、岩瀬周辺から見える。

　烏帽子岳、三ツ岳、野口五郎岳、鷲羽岳、三俣蓮華岳と連なる人気登山コース（裏銀座）の途上にある。標高2550mの烏帽子小屋から、高度差約300mを登ってくると、斜度が緩くなったあたりに山名標識が立っている。三ツ岳の北の峰だが、登山者はほっとして、この標識のまわりで休憩していることが多い。このあと、登山路は頂上を避け、富山県側を巻いて野口五郎岳へと緩やかな起伏になる。

　逆に、野口五郎岳から烏帽子岳に向かう登山者の場合は、ずっと2800mくらいのところをたどってくるので、山頂を踏まない。三ツ岳は意識しないまま通りすぎる目立たない山。

　三ツ岳の頂上周辺は岩礫地なので、登山路からはずれているが、三角点のある山頂に至ることは容易である。山頂からは黒部川の支流・東沢谷を隔てて赤牛岳が正面に見える。赤茶けた山肌で、まさに大牛が悠然と寝そべっているように見える。

　穏やかに広がる東沢谷をはさんで、三ツ岳（2844.6m）と赤牛岳（2864.2m）は、ほぼ同じ高さである。東沢谷の源頭をとりまくように、野口五郎岳（2924.3m）水晶岳（2986m）とU字形に連なっている稜線が赤牛岳から北で急に高度を下げる。それと呼応するように三ツ岳から北も高度が落ちている。山形の形成と浸食の過程を物語るような地形である。コースタイムは、烏帽子小屋から1時間20分の登り、野口五郎小屋からは、1時間30分の稜線歩き。→烏帽子岳　　　（佐伯克美）

野口五郎岳
のぐちごろうだけ　　2924.3m　大山町・大町市
　　　　　　　　　2.5万分の1図「烏帽子岳」
G.B −

　北アルプスの中枢部にあり、黒部の東沢谷源流の峰。烏帽子岳・野口五郎岳・鷲羽岳・双六岳と続くいわゆる裏銀座コースの主峰の1つでもある。

　野口五郎岳は人名ではない。五郎はゴーロ。岩石のごろごろした所をゴーロといい、ゴーロのある山

野口五郎岳（真砂岳から）佐伯郁夫撮影

という意味。黒部五郎岳も同じ。大町市の野口から望めるのでこの名がついたという。昔は五六嶽とも呼ばれていた。白っぽい色の花崗閃緑岩と花崗岩の岩屑がごろごろ積み重なっている。越中側の古名は火打ケ岳で浮田家の奥山廻記録や「奥山御境目見通絵図」等にも火打ケ嶽と明記（『富山県の地名』）。奥山廻役の巡視コースにあたっていたので関係記録にしばしばその名がみえる。江戸時代末の「黒部大川筋絵図」は越中側中腹に「池ノ平」と書き入れ、高原と池を記載。これは五郎のカールとカール底の五郎池である。火打ケ岳の古名はこの池を火口と誤解したために生じた名であろう。

この山は、真砂岳方向から来ても、三ツ岳方向からも来ても、急な登りがないので、山頂に達しても3000m級の山に登ったと感じない。あまりに大きく、あまりにどっしりしているからだろう。鷲羽岳との高度差10㎝。なのに、高度感はない。山頂付近一帯は風衝地帯となっており、植物は少ない。ハイマツやコケモモ、トウヤクリンドウ、ミヤマダイコンソウなどである。広い山頂からの展望は素晴らしい。南の方角に北鎌尾根を従えた槍ケ岳、西には水晶岳・赤牛岳・薬師岳・北西には雄山が望まれる。足元の東沢谷に視線を落とすと、五郎池が小さく光って見える。東沢谷に面して、野口五郎圏谷（カール）がある。氷河の浸食作用で形成された、スプーンですくったような地形である。薬師岳の圏谷群をはじめ、立山一帯では冬の偏西風のため、風下側にあたる東斜面の積雪が多く氷食地形の多くは東斜面で見られる。野口五郎岳の圏谷は数少ない西斜面である。なお、カール底の堆石湖が五郎池。

頂上の北側に野口五郎小屋がある。1965（昭和40）年に建てられたもので、それ以前は烏帽子小屋を出ると、水晶小屋まで小屋がなく、遭難事故も何度かおきた。そのことから小屋がつくられ、おかげで裏銀座コースも歩きやすくなったという。小屋は二重山稜の窪地に強風を避けるように建っており、頂上直下の雪渓の水を利用している。

野口五郎岳は、ふつう、縦走路の途中の山として山頂が踏まれる。烏帽子岳から双六岳方面へ、あるいは雲ノ平へ、黒部五郎岳へ。その逆方向でと。野口五郎岳へ直接登る場合は、高瀬ダムから湯俣をへて竹村新道を登ることになる。このコースはあまり一般的でないので、事前に状況をたしかめることが必要である。

コースタイムは烏帽子小屋から野口五郎小屋へ3時間、小屋から頂上へ20分。水晶小屋からは2時間30分で頂上、野口五郎小屋へ15分。湯俣から竹村新道を登るときは約7時間。　　　　　　（佐伯克美）

真砂岳
まさごだけ　　　2862m　大山町・大町市
2.5万分の1図「烏帽子岳」
G.B 県

通称裏銀座と呼ばれる縦走コースの途中にあり、野口五郎岳より1km南西に位置する。立山にも真砂岳（2861m）がある。いずれもその山頂部は、花崗岩が風化してこまかい粒状になったものに覆われている。山名はここから。

古くはマナゴと読み、後にマサゴと読むようになった。信州側では三ツ岳と呼んだ。山頂が3突起から成っているところから生じた山名。1800（享和3）年の「奥山御境目見通山成川成絵図」ですでにマナゴが嶽の名で記載。奥山廻役の日記にも踏査通

真砂岳（左手前。野口五郎岳から）池原等撮影

過地点としてこの山名を記載。長谷川如是閑ら一行の1915(大正4)年の『日本アルプス縦断記』には三ツ岳山頂から「淡靄の間に始めて富山平野を見ることができた」「その上に一抹に引いた淡藍色は日本海と聴いて眼を見張った」とある。反対に富山市東岩瀬の浜からも富山市豊田付近からも、立山山脈のスゴ乗越の上にこの三ツ岳(真砂岳)を望見することができるのはうれしい(廣瀬誠)。

このピークから尾根は三方に派生していて北東へは野口五郎岳へ、西にやせ尾根をたどると、東沢谷源頭の東沢乗越へ続く。南東に延びる尾根をたどれば、南真砂岳(2713m)湯俣岳(2378.7m)を経て、高瀬川の湯俣温泉へ通ずるコースで、竹村新道と呼ばれている。

この山頂だけを目指して登る登山者はいなく、裏銀座縦走路を歩く時の通過地点となっている。この山頂から西を望むと、水晶岳と赤牛岳の中央に薬師岳圏谷群(国の特別天然記念物)が望まれる。

(佐伯郁夫)

赤牛岳　　2864.2m　大山町
あかうしだけ　　2.5万分の1図「薬師岳」
G.B 県

《概説》
黒部源流の谷ふところにそびえる。鷲羽岳の北隣にある赤岳(現在使われていない山名で、地図上では水晶小屋の建っている位置)から北に派生する尾根上に赤牛岳がある。それは支流東沢谷と黒部川上ノ廊下を分けて、末端まで約10kmに及ぶ長大な尾根。当山はその中ほどにあたる。この尾根の最高地点は水晶岳で、北4kmに赤牛岳。水晶岳は鋭峰だが、赤牛岳に近づくにつれ牛の背のようななだらかな山稜になり、赤牛岳からは、一気の下りとなる。

なお、前記赤岳は、岩肌が赤く、水晶小屋の別名の黒岳と対比してつけられた名称のようであるが、近くの硫黄尾根にも同名の赤岳があるので、近年使われなくなった。

《山名と歴史》
山色赤く牛のように堂々とした山容から生じた山名。1700(元禄13)年の「奥山御境目見通絵図」はじめ多数の越中新川郡絵図に記載された。大部分の古絵図はこの山だけを朱色に塗ってその特異性を強調している。富山藩士野崎雅明、1815(文化12)年の『肯搆泉達録』の「黒部山中の事」には「赤牛が嶽といふは朱の如き赤き山なり」と書き、その山色の異常を強調した。また芦峅の村民はこの山を「赤牛三吉」と呼んでいたという。三吉は山鬼であろう。(東北地方には山鬼を祀って三吉大明神と唱えている例がある)。異常な山色から、山鬼の山と畏怖されたのであろう。1775(安永4)年、信州

赤牛岳。手前は水晶岳、右端はるかに黒部湖

の盗伐者三吉が加賀藩の奥山廻役に逮捕された事件があって人々に衝撃を与え、盗伐道・盗伐個所には三吉道・三吉小屋場・三吉谷などの地名までつき、この三吉事件の印象が古来の山鬼伝承と複合して一層人々に強く記憶され、赤鬼岳一帯を「赤牛三吉」と呼ぶに至ったのであろう。またこの山の朱色は丹土ベンガラのためと考えた藩医城川哲周は1816（文化13）年藩に願い出て踏査せんとしたが、失敗に終ったらしい。登山記録としては1911（明治44）年、田部重治一行は黒岳から赤牛岳へ縦走し、1915（大正4）年には木暮理太郎とともに東沢谷から赤牛岳に登頂した。深田久弥はこの山を日本百名山に加えたく思ったが、自分が登っていないので残念ながら見送ったという。滑川市や富山市水橋付近からはこの山を望見できることはうれしい。しかし、黒四ダムができダム湖の南真正面にこの山が近々と見え、神秘性がなくなった。　　　（廣瀬誠）

《読売新道》

この山に登山道が開かれたのは1961（昭和36）年。高岡市に読売新聞社北陸支社が開設されたのを記念して、立山大集会（登山教室）などを行ったが、その一環として開かれた。その後、同社はコースの維持に関わってこなかったが、2001（平成13）年、北陸支社開設40周年記念事業として改修の計画という。平ノ渡場から13kmに及ぶ長いコース。

《登山ガイド》

登山道は水晶小屋から、平ノ渡場への読売新道と、高天原温泉の湧出している温泉沢を遡行し、温泉沢の頭で読売新道に接続し、北へたどるものとがある。黒部ダムを出発点とし登りに使うのは、あまりにも労多く、ほとんどは下降路として、使われている。最寄の山小屋は水晶小屋と高天原山荘ということになる。水晶小屋は読売新道出発点にあるが、収容人員30名という小さな小屋。営業期間も短く、この小屋を利用しない場合は、雲ノ平山荘または、三俣山荘出発という行程になる。前記2つの小屋から奥黒部ヒュッテまではたっぷり1日を要する。

高天原山荘から温泉沢のコースは、沢ぞいに登るもので、大雨の直後や降雨の最中は避けたい。

奥黒部ヒュッテから、赤牛岳の裾にそって薬師見平・姿見平・夢ノ平をつなぐ高天原新道（昔の東信歩道）が1985（昭和60）年に再開されたが、保守の継続がなく、数年で廃道となった。

赤牛岳山頂は眺望絶景の地であり、行き交う人もなく、静寂そのものである。それだけに火急の事態が発生しても、人に助力を求めることはできない。総合的な能力が要求されるコースである。

コースタイムは次の通り。

・高天原山荘（3.5時間）読売新道（2時間）赤牛岳
・水晶小屋(50分)水晶岳(2時間40分)赤牛岳(4時

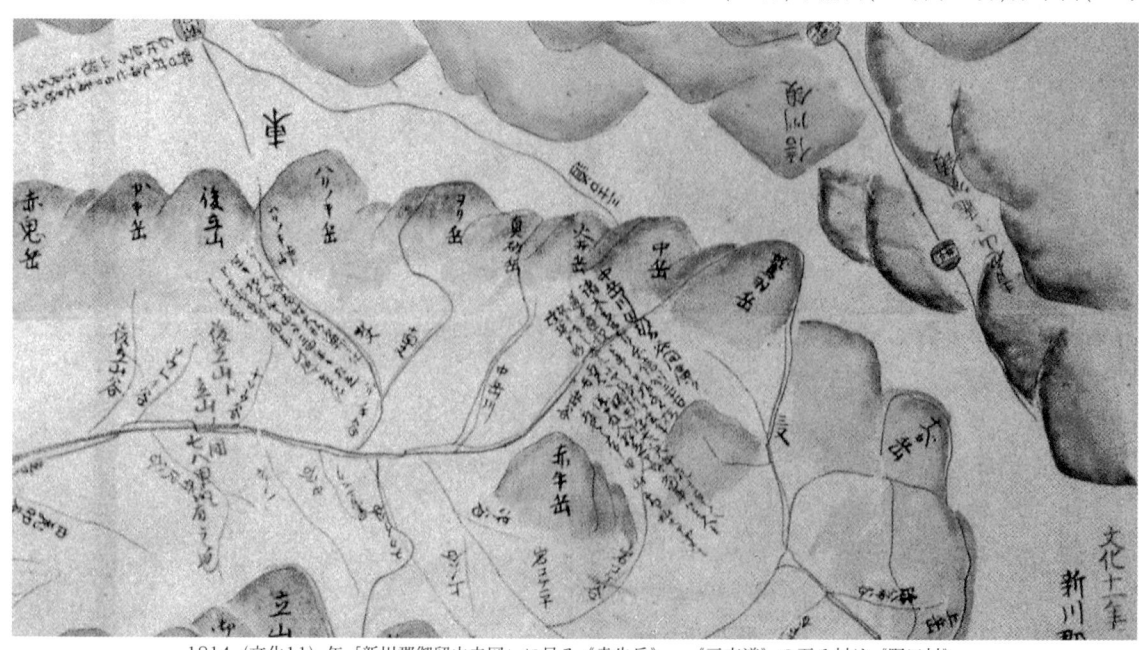

1814（文化11）年「新川郡御留山之図」に見る《赤牛岳》。《三吉道》の至る村は《野口村》

水晶岳（岩苔乗越から。左奥は赤牛岳）

間)奥黒部ヒュッテ　　→水晶岳　　（佐伯郁夫）

水晶岳 (黒岳)　2986m　大山町
すいしょうだけ　2.5万分の1図「薬師岳」
G.B　県北

　水晶岳は大山町へ最高地点であり、ワリモ岳の北、水晶小屋の地点から北に派生する尾根の最高地点でもある。この尾根は黒部川本流と支流の東沢谷を分ける尾根で、北に赤牛岳へつづく。

　水晶および石榴石を産するところから生じた山名。別名を中嶽・中嶽剣・中剱岳・六方石山、また黒岳とも呼んだ。黒岳というのは黒々としたその山色から生じた山名であろう。六方石は六角結晶体をなす水晶の別名である。1700（元禄13）年の「奥山御境目見通絵図」、1803（享和3）年の「奥山御境目見通山成川成絵図」には「中嶽」の名で記載。水晶岳の東側を流落してゆく東沢谷も「中嶽谷」の名で呼んだ。中嶽とは立山・後立山両山脈の中間にそびえ立つ山塊の意であろう。「中岳剣」「中剱岳」とは中嶽山塊中の剣の如く峻岨な山の意であろう。近代に入って1909（明治42）年の辻村伊助の紀行、翌年の小島烏水の紀行は水晶岳の名で記された。深田久弥はこの山を「あまりチヤホヤされない、北アルプスの至宝である」（『日本アルプス』）と評した。
（廣瀬誠）

　水晶岳は黒部川右岸の山の最高峰だが、この山から北への登山道開設は遅い。大門町出身の正力松太郎（実業家・政治家）が読売新聞社主となり、郷里高岡に北陸支社を開設。その記念として山に関わるいくつかの事業を行った。その1つが読売新道の開設であった。2001年、同社開設40周年の記念事業の一つとして同コースの改修が計画されている。

　黒部川源流地域の奥深い所にあり、安易に近づける山ではない。折立から太郎小屋を経て、薬師沢出合で黒部川を渡り、雲ノ平を横断し、祖父岳を越え、水晶小屋から読売新道を北上すれば、水晶岳の山頂に着く。南北に2つのピークを連ね、南峰が2986mで三角点のある北方より高い。

　少し廻り道になるが、薬師沢小屋から大東新道を通って高天原温泉に至り、ここでさらに2つのコースが考えられる。岩苔小谷にそって岩苔乗越で、雲ノ平からのコースに合流する。もう一方は、高天原

温泉の湧出する温泉沢を遡行し、温泉沢の頭に出て、読売新道を南下するものである。黒部ダムから、読売新道を赤牛岳を経由しつつたどることもできるが、このコースは主として下山に利用されている。

その他のコースとしては、黒部五郎岳を経て、三俣蓮華岳・鷲羽岳を経由するもの。高瀬ダムから野口五郎岳を経由するものなどがある。

山頂からの展望はすばらしく、高瀬川源流域から、黒部川源流域そして槍ケ岳、穂高連峰と広範囲に眺望できる。どのコースをとっても大変長い行程であり、充分な体力を保持していかなければならない。良質の水晶が採れた山であり近年でも岩苔小谷下流で長さ40cmもある立派なものが発見された。小さなものなら山頂周辺の岩の間に見ることができる。コースタイムは次の通り。

・折立(4.5時間)太郎平小屋(2.5時間)薬師沢小屋(2.5時間)雲ノ平入口(2時間)祖父岳(1時間20分)水晶小屋(50分)水晶岳→赤牛岳　（佐伯郁夫）

赤岳
あかだけ　　2910m　大山町・大町市
2.5万分の1図「薬師岳」
G.B －

ワリモ岳と水晶のほぼ中間に位置し、この山頂から東に真砂岳へのコースを分ける。それは水晶小屋の裏側のピークである。

山名の由来は山体が茶褐色であり、北側の水晶岳（黒岳）と対比したのであろう。1969（昭和44）年以前の5万分の1『槍ケ岳』には山名が記載されていたが、以後山名の記載がなくなった。山と渓谷社発行の5万分の1図『北アルプス南部』には今も山名が載っている。長野県側の硫黄尾根にも同名の赤岳（2416m）があり、1枚の図幅に同じ山名が2つあり、奇しくもその2つを結ぶ延長線上に槍ケ岳がある。
（佐伯郁夫）

ワリモ岳
わりもだけ　　2888m　大山町・大町市
2.5万分の1図「三俣蓮華岳」
G.B 県

黒部川源流域の主稜線上にある山。富山県側からは鷲羽岳に付随した小さなピークのように見えるが、長野県側からみれば、ワリモ沢の源頭である。『富山県地名辞典』によれば、明治以後信州側の名称によってワリモノ岳と呼ばれ、割物岳と当て字された。現在の国土地理院の地図ではワリモ岳。越中側の古名は獅子岳。高岡市付近から鷲羽・ワリモ両岳が並んで見える。

黒部川の源は、鷲羽岳と一般に言われている。これは、ワリモ岳を山体の大きな鷲羽岳の一部と考えた時のことである。実際に源流を遡ってみると、ワリモ岳と祖父岳の間の雪渓が最後の水の流れとなっ

赤岳。左端の水晶岳（別名黒岳）の山肌が黒いのと対照的

雲ノ平から望む祖父岳（左はワリモ岳）佐伯郁夫撮影

ている。したがって、大河黒部川の最初の1滴は、このワリモ岳からといえる。

烏帽子岳・野口五郎岳コースから縦走してくれば岩苔乗越の少し手前でワリモ岳に向かう。雲ノ平・祖父岳から来るときは、いったん岩苔乗越に下ってから、又は高天原から岩苔小谷を登ってきたときは登りつめて岩苔小谷にでる。ここからは岩苔のザラザラした稜線を登る。ワリモ岳の頂上は大きな岩塔が折り重なるようになっている。ワリモのコルを隔てて、前方に鷲羽岳がまさに大鷲が羽を広げたように優美な姿を見せている。

なお、風の強い稜線である。視界不良の荒天時にここを登ると、ワリモ岳を鷲羽岳と思い込み、鷲羽岳の登りにかかって愕然とするということがあり、要注意。荒天時にはワリモ岳〜鷲羽岳の稜線をさけて黒部源流を横切るのが無難。

コースタイムは、岩苔乗越から30分でワリモ岳頂上。岩苔乗越からワリモ岳・鷲羽岳を越えて三俣山荘へは2.5時間、源流を横切った場合は1時間20分。→鷲羽岳　　　　　　　　　　（佐伯克美）

池ノ山　2270.7m　大山町
いけのやま　2.5万分の1図「薬師岳」
G.B ―

黒部川源流地帯の高天原の西1kmにある小ピーク。黒部本流と支谷の岩苔小谷の水を分ける位置にある。高天原に至る登山道の高天原峠は、この山の南の鞍部を越している。山容は南北に細長く、高天原からは顕著なピークには見えない。登山道もなく、一般的には山名も知られていないが、山頂の三等三角点の点名が池ノ山となっている。山頂は森林で視界がきかないが、樹木がなければ本流側と高天原側が見渡せるだろう。　　　　　　　　（橋本　廣）

祖父岳　2825m　大山町
じいだけ　2.5万分の1図「三俣蓮華岳」
G.B ―

祖父岳は広大な溶岩台地。雲ノ平の最奥（東端）に位置する。雲ノ平を形成する大量の溶岩の噴出先は祖父岳火山とするのが最有力で、ほかに黒部川源流部や岩苔小谷源流部がそれであったとも想像されているがはっきりとした火口は発見されていない。水流による浸食の激しい所で、火口としての地形が変化してしまったものと推考されている。

近くの鷲羽岳の南側には今もはっきりとした火口湖がある。

祖父岳は、雲ノ平の中央にある祖母岳と一対で祖父母をなしている。それぞれその下流の祖母沢と祖

広く大きな祖父岳（三俣山荘付近から。手前の谷は黒部源流）

父沢の沢名から山名をとったもの。

　山頂は広く、平担であり、眺望は1地点では楽しめない。黒部五郎岳や薬師岳を望むなら西端へ、三俣蓮華岳や槍ケ岳を望むなら南端へ、薬師岳や水晶岳、赤牛岳などを眺めるには北端へと移動しなければならない。

　いつの頃から始まったのかいたる所に溶岩を積み上げた、大きなケルンが多数ある。

　この山に至るコースは多く、周りにはいくつもの山小屋がある。1番近いのは雲ノ平山荘だが、三俣山荘・水晶小屋・高天原山荘から、それぞれ趣の異なる味わいのコースも選ぶことができる。

　いづれの小屋へも、富山から1日で入るには強靱な体力の持主でなければならない。通常はそれぞれの小屋まで2日がかりとなる。→祖母岳・水晶岳・鷲羽岳・三ツ俣蓮華岳　　　　　（佐伯郁夫）

祖母岳　2555m　大山町
ばばだけ　2.5万分の1図「三俣蓮華岳」
G.B　—

　東側にある祖父岳と一対で、祖父母をなしている。黒部川源流域の支流の祖母沢の源頭部をなす山で、山名は沢名から。

　山頂は広大な雲ノ平中央部の南縁にある。

　薬師沢小屋から急な樹林帯を登って雲ノ平に出ると、木道が延々と東に続いてる。雲ノ平山荘の少し手前で右に入る道をたどる。登山道の分岐点には、それとわかる導標が立っている。

　山頂の眺望はよく、黒部川源流部をとりまく山が、手近に望まれ恰好の展望台で、このあたりをアルプス庭園と呼んでいる。

　分岐点からの往復は30分もあれば充分。雲ノ平を通ったらぜひ立寄りたい所。→祖父岳・水晶岳・三俣蓮華岳　　　　　　　　　　（佐伯郁夫）

鷲羽岳　2924.2m　大山町・大町市
わしばだけ　2.5万分の1図「三俣蓮華岳」
G.B　県

《概観》

　黒部川源流域に聳える山。黒部川は全長約86km、北アルプスの北部を立山連峰と後立山連峰とに二分して流れる本邦で最も深い渓谷。その黒部川の最奥部にある。山名は鷲が雄々しく羽ばたく姿に似ているところからついたものと思われる。裏銀座コースには3000m級の山々が連なっているが、こんなに形が整っていて、高度感のある山はないといってよい。『富山県の地名』によれば、南西にそびえる三俣蓮華岳の古名が鷲羽岳であったために山名に混乱が生じ「2つの鷲羽岳」などといわれた。鷲羽岳の称は越中・信濃・飛騨三国境の山を主として、幾つかの山の総称だったかとも思われるが、のち東側の最も高く山容壮大なこの峰を東鷲羽ヶ岳と名づけ、広義の鷲羽岳から独立させた。新川郡組分見取絵図では西鷲羽岳・東鷲羽岳と東西2峰に分けて記載し、西鷲羽岳は現在の三俣蓮華岳にあたる。

　黒部川源流を薬師沢出合いから遡行していくと、最後に正面に聳えるのが、この鷲羽岳である。なおも流れをたどると最源流は鷲羽岳・ワリモ岳と祖父岳の間あたりになる。

　標高で見ると、鷲羽岳（2924.2m）、水晶岳（2986m）、野口五郎岳（2924.3m）の三山がほぼ同等の高さを示し、かつ近接している。山地形成にかかわる隆起と浸食の一端を物語っているといえよう。

《黒部川・鷲羽池》

　大きな河川は通常、河口付近の名称がそのままということはない。中流域・上流域で名前が次々に変わる。しかし黒部川は始めから終わりまで同じである。その上、支流も含めて、全流域が富山県内にある。黒部川は、一般に当山に源を発するとされる。鷲羽岳の南東直下に火口湖がある。山頂からは足元に、澄んだ水を湛えているのがよく見える。池の回りが残雪で丸く囲まれているときなど実に神秘的である。この池の水面に槍ヶ岳が姿を映す。「槍を望む所は方々にあるがここほど気品高く美しく見える場所は稀だろう。その遥かな岩の穂がこの池まで影をおとしに来る」と深田久弥が『日本百名山』の中で述べている。深井三郎博士の論文集によれば、雲ノ平を形成した火山は祖父岳火山で、溶岩流出火口は今の祖父岳の北東側と推定されている。鷲羽池は旧火口であるが、雲ノ平を形成した火山とは別もので、鷲羽火山とよばれる。鷲羽火山の溶岩は主として東側の湯俣川の方向へ流れ、黒部川流域へ流れた可能性はあまりないということである。

　なお、鷲羽岳は花崗岩で形成されており、火山で

ワシが羽を広げたような鷲羽岳（ワリモ岳から。左遠景は槍ヶ岳）佐伯郁夫撮影

はない。また、隣のワリモ岳は、同じ花崗岩でできているが、山頂には板状節理を示す安山岩溶岩がベレー帽をかぶったように覆っている。これは祖父岳火山の溶岩が西側から流れ押し上げられたものと推定されている。

《登山について》

鷲羽岳乗越は縦走路のかなめにある。富山県側からの登山コースとしては、有峰から入山し、太郎平小屋から黒部五郎岳をへて鷲羽乗越に至るものと、雲ノ平をへて鷲羽乗越に至るもの、更には、高天原から岩苔小谷をへて岩苔乗越に至るもの等がある。岐阜県側からは神岡新道から黒部五郎岳経由のコースと槍ヶ岳・双六岳コース等がある。いいかえれば、北アルプスのど真ん中にあるので、どこからでも登

鷲羽岳（黒部川の流れも小さくなった）佐伯郁夫撮影

鷲羽岳と三俣山荘（佐伯郁夫撮影）

れ、どこへでも抜けられる。それだけに、長い日数と体力を要する。

ワリモ岳・鷲羽岳の稜線は風が強い。登山者の多くは、鷲羽岳の山頂へ登らず、黒部源流を横切って、岩苔乗越と鷲羽乗越をつないでしまう。この山頂を避けるのはあまりにももったいない。晴れておれば、ぜひ登りたい山である。

山頂からの展望は360度さえぎるものがない。赤色に崩壊している赤岳と硫黄尾根の向こうに、鋭峰槍ヶ岳とそこから派生する北鎌尾根が黒く浮かび上がる。燕岳、大天井岳、穂高岳はいうにおよばず、乗鞍岳から御嶽山までアルプス全山が見渡せる。

鷲羽岳と三俣蓮華岳にはさまれて、ハイマツがまるで絨毯のように広がる鷲羽乗越に三俣山荘がある。鷲羽乗越は4つの登山道が集まる。有峰・黒部五郎岳から、雲ノ平から、槍・双六から、野口五郎岳・鷲羽岳から。鷲羽岳は山深い北アルプス中央のかなめに位置する山といえよう。

《歴史》

加賀藩奥山廻り役が天明期（1781〜1787）に検分登山をしている。学術登山は東京高師の山崎直方教授の1903（明治36）年夏。登山者は志村烏嶺の1907（明治40）年夏。積雪期の登頂は1931（昭和6）年1月の加藤文太郎の大多和峠〜上ノ岳〜黒部五郎岳〜三俣蓮華岳〜鷲羽岳〜水晶岳〜野口五郎岳〜烏帽子岳の単独縦走。

三俣小屋は1929（昭和4）年に安曇村稲核（いねこき）出身の猟師が建てたものを、1945（昭和20）年から伊藤正一が経営。氏は湯俣川をさかのぼって鷲羽乗越に達する最短コースとしての伊藤新道を開いたが、この道は近年、廃道となった。

《植物》

山頂付近の稜線は岩屑が積み重なった状態のため、乾性の高山植物がハイマツのない部分にわずかに分布する。タカネウスユキソウ、イワギキョウ・ミヤマダイコンソウ・タカネツメクサなど。鷲羽池付近は湿性植物も多くコバイケイソウ・ウメバチソウ・タテヤマリンドウなど。

鷲羽乗越ではハイマツの樹海と残雪の周辺にはウサギギク・シナノキンバイ・ハクサンイチゲなど。コースタイムは、三俣山荘のある鷲羽乗越から急な登り1時間30分で頂上。岩苔乗越からワリモ岳を越えると1時間10分で頂上。水晶小屋からは2時間。

（佐伯克美）

三俣蓮華岳 2841.2m

みつまたれんげだけ　大山町・大町市・上宝村

2.5万分の1図「三俣蓮華岳」

G.B ㊧ ㊩

《概要》

三俣蓮華岳は長野県、岐阜県、富山県の3県の要にあり、その県境稜線にそって登山道がつけられている。尾根は三方に派出しているためそこから流れる水もそれぞれ異なる流域となる。長野県側の水は高瀬川から信濃川へ、岐阜県側は金木戸川・高原川・神通川へ、富山県側の水域は黒部川へと、それぞれ異なる大河となって日本海に注ぐ。

《山名の変遷》

越中・信濃・飛騨三国境目の山であるため、古くから重視された。1666（寛文6）年の「立山ざら越之図」には「三ケ国之堺」と記されたのみで山名の記載はない。1700（元禄13）年の「奥山御境目見通絵図」には「鷲ケ羽嶽、但し飛州・信州・越中三ケ国三つからみ」と記され、以下多くの古絵図に「三国三つからみ」「三ケ国出合、三ツカシラ」などと特記された。この三国境目の山を鷲羽岳とするのが越中側の古来の呼称であったが、後、この山の東側にそびえる山を東鷲羽岳と分けて呼んだ（1808＝文化5年、石黒信由）「新川郡立山之後御縮山之図」。信由の考証を採り入れた加賀藩公撰の『三州地理志稿』等々）。さらに東鷲羽岳に対して三国境の本来の鷲羽岳を西鷲羽岳と呼び、東鷲羽岳・西鷲羽岳の形となった（新川郡区見分絵図）。山名

が紛らわしいため、近代になって信州側呼称を採用して三県境の本来の鷲羽岳を三俣蓮華岳と呼ぶに至ったのであった。しかし、1915（大正4）年の陸地測量部の地図にも、1932（昭和7）年の富山県公刊の地図にも、なお三県境の山を鷲羽岳の名で記載しているが、日本山岳会では三俣蓮華岳と称すべきであると頑強に主張し、山名論争をまきおこし、窮した結果、東を鷲羽岳、西を「鷲羽岳（三俣蓮華岳）」と一層紛らわしい記載をした地図も刊行された。1941（昭和16）年、山岳史研究家中島正文はこの問題を整理して「2つの鷲羽岳」という一文を発表した。

　三俣蓮華岳という信州側呼称は、3カ国の岐れ目であるから三俣、複雑な氷触地形のため独得の山容を示し、それが蓮の花を連想させるため、この山名を生じたものであろう。しかし別の伝説もあって、飛騨の猟師がこの山で熊を射ち、そのレンゲ肝（肝臓）をクマノイ（熊の肝、胆嚢）とまちがえて食い、これを見た信州の猟師が嘲笑して「レンゲ食みの岳」と称し、この話を名ガイド上条嘉門治が日本山岳会の長老たちに聞かせ、それで山岳会では三俣蓮華岳と命名したのだという。実に厄介な山名であった。

文化—文政（1804—1830）頃の古絵図中、三国境の山を白鷹山と記載したものがあるのはこの山の別名であろう。1810（文化7）年回役桐沢半六の「上奥山日記」にはこの山で「三つ国の鷲ヶ羽嶽や雲にのる」「鷲鷹の香払う羽織かな」と句作している。鷲羽岳の呼び方にも小異があって、ワシノハガタケ、ワシガハノタケ、ワシノハダケなど絵図や記録によってまちまちだ。鷲羽の山名は鷲が羽を拡げたような山容に由来するという。

　奥深い山で平野部からは容易に望見できないが、氷見の灘浦海岸・虻ガ島あたりからは遙かに三国境のこの山が見える

　　　　　　　　　　　　　　　　　（廣瀬　誠）

《近代の登山史》

　積雪期登山は記録に現れる初めは1925（大正14）年4月の名古屋の富豪伊藤孝一氏である。伊藤氏は真川、上の岳、黒部五郎岳に山小屋を建て、槍ケ岳へ縦走の途中で三俣蓮華岳を登っている。その時は長大な量の映画撮影を行っている。それは日本における山岳映画の草分けであった。そのフィルムは貴重な映像資料として立山町芦峅寺の立山博物館で保管されている。

三俣蓮華岳（雲ノ平から。左肩に槍ケ岳）

厳冬期登山としては加藤文太郎が、1931（昭和6）年1月大多和から薬師岳に登り、その後、三俣蓮華岳・烏帽子岳と縦走し、高瀬川に下ったことが著書『単独行』にある。その文末に大多和の古田氏から聞き取った話として大阪の登山家がその前年の冬（すなわち昭和5年）芦峅の案内人と信州に抜けたとあり、その人のコースはわからないが大多和から入山したとなれば三俣蓮華岳を登ったとも考えられる。登山家として初登頂であろう。

《登山コース》

　富山県側からのコースとしては、折立→太郎平小屋→北ノ俣岳→黒部五郎岳→三俣蓮華岳→三俣山荘と行くのが一般的である。なお、登山路には黒部五郎小屋から三俣蓮華岳の山腹を水平にまいて三俣山荘に直接抜けるものもある。

　三俣蓮華岳から下った鷲羽岳との鞍部に三俣山荘がある。山荘の主は伊藤正一氏で、その著書『黒部の山賊』はこの辺りを知るに好個の読物。なお、氏は2000（平成12）年現在、山小屋の地代徴収方式をめぐって、富山営林署と係争中であり、その帰結が注目を集めている。

　コースタイムは次の通り。

・黒部五郎小屋（2時間20分）三俣蓮華岳三俣山荘（1時間）三俣蓮華岳双六小屋（1.5時間）三俣蓮華岳　→黒部五郎岳・鷲羽岳　　（佐伯郁夫）

間山　　2585.2m　大山町
まやま　　2.5万分の1図「薬師岳」
G.B　─

　薬師岳の北方稜線上約3kmにある。東面は黒部川上ノ廊下の深い谷に落ち、南面は薬師岳への登り。西面は薬師岳の大きな山裾で、スゴ―ノ谷から常願寺川支流の真川へ下がり、北面はスゴ乗越へ緩やかに下がっている。間山近辺からの薬師岳の眺めは特に壮大。薬師岳からの縦走路は北薬師岳を越えると背の低いハイマツ帯が広がり、イワツメクサ、ミヤマリンドウ、ミネウスユキソウなどのお花畑を過ぎると、二重山稜の間のガレ道を下る。二重山稜は間山山頂へと続く。山頂部はハイマツ帯がゆったり広がり、三角点がなければ、稜線の単なる通過点として通り過ぎる独立性の低い山である。→薬師岳、北薬師岳
　　　　　　　　　　　　　　（高橋正光）

北薬師岳　　2900m　大山町
きたやくしだけ　　2.5万分の1図「薬師岳」
G.B　─

　薬師岳の北方稜線上約1kmにある狭い岩尾根上の山。薬師岳から立山への縦走コースにあり、薬師岳頂上からここまで約1時間。薬師岳頂上から数回登り下りを繰り返し、黒っぽい岩場を登り切ると狭い尾根上が山頂で、標識がなければうっかり通り過ぎてしまう。東面は黒部川上ノ廊下へ、西面は真川の支谷に落ち込む岩の痩せ尾根。→薬師岳、間山
　　　　　　　　　　　　　　（高橋正光）

薬師岳　　2926.0m　大山町
やくしだけ　　2.5万分の1図「薬師岳」
G.B 歩 か 自 県 北

《概観・構造》

　立山連峰の南部に聳え、富山平野からはドッシリとした櫛型の壮麗な山として望める。北アルプス中最大の山容で、東面は黒部川上ノ廊下の深い谷。これを挟んで赤牛岳、水晶岳、雲ノ平に対している。西面は常願寺川支流、真川源流部の鳶谷、岩井谷に山裾が大きく広がっている。

　薬師岳は古くから、山麓有峰村の人々の信仰の山

富山平野（庄川の南郷大橋付近）から見た立山連峰。薬師岳（右端）の左に間山が見える

北薬師岳と金作谷カール（薬師岳から）

として崇められてきた。山頂の薬師堂には、薬師如来のほか山の神が祀られている。

《自然》

山は白色流紋岩からなっていることから、夏でも雪を被ったように白く見える。太陽の光で1日に5回色が変わると言われ、夕日に赤く染まる姿は、特に美しい。雪の多い東斜面に並ぶ4つのカール（南から南稜カール、中央カール、金作谷カール、谷壁が崩壊し不明瞭なカール）は、薬師岳圏谷群として、1952（昭和27）年に、全国で唯一の国の特別天然記念物に指定されている。直径1000m、深さ500mのものもあり、夏でも雪が残り、太古の氷河期の特異な景観が眺望できる。

標高2500m付近の薬師平には、池塘が点在し、ハクサンイチゲ、シナノキンバイ、キヌガサソウ、オタカラコウ、ヒョウタンボクなどの高山植物が多い。山頂部はザクザクした白い砂礫の広い尾根である。

《歴史・民俗》

山頂の薬師堂には薬師如来が祀られている。伝承によると、有峰村の職人「ミザの松」が、薬師如来の導きにより開山したと言われている。山頂の薬師如来を「岳（ダケ）の薬師」といい、この前立てとして、1389（明徳元）年「ミザの松」が夢のお告げによって、村に「里の薬師」を創建したと伝えられている。

薬師岳はかつては女人禁制の山で、有峰村では旧暦6月15日には必ず15〜50歳までの男子全員が登拝した。登拝に際しては、厳重な不浄払いが行われ、途中の真川谷、コリカキバ谷、岳（ダケ）の雪水の3カ所で禊をした。頂上近くからは裸足となり、特に願い事のある人は鉄剣を奉納した。鉄剣は長さ4〜5寸から1尺くらい、厚いもの薄いものさまざま

薬師岳（岩苔乗越付近から）佐伯郁夫撮影

薬師岳山頂部

で、1955（昭和30）年頃まで累々とつみあげられ、赤く錆びていた。今は残っていない。

薬師岳登山は、1907（明治40）年頃から山岳人の関心を集めるようになった。1963(昭和38)年１月、愛知大学山岳部パーティ13人が薬師平の第３キャンプから頂上を目指したが、猛吹雪のため断念。帰路東南稜へ迷い込み、全員が遭難死した。登山口の折立峠に慰霊碑「十三重(とみえ)の塔」が建っている。

《登山道》

古くは、大山町旧水須から東笠山・西笠山を越えて有峰村に入り、小畑尾峠から太郎兵衛平への登山道があった。現在、登山口までバスまたはマイカーで入る。健脚者は日帰りも可能であるが、太郎兵衛平か山頂真下の小屋で１泊したほうがよい。

登り初めは、ブナ林の中のジグザグのやや急な登り、途中から階段や石畳などでよく整備された道が太郎兵衛平へ延びている。太郎兵衛平は北アルプス縦走の十字路に当たり、東は雲ノ平から奥黒部へ、南は黒部五郎岳から三俣蓮華岳や双六岳、槍ケ岳へ、北は薬師岳、立山方面へ分かれる。

薬師岳へは太郎兵衛平から薬師峠に下り、ここからゴロゴロした石の小沢沿いに登り、大きなケルンのある薬師平に出る。標高2700ｍの薬師山荘辺り

薬師岳

からは、ザクザクした砂礫の急な斜面となり、広い山頂尾根へ続く。コースタイムは次の通り。

・有峰折立コース＝折立（５時間）太郎兵衛平（３時間）薬師岳（２時間）太郎兵衛平（3.5時間）折立 　　　　　　　　　　　　　（高橋正光）

太郎山
たろうやま　　　　　　2372.9ｍ　大山町
　　　　　　　　　　2.5万分の１図「薬師岳」
G.B　―

薬師岳の南西約3.5kmにある。太郎兵衛平から、標高差40～50ｍの緩やかな登りで頂上。山体も小さく、顕著なピークではない。

太郎兵衛平は、北アルプス登山道の十字路。東は雲ノ平、高天原へ、西は登山口の折立有峰へ、南は黒部五郎岳から三俣蓮華岳、双六岳、槍ケ岳へ、北は薬師岳から立山へと分かれている。

太郎山山頂付近の湿原にはイワイチョウが、草原にはコバイケイソウが多い。北東には薬師岳、その左肩の奥に僅かに立山が、南には黒部五郎岳が大きく迫り、その向こうに笠ケ岳、乗鞍岳が望める。

太郎兵衛平は、江戸時代、有峰の鉱山が栄えた頃、鉱山師の太郎兵衛が、この平の高山植物の化身の美女に惑わされたという伝承から命名されたと伝えられている。太郎平とも呼ばれており、このそばにある山として太郎山と呼ばれるようになった。

コースタイムは次の通り。

・有峰折立コース＝折立（５時間）太郎兵衛平（20分）太郎山（１時間40分）北ノ俣岳
→薬師岳　　　　　　　　　　　（高橋正光）

北ノ俣岳（上ノ岳）2662ｍ
きたのまただけ　　　　大山町・神岡町
　　　　　　　　　　2.5万分の１図「薬師岳」
G.B 歩 ガ 県

薬師岳の南西で、太郎兵衛平から太郎山を越えると次が北ノ俣岳へと続いている。東側と北側は富山県大山町、西側は岐阜県神岡町。一般には北ノ俣岳（きたのまただけ）と呼んでいるが、富山県側の呼称は上ノ岳（かみのだけ）。

岐阜県神岡町打保からも登山道「神岡新道」が延び、山頂で合流している。北ノ俣岳からは、次の赤木岳を経て黒部五郎岳へ続き、三俣蓮華岳、双六岳、

薬師岳（右端）と太郎平・太郎小屋

槍ケ岳への縦走路として親しまれている。

　山頂は休憩ポイントで、黒部源流部の深い谷を挟んで雲ノ平、赤牛岳、水晶岳などの山々が、また間近に黒部五郎岳が迫り、その右肩に笠ケ岳、遠くに乗鞍岳、御嶽山の眺望が楽しめる。山頂は広く、ハイマツや高山植物が多い。礫岩・砂岩・泥岩などの堆積岩からなり、頂上付近には頁岩も見られるなど、氷河期気候がつくりだした地層が分布している。

　太郎山から登ってくると、山頂手前の台地にハクサンイチゲの群生がみごと。山頂への道沿いには、アオノツガザクラ、ミヤマキンバイ、コイワカガミなどが見られる。

　東面は薬師沢支流の左俣谷に落ち、谷を挟んで赤木平の草原台地が広がっている。西面の岐阜県側は金木戸川（かなきどがわ）の支谷、北ノ俣谷に落ち込んでいる。名はここから。越中名の上ノ岳は、常願寺川の支流真川の源頭部、すなわち川上の岳（かわかみのやま）ということから名付けられたとされている。

　太郎兵衛平からは、ハイマツや高山植物の中、起伏の少ない緩やかな斜面が続く。頂上は遮るものがなく、黒部源流部の深い谷を取り巻く山々はもとより、遠くは白山、乗鞍岳、御嶽山が望める。

　登山道のコースタイムは次の通りである。
・有峰折立コース＝折立(5時間)太郎兵衛平(20分)太郎山(1時間40分)北ノ俣岳(30分)赤木岳(3時間)黒部五郎岳(1.5時間)黒部五郎小屋
・神岡新道コース＝トンネル入口(1時間40分)神岡

北ノ俣岳（北面から）

新道出合い(1時間)寺地山(40分)避難小屋(1時間40分)北ノ俣岳(1.5時間)寺地山(1.5時間)トンネル入口　　→太郎山・赤木岳　　(高橋正光)

赤木岳
あかぎだけ　　2622m　大山町・神岡町
2.5万分の1図「三俣蓮華岳」
G.B ㋕

　薬師岳から黒部五郎岳へ続く尾根上にあって、太郎兵衛平と黒部五郎岳のほぼ中間にあたる。東側は富山県大山町、西側は岐阜県神岡町。山頂はあまり特徴がなく、縦走路として通過してしまうことが多い。一帯はハイマツに覆われ、北東面約200m下には赤木平の草原が広がり、東面は滝の連続の赤木沢に落ち込み、黒部川源流部へ流れ込んでいる。西面の岐阜県側は、北ノ俣川の支谷赤木谷に落ち込んでいる。山頂からは黒部五郎岳が間近に迫り、一方薬師岳は北に遠のき奥黒部へきたという実感が沸く。東面の赤木沢は、黒部川に数ある沢のうちで、最も美しい沢と言われ、黒部川から赤木岳に向かって20余の大小の滝がある。白布を流したようなナメ滝や、轟音をたてて深い釜に落ち込むものなど、変化に富んだ滝が多く、奥黒部の雰囲気を堪能できる。

赤木岳周辺の縦走路

赤木岳の山頂部

コースタイムは次の通り。
・北ノ俣岳（30分）赤木岳（3時間）黒部五郎岳（1.5時間）黒部五郎小屋
　→北ノ俣岳、黒部五郎岳　　　　(高橋正光)

黒部五郎岳(中ノ俣岳) 2839.6m
くろべごろうだけ　大山町・神岡町・上宝村
2.5万分の1図「三俣蓮華岳」
G.B ㋕ ㊩ ㊗

《概観・構造》
　立山連峰南端の山。地質は花崗閃緑岩と礫岩・砂岩などで構成される。山容は大きくどっしりした姿。山頂は岩とはい松から成り、雲ノ平からの姿は見ごたえがある。別名中ノ俣岳とも呼ばれ、昭和40年代（1965〜）の地図までは2つの山名が併記されていたが、今は黒部五郎岳と特定された。
　山頂を通り東西に走る稜線が富山県と岐阜県を分けている。東面は大きなカールを有し、草原の中に岩石累々たる地形となっている。ここを源とする水は五郎沢を通り黒部川に流れ込む。西面の水は中ノ俣川に、南面からの水は金木戸川に集まり、さらに合流し高原川、神通川と名を変え日本海にそそぐ。山頂から東に向かう稜線は岩石帯の細尾根となって黒部乗越に通じ、北西の稜線は中俣乗越を経て北ノ俣岳へと続く。
　山頂からの展望は、西に白山を見、南から左廻りに御嶽山、乗鞍岳、笠ガ岳、穂高岳、槍ケ岳、双六岳、三俣蓮華岳、鷲羽岳、野口五郎岳、水晶岳、赤牛岳、白馬岳、立山、劔岳、北方に薬師岳、鍬崎山、北ノ俣岳と続き、その奥に能登半島を望む。
　この山は、富山平野からは見えず、氷見灘浦海岸から眺められる。

《自然》
　冬には日本海からの季節風をまともに受けるため豪雪に見舞われる。東斜面の大カールは、20万〜10万年も昔の氷河の名残りをとどめ、雪渓、岩塊、小川、お花畑など楽しい別天地になっている。山頂近くは森林限界を越え、砂礫、はい松、岩塊が見られる。生息している動植物は、後立山連峰のそれと変わるところがない。動物ではライチョウ、オコジョのほかイワヒバリ、ウグイス、コマドリなどが見られる。植物は高山植物のキンポウゲ、シナノキン

バイ、ミネウスユキソウなどさまざまである。

《歴史》

　山名は信州側の呼び名、黒部川源流にある石のゴロゴロした山の意。飛騨名を高原川の支流中ノ俣川の源頭に位置するところから中ノ俣岳と云い、越中名は東面の巨大なカールを鍋に見立てたところから鍋岳と称した（1701＝元禄13年の「奥山御境目見通絵図」「立山禅定並後立山黒部谷絵図」など多くの絵図類に鍋岳の名で記載）。

　1909（明治42）年、中村清太郎一行が登山した折、山頂の柱状の自然石に「中之俣白山神社」の墨痕を認めたという（『越中アルプス縦断記』）。また、このおり、上高地のガイド上条嘉門次から黒部五郎岳の名を聞き、この縦走記に書いたのが定着したとされている。冬期の最初の記録は、1931（昭和6）年1月の加藤文太郎による。

　山頂から東へ1.5kmの黒部乗越（黒部平）に黒部五郎小屋とキャンプ場がある。名古屋の富豪伊藤孝一が1925（大正14）年4月に真川・上ノ俣岳・黒部五郎岳と3つの小屋を建て、槍ケ岳を経て上高地に下っている。この黒部五郎の小屋は戦時中につぶれ、戦後その下方に伊藤正一によって建てられた。その後、上高地の西糸屋から双六小屋の小池潜と経営者が変わり現在に至っている。

　遭難事件としては、1940（昭和15）年7月、金沢第四高校の野田震朗（18才）が消息を絶ち、12年後の1952年、魚津高校山岳部員によって山頂東側の肩で遺体が発見された。また、1953（昭和28）年8月金沢桜丘高校OBの槇野和明（19才）が行方不明、翌年前者の遺体収容に赴いた魚津高校山岳部OBらによって発見。後、肩に遭難碑が建てられた。

《登山道》

　この山に直接登る道はなく、他山から縦走してくる形をとる。有峰湖と岐阜県山之村を結ぶ林道の飛越トンネルから北ノ俣岳を経由して登るのが近く、それでも約10時間を要す。折立峠からはさらに余計に時間がかかる。

（池原　等）

黒部五郎岳（三俣蓮華岳から）佐伯郁夫撮影

動物名のつく山名 — コラム⑧

烏帽子岳の「烏」、鹿島槍ケ岳の「鹿」のほか竜、狗などのつく山名を除く

鷲岳　鷲羽岳　大鷲山　鳶山　御鷹山（2山）
鷹打山　御鷹巣山　白鳥山　天鳥山　鴈谷峯
ひよどり山　鳥ケ尾山　鳥越山
獅子岳　大獅子山　大熊山　熊尾山　小鹿熊山
猪頭山　猪ノ根山　猪越山　虎谷山　りゅうこ峰
狢峰　貉ケ城
駒ケ岳　北駒ケ岳　馬ノ背山　馬鬣山　白馬岳
赤牛岳　牛首山　牛岳　臥牛山
猫又山　大猫山　猫坂山　犬ケ岳
猿倉山　猿ケ山　さるくら山
鼠尾山　サワガニ山　亀山　蛇ケ谷山

色彩に関する山名 — コラム⑨

（白、赤、黒、黄）

白ハゲ山	赤男山	黒部五郎岳
白萩山	赤瀬良山	黒部別山
白岳	赤谷ノ頭	黒岳（水晶岳）
白馬岳	赤堂山	黒岩山
白鳥山	赤摩木古山	黒菱山
白金ノ頭	赤ハゲ山	大黒岳
白倉山	赤祖父山	
白木峰	赤岳	黄蓮山
小白木峰	奥赤谷山	
白子ノ頭	赤木岳	
白谷山	赤谷山	
	赤牛岳	
	赤沢岳	

植物名のつく山名 — コラム⑩

木、林、森、草、根などの文字のついた山名を除く

三俣蓮華岳　菊石山　樫ノ木平山　笹尾の頭
白萩山　黄蓮山　麻谷山　竹原山
ウドノ頭　朴ノ木山　柳田布尾山　栃平山
モモアセ山　瓢山　竹里山　そばかど峰
北葛岳　大杉山　稲葉山　菅池山
蓮華岳　葡萄原　梨ノ木平山　ソバツボ山
クズバ山　杉山　松根城の山
唐松岳　上松尾山　柿ケ原山
長栂山　樫倉山　桑山　松倉城山
瘤杉山　松ケ窪　すぎおい山　笹津山
高杉山　岩竹山　大柏山　高松山

数字のつく山名 — コラム⑪

一服劔	与四兵衛山
一山山	黒部五郎岳
二王山	野口五郎岳
二子山	六谷山
二上山	七倉岳
二王平山	七尾山
三俣蓮華岳	八ケ山
三国境	八乙女山
三ツ岳	前八乙女山
三ケ峰	八丁山
三ケ辻山	四十字山
三方山	百貫山
三方山一峰	千石城山
三方峰	千垣山
三国山	千蔵山
三ツ倉山	千羽山
三角山	三千坊山
三条山	
三峰	

5「三日市」「魚津」

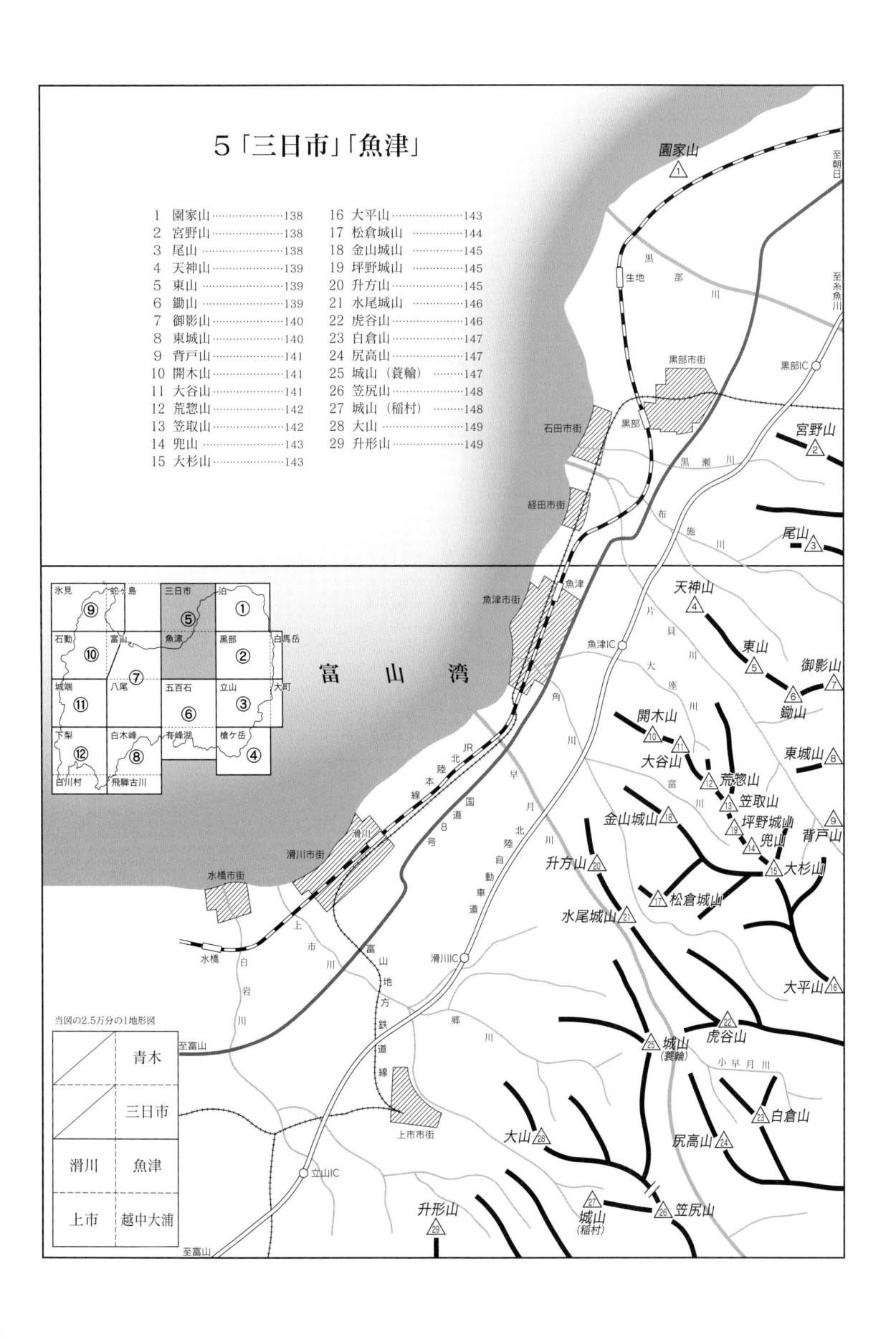

1	園家山	138	16 大平山	143
2	宮野山	138	17 松倉城山	144
3	尾山	138	18 金山城山	145
4	天神山	139	19 坪野城山	145
5	東山	139	20 升方山	145
6	鋤山	139	21 水尾城山	146
7	御影山	140	22 虎谷山	146
8	東城山	140	23 白倉山	147
9	背戸山	141	24 尻高山	147
10	開木山	141	25 城山（蓑輪）	147
11	大谷山	141	26 笠尻山	148
12	荒惣山	142	27 城山（稲村）	148
13	笠取山	142	28 大山	149
14	兜山	143	29 升形山	149
15	大杉山	143		

園家山

そのけやま

17.4m　入善町
2.5万分の1図「青木」
G.B 自ウ楽

　園家山は黒部川扇状地の末端にある小山。海岸線からの距離は300mほど。本書にとりあげた山の中で最も標高の低い山。黒部川河口から北東1.5kmの位置。入善町下飯野地内になる。河口に堆積する砂と日本海から吹きつける風によって形成された丘陵。
　松林の丘の上に、点名「岨之景」の一等三角点がある。其木(そのき)砂丘とも呼ばれていた。

上は入善町の海岸沿いにある園家山。下は一等三角点

　日本海と北アルプスを眺められる景色のよいところ。県指定のキャンプ場、バンガローが整備されている。近くには、町の公共施設「園家野外舞台」や「扇状地湧水公苑」がある。　　　　（新田川雅好）

宮野山

みやのやま

202m　黒部市
2.5万分の1図「三日市」
G.B －

　宮野山は仏舎利塔の山。インド、ブッダガヤの大塔に範を得た白亜の塔がたつ。黒部川左岸の河岸段丘前沢台地にある。江戸時代の天保年間、宮野用水の開削によってできた村が宮野。黒部市街地から東に約4km。現在は同市が管理する市民のいこいの場として親しまれている。山麓に宮野運動公園として、

宮野山に建つ白亜の「仏舎利塔」

野球場、陸上競技場、テニスコート、体育館などのスポーツ施設。郷土を伝える伝習館、野外ステージなどの文化施設が隣接。春は約800本の桜が満開になる。夏は芝生の緑、秋の紅葉、あるいは6月のフジの花、風雪に耐えたアカマツに積もる雪景色と四季を通しての景勝地。日本海に沈む夕陽も美しい。
　　　　　　　　　　　　　　（新田川雅好）

尾山

おやま

241.9m　黒部市
2.5万分の1図「三日市」
G.B －

　布施川右岸の山。本流と支流の尾山谷大谷川との間にある。黒部市尾山地区の東約2km。俗称ガキヤマで知られる。1890（明治22）年、東布施村成立に際し村役場が置かれた阿弥陀堂の北背後の山。北西面で土砂採掘中。山肌が大きく削り取られ、山の幸が豊富な里山も荒廃。地形図には阿弥陀堂から当山頂へ点線を画いているが、今は道の痕跡もない。廃校となった校舎を左に谷間の道に従って入る。間もなく杉の植林地帯に入り道は消える。急な雑木林を30分ほど攀じ登ると尾根に着く。頂上はこれを東に約15分。杉林から赤松林に変わる。マンサクや椿

尾山（布施川右岸から）佐伯邦夫撮影

の雑木林の中に三角点の標石がある。(新田川雅好)

天神山　　163.1m　魚津市
てんじんやま　　2.5万分の1図「魚津」
G.B －

　北を布施川、南を片貝川によって挟まれた山。半円形をしているので円山ともいう。第4期の古期堆積物の周囲が河川によって削り取られ、残されて孤立した高まりとなったもの。山頂に築かれた山城が天神山城。松倉城の支城の1つ。史料に登場するのは1572（元亀2）年で、上杉方の越中における重要な中継拠点であった。また1582（天正10）年の魚津城の戦いのとき越後の上杉景勝が後詰として陣を敷いた所としても有名。

　天神山は、元来、松尾山と呼ばれていたが、室町時代に将軍足利義材（よしもと）が都の乱を逃げて小川寺に身を寄せた折、その守護神の菅公像（天神像）を松尾山

天神堂のある山頂。下は地蔵の並ぶ山中

に祀ったことから。今も山頂に天神堂がある。国道8号線片貝大橋から南東へ約3km。山頂直下まで車が入る。頂上を中心に樹令百数十年のアカマツ林。現在は航行目標保安林とされ、夜間照明付の鉄塔も建つ。頂上からは、魚津市街や日本海が一望。最高地点に三等三角点。中腹には魚津歴史民俗資料館、郷土館などがある。　　　　　　　　(新田川雅好)

東山　　308.9m　魚津市
ひがしやま　　2.5万分の1図「魚津」
G.B －

　片貝川中流右岸の山。片貝川を挟んだ石垣平の河岸段丘と相対する丘陵。江戸時代に開発された片貝川辺の村（東山）の背後東方一帯に山が連なった地形による名か。片貝川の東山橋より東に約2km。魚津国際カントリーゴルフ場の南東約1kmに頂上。

東山（天神山から）

　取付は東山集落南東の東山神社裏手の谷間から。頂上から北東に伸びる尾根を目指す。尾根の北側に農道がついている。雑木林が終わり杉林に変わると窪みの道になる。それに沿って山頂へ進む。地形図に山道が画かれているが見つけるのが困難。約1時間で頂上。三角点のある山頂は赤松林。視界は最悪。雪積期の登山に適す。　　　　　　　　(新田川雅好)

鋤山　　407.3m　魚津市
すきやま　　2.5万分の1図「魚津」
G.B －

　片貝川中流部右岸の山。支流親子川をはさんで東城山と向き合う。北面は小川寺川（布施川支流）の源流になる。魚津市東城、島尻地区から北に見える杉林の山。送電線の鉄塔が山腹に幾つも立っている。山名は麓によって異なる。東城では「背戸林（せどはやし）」、小川寺では「後谷（しりや）」と字名で呼ぶ。「鋤山」は御影の呼び名。頂上の三角点の点名は「鳥谷（とりだに）」。

　東城集落の北側に当山山腹西側を半周するように林道がありこれを約2km進む。2本の送電線が走る

鋤山山頂から見る林業の郷、奥東城集落。左上は大杉山

間のカーブ右手に鉄塔の点検道の取付のハシゴがある。これを登り高度を稼ぐと鉄塔が目の前に現われる。さらに頂上から北西に延びる尾根を辿る。しばらくのヤブコギの後すぐに杉の植林地帯。境界の杭に沿って登ること約30分で頂上。風格のある杉の老木が立ち並ぶ。南に僧ケ岳、毛勝三山が続く。眼下に東城集落と片貝の流れ。西に新川平野と富山湾が光る。→東城山　　　　　　　　　　（新田川雅好）

御影山　　　469m　魚津市
みかげやま　　2.5万分の1図「魚津」
G.B　―

　前僧ケ岳から北西に延びる赤瀬良尾根の末端の山。魚津市東城と黒部市福平を結ぶかつての山街道の峠から北へ再び隆起、大きな丘陵地を成す。その中心となるピーク。これを北側山麓の集落の名をとって御影山とする。当山から四方に支尾根がのび、やがて僧ケ岳の終焉となる。

　標記の標高は魚津市建設課発行「魚津市管内図」による。御影では「別所の山」、「まむし山」などとも呼んだ。麓の集落には御影のほか大沢、黒沢、東城がある。片貝川対岸の大菅沼あたりから、この山を見ると、低いながらどっしりとした山容を示す。東側は急であるが西側へは緩やかに長い裾をひく。現在は頂上の西面をかすめて林道がついている。山への接近は東城側、小川寺側のどちらでもよい。一帯は広葉樹の天然林。20年ほど前に植えられたカラマツや大きな杉が混じる。山頂付近の適当なところで取付き雑木林の中約0.5kmのヤブコギで頂上。
　　　　　　　　　　　　　　（新田川雅好）

東城山　　　611.0m　魚津市
とうじょうやま　2.5万分の1図「魚津」
G.B 歩

　片貝川右岸の山。魚津から東の空をのぞむと僧ケ岳が大きな弓なりの弧を描いている。その手前に両肩を張った大きな山体を見せているのがこれ。山裾に魚津市東城地区がある。かつて、松倉城の支城が

御影山（赤瀬良山から）

東城山東面（赤瀬良山から）下は日吉神社の男女シンボル石

あったことからの名。島尻地区では鬼菱山（おんびすやま）と呼んでいる。

　林道が縦横に走り、山頂直下を横断している。また杉の植林が多いのも里山としてやむを得ない。登山は積雪期がよく３月の初めあたりが適期。

　北西面に空割谷と蛇根谷の（片貝川支流親子川の支流）２本の谷が並行してつき上げているが、その間の尾根を登る。前半は林道歩き、これが１時間ほど。後半は雑木の尾根歩き、これが１～２時間で頂上。魚津、黒部市方面への眺望にすぐれている。点名「東城」の二等三角点があり、片貝川がゆるやかなカーブを描きつつ海へそそぐのが見下ろせる。

（新田川雅好）

東城山から望む片貝川

背戸山　　391m　魚津市
せとやま　　2.5万分の１図「魚津」
G.B　—

　片貝川右岸の山。本流と支流佐部谷との間の山。魚津市片貝地区の山女（あけび）、東蔵（とうぞう）の背後。

　山女集落はかつて三ケ村の一部で黒谷、平沢と共に片貝川より鴨川を流木して薪木呂（ころ）を魚津町へ供給していた。「薪木呂」とは燃料となる薪材。この山からも多く刈り出された。現在は全山杉の山。片貝

背戸山の頂上は明るい広葉樹林

川支流の別又谷に入ってすぐ左手への林道に。この林道が山頂の東側をかすめる。林道に入り約１kmで南東方向にヘアピンカーブする地点が取付。杉の植林地帯を約20m高度を稼ぐと頂上。（新田川雅好）

開木山　　245m　魚津市
ひらきやま　　2.5万分の１図「魚津」
G.B　—

　魚津の市街地の南東約４kmにある山地。片貝左岸の河岸段丘。３～４段になった段丘の最上段。東西に約１km、南北数百mの細長い高原状の台地で、１番奥（南東側）に小山を３つ並べる。標記の標高はそのまん中の山（2.5万分の１図のコンターから）。眺望まことによく、眼下に富山湾を見おろす。

　山名は北側山麓の地名から。ほかに西側山麓の地名から「出山」（いでやま）とも呼ばれた。大正初年に桃が植えられ、春、開花期に花見客でにぎわい、この頃から桃山の名でも呼ばれるようになる。昭和の初年（1926）から、20年代まで冬季、スキー場として市民に親しまれた。その後、大谷スキー場開設とともに市民スキー場の役割を終えた。今日、桃山運動公園として整備され、市民に親しまれている。

開木山の山頂を覆う巨大なモニュメント

1997年、展望台と山頂を覆う巨大モニュメントが町の顔づくり事業として作られた。　　（佐伯邦夫）

大谷山　　311.5m　魚津市
おおたにやま　　2.5万分の１図「魚津」
G.B　—

　大谷鉱泉背後の山。北面山腹に大谷スキー場がある。片貝川と角川の間に広がる丘陵地帯で標高約100から400mの北北西にのびる稜線へ幾条もの浸食谷がくい込む。

大谷山

山麓の大谷鉱泉は1870（明治3）年開湯。鉱泉発見譚には百姓が田起こしの時、白蛇を傷つけてしまったが、田から湯が湧き出して、たちまち蛇の傷を癒したという。山頂にはＮＴＴの無線中継局がある。その南東の最高地点に点名「大谷」の三角点がある。山頂まで車で入れる。大谷鉱泉バス停を過ぎて集落のはずれから林道に入り大きなアンテナを目指す。魚津市街地から約10分。新川平野と能登の丘陵が一望できる。　　　　　　（新田川雅好）

荒惣山　　404.4m　魚津市
あらそやま　　2.5万分の1図「魚津」
G.B −

片貝川と角川の間の山。大谷川（角川支流、大谷温泉の東側を流れる）源流の山。魚津市坪野地区の北約1kmの位置にある。山体あるいはピークに特に名はなく、山名は当山南東の1地点の名から。荒惣城址とも。町村合併前の片貝谷村、上野方村、松倉村の境界付近で、その帰属を争ったことからの名とか。荒惣はあて字。

当山から尾根が八方にのび、山体は複雑。クヌギ、ナラなどの林にアカ松が混じる。杉林のみ多いこの辺りの山で貴重な存在。山頂の標高から404高地と呼ばれ、昭和の初年（1926〜）、開木山から大杉山方面へスキーツアーをするとき、その中間点として目印にされた。

坪野と大菅沼を結ぶ林道の峠の上から尾根を300mほどたどると頂上。南北に細長い頂上の北の端に三角点がある。「点の記」（1907＝明治40年）は「坪野村字笠取、俗称銀山」としている。→大杉山・開木山　　　　　　　　　　　　（佐伯邦夫）

笠取山　　432.2m　魚津市
かさとりやま　　2.5万分の1図「魚津」
G.B −

笠取山は大菅沼（片貝川流域）と坪野（角川流域）を結ぶ鞍部。その昔、天神山に陣取った上杉謙信の軍勢が松倉城を攻略すべくこの山に登り、笠を取って隙き覗きをしたのでこの名があるという。峠の乗

笠取山（坪野地区から）

越点の脇（北側）に小山があるので、その標高を取ってこの歴史を秘めた名をピークの名称としてここにとどめることにした。

国土地理院の地形図では431mとしているが、魚津市建設課発行の管内図により432.2mを取った。峠越えの山道はすでに廃絶してしまったが、動力用の電線が峠をまたいでいるので、これを目印にたどることができる。坪野・大菅沼いずれ側からも約20分で頂上に達する。→松倉城山　　（佐伯邦夫）

荒惣山（坪野城址から）

兜山

かぶとやま　　595m　魚津市
2.5万分の1図「魚津」
G.B　―

　片貝川と角川の分水嶺上の山。大杉山の前山。同山西北西約0.7kmにある。北西側から見ると三角形の、折紙細工のカブトの形をする。至近山麓の坪野地区にこの呼称はなく、やゝ隔った稗畠(ひえばたけ)地区の呼び名とか。昭和の初年（1926～）、大杉山へスキー登山をする際の1地点として存在感を示したが、今日、全山杉の植林に覆われてしまった。この杉林へ、坪野・大菅沼地区から林道がある。標記の標高は魚

全山、杉の木に覆われてしまった兜山

津市建設課発行の「魚津市管内図」から取った。
　当山北側山腹の一角が西願寺山とよばれ、その昔、上杉謙信が松倉城を攻略したときの陣地があったとされる。→大杉山　　　　　　　　　（佐伯邦夫）

大杉山

おおすぎやま　　734.2m　魚津市
2.5万分の1図「魚津」
G.B　越歩

　片貝川左岸の山。角川支流の富川の源流の山。毛勝三山から続いてきた山稜（東芦見尾根）はこの山に至り一気に高度を落とし、分水嶺としての性格も

大杉山（金山城址から）

1970年頃の大杉山（片貝左岸から）

にわかにあいまいとなる。平野部からはどこからでもよく見える。北面は舟型の窪地になっていて「ぶどう原」と呼ばれた。だから一名「ぶどう原山」とも。春4月、残雪がいつまでもあってスキーヤーに親しまれたが、それも1975（昭和50）年ごろまで。杉の植林が生長して、昔のおもかげはない。初冬のころ「ぶどう原に3回雪が来ると里にも雪がふる」といわれ、初雪を迎えるときの目印にされた。山中で「ぶどう」というのは窪地を指すといわれる。利賀村、県東端の大鷲山の山頂付近などにもぶどう原がある。また一説によれば、製鉄炉に関係する名ともいわれる。
　北側山麓の集落に大菅沼、西側に坪野があり、これらからのびる林道が、当山を囲む。冬・春スキーで登るときは、林道上を起点としていろいろなコースがとられる。無雪期は坪野から虎谷へぬける林道にしたがい、最初の峠（オモテ）の300mほど手前から左手の作業道に入る。これが頂上直下まで続いている。山頂からは僧ケ岳や毛勝山が見事である。
　　　　　　　　　　　　　　　　（佐伯邦夫）

大平山

おおだいらやま　　1090m　魚津市
2.5万分の1図「越中大浦」
G.B　ガ紀越歩

大平山（赤瀬良山中腹から）

片貝川左岸の山。反対側は角川の源流になる。尾根つづきで南へ濁谷山に連なり、北へは大杉山につづく。山頂から西へ20mほど外れて三角点があり、標高は2084.7m。「点の記」（1907＝明治40年）には字名を「松倉村（現魚津市）大字大平」としているから、山名は片貝側でなく、角川側の呼び名。山頂辺りの平坦な地形から出た名と思われる。「俗称フナクボ」ともあるが、山頂と三角点の間が溝状の窪地になっている。また山頂の南側が二重山稜のようになっていて、さらに大規模な窪地がある。魚津市の東部、黒部市などからは美しい三角形のピークとして仰がれる。西側、滑川市方面へ行くにしたがって精彩が失われる。

片貝川ぞいの平沢地区から角川源流の池ノ原へ通ずる峰越えの林道が2000年に完成。この峠の上から尾根上を行く造林用、はたまた昔炭焼きに使った道があったのだが、1998年、チロル山の会他の有志によってこの道が修復、山頂までたどれるようになった。峠から1時間。途中、9合目あたりに炭焼き窯の跡を多数目にする。炭焼きが廃止され、あたりにブナの森が育ちつつある。これが四季にわたって味わい深い。山頂からは毛勝山の雄姿を仰ぐ。また、僧ケ岳、駒ケ岳、滝倉山もすばらしい。(佐伯邦夫)

松倉城山

まつくらじょうやま　　430.9m　魚津市
2.5万分の1図「魚津」

G.B 紀カ雪目ウ楽

松倉城山は角川の谷懐の山。魚津市街地より南南東に約9km、鹿熊(かくま)集落の背後にそびえる。別名鹿熊山。山頂に本丸があった典型的な山城。角川がその山裾をめぐる。そこから標高差350m、三方断崖に包まれた巨大な山塊。富山平野を一望に収める天険の地。高岡の守山城、砺波の増山城と並んで越中の三名城といわれた。山全体が城塞で、長さ1kmに及ぶ峰続きの最南端が本丸、そこからラクダのコブのような尾根を平に削って二の丸、三の丸が作られ、山腹の各要所に砦が構えられていた。

築城は南北朝期の14世紀前半と推定され、幾多の武将がこの城をめぐって戦をくり返した。戦国末期には椎名(しいな)氏の居城となったが、越後の上杉氏によって攻め落され、魚津城へ新川地方の中心が移る。

松倉城の繁栄は、背後にひかえる松倉金山の経済

松倉城山（角川対岸から）佐伯邦夫撮影

松倉城守護神堂（佐伯邦夫撮影）
下は松倉城の本丸址

力が大きかったと考えられている。

現在は、本丸跡は桜が植えられ、公園風に整備されている。角川ダムや小菅沼から林道が通じ、山頂直下まで車で行ける。また角川ダムから山頂を通り、開拓村まで「ふるさと歩道」も整備されている。

冬季にこれらをクロカンスキーや、かんじきでたどるのは楽しい。山頂からは新川地区一帯が見わたせるのはさすがである。

本丸の北東約0.5kmのピークに点名「平の峰」の三角点がある。→金山城山・坪野城山・升方城山・水尾城山・天神山　　　　　　　（新田川雅好）

金山城山
かなやまじょうやま　　301.5m　魚津市
2.5万分の1図「魚津」
G.B　−

松倉城塁群の1つ。本城の北約2.5kmの所にあることから北山城ともよばれる。当山から東約2kmに盟塁坪野城。湯治場で知られる北山鉱泉の背後（西側）の山。本丸、二の丸と2段をなし、外廊をめぐる総曲輪がある。現在は北山公園として整備されている。富山平野への眺望がまことによい。鉱泉から

金山城山（北山の池から）

そぞろ歩きするのに適度。約20分である。→松倉城山・坪野城山　　　　　　　　　　（佐伯邦夫）

坪野城山
つぼのじょうやま　　466m　魚津市
2.5万分の1図「魚津」
G.B　−

松倉城塁群の1つ。松倉本城の北東約3km、坪野地区の東約1kmの位置になる。標記の標高は魚津市建設課発行の「魚津市管内図」から取った。

当山から北東約1.5kmに盟塁荒惣山城趾がある。本丸、二の丸、廻廊など、かなりしっかりした城塁の跡を残す。しかし、山頂に高圧送電線の鉄塔が2基もあって、風致上も、史跡保存上も問題。ただし、この保守点検のための道があり、山頂をたずねるのは容易。春秋のハイキングによい。山腹をめぐる林

坪野城山

道上から、この山道に取りつく際、「火の用心」と書かれた赤いプレートが目印。林道から山頂まで坪野側（西側）コースは約10分。大菅沼側（東側）コースが約30分。山頂に「坪野城趾」と記した石柱が建つ。→松倉城山・金山城山　　　　　（佐伯邦夫）

升方山
ますがたやま　　241m　魚津市
2.5万分の1図「魚津」

G.B —

　升方山は早月川と角川の間の山。升形山とも書く。升方集落を見下ろす山上に升方城跡。南東に角川を挟んで松倉城と相対し、南は水尾山城と尾根続きで結ばれる。松倉城の支城群の1つ。小さいけれどもよくまとまった山城の典型。本丸、二の丸、大手と続き、昔のままに土塁を残す。井戸もそのまま。大手は正面の早月川に向かい、搦手は峰続きに石の門から松倉本城に続く。この城は戦国時代に築かれ、

水尾城山（鹿熊地区から）下は水尾城山から早月川上流を見下ろす。(佐伯邦夫撮影)

升方城山（松倉城山から）下はその城址（佐伯邦夫撮影）

城主には代々松倉城の重臣が任じられていた。天正年間に松倉城と共に落城。

　ここからの見晴らしはまことによく富山方面まで一望できる。→松倉城山、坪野城山（新田川雅好）

水尾城山
みずおじょうやま　　310m　魚津市
　　　　　　　　2.5万分の1図「越中大浦」
G.B 紀 雪

　角川と早月川の分水嶺上にある山。魚津の松倉城をめぐる7つの支城の1つ。北東側に角川を挟んで松倉城と相対する。本城の南西面をかためる山城。北西方向の尾根続きは石の門を経て升方城に連なり、南東の尾根続きには水尾山南城がある。ここには水尾城主を祀った神社がある。

　この城は南北朝時代から歴史に現われ、1346（貞和2）年の松倉城主・井上俊清（南朝）と能登守護、吉見頼隆（北朝）との激戦は有名。山名の由来は『越中古城記』（加越能文庫）に水尾兵衛が居住したと記すところからか。

　標記の標高は2.5万分の1地形図「越中大浦」より推定した。山への接近は魚津市鹿熊、あるいは大熊から。また、水尾城山から北西へ升方城山まで約3kmの細長い丘陵地を縫う様に林道が走る。頂上からは富山平野が一望できる。→松倉城山、升方城山
（新田川雅好）

虎谷山
とらだんやま　　686.9m　魚津市
　　　　　　　　2.5万分の1図「越中大浦」
G.B 紀 雪

虎谷山。早月川対岸の簑輪地区から

角川の支流の大熊川の源流の山。西に鉢蔵山。ここからさらに北西へ角川、早月川の分水嶺が長く尾を引き、水尾城趾を経て、升方城趾に達する。南に小早月川を隔てて白倉山、尻高山がある。南西山麓に虎谷（魚津市）があり、山名はここから。虎谷では、当山南面をなす谷名松尾谷から松尾の頭とも。三角点の「点の記」(1907＝明治40年) は「奥ノ山、俗称銀山」としている。虎谷はその昔、越中七金山の1つとして金銀を産出した。今は過疎の村。

急峻な雑木の山で、登山道はない。積雪期のかんじきハイクに適。虎谷あるいは西麓鉢地区（魚津市）から尾根を伝う。手ごろな日帰りコース。山頂からは、滑川、富山市水橋方面を見おろす。→白倉山、尻高山　　　　　　　　　　　　（佐伯邦夫）

白倉山　　878.3m　魚津市・上市町
しらくらやま　2.5万分の1図「越中大浦」
G.B ㊗㊦㋕

早月川の支流の小早月川の谷ふところにそびえる。小早月川の支流の末花谷をはさんで尻高山と並ぶ。両山とも大倉山の前山にあたる。広葉樹林に覆われた急峻な山。滑川市蓑輪(みのわ)地区あたりから見ると、3つのコブを並べた形に見えることから三ツ山ともいう。3峰の1番奥（南側）の峰に三等三角点。1907（明治40）年の「点の記」は所在地を白萩村大字伊折字白金、俗称大長谷としている。

当山南面を林道坪野蓬沢線が通る。魚津市鉢地区にこの山から名を取った白倉小学校（滑川市、魚津市学校組合立）があったが、1983年休校となる。

地元出身有志によって登山道の切り開きが進行中。西側末花谷の中から取りつく。2001年中の開通を目指している。南側の林道からのコースの計画

白倉山（大倉山中腹から）

もある。→尻高山　　　　　　　　（佐伯邦夫）

尻高山　　772m　上市町
しりたかやま　2.5万分の1図「越中大浦」
G.B ㊗㊦㋺

早月川とその支流の小早月川との間にある山。毛勝三山の猫又山から西へ走る東芦見尾根は大倉山で二分し、北へ濁谷山、西へ早月川に沿って尻高山に至る。小早月川の支流末花谷をはさんで白倉山と並ぶ。尻高山は富山市、上市町方向から見る時、毛勝山の左下に台形で西側斜面の山ひだがすっきりと望める特徴的な山。

右奥の最高峰が尻高山（左奥は白倉山。蓑輪から）

昔から山麓の村ではシッタカヤマと呼ばれ、広葉雑木林では炭焼きが行われてきた。

早月川の入会橋(いりあい)あたりから、上流をのぞむと牛の背を思わせる稜線が正面に見える。これが尻高山。早月川に沿って細長い山稜に、標高点が753mと772mの2箇所ある。国土地理院の地形図の「尻高山」の文字は両者の間を何度か行き来した。下の集落から見上げた山は現表示の前者が立派だ。

最近この山の頂稜を林道（坪野蓬沢線）がまたいだ。この乗越地点に「ふれあい広場」と称して、展望台やあずまやが設けられた。富山平野や富山湾の眺めがすばらしい。ここを起点として遊歩道が1999年、有志によってきり開かれた。772m峰まで約1.5km、40分。ハイキングによい。帰りは山麓の蓑輪温泉で汗を流すのもいい。→白倉山　（安宅繁正）

城山(蓑輪)　490m　滑川市・上市町
じょうやま　2.5万分の1図「越中大浦」
G.B ―

上市町の山手「太子堂の水」の護摩堂(ごまどう)集落の背後にある山。護摩堂の反対側が滑川市最奥の村蓑輪。

昔この山に蓑輪城があったことから周辺の人たちは城山または蓑輪の城山と呼んでいる。滑川市と上市町の境界。三角点のある位置が470.8mで近くに鉄塔があり、ここまでは蓑輪からも護摩堂からも細道があるが、山の最高点はそこより百数十m南東にあって、地図の等高線でみれば高さ490mある。『滑川市史』や『上市町史』によれば、この山は要害の地で蓑輪五郎左衛門の城があったとされている。鉄塔の下は刈り明けてあって明るいが、最高点はヤブの中で見通しがきかない。いずれの場所も冬は木の葉が落ちるので、木間越しに周辺が見渡され、真下に早月川が、対岸に尻高山が見えている。

護摩堂からの道は入口周辺は下草が多く枝分かれしていて見つけにくい。蓑輪からの道も手入れされないとすぐヤブに埋もれるだろう。いずれの道も電力会社の鉄塔補修用のものらしい。護摩堂から頂上まで30分、蓑輪から40分ほど。

鉄塔の10数m手前で2つの道が合流しており、合流点に「蓑輪城跡」と記した石柱がある。石柱の裏に「高橋政二建之」とある

蓑輪はテニス村、温泉その他の保養施設として、護摩堂は名水の湧水地として賑わい、八十八荘は休養施設として利用されている。　　　（橋本　廣）

笠尻山　　629.2m　上市町
かさじりやま　　2.5万分の1図「越中大浦」
G.B 紀雪

早月川と上市川との分水嶺をなす尾根上の小ピークである。この尾根は南へ城山・赤谷の頭・大熊山・早乙女岳を経て大日岳へと連なっている。

笠尻山は、上市川ダムから見ると頂上にポールが立っているので識別できるが、麓からは目立たない

笠尻山（千石城山から）

笠尻山（上市川第一ダムから）

山である。道がないので登る人は少ない。登るとすれば積雪期がよいが、距離が近いのでヤブをくぐってもそれほどの難コースではない。

折戸の峠を抜けたところで、すぐ右の斜面に取り付く。ナラや赤松の平坦地を行くと、手入れのよい杉の植林帯に出る。ここから尾根に出るまでが急登だが距離は短い。早月川の向こうにどっしりとした尻高山、白倉山が見えてくる。

尾根に出て、なだらかな斜面を行くと頂上は直ぐである。頂上には、NHKの中継局とダムから見えたポールがある。

眼下に上市川ダム、その向こうに種部落の雪を被った千枚田のような水田が不思議と風情がある。東には、剱岳の雄姿が望める。

膝までのラッセルで1時間10分の行程であった。
→千石城山　　　　　　　　　　　　（高井　充）

城山　　348m　上市町
じょうやま　　2.5万分の1図「越中大浦」
G.B ―

城山は上市川第1ダムの北側にある小さい山。周辺には幾つもの城山があるが、この山は稲村の城山と呼ばれる。極楽寺の集落から見ると円錐形の山容が望める。山上には、戦国期に中新川郡一帯を領地としていた土肥氏の山城の1つである稲村城が築か

稲村の城山

れていて、上部の千石山城と共に、平野側の堀江城（現・滑川市）や郷柿沢館の奥城であったと伝えられている。また、森尻にある稲村山の山号を持つ称念寺は、これらの城館を結ぶライン上に位置しているのも興味深い。

山の周囲は急峻な斜面で、東側を除く三方は深い谷に面している。東側の稲村から取り付いて、杉林の尾根筋を高度差で100mあまり直登して山頂に達するが、道がないのでヤブをこがなければならない。山頂は広い平坦地で、西端部に物見櫓の遺構と考えられる高台が設けてあり、その東南には、眼目の立山寺に通じていたと伝えられる抜け穴跡が地上に入口を見せている。そして、大きく育った木の間から北西に上市の町並や富山平野を望み、東南には千石城山が望まれる。→千石城山　　　（細川一敏）

大山 （櫛形山）　210m　上市町

おおやま（くしがたやま）　2.5万分の1図「越中大浦」

G.B 雪 楽

上市町の名刹、眼目立山寺（さっかのりゅうせんじ）の裏にある小高い山。全山赤松林の山で、別名を「櫛形山」という。なるほど山の姿はたおやかで、女性の髪飾りに使われる櫛を連想させる。

立山寺本堂の裏道を、「南無観世音菩薩」の旗に導かれ、随所に祭られた観音菩薩の柔和な顔を見ながら歩く。約20分で頂上に着く。平らな頂上で、お地蔵様や弘法大師を祭った小さな祠が3つばかり建っている。山頂から西側にかけて眺望が開け、上市平野を一望に収めることができる。

手軽なハイキングコースとして、四季を通して楽しむことができる山である。

大山の赤松林は呉東地区随一といわれ、あたり一帯は大岩眼目県定公園に指定されている。時間が許せば、立山寺の栂並木の参道を歩き、立山寺を参詣し、その昔大徹禅師が座禅を組んだと伝えられる座禅石のあたりまで足を延ばしてみるのもおもしろい。

（酒井洋子）

大山（櫛形山）

升形山　106.6m　上市町

ますがたやま　2.5万分の1図「上市」

G.B —

升形山は山というよりは比高30mの丘陵である。大観峰（332m）より北西に派生した尾根が柿沢集落に向けて平野部に消える末端に投げ出されたように横たわる。名刹大岩日石寺への道筋、大岩川左岸にあたる。

辺りの林縁部一帯には杉の植栽が施され、青々とした樹林中に埋もれてこの山の存在がはっきりしない。かつて戦国乱世の時代に郷田砦と呼ばれる向城が築かれていた。

この山の西方約500mに佐々成政との戦で敗北した土着の土肥氏の居城跡（弓庄城）がある。砦についてはいくつかの伝承もあるが、「土肥記」所収の弓庄城古図には現在の桝形山の地に、山頂を削り、切岸と平坦地を廻らした砦が描かれ「佐々成政の付城の跡」と記してある。郷田砦は成政による城攻めの際の向城（付城）と見るのが大勢である。

升形山へは西側農道終点より取り付く。段々になった田畑跡に植栽の杉林に加えウラジロガシやシロダモの常緑樹が茂り薄暗い中に土地の墓が点在する。途中で道は消え10分ほどで山頂の平坦地に着く。残念ながら林にさえぎられて眺望は望めない。

大岩川が平野に出る辺り、左岸に突き出る形で横たわるのが升形山（城ヶ平山の山頂から）

　升形山は、山登りの対象としては不適だが周辺の史跡を含め、埋もれた歴史探訪として興味深い山である。
　　　　　　　　　　　　　　　　　　（池田則章）

6「五百石」「有峰湖」

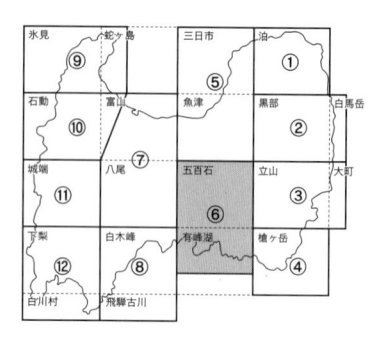

1	赤谷ノ頭	152	45	瀬戸蔵山	168
2	千石城山	152	46	極楽坂山	169
3	臼越山	153	47	与四兵衛山	169
4	肉蔵山	153	48	大坂森山	169
5	大辻山	154	49	唇ノ頭	169
6	奥長尾山	154	50	鉢伏山	170
7	長尾山	155	51	笹尾ノ頭	171
8	前長尾山	155	52	鳥ケ尾山	171
9	来拝山	155	53	熊尾山	171
10	大丸山	155	54	高杉山	171
11	一山山	156	55	高頭山	172
12	北山	156	56	水須山	172
13	美し山	156	57	隠土山	173
14	高峰山	156	58	麻谷山	173
15	鍋冠山	157	59	丸坪山	173
16	塔倉山	158	60	不動壁山	173
17	迯山	158	61	安蔵山	174
18	奥赤谷山	159	62	小糸山	174
19	大柏山	159	63	滝又山	174
20	あくみ山	159	64	岩竹山	174
21	ハゲ山	159	65	松ケ窪	175
22	そで山	160	66	マッキン平	175
23	西山	160	67	割谷山	175
24	峠山	160	68	二子山	175
25	丸山	160	69	日尾双嶺山	176
26	さるくら山	161	70	大双嶺山	176
27	城ヶ平山	161	71	薄波山	176
28	樫ノ木平山	161	72	小佐波御前山	177
29	経ケ峰	162	73	寺地山	178
30	宇津露	162	74	猪ノ根山	179
31	大観峰	162	75	和佐府ゼッコ	179
32	上寺	163	76	祐延山	179
33	祝坂	163	77	瀬戸谷山	179
34	座主坊山	163	78	東笠山	179
35	池田城の山	164	79	西笠山	180
36	不動壁山	164	80	横岳	181
37	尼子谷山	164	81	高幡山	181
38	千垣山	165	82	池ノ山	182
39	尖山	165	83	鼠尾山	182
40	上ノ山	166	84	六谷山	182
41	吉峰山	166	85	キラズ山	183
42	神宮山	166	86	奥山西ノ尾	183
43	鍬崎山	166	87	奥山	184
44	大品山	168			

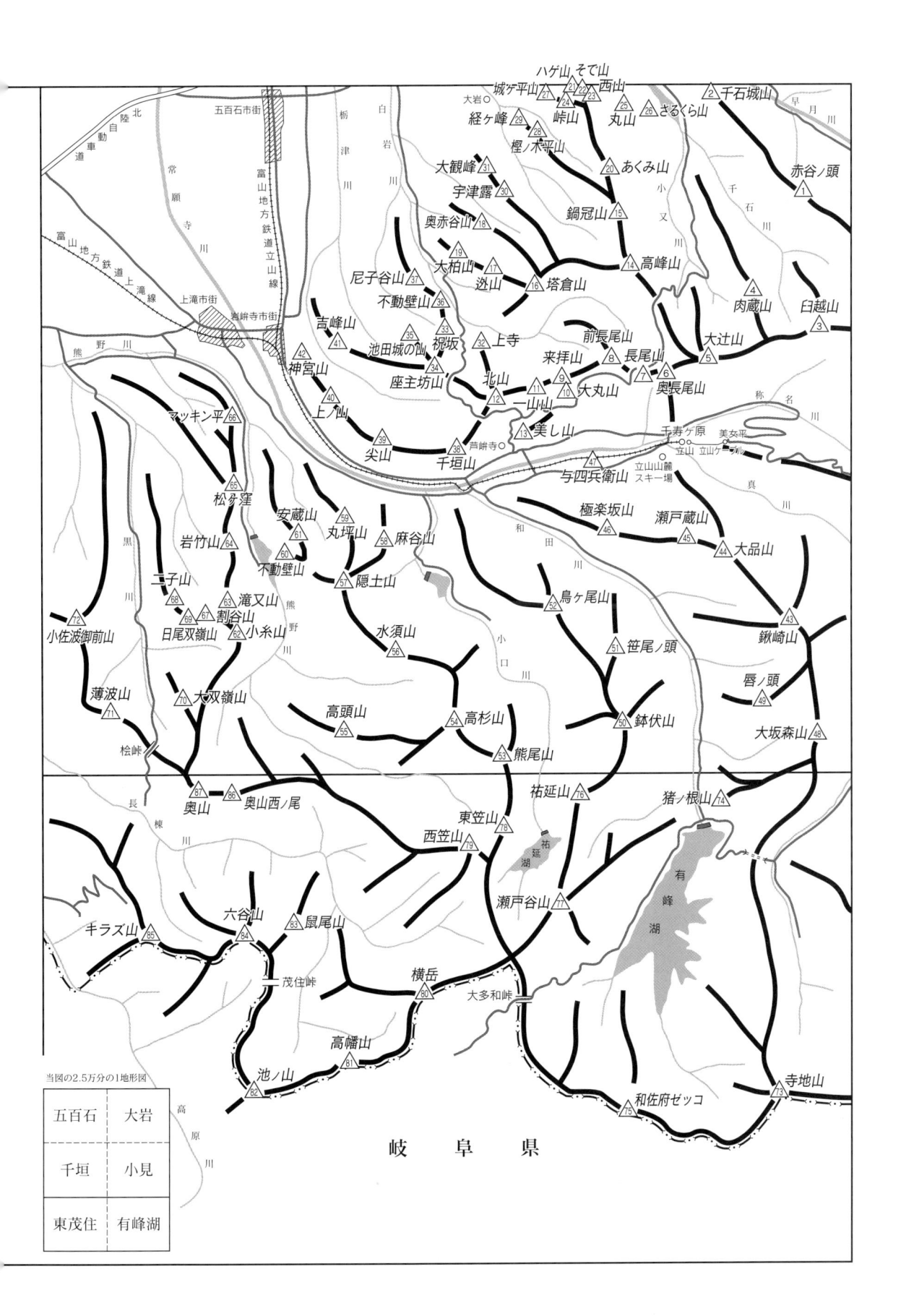

五百石	大岩
千垣	小見
東茂住	有峰湖

当図の2.5万分の1地形図

赤谷ノ頭　　1046.1m　上市町
あかだんのかしら　　2.5万分の1図「大岩」
G.B 越 紀

　赤谷ノ頭は早月川最奥の集落伊折の上部の山。伊折で早月川に流入する赤谷の源頭にある。早月川と千石川の分水嶺にあたる。山頂はあまり広くないが山稜は東西に長い。登山道がないので一般的には登山の対象とならない。が、一部の登山者が積雪期にこの山を目指すことがある。その場合、赤谷側の尾根を登るか、剱青少年の村から蛇谷沿いの尾根を登るかである。また、そのどちらからか登り、反対側へ下りる場合もある。赤谷ぞいのコースについて、伊折の手前の伊折橋のたもとから取り付き、林道を少し登り、急な斜面を登ると杉が植林された広い所に出る。しばらくはなだらかな尾根を行くが登りはだんだんときつくなって838mのピークへ出る。大きな立山杉のある広い尾根をたどり主稜線へ出る。主稜線から1070mのピークまでは早月川側に大きな雪庇が張り出している。1070mのピークからは広い尾根を行くが、大きなピークを越え2つ目のピークが赤谷の頭である。天気が悪く視界がきかないと通り過ぎてしまいそうなピークなのでこの先大熊山等を目指す場合下降口に注意を要する。頂上からは大辻山、大日岳、剱岳等が望まれる。

　伊折橋から約3〜4時間。　　　　（土井唯弘）

赤谷ノ頭（千石城山から。下は大倉山から）

千石城山　　757.3m　上市町
せんごくじょうやま　　2.5万分の1図「大岩」
G.B 紀 カ ウ 楽

　上市町域には、8ケ所の中世城館跡が存在する。ほとんどが土肥氏の支配域内にあり、その城群中で最も奥地で高所にあるのが千石城山。

　上市川第2ダム右岸背後の山。早月川側からは伊折発電所の導水管上部にあたる。かつて修験者が剱岳を遙拝したすこぶる展望の効く山中の高楼である。

千石城山（赤谷ノ頭から）

　富山市街から見ると剱岳の裾に小さな三角のゴブとして望める。

　山麓のダムサイドに「ふるさと剱親自然公園」を整備した際、山頂へ遊歩道が整備された。それ以前

は積雪期に限られた登山者の山であった。山頂からの眺望、アプローチの便宜さ、何よりも小1時間で登れる手軽さもあって、シーズンを通し家族連れや中高年を中心に人気のある山。

　この谷筋に修験山伏の「修験の道」があった事はあまり知られていない。大岩山日石寺を拠点とする真言密教の修験者が回行した。大岩から浅生、骨原、西種を経て、今は湖底に眠る千石集落、そして上市川支流の千石川を遡行し、早乙女岳で来拝山からの天台系大日岳（金峰山）コースと合流する。その回行中この山から剱岳を遥拝した。

　第2ダムから約0.5km行くと三又路に至る。そこを左（林道千石線）に入り、2km強行くと道路脇左側に「展望台」の標識が立っている。そこが登山口。登山道は疑似木の階段が山頂まで続いている。登山口から鉄塔を結ぶ送電線の下に道が延び3本目の鉄塔手前で稜線に出る。ここからは爽やかな風に撫でられて稜線漫歩。右に毛勝の山々、左に大日、薬師岳等々、そして目を落とせば林床に季節折々の草花が迎えてくれ、多少の急坂も気にならない。

　稜線に出てから約20分で三等三角点のある山頂に着く。山頂はあきらかに人の手が加った平坦地（二段の郭）になっており、かつての山城の面影を残している。

　早月川の向こうに不動明王の様な憤怒の表情で威厳を放つ剱岳が峻立している。

　積雪期には、この尾根の下方にある笠尻山から登るのもおもしろい。　　　　　　　　（池田則章）

臼越山
うすごえやま　　1421.1m　上市町・立山町
2.5万分の1図「大岩」
GB 紀越力雪

　大辻山の東にある目立たない山。山頂の小瘤が湾曲した尾根に並ぶ様は、東方の雪見平からは恰も臼歯を思わせる。北面は千石川の源頭にあたる。

　昔の修験道ルートは芦峅から来拝山・大辻山・臼越山を経て大日山頂の祠へとつながっていた。

　現在はこのような古道や登山道もなく残雪期に登られるのみ。コースは人津谷（称名川支流）をつめて人津谷乗越から左（大辻山側）へ折れ、ブナ林の尾根通しに1405mのピークを経て臼越東峰へ登り、広い穏やかな尾根上の中峰を通って三角点のある西峰、臼越山頂へと進む。または人津谷から大辻－臼越稜線の鞍部を経て臼越山（西峰）へ登るコースもある。

　積雪期この山からの展望は素晴らしく四周遮るものがない。僧ケ岳から剱岳・大日岳、薬師岳・北ノ俣岳、弥陀ケ原・鍬崎山・鉢伏山等が望める。

　残雪期には、登高時なかった熊の足跡が下山時現れることもある。　　　　　　　　（松井和一）

臼越山（左のピーク。雪見平から）

肉蔵山
にくぞうやま　　1101m　上市町
2.5万分の1図「大岩」
GB 紀越雪

　上市川第2ダム湖（早乙女湖）奥の小又川と千石川の間の稜線上のピーク。かつては、西種から肉蔵山・大辻山・臼越山を経て大日岳、立山への登山道があったようだが、現在は、その跡はなく、積雪期に一部登山者によって登られているだけのようである。肉蔵山へは林道・大辻線千石山作業道（標高450m）から登る。植林地を登り747.4mピーク（点名「千石」）へでる。杉で展望はよくないが、剱岳、大日岳が望まれる。東側が杉の植林地、西側は

肉蔵山の5合目くらいで上市第一ダムを振り返る

緩斜面の雑木林となり次第に傾斜が増してくる。千石山から約40分で906mのピークに着く。東側の展望が大きく開け、濁谷山・大倉山・大明神山・毛勝三山が見えてくる。しかしブナやナラ等の木々に熊の爪跡がたくさんあるところをみると、一帯は熊の住み処と思われる。

進むごとに急登となるが906mから約1時間で肉蔵山（北峰）に着く。立山杉の大木がある。木々の隙間から剣岳・大熊山を中心に、左に毛勝三山、右に大日岳・早乙女山。そして臼越北鞍部からは弥陀ヶ原の上に鷲岳・鳶岳・越中沢岳・スゴの頭、薬師岳等が望める。背後には、今登ってきた足跡とともに千石川、早乙女湖が見下ろされる。北峰からしばらくで南峰（1101m）に着く。ここも樹間から正面の大辻山東面、そして、はるか白馬鑓が遠望できる。

3月から4月上旬の残雪期の登山には最適である。大辻林道より上り3時間20分、下り2時間。

（岡本邦夫）

大辻山
おおつじやま　　1361.0m　上市町・立山町
2.5万分の1図「大岩」
G.B —

称名川を隔てて立山ケーブルの対岸にある山。端正な山容は、平野部からもよく望める。大辻山は、高峰山へ続く尾根と、来拝山へ続く尾根の分岐点にあたる。東は大日連山へと尾根は連なっている。

登山コースは国立立山少年自然の家の自然学習の一環として整備されている（積雪期には長尾峠までの林道が圧雪車でクロスカントリースキーのコースとして整備されている）。一般的には登山口の長尾峠まで車を利用する。峠には簡易トイレ等も設置してありゆっくりと登山の準備が出来る。長尾峠を少し向こうへ下った地点にも登り口があって、前記の登山道と合流する。登山道の合流点からしばらくは急な登りであるが、まもなくなだらかな尾根になり奥長尾山に着く。奥長尾山より先はブナ林の中を行くが、カンバ平、ブナ平などの休憩地点を過ぎ大きな立山杉が現われはじめると大辻山の北尾根との合流点に出る。それからしばらくはきつい登りであるが、広いブナ林にでると間もなく頂上である。頂上からの眺望は北に僧ケ岳、南は薬師岳、東に剣岳等が望まれ、正面には弥陀ヶ原スロープが見渡せ、天気のいい日は称名滝も望まれる。

静かな登山が楽しめるのが北尾根コースで、大辻林道を車で鳥越峠まで行く。峠の北は高峰山の登山口で、南が大辻山の登山口となっている。大辻山へは鳥越峠からはしばらく起伏のあるなだらかな尾根を行くが、次第にきつい登りになって、前記長尾峠からの登山道に合流する。鳥越峠付近の湿地帯にミズバショウの群生地がある。

積雪期は少年自然の家まで車で入り長尾峠まで圧雪車で整備された林道を行くことになる。大辻山本道、北尾根コースともに峠から約2時間で頂上。

（土井唯弘）

大辻山（早乙女山から。下は大熊谷のコルから）

奥長尾山
おくながおやま　　1020m　立山町
2.5万分の1図「大岩」
G.B —

大辻山から西に延びる尾根上の大辻山から約1.2kmにあるピーク。西へ0.6kmに長尾山。山頂は東西に細長く、ブナやトチなどの高い樹木に妨げられて眺望はきかない。大辻林道の長尾峠から長尾山経由で30分、峠から林道を東に300mほど行った地点の登り口からは20分で山頂に至る。立山少年自然の家の「奥長尾山山頂1025m」のプレートがある。
→大辻山・長尾山　　　　　　　（大橋雪枝）

長尾山
ながおやま　　1001m　立山町
2.5万分の1図「大岩」
G.B －

　大辻山より西に延びる尾根の1つのコブ。林道大辻山線の長尾峠より10分で着く。山頂は雑木林で眺望はきかない。古くは長倉側（白岩川源流）から登られていたので長倉山と呼ばれていたが、今は芦峅から登るので芦峅の呼び名で長尾山と呼ばれている。
　この山の東0.6kmにある山を奥長尾山（1025m）、下方（西約1.2km）にある山を前長尾山（953m）という。→大辻山・前長尾山　　　（大橋雪枝）

前長尾山
まえながおやま　　953m　立山町
2.5万分の1図「大岩」
G.B －

　大辻山と来拝山の間にある山。大辻山林道の城前峠と長尾峠の中間に位置する。立山少年自然の家から林道を3km行った西側のピーク。長尾山、奥長尾山は大辻登山道の途中にあるが、この山は林道をはさんで反対側にある。どちらの峠からも刈り明け道があって、それぞれ40分の行程。山頂からは来拝山、大辻山、塔倉山などが望める。→長尾山（串田京子）

前長尾山の山頂

来拝山
らいはいやま　　899.3m　立山町
2.5万分の1図「大岩」
G.B 紀 越 歩 ガ 県 案

　立山町芦峅寺集落より、北東へ2kmに位置する。大日岳からの尾根が大辻山を経てこの山へと続いている。立山町や大山町からは兜を伏せたような円く張りのある山容を見せる。芦峅寺側の山麓に近づく

来拝山（上は家族旅行村から。下は座主坊山から）

につれ美しい三角形として仰がれる。山名は立山が信仰の対象とされたころ、この山に登って立山を伏し拝んだところからつけられたものであろう。
　1802（享和2）年、芦峅寺日光坊伝来の「金峯山秘密修行次第」によれば、修験者が芦峅寺を基点として出発し、まず取りつく山とされている。別名を礼拝殿山（らいはいでんやま）といい、立山遥拝の社殿があったとされている。
　1983（昭和58）年、国立立山少年自然の家の建設によって整備され、登山道をはじめ各種標識や植物名の標示など手入れが行き届き自然学習エリアとして広く利用されている。登山ルートは南尾根・東尾根・大日の森尾根がある。どのコースも少年自然の家から1時間前後の行程。
　山頂は赤土の広場でほぼ中央に三等三角点がある。南東に鍬崎山や麓のスキー場が望め、東には立山連峰が眺められる。　　　　　　（串田京子）

大丸山
おおまるやま　　729m　立山町
2.5万分の1図「大岩」
G.B －

来拝山の南側山腹にある小ピークで、東尾根ルートから来拝山へ登る際の通過点に過ぎない。登山口からワンステップの小高く丸い丘。林道標識Gからわずか7分で頂上に立てる。この山の下方、林道わきに炭焼き窯がある。ドライブがてらの人にも20分の自然観察路の周遊が楽しめる。

大丸山の南西側に小丸山（637m）もある。→来拝山　　　　　　　　　　　　　（串田京子）

一山山　　　780m　立山町
いっさんやま　2.5万分の1図「大岩」
G.B －

北山山頂（来拝山から。下は中央が来拝山で右へ一山山、北山と続く＝塔倉山中腹から）

立山町芦峅寺の来拝山の西0.7kmにある小ピーク。来拝山と同じく常願寺川と白岩川の分水嶺。この山と来拝山との鞍部が旧城前峠で、昔東谷村と芦峅村の人が行き来した。以前立山少年自然の家が、来拝山から国見峠への縦走路を刈り明けた時、この山の頂上を通っていたが、今はヤブでたどりにくい。

一山山（北山から）

一山山・来拝山　　　　　　　　（林　伯雄）

頂上は広くなっており、来拝山がわずかに望める。ナラの木が多く、熊留まりができそうな木の割れ目のある巨木な立山杉がある。→来拝山（林 伯雄）

美し山　　　504m　立山町
うつくしやま　2.5万分の1図「小見」
G.B －

立山町芦峅寺の雄山神社の背後にある山。頂上の森の中に金比羅さんを祀った小さい社がある。集落から頂上までは階段の道を登って10分足らず。村の標高が400mだから標高差およそ100mの階段を登ることになる。急な階段で滑りやすいから要注意。毎月10日に金比羅さんのお祭りが行われている。急な階段を避けて、裏側の大辻林道から、右手の造林用の道に取り付き、ヤブを分けて頂上へ出ることもできる。

頂上は森の中でマツ、スギ、ヒノキ、ナラの巨木におおわれている。北側はスギの植林地。北西側のスギは小さいのでやや展望ができ、国見峠、千垣山方面が望める。　　　　　　　　（橋本　廣）

北山　　　650m　立山町
きたやま　2.5万分の1図「大岩」
G.B －

立山町芦峅寺の来拝山から国見峠へ続く尾根の途中にある小ピーク。大辻林道から派生する国見峠への道の中間あたりの上部になる。以前、立山少年自然の家が来拝山西尾根に縦走路を刈り明けた時は、この山の頂上部を通っていたが、今はたどりにくい。山頂はヤブでその合間から富山平野が望める。→一

高峰山　　　957.7m　上市町・立山町
たかみねやま　2.5万分の1図「大岩」
G.B 趣歩力雪

高峰山（長尾峠から）

上市町と立山町との境界の山。大辻山から北にのびる尾根上のピーク。尾根は極めてなだらかで、平野部から見ると、頂上がどこかわかりにくいほど。

高峰山へは大辻林道の鳥越峠からが近い。一般的には上市町の西種から登られる。いずれのコースも春の新緑や秋の紅葉とともに楽しめファミリー登山にもよい。

上市市街から西種へは馬場島線を行き極楽寺を過ぎて右折する。車で約15分くらいである。西種から骨原への東の道はやや急。骨原からため池のわきの林道を行く（右は大岩へ至る林道）。まもなく林道は杉林の中を行く。道幅がせまく待避所もあまりないので車のすれ違いに注意。杉林をぬけると道は左右に分かれる。右の林道を行くと視界が開け剱岳や大日岳、毛勝三山等が望める。林道はいったん下りになりカーブを左に折れる。右は工事中の新しい林道なので注意。（なお釜池へはこの地点から杉林の中に登山道がある）。林道終点近くが登山口で車が5～6台ぐらい駐車できる。

高峰山登山口はこれより少し手前。池の横から登る。しばらくは山腹を行くがまもなく尾根道となり、途中にふたつの遭難碑がある。1960（昭和35）年3月15日、雪の山中で倒れた藤田、村上両名（当時高校生）のものである。ゆるい尾根歩きの後急な坂を登りきるとやや開けた高峰山の頂に着く。登山口から約1時間である。

頂上には二等三角点があり展望は素晴らしい。大日岳が間近に見え剱岳、毛勝三山等の眺めもいい。登山道は頂を経て鳥越峠から大辻山へと続いている。帰りには鍋冠山か釜池を訪ねるのがよいであろう。釜池は海底火山の火口と言われる。鍋冠山の山懐に抱かれた静かな所である。

高峰山の積雪期はスキー、ワカン等での登山になるが、林道のラッセルが大変である。無積雪期と同じ所から登るが、尾根には小又川側に思ったより大きな雪庇が出来るので注意したい。→鍋冠山

（土井唯弘）

鍋冠山

なべかんむりやま　　900m　上市町
2.5万分の1図「大岩」
G.B 越 歩 雪

大辻山の北の尾根は、高峰山を経て鍋冠山に至る。高峰山はなだらかだが、鍋冠山はその名のとおり鍋をさかさに伏せたような特徴のある山容で、平野部からも周辺の山頂からも一見してそれとわかる。上市町、立山町では鍋冠山に3度目の雪が降れば里にも雪が降ると言われ昔から生活に根付いた山。

登山道はなく登る人は少ない。上市市街から西種、

鍋冠山（左は高峰山、千石城山から。下は城ケ平山から）

骨原を経て林道の終点まで車で入る。そこは高峰山の登山口であり、鍋冠山の直下になる。鍋冠山の下部は杉の植林地だが、上部は雑木林。駐車地点から道のない斜面を30分登れば頂上へ出る。積雪期には西種から骨原を経て雪上を歩くことになる。林道に沿って歩くのがわかりやすいのだが、近道しようとして林道をはずれるとわかりにくくなる。たかが鍋冠山と安易に登るとしごかれる。植林された杉が大きくなってきているのでスキーだと登りづらい。

山頂は南北にやや長く、雑木が繁っているので視界は十分でないが、樹間から剱岳、大日岳等が望める。道のない山だが、短時間で登れるので高峰山の帰りなどに登るのもよい。→高峰山　　（土井唯弘）

塔倉山
とのくらやま　　730m　立山町
2.5万分の1図「大岩」
G.B 越 歩

　白岩川源流部の山。白岩川をはさんで立山町芦峅寺の来拝山と対峙している。塔倉山の倉は岩の意味で白岩川に面した岩塔状の露岩からこの名が付いたとされる。1998（平成10）年9月から約2ヶ月間かけ延べ200名近いボランティアのメンバーにより、長倉から南尾根沿いに登山道が出来た。登山道の標高600m地点から見る眺望は富山平野と富山湾を直下に見下ろす感じで晴れた日には富山湾に浮かぶ船もくっきり見える。コースの途中下部には一部勾配のきつい所もあるが、あとはアップダウンのある尾根沿いを歩く。春になればイワウチワが咲き乱れ、ルンルン気分にさせてくれるだろう。登山口から1時間半で双耳峰の一方の三角点のある頂上に到着する。山頂からの展望は素晴らしく左から毛勝三山、剱岳、立山本峰、その前方に鍬崎山、鉢伏山、東笠山、西笠山、高杉山から県西部の山もその威容を見せる。頂上から10分ほどのところに東峰があり、ここから見る展望もいい。

　塔倉山へのもう1つのルートとして目桑集落からのコースがある。長倉の手前の目桑でバス道と別れ、左の林道塔倉線へ入って4km（約10分）走ると、右からイオクラ谷が下りており、「塔倉山」と書いた小さな札が立っている。ここで車を止め、谷沿いの道を登る。30分ほどで展望が開け左右対称の山間から顔を見せる鍬崎山が印象的だ。登り始めて40〜50分で長倉からの尾根道に合流し、残り10分で山頂にでる。
（林　伯雄）

塔倉山の山頂にて。下は山頂から望む大日岳と大辻山（右）

逧山
にけやま　　560m　立山町
2.5万分の1図「大岩」
G.B —

　白岩川右岸の山。塔倉山の西方へ下りている尾根の560m地点のピークが逧山。尾根の一角の小さなコブに過ぎない。尾根はさらに尾を引いて大柏山につらなる。山腹を林道塔倉山線が走っており、林道わきに水道や電灯施設のある広場がある。この広場から塔倉山方向へ標高差約100mのヤブを分ければ山頂へ出る。積雪期以外は眺望がきかない。

　白岩川右岸の目桑集落から広場まで車で約10分。
→塔倉山　　（川口一民）

逧山（塔ノ倉林道から）

奥赤谷山
おくあかたんやま
558m　立山町
2.5万分の1図「大岩」
G.B —

塔倉山東峰から北西へ派生する尾根の一角にある558mピークをいう。白岩川ダム尻に流入する湯毘谷橋上から見ると、谷の上流に見えている山。立山

奥赤谷山

町目桑より林道塔倉山線を走ると、塔倉山東峰北西尾根を乗越す。乗越点より派生する林道の枝線に入って、その終点から尾根を歩いて5分ほどで頂上へ出る。山頂は広くヤブにおおわれている。

この山を「ほたるの清水」と呼ぶ地元の人もいる。この山のどこかから湧き出る清水についての言い伝えからの呼称のようである。→塔倉山（川口一民）

大柏山
おおかしやま
335m　立山町
2.5万分の1図「大岩」
G.B —

白岩川右岸の山。立山町目桑集落の民家の裏山といった感じの山。登山道はない。登るとすれば、南東斜面の杉林より入って尾根に取り付く。下草は少なく樹々の間を縫って登る。約15分で山頂へ出る。山頂の雑木林の中には、株元で枝分かれした見事な夏椿（正に沙羅双樹（しゃらそうじゅ））が1本、守り神のごとく立っている。積雪期以外は眺望がきかない。雪山の頃、気

大柏山（目桑部落から）

軽に一汗かくのに格好の山。

村人の間で一部「天狗山（てんぐやま）」とも呼ばれるが、「大柏山」と呼ぶ人の方が多い。地権者台帳にも「大柏山」とある。
（川口一民）

あくみ山
あくみやま
750m　上市町
2.5万分の1図「大岩」
G.B —

上市町西種の南2km、浅生の釜池の北0.6kmに位置する山。種集落から見ると南側のなだらかな山々の中から盛り上がったように頭を出している。国土地理院の地形図には山名、標高の記入はない。地元の人は単に「あくみ」と言っている。この周辺は窪地が非常に多く、迷いやすい地形。最近、植林用の道がこの山の麓まで付いたが、頂上に至る登山道はない。手前には低い山しかないため平野部の眺めはよい。種集落から高峰山にかけては山中のいたると

あくみ山（北側から）

ころに大岩が点在し、あくみ山に至る緩やかな稜線の中ほどに「西種の岩屋」がある。　（富樫正弘）

ハゲ山
はげやま
455m　上市町
2.5万分の1図「大岩」
G.B —

ハゲ山は、上市町種集落の1つ、水上の西側にある。標高455mの低山で、尾根の末端は釈泉寺辺りから始まる。

アプローチには、車がよい。西種バス停の「ハゲ山案内図」を見落とさずに右折し、水上集落へ入る。村の入口に駐車場がある。

集落内の「ハゲ山案内板」の所から山手へ入る。田植えの終わったばかりの、水田の畦道をカジカ

ハゲ山の登山道入口。下は山頂から種部落、劔岳を望む

蛙の声を聞きながら歩き出す。道はすぐに杉林に入り、尾根に続く急登となる。登山道は整備されており、歩き始めて15分で尾根にでる。見下ろすと、区画整備がされていない水田がモザイク模様でおもしろい。道端には、松、コナラ、リョウブ、イヌツゲ、ソヨゴ、それに盛りを過ぎた山ツツジのオレンジ色の花。不思議なことに、松以外の雑木は太くても大人の太股程度で一律に細い。昔は、柴刈の山だったのだろうか。

道は、小さなコルへ下り頂上へと向う。頂上まで30分であった。頂上は下草が刈られ、ベンチが2脚と標識がある。西に城ケ平山、東には頂上にポールがある笠尻、その稜線上の城山、笠尻の奥に尻高山、白倉山、南には高峰山。高峰山の向こうに大辻山が、種集落の後には、劔岳が望まれる。

登山道は、頂上から先へも続いているが、5分も歩くとなくなってしまう。また、登山をするのなら紅葉の頃か、雪の締まった時季であれば、城ケ平山まで行くのも楽しいであろう。　　　（高井　充）

そで山　　　440m　上市町

2.5万分の1図「大岩」

G.B　-

上市町種集落の西に位置する山のひとつ。ハゲ山の南にある。西種の水上地区からハゲ山へ至る登山道の中間にあり、アンテナが設置されている。もともとはこの山一帯の西側（滝谷川の斜面）を山稜の裏側と言う意味で「そでやま」と称していた。

その昔、この滝谷川の奥には城房(上保)太郎という悪党が住んでいて周辺の集落を荒らし回っていたが、立山寺の開祖大徹禅師に感化され、ついにその肖像を仏師に彫ってもらい献納するまでになったと言う。また、これを感謝した地元の衆がこの寺に寄進したという土地も西種に残っている。→ハゲ山
（富樫正弘）

西山　　　400m　上市町
にしやま　　　2.5万分の1図「大岩」

G.B　-

種集落の西に位置する山。特に西種の水上地区北側の一帯を言う。すなわちハゲ山へ行く登山道で稜線にでた所から北の尾根を指す。この周りからは、種の各集落や水田、これらを囲む東端のさるくら山（540m）、西種のすぐ背後にある丸山（444m）、釜池の北方にあるあくみ山（750m）、そして遠くに毛勝三山・劔岳・大日岳などの山並みが見渡せる。→ハゲ山
（富樫正弘）

峠山　　　477m　上市町
とうげのやま　　　2.5万分の1図「大岩」

G.B　-

種集落の西に位置する山のうち最も高いピーク。浅生および城ケ平山（茗荷谷山城址）に至る旧道の峠にあったところからこの名が付いた。この山の南一帯を南山と称しているが、この稜線の西側は「尾集」または「隠れ」とも言い、上杉謙信に攻められた堀江の土肥一族がしばらくかくれていたという言い伝えがある。
（富樫正弘）

丸山　　　444m　上市町
まるやま　　　2.5万分の1図「大岩」

G.B　-

上市町西種集落と骨原集落の中間に位置する円錐

形の山。下部は杉が植林されているが、上部はほとんど雑木林で岩の多い山。以前は村の子供達の、今は山猿の遊び場になっている。それにつれ、周辺の田畑では猿の被害も増えており、以前は遠慮がちだったが、今では収穫期の田んぼに堂々と入り込んで、米まで食べるようになったという。　　（富樫正弘）

さるくら山

さるくらやま　　540m　上市町
2.5万分の1図「大岩」
G.B　—

左がさるくら山。右端手前に見えるのが丸山。
下は西種から見たさるくら山（左）と丸山（右）

種集落を囲む山々のうち、その東端に位置する。上市川第2ダムの左岸にある山で、ダム湖を挟んで対岸からもよく見え、湖面に逆さの山影をくっきりと映している。下部には若干の杉の植林があるが、上部は松と雑木に覆われている。

車道を挟んで北側、東種から上市川へ下る斜面は見事な棚田（千枚田）になっている。（富樫正弘）

城ケ平山

じょうがたいらやま　　446.3m　上市町
2.5万分の1図「大岩」
G.B　—

上市町大岩の大岩不動堂の北東にある山。別名を茗荷谷山（みょうがだんやま）ともいう。この山の東西両面は深い谷で、山上には中世戦国時代（土肥弓庄城主）の奥城が築かれていたといわれる。平らな頂からは、新川平野や富山湾、遠く能登半島、東に剱岳の主峰と、間近

城ケ平山（大岩小屋から）

に鍋冠山がパノラマのように広がっている。大岩バス停から登山道があり、遊歩道が整備され、標識もあり登り易い。季節によっては、道端にエンレイソウの花が咲いている。尾根づたいに出ると椿が群生していて美しい。ロープの張ってある所4カ所を過ぎると山頂に着く。登山口からおよそ1時間。ほかに中浅生からも細道があり、50分で頂上に達するが、道が下刈りされていないとわかりにくい。上市駅から大岩までバスがあり20分。　　（辰見昭子）

樫ノ木平山

かしのきだいらやま　　390m　上市町
2.5万分の1図「大岩」
G.B　—

上市町大岩の日石寺を取り巻く山の1つ。日石寺三重の塔の後が経ケ峰でその南隣にある。雑木の山だが下部は杉の植林がしてあり、8合目に洞窟がある。山麓の村人たちは、この山の洞窟の入口から時々、煙のようなものがあがっているのを見ることがあるという。日石寺の文書にはこの洞を記してある。この山には道がないから頂上へ登るとすればヤブを漕ぐことになる。

大岩川にかかる浅生橋の手前右の道跡から急斜面を登る。木にすがり、蔦をにぎってよじ登れば40分で、山頂に達する。

樫ノ木平山（手前のより低い山は経ケ峰。大岩小学校から）

洞窟の入口

出土した銅製径筒
（上＝高さ26cm）と陶製外容器（珠洲焼）とその蓋

山頂は雑木の中だが、位置を変えれば木の間越しに富山平野、富山湾が望め、東に剱岳、剱御前、大日連山が見える。ヤブツバキ、マンサク、フサザクラの群生がある。

底無しの洞窟はこの山の8合目付近大岩川側にあり、入口に立つとなまあたたかい空気が流れ、外の冷たい風とふれ、気流となって煙のように見えるらしい。洞窟上部はタテ穴で下部はヨコ穴となっている。茗荷ヶ原第4期の噴火によってできた岩と岩との境目が洞窟になったと思われる。　（川辺須枝子）

経ケ峰
きょうがみね　　292m　上市町
2.5万分の1図「大岩」
G.B －

経ケ峰は大岩山日石寺三重塔の後ろにあり、麓の大岩の集落から見ると、不動堂の左斜め上方に三角形の山容が仰がれる。天保年間（1830～44）に山頂より1167年（仁安2年＝平安時代）銘の経筒が発掘されていて、古い歴史と共に立山修験との関係を物語っている。

登山には三重塔の後方から取り付くが、道は中途でとだえ、後はヤブこぎが必要。山頂は平坦地で、生い茂った樹木の間から東南に樫ノ木平山を間近に望み、北西には富山平野を隔てて富山湾が望まれる。
　　　　　　　　　　　　　　　　（細川陽子）

経ケ峰（手前）と樫ノ木平山

宇津露
うつろ　　484.3m　立山町・上市町
2.5万分の1図「大岩」
G.B －

大辻山から高峰山を経て、大観峰に続く立山、上市両町界の稜線上にあるピークで、頂上に三等三角点がある。立山町側は宇津露、上市町は与太郎と呼び三角点の点名は「東谷」。南側の山裾を塔倉林道の目桑虫谷線が通じている。山頂に至る道はないのでヤブをくぐるしかない。

山頂は雑木で視界がきかないが少し稜線を下ると展望がひらける。　　　　　　　　　（土肥幸枝）

大観峰
だいかんぼう　　332m　立山町・上市町
2.5万分の1図「大岩」
G.B 紀雪ウ楽

立山、上市両町界の山。五百石、大岩を結ぶ県道67号線が虫谷集落を経て赤坂峠越えで通じており、この周辺一帯の山塊を常楽園と言う。大観峰は常楽園の主峰である。峠から500m、四谷尾集落の東方へ林道4km地点に位置し、標高は低いが絶景の眺望地で東に毛勝三山、剱岳を望み、西は上段台地や富山平野を箱庭のように展望し、白く光る白岩川や常

大観峰の山頂（富山平野を見はるかす）

祝坂（廃校の東峰小学校と謙信杉。下は山頂直下から）

願寺川などが見下ろせる。医王山、白山連峰も遠望できる。自然公園として休憩場やキャンプ場、遊具など設置され、周遊の歩道は植物観察に適し、家族連れや児童クラブなどに利用されている。かつては山菜やきのこ類の宝庫であったが、近年道路整備も進み平坦地観光の拠点となっている。（土肥幸枝）

上寺
うわてら　　　431m　立山町
　　　　　　2.5万分の1図「大岩」
G.B —

　白岩川左岸の1峰。白岩川上流、小又橋に立って上流を眺めると、手前右に「上寺」、左手奥に「来拝山」が並んで立っている。手前の上寺は地元では「トンビの巣」とも呼んでいて、標高が低いがすっきりした独立峰。

上寺（小又橋から）

　白岩川側は岩壁で、垂直に立っている。松倉側は、下部は竹林、上部は雑木の藪。頂上近くに瘦尾根もある。山頂からの眺望は、木の間越しに大辻山、来拝山、座主坊山が望まれる。　　（川口一民）

祝坂（岩井坂）
いわいざか　　　382m　立山町
　　　　　　2.5万分の1図「五百石」
G.B —

　白岩川左岸の山。白岩川上流、小又橋に立って下流を見おろすと、地肌ムキ出しの異様な山がある。それが祝坂である。1974（昭和49）年完成した白岩川ロックフィールダム建設の際、原石山としてロック（安山岩）を提供した山で、露出している岩肌はその時の疵跡である。

　越後の「上杉謙信」が池田城を滅ぼし、この地で、勝利の祝盃を挙げたというのが命名の由来。対岸に今は廃校となった東峰小学校、又隣接して「謙信御手植杉」が周辺の安穏を見定めるがごとく立っている。祝坂（岩井坂）を地元では別名「天狗の山」とも呼んでいる。　　（川口一民）

座主坊山
ざすんぼうやま　　　478.1m　立山町
　　　　　　2.5万分の1図「五百石」
G.B —

　座主坊山は白岩川の支流の小又川の谷頭に位置する山。双耳峰であるが場所によっては山容が富士山に似ているところから『立山町史』では「向嶽（座主坊富士）」と書かれている。地元では「岳山」。一方渡り鳥のルートで「鳥越山」とも呼ばれている。1つの山でこれだけ名のつく山も珍しい。

　登山口が立山町池田の奥の「木酢の里」。ここに駐車して林道を歩く。20分ほど林道を歩いたところで左手の小尾根に取付く。取付地点に「座主坊山」

座主坊山（双耳峰がそれ）

と書いた小さな杭がある。小尾根につけられた細道を30分たどると座主坊山の頂上に着く。双耳峰のもう1峰へは5～6分ほどかかる。山頂からは目前に来拝山、東南に立山連峰の展望が開けている。

近くに越中瀬戸焼で有名な上瀬戸、そして旧池田城を合わせ、散策と登山の1日コースとして楽しめる。帰りは「木酢の里」でナメコ汁を嗜むのもよい。
（林　伯雄）

池田城の山　375m　立山町
いけだじょうのやま　2.5万分の1図「五百石」
G.B　－

立山町池田集落南方の城山で、山頂に主郭があった。白岩川支流和田川源流の谷が入り込んで、分岐した尾根を形成。城郭はその地形を巧みに利用して造られ、その跡を現在なお多く留めている。登り道は北方に延びた尾根道で、途中堀切や階段状の郭跡が連なり、注目されるのは西側中腹に設けられた方形の平坦面で、南側に土塁と大規模な竪堀がある。車を降りてから道しるべに従って20分歩けば頂上へ出る。頂上部は杉木立に囲まれ、なにも見えない。
（土肥幸枝）

右端が池田城の山（登り口からの稜線上で）

不動壁山　337m　立山町
ふどうかべやま　2.5万分の1図「五百石」
G.B　－

白岩川左岸の山。白岩ダムから伊勢屋に向って谷村口バス停を過ぎると正面に現れる。川から垂直に岩壁が切りたつ。尾根は池田と瀬戸を結ぶ尼子谷の稜線に続いている。大岩不動明王像に似た壁面があるとも言われるが、定かではない。谷村口バス停から川に向って農道をたどり、川を渡ると杉林から山頂西側の鞍部へ。鞍部からは稜線を左へ行くと簡単

不動壁山

に山頂に出る。ヤブに覆われ眺望はないが、木の間越しに来拝山が見える。
（土肥幸枝）

尼子谷山　333.8m　立山町
あまごだんやま　2.5万分の1図「五百石」
G.B　－

白岩川左岸の山。白岩ダムから南方へ連なる稜線上のピーク。目桑集落の向かい側にあたり稜線の反対側は池田地区。山裾を尼子谷林道が池田―上瀬戸間を結んで通じている。山頂に三等三角点があり、点名は「池田」。池田側周辺は広葉樹林が杉の保安

尼子谷山（手前の山並みの左方の峰）

林にとって変わろうとして、現在植林が進められている。尼子谷林道の途中から植林道があり、その終点から稜線に出て左へ２つ目のピークである。

（土肥幸枝）

千垣山
ちがきやま

660.9m　立山町
2.5万分の１図「小見」
G.B　—

　常願寺川右岸の山。有峰ダムから流れる和田川と合流する地が小見で、この対岸の県道沿いに千垣集落がある。立山や薬師岳の開山にもたずさわり、現在も山案内人や熊打ちの人が住んでいる。この北の背後にそびえるのが千垣山である。

　これまでは、地元の人のみに、その昔は炭焼きに、近年は山菜取りに登られる程度であったようだ。しかし、国立立山少年自然の家が来拝山から国見峠を経てこの山に歩道を開いて以後、立山芦峅小学校前からの直登ルートも伐開・整備された。

　山麓の作業道が閉鎖されたので直登ルートの登り口がわかりにくくなったが、小学校前の杉林から取りつき、尾根道にでる。涼風が体をぬけ、展望もひらける。大品山から鍬崎山への稜線がくっきり望め、冬季はスキー場からの音楽がこだまのように聞こえ

てくる。しばらく登ると、２つの炭焼き窯跡を見、ネマガリタケの湿地帯にでる。春にはススタケの採取が期待できそう。間もなく国見峠からの山道と合流し、最後の急坂を登れば頂上である。取付きから１.５時間ほど。山頂は、来拝山から尖山方面への尾根上にあり、小さいながらも独立峰。眺めはよく、大日岳、立山、鍬崎山、薬師岳、さらに鉢伏山、東笠、西笠山へと続く。

　積雪期は尖山から、座主坊山から、国見峠から、そして立山芦峅小学校前から等いくつかのコースから集中登山するには格好の山である。（岡本邦夫）

尖山
とがりやま

559.2m　立山町
2.5万分の１図「千垣」
G.B 紀歩ガ雪県楽北

　立山町の横江集落の東背後にあるピラミッド型の急峻な山。アルペンルートの立山登山口の千寿ケ原へ向う時、横江集落の手前で左手前方に頭を見せている。正式名は布倉岳だが、俗称の尖山が一般化した。「とんがりやま」と呼ぶ人が多いが、地元の人は「とがりやま」という。越中神話では、布倉姫の住みついた山であったとされ、明治初年は一帯を布倉村と称した。特異な山容と謎の石積のため、近年ピラミッド説・ＵＦＯ基地説などの俗説が生じた。初心者に限らず人気がある。県道から入りやすいため平日でも登山者に出会う。

　横江の集落から登山口まで車で登り、登山口から

千垣山（小見地区の常願寺川畔から）

尖山（栃津から）

尖山（西尾峰から）

沢沿いの道を抜けて後、しばらくジグザグに登ると展望が開けて来る。山頂は平らな台地状の地形をなし、二等三角点が設置されている。

山頂からの展望は360度見渡すかぎりで立山連峰に向けて山が幾重にも連なり、晴れた日はもちろん霧のかかった日でも時には幻想的な光景が見られる。眼下には大きな常願寺川に沿って富山平野が広がり富山湾が一望できる。四季を通じて家族ハイキングコースとして親しまれている。登山口から山頂まで約1時間。　　　　　　　　　　（林　伯雄）

上ノ山　　　317.0m　立山町
うえのやま　　2.5万分の1図「五百石」
G.B　－

立山町天林の南にある四等三角点の丘陵。南へ続く小尾根は尖山へ続いている。ふもとの土砂運搬用の広い道路から歩いて10分ほどで頂上へ出れるが、一部入山禁止となっている。

一帯は常願寺川右岸の河岸段丘で、山麓は戦後天林の人たちによって開拓された水田地帯であった。三角点名は東中野。　　　　　　　　（橋本　廣）

吉峰山　　　339.2m　立山町
よしみねやま　　2.5万分の1図「五百石」
G.B 紀

栃津川右岸の山。山裾に吉峰野開。第2次大戦後、この地で遺跡が多く発見され、石鏃、玉類、石器等も発掘された。旧石器時代から縄文時代と幅広く、常願寺川を望むこの段丘上は、その昔も居住環境に格好の地であったようだ。

県林業試験場をはじめ、総合レジャー施設「グリンパーク吉峰」として、温泉・宿泊棟・コテージ・キャンプ場・多目的広場など整備されている。

吉峰山は、山といっても特徴的な頂きがあるわけでなく、一般的には、三等三角点のあるアーバータワー（展望台）のある地点を指している。

駐車場から交流館や展示ハウス等を通り、芝生広場にで、森の中を縫って、遊歩道が縦横に整備されている。樹木園、常緑樹の林、花木の林を経て「木の実の家」へでれば、その背後にアーバータワーがある。歩道横に三角点がある。展望台からは、立山連峰や富山市街地そして富山湾が大パノラマとして眺望できる。（駐車場から約40分間）

ここから、奥の展望台さらには栃津下嵐の丘陵地にも出られるようになっていて、体力、時間にあわせたリフレッシュコースが組める。

四季折々、中高年グループや家族連れに最良の山歩きコースである。　　　　　　　（岡本邦夫）

神宮山　　　210m　立山町
しんぐうやま　　2.5万分の1図「五百石」
G.B　－

常願寺川右岸の山並みは、立山から大日岳、大辻山、来拝山と標高を下げ、立山の天林台地を経て、この神宮山で平野部に没する。神宮山は標高210mの小さい山。下の道路から1〜2分で頂上へ出る。頂上のウラジロガシの原始林の中に熊野神社がある。基盤は凝灰岩で南東の段丘崖に礫層がみられる。

廣瀬誠氏によれば、神宮山は岩峅雄山神社の旧社地であったから「神宮山」という容易ならぬ山名を持ったのだろうという。雄山神社の男神が神輿に乗って神宮山熊野神社の女神に逢いに行かれたとの言い伝えもあるとか。

この辺の地籍は岩峅寺に属し、地籍謄本によれば、神宮山は岩峅寺の大字名となっている。地鉄立山線岩峅寺駅下車徒歩10分。　　　　（橋本　廣）

鍬崎山　　　2089.7m　大山町
くわさきやま　　2.5万分の1図「小見」
G.B 紀 越 歩 力 県 白 北

薬師岳の前衛峰。常願寺川上流の真川（東面）と支流和田川（西面）の間にある。その山貌は、立山連峰より薬師岳へと続く北アルプススカイラインの前に特徴ある角錐形をなして立ちはだかる。県道立山公園線千垣トンネルの手前からは川底から山頂ま

鍬崎山（室堂乗越付近から。遠くは白山）佐伯郁夫撮影

で眼前に迫る。その昔、戦国時代には富山藩主・佐々成政が数百万両の軍用金を埋蔵した山として知られる。1858（安政5）年の大鳶山崩れのときには偵察地点となった。また、山頂にかかる雲の具合を見て立山の山の天気を知る指標とされるなど、さまざまな形で古くから親しまれてきた。

鍬崎山の平野部から見る北側は超然とした独立峰として仰かれるが、東面を対岸の弥陀ケ原高原より望むと一変して山容は左下りの台形をなしている。山稜は南北に長く延び、四方へ6つの尾根を派生する。1963（昭和38）年春には雄山高校山岳部によるこれらの尾根の集中登山の記録も残る。このうち北西の立山山麓スキー場へ走る大品尾根と有峰ダムへ延びる大坂森尾根が主稜をなす。この主稜より、真川へ向けてカラ杉谷・サブ谷が、和田川に向かっては真谷・大谷・東坂森谷の深い谷筋を刻み込む。

登山コースは大品尾根が一般的。1985（昭和60）年に大品山から山頂までの登山道も開かれ、四季登山可能となった。大品山から一担鞍部に下り、800mを登る。始めは広い樹林の尾根を進み、尾根の細くなったところをフィクスロープに守られつつ越えれば1756mの標高点に出る。約2時間。ここからはオオシラビソ、ダケカンバの混じるササ薮をひたすらこいで頂上に出る。積雪期に真谷側に雪庇が発達し、頂上直下は氷雪化した斜面で注意を要する。大品山から3時間半。

頂上の展望は抜群である。足元に大きな富山平野。その先に海が広がり、眺望は360度きく。

とりわけ、南正面の薬師岳は圧巻。積雪期は羽を広げた鳥の如く優美な稜線を見せる。その左下方の湯川（真川上流）の谷あいには大きな立山カルデラが望め、その中に砂防ダム群が階段状に見えている。鍬崎山頂上には二等三角点の標識と、案内板がある。
→大品山・瀬戸蔵山　　　　　　　　（本多秀雄）

鍬崎山（極楽坂山から）

大品山
おおしなやま

1420m　大山町
2.5万分の1図「小見」

鍬崎山から北西に伸びる尾根の中間のピーク。山名はこの山塊が常願寺川に向って大きく傾斜し段をなしていることから。段落ある地勢をタナ・シナと言う。川底より150m高い段丘の上には粟巣野の開拓台地が広がり、瀬戸蔵山・極楽坂山へ続く稜線の北斜面に立山山麓スキー場の各ゲレンデが広がる。登山コースは粟巣野集落上部に真川第1発電所の導水管が引かれており、これに沿って牛首谷上部の真川貯水池まで登る。水路ぞいの道はここから水谷へ向かうが、これをすてて尾根筋の道を登ればなだらかな頂上に出る。粟巣野集落より約3時間。頂上はブナ・ダケカンバの林立する広い台地である。鍬崎山がその樹間に大きくそびえて見えている。積雪期はここをベースにして鍬崎山を目指す。文部省登山研究所の研修訓練も行なわれる。また、立山山麓ゴンドラ山頂駅から続く自然遊歩道もきれいに整備され、自然観察コースとしてよく利用されている。→瀬戸蔵山
（本多秀雄）

瀬戸蔵山
せとくらやま

1320m　大山町
2.5万分の1図「小見」

鍬崎山から北西に伸びる大品尾根上の1ピーク。大品山の西約1kmにある。立山山麓家族旅行村から背後の山波を望み、ゴンドラの山頂駅の左へ稜線を追うと小高いピークがある。それが瀬戸蔵山である。頂上部を「高ツブレ」と称し、立山神の降臨された神聖な地とする伝承がある。

旅行村キャンプ場から林道を進み途中で杉林の中の山道に入る。少し登り始めると牛首谷の清流に出合う。川底は一枚岩で百間滑と呼ばれるところを過ぎれば竜神の滝つぼに出る。約1時間。ここから急な坂道が始まりピーク目指してひたすら登る。ブナの林を過ぎれば頂上である。竜神の滝より約2時間。頂上には積雪期の目印である白い枯木がある。ベンチや案内板なども整備されている。瀬戸蔵山の尾根筋は自然遊歩道が麓の白樺平から極楽坂山、ゴンドラ山頂駅、当山を経て大品山まで続いている。

1988（平成10）年には第44回自然公園大会も開催されて、自然観察や山の眺望を手軽に楽しめる

中央が鍬崎山で、その手前が大品山。右のスキー場は《らいちょうバレー》（佐伯郁夫撮影）

ようになってきている。ゴンドラ山頂駅より瀬戸蔵山まで1時間半。→大品山　　　　　（本多秀雄）

極楽坂山　　1043.3m　大山町
ごくらくざかやま　2.5万分の1図「小見」
G.B 越 ウ

　鍬崎山から北西に伸びる大品尾根下部の1峰。三角点は極楽坂スキー場リフト終点より直ぐ西。1965（昭和40）年に杉林とカヤ数を切り開いてスキー場開発が始められ、翌年には山頂までリフトが設置された。標高差550mの北陸一の大きなゲレンデを持つスキー場と山名から来る魅力によって、一気にその名が知られるようになる。1976（昭和51）年に第31回冬季国体が開催された。2000（平成12）年第50回冬季国体アルペンスキーの会場にもなる。

　山名は立山信仰から来ていると言われる。積雪期の頂上はリフトにより何の苦労もなく登れる。特に目前の鍬崎山・鉢伏山のパノラマは圧巻である。また、真白な立山と大日岳連峰を遠望するのにも最適地である。無雪期は、立山山麓のゴンドラを山頂駅より自然遊歩道を稜線に沿って下る。約30分。尾根づたいにさらに白樺平まで下ってもよい。ここから林道を西へ進めば有峰林道亀谷口（かめがい）に出る。ゴンドラ山頂駅から2時間半。　　　　（本多秀雄）

与四兵衛山　　623m　大山町
よしべやま　2.5万分の1図「小見」
G.B　－

　常願寺川左岸の山。立山山麓スキー場と常願寺川にはさまれた東西に細長い山。西側の集落からみると鋭い三角形の山容が特徴的である。

与四兵衛山と立山大橋（芦峅寺から）

　登山道は整備されていないが、ふもと（南側）の杉林あたりから頂上東側の尾根に出て稜線沿いに登る。途中には小さな岩屋や、岩壁がある。『大山町史』には「吉部山山頂は、現在の立山雄山を遥拝でき、かつ山麓を一望できる中心に存在する。古代はこの山頂にも磐境（祭祀を行う場所）が設けられ祭祀が行われたことであろう」とある。中腹の大きな岩屋を根拠地にし、山頂の岩屋で祭祀を行ったのではなかろうか。常願寺川側の斜面は急で、登行は困難である。

　「吉部山」と書くのが本来の正しい書き方とか。立山開山慈興上人の師であった薬勢上人が庵を構えて修行した霊山とも伝えられている。山麓に2000（平成12）年7月「立山本宮」の石碑が建立除幕された。

　この山の西側の山麓に大山・立山両町を結ぶ「立山大橋」が完成した。長さ401mのアーチ型橋で立山連峰を背に優美な姿を表す。　　　（岡本邦夫）

大坂森山　　1792.0m　大山町
おおさかもりやま　2.5万分の1図「小見」
G.B 紀 越

　有峰湖の北東に位置し、鍬崎山の南方約3.3kmにある山。常願寺川の支流和田川と真川の分水嶺をなす。富山市からは、鍬崎山、鉢伏山の大きな山体にさえぎられて見えにくい。古い地図には和田川と東坂森谷の出合付近に酒盛東滝が出ている。『越中の百山』によれば、加賀藩がこの地を治めていた頃、川沿いに有峰まで道を開き、その完成を祝って酒宴を張った谷あいであると記してある。そして、谷筋の40mの大滝についてもふれてある。『とやま山紀行』（1996年・桂書房）では真川の岩井谷出合付近からの登山の様子が出ている。いずれにしても、6月にならないと林道が開通しないし、折立から真川への林道も現在、一般車は入れない。従って、残雪期も登山の対象となりにくい。　　（新庄幸作）

唇ノ頭　　1825.9m　大山町
くちびるのずこ　2.5万分の1図「小見」
G.B　－

　鍬崎山から南へ長く延びた尾根の南端のピーク。この尾根は1800mの高度を保ちながら約6km続く。大谷尾根とも呼ばれる。和田川渓谷では東坂森

谷と大谷の間を走る大尾根で、このピークより川底に向け一気に急降下する。富山市街地から薬師岳を遠望すると手前に鍬崎山の右稜が長く走っておりその右端の山でもある。山麓の亀谷温泉付近からは、和田川のV字渓谷を塞ぐ様に立ちはだかり、春5月にはクッキリとしたY字型の雪渓を大谷側に表わす。また、和田川を挟んで鉢伏山の対岸点でもある。

(本多秀雄)

鉢伏山
はちぶせやま　　1781.6m　大山町
2.5万分の1図「小見」
G.B 紀 越 歩 ガ 北 ア

和田川と小口川に挟まれた山稜の最高峰。鍬崎山との間に和田川の深い渓谷を作り対峙する。山容は大きく、富山市街から薬師岳方面を仰げば、前衛峰として右手になだらかな鈍角三角形の鉢伏山、左に円錐形の鋭角の鍬崎山が立ちはだかる。山の稜線は北端を中地山城跡に発して鳥ケ尾山を経てほぼ南北に走り鉢伏山頂より下降して和田川支流西坂森谷まで続く。延々15kmに及ぶ。山名はこの鉢を伏せたような形から来ている。古文書では「火箱山」と記録もあり。北方稜線に残る残雪が平仮名の「う」の字様を描くことから立山町芦峅寺方面では、「うの字谷」とも呼ばれた。鉢伏山は堂々たる山容でどの方角から見てもズッシリした印象を与える。長い尾根は途中いくつにも派生し鳥ケ尾山から7つのピークを作る。極楽坂山上部の展望台から、西面を望むと、頂上よりソノ谷・1500ピークより千貫谷・カラ谷などの険しい谷を眼前に見る。また、北方山稜の中腹1400m付近には大正末期まで亜鉛の亀谷鉱山があった。このため鳥ヶ尾山から尾根筋のコメツガの生える中に山道が残り、水平の作業道もあり現在も一部登山道として利用されている。

長い間、鉢伏山登山は残雪期のみ、しかも強健脚者のみに許された山であったが、1991(平成3)年に大山町山岳会によって水平道より上部に登山道が開かれた。また、林道小口川線の開放によって登山所要時間が大幅に短縮された。取付は小口川のフロヤ谷出合から、地盤のゆるい急坂を登り、鉱山の鉱サイ堆積場跡に出る。水平道との交差点を直登して乾いた沢を登り、亀谷ルートとの合流点上部を右に出て再び尾根を登ると頂上に出る。フロヤ谷出合から約3時間。頂上には二等三角点とその手前に草地がある。ハイマツ・シラビソの上に鍬崎山の大谷尾

鉢伏山(極楽坂山から)

根が迫り、薬師岳・北ノ俣岳への眺望もすばらしい。
　　　　　　　　　　　　　　　　　（本多秀雄）

笹尾ノ頭
ささおのずこ　　　1396.8m　　大山町
　　　　　　　　　2.5万分の1図「小見」
　　　　　　　　　G.B　―

　北電和田川第2発電所左岸より鉢伏山へ向う小尾根上にあるピーク。三等三角点。この小尾根は鳥ヶ尾山から鉢伏山へ続く長尾根とカラ谷を「コ」字状に囲み1500m付近で合流する。付近一帯は、旧亀谷鉱山笹尾鉱口が大正時代まであり、樹木の生育が悪いため、和田川を隔てた対岸の大品山尾根からここだけよく見える。ピークの手前の地点にはNTTの反射板がある。第2発電所から急峻ではあるが、山道もつけられている。登り3時間半。（本多秀雄）

鳥ヶ尾山
とりがおやま　　　1145.1m　　大山町
　　　　　　　　　2.5万分の1図「小見」
　　　　　　　　　G.B　紀　越　歩

　鉢伏山より北西に長く延びた山稜の先端の山。この山稜を長鳥の尾に例え鳥ケ尾との名が付けられたと言う説もある。山の全景を望むのは北麓の小見集落から和田集落にかかる橋付近からが良いが頂上は見つけにくい。和田川を挟んで極楽坂山と対峙している。頂上付近は立山杉とオオシラビソが林立し、小高い台地のところはコメツガが繁る。登山は春先3月下旬が最適。登山コースは3コースあるが亀谷発電所左岸の植林帯より取付くのが一般的。このコースは、日の谷を右側に見て登る。途中送電線の鉄塔を経てさらに山道を進めば888mのコルに出る。

鳥ヶ尾山の山頂で（筒井宏睦撮影）

この辺で雪が無い時はヤブこぎになる。このあと痩せ尾根を少し登って尾根が広くなったところを登り切れば頂上。ここまで3時間。この先鉢伏山へえんえんとした雪稜を仰ぎ、東へ眼を移せば、鍬崎山の勇姿が迫る。そして下方の大品山尾根のつけ根を有峰林道が一直線にダムに向っているのが望める。→鉢伏山
　　　　　　　　　　　　　　　　　（本多秀雄）

熊尾山
くまおやま　　　　1518.5m　　大山町
　　　　　　　　　2.5万分の1図「小見」
　　　　　　　　　G.B　紀　越

　小口川上流左岸の山。祐延貯水池の北方約2kmにある。富山市から見ると、鉢伏山の右に見えているのだが、手前の高杉山や背後の東笠山と重なる場合が多く確認しにくい。昔の有峰往来はこの山を通って祐延方面へ通じていた。今は発電関係の巡視路として利用されているようであるが、手入れされないとたどりにくいだろう。頂上の見晴らしはよく、東に鉢伏山、大坂森山、南に東笠山、西笠山、西に高杉山が近く、眼下に富山平野も見える。

　この山に登るには、無雪期なら、小口川沿いの水平道路から急な沢を利用する。残雪期なら、小口川

熊尾山（高杉山から）

の有峰有料道路から小口川第2発電所に至り、橋を渡って対岸の水平歩道に入る。この道は祐延湖まで続く。小口川第3発電所から尾根に取り付く。
　　　　　　　　　　　　　　　　　（新庄幸作）

高杉山
たかすぎやま　　　1408.9m　　大山町
　　　　　　　　　2.5万分の1図「小見」
　　　　　　　　　G.B　紀　越

　熊野川源流を囲む山稜上の1峰。高頭山・高杉

山・熊尾山・東笠山・西笠山・鉢伏山・鳥ケ尾山と熊野川・小口川源流を囲む山々は多くあるが、小口川林道も開通（1995＝平成7年）し、今はこの高杉山は1番深い様相をもつ。小口川第3発電所の上の稜線のピークでもある。昔の有峰往来は、水須村（現在廃村）から水須山の尾根に出て、高杉山・熊尾山・東笠山の稜線をたどり祐延を経て有峰村に到っていた（現在廃道）。古文書には高杉山はその休憩地としての記録もある。頂上付近は、立山杉の天然林とヒメコマツが林立し眺望は乏しい。登山するには3月下旬の積雪のある頃が良い。小口川第2発電所から取り付き、急坂を登って導水管沿いにサージタンクまで登る。杉の多い樹林帯は迷うのでコース取りに注意し、尾根沿いにピークを目指す。第2発電所より約4時間。頂上では熊野川源頭の山群が目に飛び込み、西笠山までのなだらかに続く雪稜が美しい。　　　　　　　　　　　（本多秀雄）

高頭山

たかずこやま　　1210m　大山町
　　　　　　　2.5万分の1図「千垣」
　　　　　　　G.B 越歩ガ雪県

熊野川源流を囲む山稜の先鋒峰。本流と支流小原川の間にある。山の全景は大山町小原屋（小原集落の人の移住先）あたりからの遠望が良い。昔は山の中腹まで立山杉が原生していて杉のへぎ板の産地であった。

麓の河内村（現在は廃村）は槍ケ岳開山の祖・播隆上人の生誕地であり、中村家跡には日本山岳会が建てた大きな播隆上人顕頌碑があり、毎年旧村民が集まって播隆祭を行っている。またすぐ近くに播隆上人の墓もある。登山道の開拓は平成2年。登山グループの有志によって1000m地点までの山道の整備と、雨量計小屋から頂上まで登山道が開かれ、無雪期も手軽に登れる山となった。

登山コースは、熊野川第3発電所から導水管の横の植林帯を抜け、途中、三枚滝への分岐点を経て立山杉の伐採された肩に出る。ここから展望が広がり眼下の熊野川ダム、滝又山の延長に富山平野が広がり、東側の六谷山方面も見渡せる。雨量計小屋を経てシャクナゲの多い山道を進む。双耳峰の山で、手前の西方山頂を巻いて三角点のある本峰へ出る。最高地点はその奥のブナ・ミズナラの繁る平坦地である。ここから南東側に西笠山・東笠山等の熊野川源頭の山稜を樹間から見るのも趣がある。取付きから約3時間である。　　　　　　　　　　（本多秀雄）

水須山

みずすやま　　1110m　大山町
　　　　　　　2.5万分の1図「千垣」
　　　　　　　G.B ―

神通川の支流熊野川と、常願寺川の支流小口川との分水嶺上の山。熊野川ダムから左前方に見えている。昔の有峰往来はこの山の中腹にあった水須の村から水須山の尾根をたどり、東笠山、西笠山の鞍部を経て通じていた。有峰往来が廃道となり、水須の集落が下方に移った現在、植林以外に目立ったものはない。それだけに、ひっそりと雪山を楽しむには恰好の山といえよう。ルートとしては現在の水須の村からあるいは小原の廃村から、熊野川の支流小原川からのものがある。この山の尾根には樹齢数百年の立山杉の巨木が所々に頂上への道標のように立っている。雪のない頂上は何も見えないが、残雪期には360度の視界が広がり、近くの山々を含め富山平野の眺望が素晴らしい。登山口から頂上まで、コースによって多少異なるが2〜3時間。　（柳　忠志）

高頭山（小原屋から）

水須山にて

隠土山　786.5m　大山町
おんどやま　2.5万分の1図「千垣」
G.B ㊗

　熊野川ダム湖右岸のなだらかな山。熊野川上流右岸の高台にあった旧小原地区と小口川左岸の水須地区の境界。西側の神通川水系（熊野川）と東側の常

隠土山（熊野川ダムから）

願寺川水系（小口川）との分水嶺でもある。
　山頂は南北に長く平坦な広い尾根状で、雑木に覆われた里山。積雪時でなければ展望が得られない。登山道はないが、旧小原集落から旧隠土集落への旧道が尾根鞍部（コヤツ峠）まで林道となり、最近更に折り返し隠土山直下標高700mまで延長されたので、終点から雑木の藪斜面を登れば山頂へ出れる。旧隠土集落跡から藪を漕いで登ることもできる。
　積雪時は旧赤倉から取りつき稜線鞍部（コヤツ峠）に上がって尾根を南へつめるか、あるいは水須から旧小原への稜線鞍部に上がり尾根を北へつめるコースがとられている。
　ハイキングには晩秋の紅葉時が素晴らしいが林道上部は荒れているので車を棄てて歩いた方がよい。
（松井和一）

麻谷山　663m　大山町
あさだんやま　2.5万分の1図「千垣」
G.B －

　大山町才覚地集落の後方にある山。山名は地番名で集落の人は一帯を麻谷と呼んでいる。雪山登山を楽しむ一部登山者間で、この山を高鶴山と呼ぶものがいるが、「高鶴」は隣接する斜面地番で、頂上は麻

麻谷山（常願寺川側から）

谷地番に入る。丸坪から続く山稜は常願寺川・神通川の分水嶺でもある。東側は小口川へ、西は熊野川支流五四谷川に、北は常願寺川へ注ぐ。登山道はないが、積雪期に植林帯を抜けて頂上へ出れば眺望が良い。鍬崎山・鉢伏山・薬師岳を仰ぐ場所としては最適。山麓の才覚地から10分ほど登った所に小高い丘がある。日露戦争に出征した地元兵士を記念したもので高鶴展望園と言う（別称乃木展望台）。なお、旧亀谷往来は、この山の南側を通り、水須口番所へ通じていた。
（本多秀雄）

丸坪山　560m　大山町
まるつぼやま　2.5万分の1図「千垣」
G.B －

　大山町岡田集落の背梁のピーク。大山町上野からの林道安蔵線がその背梁に沿って裏側につけられている。途中の小又発電所貯水池を過ぎ、林道を左側の分岐に入ると杉の植林帯となる。植林帯は山稜の南側傾斜面で北側の急斜面の裾が岡田である。尾根に沿って旧亀谷往来の五四谷山道が残っており663mの麻谷山へと続く。丸坪山のピークは、林道終点まで車で入れば、約10分で頂上へ出る。眼下に、常願寺川の扇状地を、尖山・大辻山の後方に毛勝三山・剱岳の稜線を望む。
（本多秀雄）

不動壁山　480m　大山町
ふどうかべやま　2.5万分の1図「千垣」
G.B －

　熊野川ダム湖右岸の山。県内に不動壁山と呼ばれる山は2つ。当山のほか白岩川流域にある。どちらも切り立った断崖が特徴。富山の市内から1時間足らずで熊野川ダムに着く。こんな近いところにこれ

ほどの深い谷があったのかと驚く。ダムは遠隔操作で運転されているので、立派な道も冬季は除雪されない。さてダムの堰堤を右岸に渡り、短いトンネルをくぐると今は廃村の赤倉。真正面に三角錐の姿の不動壁山が見える。ここから眺める山容が最も良い。なだらかな山が多いこの辺りでは、ひと際めだつ。槍ケ岳の穂先だけを切り取って湖岸に置いたみたいだ。正面はナタで断ち割ったような断崖。右の稜線はダムの湖水から直接立上がっている。道はない。登るには背後に回り込むしかない。小さい山だからすぐ頂上へ出る。ダム湖へ飛び出している山なので、頂上からは樹間に湖水が望め、島にいるような印象をうける。ダム周辺から、有峰に続く山が垣間見える。弁慶が立山町の尖山と、この不動壁山を1晩で作ったとの言い伝えが残っている。　（松田博紀）

安蔵山　　630m　大山町
あんぞうやま　　2.5万分の1図「千垣」
G.B 紀雪

熊野川ダム右岸の山。熊野川とその支流安蔵川の間の脊稜にあたり、旧赤倉地区と旧安蔵地区の境界。ダム左岸の県道からは山頂が丸くて雑木林に杉林が混じって見えている。旧安蔵側からは見え難い。

山頂部は東西に長い尾根状で西端の方が僅かに高い。ミズナラの雑木林。

登山道がなく、積雪時のカンジキハイクに手頃。熊野川ダム右岸の旧赤倉から隠土集落への古径を辿り、安蔵山の南側稜線に出て、雑木の尾根をつめて登る。所要約1時間45分。他方大山町上野から林道隠土線を行き安蔵橋を渡り、左岸高台の旧安蔵集落跡から裏山の高圧線鉄塔を経て山頂東端に登るコースもあり、こちらが登り易い。約1.5時間。
（松井和一）

安蔵山（熊野川ダムから）

小糸山　　780m　大山町
こいとやま　　2.5万分の1図「千垣」
G.B 歩

神通川の支流熊野川源流部左岸、大山町河内字小糸割にあるピーク。右岸は草刈り十字軍で知られる小原(おはら)村。山麓の河内村、小原村とも昭和40年（1965〜）代に廃村になっている。

小糸山へは、熊野川ダムの上流約500mの位置で右手の植林作業道に入る。幅員2〜4m、全長3.7km、所どころ舗装されているが悪路。1984（昭和59）年から86年にかけて造林されている。ピークから富山平野、立山連峰が望め、眼前の高頭山が印象的である。熊野川ダムから約1時間。(浦山悟子)

滝又山　　770.1m　大山町
たきまたやま　　2.5万分の1図「千垣」
G.B ―

熊野川ダム左岸の山。地図には山名の記載はないが、三角点のマークと標高が載っている。頂上は南北に広く、伸びやかで、残雪期の眺望は抜群。

里山は人間の営みを支えてきた。上流2kmに、1960年頃まで河内村があった。村人は自然林を切り、炭を焼き、あるいは獣を追ってこの辺りも歩いたろう。槍ケ岳を開山した若き日の播隆の足跡もあるはずだ。

近年、砂見からの造林道が、この山の西側を通り、旧千長原(せんながはら)（廃村）上部の割谷山に達している。林は刈られ、無数の杉が植林されている。　（松田博紀）

岩竹山　　560m　大山町
いわたけやま　　2.5万分の1図「千垣」
G.B ―

神通川の支流熊野川の熊野川ダム左岸の山。熊野川左岸に手出(ていで)という村があったが、1975（昭和50）年に廃村になった。手出には岩竹姓が2軒、荒井姓が3軒あった。岩竹姓のある場所を「岩竹」と呼ぶものもいて、その上部の山を「岩竹の高」とか岩竹山と呼んだ。また岩竹山の西に砂見という村もあって、この山を越してゆききしていた。その頃地鉄バスが熊野川沿いに走っていて、砂見の人たちは岩竹山を越して手出のバス停へ出た。250mの急斜面の

登り降りはたいへんだったろう。岩竹山の頂上付近に現在は鉄塔が建っている。この辺りから眼下をふり返ってホッと一息ついたものだろう。岩竹山のこの道も、今はヤブでたどりにくい。　（松田博紀）

松ケ窪
まつがくぼ　　　430.5m　大山町
2.5万分の1図「千垣」
G.B 歩 雪

　神通川支流熊野川左岸の小ピーク。三等三角点がある。廃村長瀬の上部にあたり、昔は村から頂上まで杣道があったが、今はヤブでたどりにくい。村人が住んでいた頃はマツタケが採れたというが、今はほとんど見かけることがないようである。頂上の西側は雑木林で見通しがきかない。東側は熊野川流域の上部に立山連峰を見渡すことができるが、植林したスギが伸びて見えにくくなった。　（橋本　廣）

マッキン平
まっきんだいら　　316m　大山町
2.5万分の1図「五百石」
G.B 歩

　熊野川流域左岸の山。大山町上滝から熊野川に架かる文華橋を渡り上流へ向かい、文珠寺集落の武部神社と真言宗宝寿院が並ぶ前からさらに林道を1.7km行くとマッキン平に至る。かつて入植者によって開拓された広場である。一時期放牧もなされていたようだが、今は夏場に2回の採草が行われるだけで放牧はされていない。
　マッキン平南斜面は、薮の尾根続きで展望は全くきかない。ただ頂上と思われる場所に地蔵尊が1体（浮き彫り立像・40㎝）朽ちた赤松の巨木に守られるように置かれている。
　最近、冬の天気のいい日、かんじきハイクを楽しむ人たちがこの山へくる。西小俣集落の手前から鉄管路の取り外された跡を頼りに取り付いて、マッキン平まで往復しているようである。　（串田京子）

牧草地が広がるマッキン平。下は山頂にある地蔵尊

割谷山
わりだんやま　　　761m　大山町
2.5万分の1図「千垣」
G.B ―

　熊野川の支流、黒川の源流の山。黒川を登りつめた所が桧峠。雪の無い時期はここまで車で上がれる。登って来た道を振りかえると、ラクダのコブみたいなピークが横に4つ並んでいる。左の2つは二子山、3つ目が日尾双嶺山、右端が割谷山。高さもほぼそろっている。2.5万分の1図では、黒川の折谷と熊野川を真横に結び、丁度その真ん中あたりに《761》と印刷されているピークが割谷山。
　近年、この辺りにはやたらに林道が増えた。最新の地図を見ると、楜ケ原の先、樫木で道は三分する。右は芋平から二子山へ延び、右は小谷へ。真ん中は砂見を経て割谷山の裏まで伸びている。造林道のため一般車は通行禁止。谷も山も自然林が切り払われ、杉一色の山並み。終点近くの割谷山は最近刈り払われたらしく、実に見晴らしが良い。北アルプスや富山平野や海が、指呼の間に望める。　（松田博紀）

二子山
ふたごやま　　　736m　大山町
2.5万分の1図「千垣」
G.B 越 歩 ガ 雪

　熊野川の支流黒川上流部右岸の山。黒川最奥の村大山町小坂にあって、黒川をはさんで対岸に小佐波御前山。以前この村の奥に4つの集落があったが廃村となった。今はニジマスの養魚場を含め5世帯を残すのみである。
　二子山は双耳峰で、ほぼ同じ高さの東山、西山が並んでいる。山名もその山容からのもの。注意して

二子山（折谷から）

見ると富山市南部の平野部からでもその隆起が望める。「白い雲わく双子山（双の字を当てている）小佐波御前は見まもってるよ」と福沢小学校の校歌にも歌われている。

　山体は火山噴出物の集塊岩で形成され、至る所、荒れた岩肌をあらわしている。以前この山は残雪期に雪山を楽しむ格好の山であったが、1992（平成4）年、有志によって登山道が開かれた。小坂の公民館の手前に登山口があり谷に沿って奥へ進めばよい。この谷を日尾双嶺谷といい、二子山と日尾双嶺山の水を集めて黒川へ注いでいる。杉の林を出たり入ったりしながら上部で谷を横断して向かい側の尾根に取り付く。この先、標高差160mの急登が山頂まで続く。小坂の登山口からおよそ2時間で東山に達し、そこから尾根づたいに15分ほどで西山。山頂からの展望は良く、東山からは立山連峰をはじめ岐阜県境の山々、西山からは富山平野が一望できる。
（串田京子）

日尾双嶺山　750m　大山町
ひおぞれやま　　2.5万分の1図「千垣」
G.B 紀雪

　熊野川の支流、黒川の源流の山。黒川沿いを車で走ると現在の最奥の村、小坂に至る。富山市の中心街から30分ほどで、山紫水明の山里に立つ。岩魚の養魚場があり、夏には川魚料理を供する茶店がある。過疎ではあるが、人家があり、小坂までは冬季も除雪されている。以前には、この奥にまだ村があった。千長原、大双嶺、さらに桧峠の奥に、文字通りの奥山と言う村もあった。1960年代から70年代にかけて、次々廃村となった。この時代に私たちの社会は、長い長い山村生活の歴史を捨てた。

　日尾双嶺山に登るとすれば残雪期に限られる。小坂から10分ほど歩くと日枝神社がある。そこの裏手に取り付き、尾根を詰める。

　黒川の支谷日尾双嶺谷の源流にあるので日尾双嶺山と称する。山裾は杉が植林され、文字どおり人の匂いがする里山である。
（松田博紀）

大双嶺山　717m　大山町
おおぞれやま　　2.5万分の1図「千垣」
G.B 紀越雪

　熊野川支流の黒川源流の山。長棟林道の最奥の小坂集落から南東約2km、旧大双嶺集落背後の山。独立峰でなく連なる山々の1つで目立たず、北側の二子山や日尾双嶺山から山容が見られる程度。

　登山道はないが、山麓の旧大双嶺集落跡（1963＝昭和38年廃村）までは小径があるが、草が伸びると歩きにくい。積雪期には山頂から東に延びる雑木の薮尾根を登る。小坂で長棟林道を右に分け、左旧千長原への林道を進み、道標地蔵と石碑の建つ三叉路で右へ谷沿いの小径（踏み跡）を集落跡まで辿る。頂上は東西に長い平らな雑木林の尾根。木の間越しの展望は僧ケ岳から浄土山までが頭を見せ、大日稜線上に剱岳が頭を覗かせる。近くは二子山、日尾双

中央が大双嶺山

嶺山、高頭山、割谷山等が望める。

　積雪期には、小坂からこの山へのカンジキハイクを楽しむものが増えた。
（松井和一）

薄波山　753.6m　大山町・大沢野町
うすなみやま　　2.5万分の1図「千垣」
G.B 紀雪

　熊野川の支流、黒川の源流の山。黒川ぞいにのぼりつめると桧峠に立つ。ここは大山町と大沢野町の境界線でもある。富山市の中心部から車で1時間ほどで行ける。北アルプスや飛騨に続く山々が波打ち、眺望が素晴らしい。峠から境界線沿いに1kmほど西

小佐波御前山（御鷹山から）佐伯郁夫撮影

に当山がある。山の南側の山麓には薄波と呼ぶ小さな村があった。1970年代に廃村となったが、山名はこの村に由来する。

約3km北に、小佐波御前山があり、コルを挟んで、ほとんど高さの同じこの山と向かい合っている。黒川ぞいの大清水から谷沿いに基幹林道が造成中である。西へは大沢野町へ繋げ、東へは水須に伸びる予定と言うが、完成の目途は立ってない。この林道の工事中に恐竜の足跡の化石が発見された。この山並みが、恐竜の跋扈する沼地だったのかと、太古の昔に思いを馳せるのも楽しい。地図では細い林道が薄波山に向かっているが、実際は荒れ果てた造林用のもので、当分は通行不能。登るには、残雪期に大清水の奥から基幹林道沿いに黒川を渡り、最初の尾根に取り付く。三等三角点の山。　　　　（松田博紀）

小佐波御前山
おざなみごぜんやま
754.2m 大山町・大沢野町
2.5万分の1図「千垣」
G.B 紀越歩ガ力北県

大沢野町と大山町の境界にある。神通川の右岸の山。富山市の南端から国道41号線を南に10kmあまりの距離にある。

舟底を逆さにしたような台形のゆったりと大きな山体は、どこからみてもそれとわかる。富山平野に裾をひいていて障害物がなければ富山市および周辺の平野部のどこからでも山の全容が眺められる。

笹津・芦生（あっしゅう）・小佐波の三方向からの登山道がある。笹津からの猿倉コースは変化に富み、カタクリの群落やマンサク、ヤマボウシなどの花木が多くみられる。ツメレンゲ、メノマンネングサ、キカワラマツバなどの珍しい植生地でもある。御前山から山頂への道路わきに高さ約40mの奇岩獅子ケ鼻があり、ここからの神通河畔の鳥瞰は圧巻。この一帯は岩稲期の海底火山の噴火によるもので、地質は凝灰角礫岩で学術的にも貴重。芦生からのコースはこの山の西面を登るもので、西側、山平集落跡（きんでら）を経て頂上に至る。カタクリ、ミヤマカタバミの大群落、ムシカリの林など花の季節は魅力的。小佐波集落からのコースは起伏には欠けるがゆったり歩きが楽しめる。各コースとも山頂まで2時間強。

この山と御前山の鞍部が小佐波川の水源地帯で小さな沢の水を集め、さざ波をたて静かな瀬となり小佐波川となっている。小佐波御前山の山名は、このさざ波に由来するとか。ほかに立山神が在臨していたところから立山に比べて幼い子どもの如き山の意からつけられた山名との説もある。

この山の熊が懐妊すると塩水を飲みたくなって、夜、岩瀬浜まで海水を飲みに駆けてゆき、月岡で夜が明け村人に囲まれたことがあったという面白い伝説もある。

山頂には二等三角点の標石と白山社の祠がある。山頂から少し東へ歩いた平坦地にふるさと歩道記念碑と最近出来た豪華な避難小屋がある。眺望はよく、立山連峰、富山平野、富山湾、神通峡などが望める。この山は、富山市を中心とする平野部から近いこともあって、年に数十回足を運ぶ常連登山者もいて多

くの自然愛好者に親しまれている。山頂まで林道がつくなど、近年変貌が著しいが、「これ以上の開発のないように」との思いは、自然愛好者たちの共通の願いである。　　　　　　　　　　（浦山悟子）

寺地山
てらちやま　　2000m　　大山町・神岡町
　　　　　　　2.5万分の1図「有峰湖」
G.B 紀 越 歩

立山連峰の南端にほど近い北ノ俣岳の西1.7kmにある。北アルプスの主稜線をはずれて西に派生する県境稜線上の山。山容も目立たないので、一般的にはあまり知られていない。従ってこの山だけを目標にして登山するものは少なく、北アルプスの北ノ俣岳（上ノ岳）や黒部五郎岳を目指す登山者の通過地点であった。2万5千分の1図を注意して見ると、三角点のすぐわきに2000mの等高線が入っている。だから寺地山の標高は2000mということになる。しかし三角点の標高が1996mのため、1996年に1996mのこの山を目指して全国から登山者が集まった。たまたま少し前、有峰有料道路が富山県から岐阜県山之村まで開通し、「天の夕顔の道」として車で行き来できるようになった。さらに神岡町が、この道路の富山・岐阜県境トンネル入口より寺地山への神岡新登山道を開設したこともあって、この年は未曾有の寺地山登山ラッシュとなった。以来日帰り登山の山として人気が出た。その4年後の2000年に、地元大山町出身所沢市在住の五十嶋一晃氏が「大山町に存在する2000mピッタリの山」と題して「首都圏おおやま会」の会報に寺地山について発表している。

頂上東側の草地からは北ノ俣岳の西面が全望できる。その左に薬師岳、やや遠く剱岳、大日岳が、右手に黒部五郎岳と笠ケ岳が眺められる。北アルプス南部の展望台として、これに勝る所はない。

ただし、県境トンネル付近から新しく出来たこの道は、雨天の前後や、残雪が消えた直後はぬかるみがひどく歩きにくいことがある。旧来は山之村の打保からの登山道が利用されていたが、今はたどるものは少ない。ただ下山時、誤ってこの道へ入り込み難儀するものもいるので注意したい。

県境トンネル入口の登山口から頂上までおよそ3時間。頂上から寺地山避難小屋まで1時間。避難小屋から北ノ俣岳まで2時間。避難小屋には清水が流れている。富山県側の有峰湖畔にテント場がある。岐阜県側の山之村には民宿が2軒ある。

なお、次の文章は、寺地山について廣瀬誠さんからいただいたものである。「この山は常願寺川の源頭の山で、山名も山岳信仰の寺院によるとの説もあるが、《常願寺》も《寺地山》も判然としない。富山平野からは全然見えぬ山なので、日陰または僻地を意味するアテラから生じた山名か。飛騨側山名は《大見の辻》。」
　　　　　　　　　　　　　　　　　　（橋本　廣）

寺地山の山頂付近で、北ノ俣岳方面を見る（佐伯郁夫撮影）

猪ノ根山　　1338m　大山町
いのねやま　　2.5万分の1図「有峰湖」
G.B ㊝

　有峰湖北端湖岸の山。有峰記念館や青少年の家などのある平坦地の背後にある。有峰ダム堤付近へ流れ込む猪ノ根谷右岸末端にあたる。遊歩道がついてからこの山を猪ノ根山と呼ぶようになった。遊歩道は記念館付近から登りはじめ、青少年の家付近へ下りている。植物を観賞したり野鳥の声を聞いたり、頂上周辺から薬師岳を眺めたりしながら周遊時間がおよそ2時間。グループやファミリーでの散策に好適。　　　　　　　　　　　　　（橋本　廣）

和佐府ゼッコ　1730.9m 大山町・神岡町
わさぶぜっこ　　2.5万分の1図「有峰湖」
G.B －

　有峰湖源流、富山・岐阜県境上の山。有峰有料道路の県境トンネルより県境沿い西へ1km、有峰湖の南端（湖尻）から3km、岐阜県神岡町の和佐府の村から3.5kmにある。三等三角点があり、点名が「和佐府」。神岡町発行の案内図には和佐府ゼッコとなっている。山頂は熊笹と雑木がはびこっていて、木々の間から谷越しに南の山々が見える。和佐府から直接登ってくる登山道がかすかに残っているが、刈り開けがとどこおると草に埋もれるだろう。
　北側が大山町有峰で、南側が標高1000mの集落、岐阜県神岡町山之村。池原等著『とやま県境踏破』（1999年・桂書房）に、無雪期この山を縦走した時の記録が記されている。　　（橋本　廣）

祐延山　　1689m　大山町
すけのべやま　　2.5万分の1図「有峰湖」
G.B ㊗

　小口川源流祐延ダム湖の北東湖畔にあって、2基の反射板を山頂に備え持つ。富山市の南部方面からは鉢伏山の右（東方）、西笠山の東（西方）に比較的明瞭に山容が確認でき、双眼鏡で見れば反射板もはっきりとわかる。この山は東笠山、西笠山と標高も似ているし、方向がほぼ同一線上にあるので山中での現在地の確認に好都合である。山頂は平坦でヘリポートがある。山頂からは北東方向に鉢伏山が、

反射板のある祐延山の山頂

北に烏ケ尾山が望める。地形図に出ている祐延ダムからの歩道は広葉樹に埋もれたどることは困難である。　　　　　　　　　　　　（新庄幸作）

瀬戸谷山　　1699.0m　大山町
せとだんやま　　2.5万分の1図「有峰湖」
G.B ㊗

　有峰湖と祐延貯水池の間にある山で、和田川（常願寺川の支流）の支谷西坂森谷源流の山。地形図に山名の記載はない。頂上に二等三角点がある。登山道がないので訪れる者はいない。山頂は広く、直径

瀬戸谷山の三角点

150m。なだらかな台地で身の丈を超すシラビソや雑木のヤブに被われている。旧有峰街道は有峰湖の宝来島付近を起点として、この山の北東山腹をたどって祐延ダムへ通じていて、現在の地形図にもその道の記号が中程までつけられている。　（新庄幸作）

東笠山　　1687m　大山町
ひがしかさやま　　2.5万分の1図「有峰湖」
G.B ㊗ ㊉

　常願寺川の支流小口川源頭部にあって、祐延湖ダ

ム堤の真上にある山。富山市から眺めると鍬崎山、鉢伏山の山体の右に注意して見れば頭の丸い西笠山が見えている。その左隣りの山。西笠山は割合目につきやすいが、東笠山は前山の陰で見えにくい所が多い。山体は極めて穏やかで山頂部は草原である。東側は小口川、西側は熊野川の源流域である。高山植物も豊富で、立山の弥陀ケ原に似て、ニッコウキスゲ、コバイケイソウ、ワタスゲ、モウセンゴケ、イワイチョウ、タテヤマリンドウ、チングルマなどが見られる。特異で豊富なのがヒメシャクナゲの群生。7月の草原は花で染まる。眺望もよく、薬師岳、太郎山に続く登山道も見え、寺地山、北ノ俣岳、黒部五郎岳など北アルプスの山々のほか熊野川の対岸に大きな西笠山が対峙する。その左方に横岳を始め、県境の山々が連なる。

この山と隣の西笠山との間に旧有峰街道が通じていた。今もその痕跡が残っていて探せば道筋がわかる。この山に至る登山道はなく、東面の祐延ダムから急な沢を登れば1時間半で頂上に立てる。→西笠山
　　　　　　　　　　　　　　　　　　　　（新庄幸作）

西笠山
にしかさやま　　1697.0m　大山町
　　　　　　　　2.5万分の1図「有峰湖」
　　　　　　　　G.B 紀 越

西笠山山頂で（はるか彼方に御岳）

神通川の支流熊野川の源流部にある。富山市の平野部からはなだらかな山頂部が望める。笠のような山容からこの名がついたといわれ、雪をかぶると放射状の雪模様が遅くまで残る。隣の東笠山と2つ並んでいて、山の形もよく似ているが、東笠山が前山に隠れて見えにくいのに比べれば割合よく見える。山頂部は平坦で、直径200mほどある。ハイマツ、コメツツジなどが密生し、草原の中にニッコウキスゲが咲く。隣の東笠山よりは高原的雰囲気は劣るが、大きな樹木がないので展望がよく薬師岳が特によく見える。三等三角点は見つけにくいが、山頂部のやや西側にある。

道がないのとアプローチの都合で訪れる人は少な

東笠山と西笠山を望む（高杉山から）

横岳（高幡山から）河島博明撮影

い。隣の東笠山よりヤブを漕いで縦走するか、長棟川側から谷や尾根をルートにとって登山するかのいずれかである。いずれのコースも登山の熟達者向きといえる。→東笠山　　　　　　　　　　（新庄幸作）

横岳
よこだけ　　1623.0m　大山町・神岡町
　　　　　2.5万分の1図「東茂住」
G.B 紀越歩雪

　大山町と岐阜県神岡町の境界の山。神通川の支流長棟川上流の金山谷と高原川の支流、跡津川との分水嶺。横岳は有峰の入口大多和峠の西に位置する。県境に沿って横に長いので横岳といわれる。登山道がないので残雪期に登る。大多和峠まで車が入るようになると残雪が少なく登りにくいので、手前の佐古か跡津川の村まで車で入り、あとは歩いて大多和の村から尾根の残雪を拾う方が登りやすい。長棟川流域から沢とヤブをくぐって頂上の台地に出る方法もある。残雪期には頂上からは西笠山、東笠山、寺地山、北ノ俣岳、薬師岳、黒部五郎岳、高幡山、池ノ山、六谷山、キラズ山が望める。　　（新庄幸作）

高幡山
たかはたやま　1332.2m　大山町・神岡町
　　　　　　2.5万分の1図「東茂住」
G.B 紀越雪

　大山町と岐阜県神岡町の境界の山。神通川の支流、長棟川の源流域にあり、同県境稜線の池ノ山と横岳の中間に位置する。どちらの県からも最果ての山域なので、人里からこの山を望むことはむずかしい。岐阜県山之村の山吹峠付近からこの山域が見えている。山麓にあった長棟集落は昔は鉱山としてにぎわったこともあるが、1935(昭和10)年に廃村となった。この山域に近づくには岐阜県東茂住から茂住峠を経て入るものと、富山県大山町小坂より桧峠を経て長棟川沿いに入るものがある。長棟川沿いの道は桧峠より奥は一般車が通行できないし、茂住峠からの道も整備されていないので走りにくい。高幡山へ登るには長棟集落跡を過ぎ、約1km先で車をとめ、長棟峠への歩道に入る。途中で峠に向かう道を右に見て直進すると県境に出る。ヤブ状の道のそばに林

道開通記念碑がある。あとは県境の尾根に沿ってヤブを漕ぐしかない。早い時期だったら尾根の残雪を拾うことができるかもしれない。県境の小さなピークを2つか3つ越すと頂上へ出る。頂上の杉林の中に三角点がある。杉の木に登って展望しても、周りの樹木にさえぎられ、隣の池ノ山の頭が目に入る程度である。　　　　　　　　　　　　（新庄幸作）

池ノ山
いけのやま　　1368.7m　大山町・神岡町
2.5万分の1図「東茂住」
G.B 越歩雪

　大山町と岐阜県神岡町との境にある。
　この山は山そのものが鉱脈と言ってよい。古くは茂住銀山、長棟鉛山などに始まり、近代になって三井に引き継がれ、そして現在の神岡工業所㈱まで、事業主が変わっても400年盛衰を繰り返しながら、国の産業の一端を担い続けてきた。山名については、飛騨川から山頂直下の鞍部を越えて、越中の長棟へ出る旧道の傍らに池があるので、飛騨名としてその名がついたと考えるのが自然であろう。越中側ではこの山を鷹つぶり山と呼んでいたようである。鷹ツ

池ノ山（高原川対岸の山から）

モリ山と記してある地図もある。
　山名が史料に最初に出てくるのはやはり、茂住銀山関連のものであり、『神岡鉱山史』によると、1712（正徳2）年の代官の書上に見える。しかし、同銀山の開山は諸説があり、少なくとも西暦1600年代の初期まで遡る。
　地図には池ノ山西面の岐阜県側に大津山という地名がある。池ノ山の肩に相当する場所であるが、麓の西茂住上部から眺めると、なるほど立派な山に見える。大津山という呼び名については、県立図書館元館長の廣瀬誠氏の話では山の中が鬆（す）のように採掘穴でいっぱいだったので大鬆山と呼んでいたのが転じて大津山になったとも考えられるというこ

とである。
　大津山は神岡鉱業所茂住坑の従業員とその家族千数百人が生活し、独特の社会が形成されていた所である。利便さを追及してやまない時代の波に煽られ、1975（昭和50）年に全戸が麓などに移転した。
　越中七かね山の1つとして栄えた前述の長棟鉛山と長棟村は、池ノ山の北東面に広がっていた。
　長棟を舞台にした美しくも身につまされる伝説がある。
「…村の祝い事の時に、この地の三名花である水芭蕉、クガイ草、ヤナギランの花の精たちが、それぞれの花の色の衣装をまとった美女になって現れたが、坑夫たちが無礼を働いたので消え去り、その後は鉱脈が絶えた。…」
　池ノ山に登るには、国道41号線東茂住から神岡林業所林道を利用するとよい。道はかなり悪いが旧長棟部落までは車が入る。頂上直下の清五郎谷小屋跡までは古い林道が残っているので、地図があれば歩いて辿って行ける。頂上の眺めはよいが、古い地図に記されている大津山からの旧道も含め、登山になれた人ならともかく、ハイカーには奨めにくい。
　　　　　　　　　　　　　　　　　（猪谷　守）

鼠尾山
ねずおやま　　1298.0m　大山町
2.5万分の1図「東茂住」
G.B ―

　富山・岐阜県境の茂住峠の北2km、神通川支流の長棟川上流左岸の山。一等三角点六谷山の南西1.5kmの所にある。人里から遠いし道もなく、植林その他に利用されているわけでもない。三等三角点の点名が「鼠尾」。頂上に至る道はないが、茂住峠から六谷山に通ずる道の途中からヤブを分ければ頂上へ出られる。
　県境の茂住峠へは国道41号線の岐阜県茂住より車が入るが道は悪い。→六谷山　　（橋本　廣）

六谷山
ろくたんやま　　1397.6m　大山町・神岡町
2.5万分の1図「東茂住」
G.B 歩雪県

　大山町と岐阜県神岡町の県境稜線上のピーク。神通川の支流長棟川上流々域にあり、岐阜県側の茂住谷との分水嶺をなす。地形図に山名の記載はないが

六谷山（佐伯郁夫撮影）

一等三角点の山である。この県境稜線上に南方に池ノ山、南東に高幡山、横岳が並び、西方にキラズ山がある。山頂から北方の長棟川沿いの山並みを見ると桧峠へと続く奥山の山稜が見え、北東に西笠山が望める。六谷山はその名の通り北面に大池谷、クスリ谷、キヤク谷、カヤ原谷、弥谷、南面に茂住谷を有し、6つの谷に分水している。

この山へ登るには富山方面からの場合国道41号線の岐阜県神岡町東茂住の駐在所の手前で左折し、茂住谷に沿って茂住峠（1060m）に出る。峠から北に向かって県境ぞいの刈り明け道がある。急坂で苦しい。峠から1時間30分ほどで山頂に着く。最近この山の頂上付近に反射板が設置され、その補修の要から、道は常に整備されている。　（新庄幸作）

キラズ山　　1187.8m
きらずやま　　大沢野町・大山町・神岡町
　　　　　　　2.5万分の1図「東茂住」
　　　　　　　G.B　紀越歩県

　神通川右岸、大沢野町猪谷集落の背後（東側）に位置する。JR高山線猪谷駅前の神峡橋に出ると正面右に1番高く望める山がそれ。

　古くは木羅津山とも書いた。「山の神の祟りを恐れて木を切らない事を申し合わせた山」という伝説から不切山の意とされる。昔、ある若者が申し合わせに背き、山から3本の木を切り持ち帰った途端、母親の顔が歪み治らなくなった。21日の願掛け参りをし、満願の日に約束の3本の杉苗を植えて帰ると、母親の顔が元通りになったという。

　登山コースは国道41号線から神峡橋を渡り、大沢野町舟渡（ふなど）で右折。猪谷発電所の導水管の上方の流入水路（プール）付近から徒歩コースがあるが、近年林道が上の方まで延長されたので、標高約600mまで林道をマイカーで行く人が多くなった。また標高約450mから先の道（送電線鉄塔の上方）に雑草が生い繁り、草刈りがされていないと道が定かでないところもある。この徒歩コースは猪谷駅から約3時間30分で頂上に。

　林道を車で行くコースは、舟渡で左折し、その先の小糸（こいと）で右折して林道に入る。林道は所々で交差、案内板もなく、初めての人には解りにくい。経験者に先導してもらうことだ。標高約600m付近、林道がヘヤピン状に交差しているあたりで駐車。その交差している林道へ右折していく。標高約890mで林道を外れて右の山道に入る。杉林を抜けると新しい杉の植林地で、雑草で狭くなった道を登る。眼下に展望が開ける。途中に神通川に流れ着いた山の神の神体を楢の木の洞に安置したという伝説の木もある。

　数年前までは頂上直下100mの距離のヤブを急登し、展望のきかない頂上へ出たが、1997（平成9）年6月末に双嶺グループが伐開。頂上は西から北東にかけて眺めが利くようになった。途中までマイカーを利用しての頂上までの所要時間は国道41号線近くの神峡橋から2時間半くらい。

　岐阜県側は落葉期以外は展望不可。対岸の細入村蟹寺（かにでら）、同猪谷（いのたに）集落が、また高原川と宮川との合流点が見下ろせ、大高山、西新山、洞山が目の先に、小佐波御前、二子山も見渡せる。　（津田清則）

奥山西ノ尾　　1120m　大山町
おくのやまにしのお　　2.5万分の1図「東茂住」
　　　　　　　　　　　G.B　－

　長棟川と熊野川に挟まれた、東西に延びる山並の

キラズ山（中央のピーク。猪谷の神峡橋上から）

奥山（中央、桧峠から）

中の1峰。山並は東奥へ東笠山、西笠山へつながる。西側は桧峠。西支尾根に大双嶺山がある。反射板が目印の山だったが、最近反射板が撤去された。三角点のある奥山は当山の西、1kmの地点。

黒川に沿って登りつめると、長棟川と黒川の分水嶺の桧峠に至る。さらに奥へ走って奥山発電所を過ぎると大谷へ出る。ここが反射板巡視路の登山口。ここから1時間30分で頂上に達する。頂上は反射板下を除いて笹藪。眺望は360度のパノラマが楽しめる。近くに熊野川と長棟川流域の山々、遠くは乗鞍岳、立山連峰など。

登山道の途中、標高750mに1957（昭和32）年廃村の奥山集落跡がある。桧峠より奥の道は一般車通行止めのことが多い。→奥山　　　（大橋雪枝）

奥山
おくのやま　　1067.5m　大山町
2.5万分の1図「東茂住」
G.B 紀越

熊野川源流、長棟川との分水嶺上の1峰。熊野川の支流、黒川沿いの最奥の村が小坂。さらに奥に進むと桧峠に出る。峠から南東に延びる尾根上に当山がある。北西方向に薄波山、小佐波御前山が近い。地図に山名が記されていないが、三角点マークと標高の記入がある。登山道はなくヤブをこぐか、積雪期に登るしかない。雪の締まる残雪期が最適。小坂から桧峠まで約1時間、峠から頂上まで残雪を伝って2時間半ほど。頂上は広くて穏やかな台地。残雪の上からは、東は「奥山西ノ尾」にかくれるが、他の三方がひらけ、岐阜県境の山々、熊野川と長棟川流域の山々が見える。

この山域への道は営林署の管理道で、一般車が通れないことが多い。→奥山西ノ尾　　　（大橋雪枝）

7「富山」「八尾」

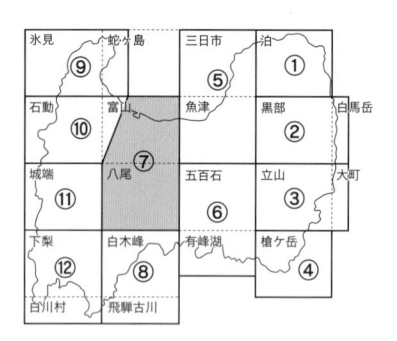

1	八ケ山	186
2	呉羽山	186
3	城山	187
4	高津峰山	187
5	経嶽山	188
6	鳥越山	188
7	丸山	189
8	市兵衛山	189
9	大澤山	189
10	古能久礼山	189
11	ダイジロ山	190
12	猿倉山	190
13	御前山	191
14	笹津山	191
15	大乗悟山	191
16	カンナ尾山	192
17	御鷹山	192
18	長山	192
19	源平山	193
20	京ケ峰	193
21	鼻峰	193
22	別荘山	193
23	尾道	194
24	城ケ山	194
25	竹原山	194
26	夫婦山（男）	194
27	夫婦山（女）	195
28	清水山	195
29	城ケ山	196
30	上野山	196
31	大峰	196
32	狢峰	196
33	城山	197
34	御鷹山	197
35	向山	198
36	森田山	198
37	中山	198
38	野手高津峰山	199
39	猫坂山	199
40	富士屋権現山	200
41	亀山	200
42	増山	200
43	天狗山	201
44	ひよどり山	201
45	頼成山	201
46	オンダン山	202
47	貉ケ城	202
48	城山	202
49	天鳥山	203
50	高場	203
51	奥ノ山	203
52	ジュッカの山	204
53	高尾山	204
54	鉢伏山	204
55	三条山	205
56	牛岳	205
57	鉢巻山	206
58	峯山	207

当図の2.5万分の1地形図

伏木	富山湾
高岡	富山
宮森新	速星
山田温泉	八尾

富山湾

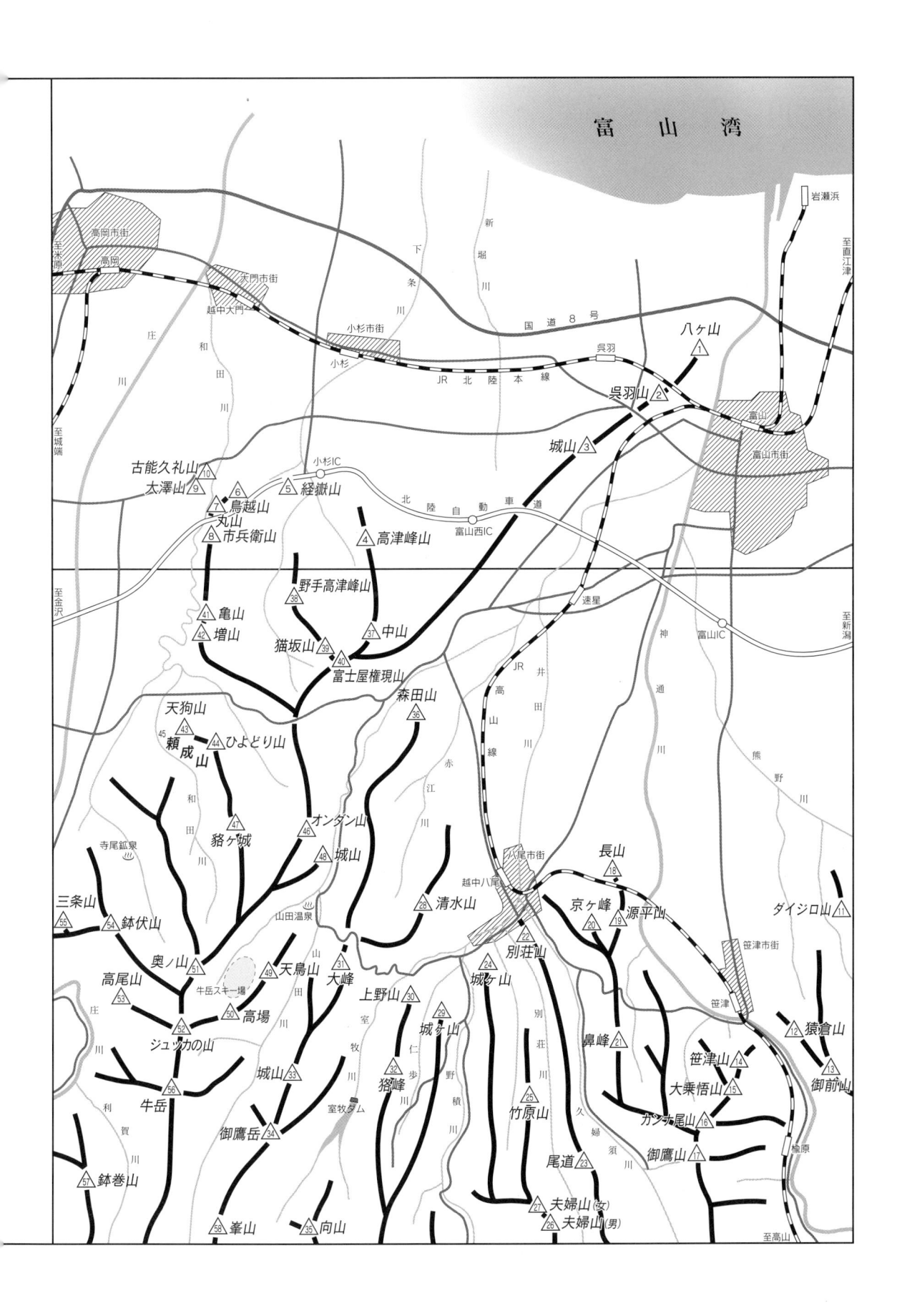

至氷見　高岡市街　高岡　至直江津　岩瀬浜
越中大門　矢門市街　下条川　新堀川
至城端　庄和田川　小杉市街　小杉　JR北陸本線　呉羽　国道8号　八ヶ山①
　　　　　　　　　　　　　　　　　　呉羽山②
　　　古能久礼山⑩　　　　　　　　　　　　　城山③　富山市街
　　　太澤山⑨　⑥　⑤経嶽山　北陸自動車道
　　　　　丸山　鳥越山　　　　　富山西IC
　　　　　　⑧市兵衛山　　△高津峰山④
　　　　　　　　　　野手高津峰山
至金沢　　　　亀山㊶　　　　　　　　　　　　　　　　富山IC　至新潟
　　　　　　㊷増山　猫坂山㊴　中山㊲　速星
　　　　　　　　　　　㊵富士屋権現山　　JR高山線
　　　　　　　　天狗山　　森田山㊱　　神通川
　　　　　　　45㊸　㊹ひよどり山
　　　　　　　頼成山
　　　　　　　　　　　　　　　　　　赤江川
　　　　　　　　和田川　　　オンダン山
寺尾鉱泉　　　　㊼貘ヶ城　㊻
　　　　　　　　　　　　　㊽城山　　　　　　　　　　　　長山⑱
　　　　　　　　　　　　　　　　　　　　　八尾市街　京ヶ峰　　　　ダイジロ山⑪
三条山㊿　　　　　　　　　清水山㉘　越中八尾　　　⑳　源平凹⑲
　　㊾鉢伏山　山田温泉　　　　　　　　　別荘山
　　　奥ノ山㊑　　　　　　　　　　　　　　　　　　笹津市街
　　高尾山㊾　㊿天鳥山　大峰　上野山㉚　城ヶ山㉔
　　　　　　牛岳スキー場　　　　　　　　　　　鼻峰㉑　　　猿倉山⑫
　　　　　㊺高場　　山田　　　　　　　　　　別　　　　笹津山⑭
　　　　　㊼ジュッカの山　　室牧川　城ヶ山㉙　荘　　　大乗悟山
　　　　　　　　城山㉝　　　野積川　　　　　　川　　　ガンマ尾山⑯　御前山⑬
　　　牛岳㊼　　　　貘峰㉜　　竹原山㉓　久　　御鷹山⑰　楡原
　　　　　　　御鷹岳㉞　室牧ダム　　　　　　婦川
　　　　㊿鉢巻山　　　　　　　尾道㉓
　　　　　　　　　　　　　　　　　　夫婦山（女）㉗
　　　　　　峯山㊽　向山㉟　　夫婦山（男）㉖　　　　　至高山

八ケ山
はっかやま　　31m　富山市
2.5万分の1図「富山」
G.B　—

富山市の呉羽丘陵の北端にある小高い山。現在は集落名となっているが、戦前は八ケ山遊園地として、富山市および近郊の人たちの集いの場であった。昔は初霞山、観音山ともいわれた。大正(1912〜)の頃、百塚の石原正太郎によって富山市北口から四方に通ずる越中軌道が敷設され、昭和(1926〜)の初め頃、八ケ山駅が出来てから賑わうようになった。頂上に食堂・休憩室を持つ建物、その北西斜面にスキー場、東北側には運動場を兼ねた遊び場があった。1932(昭和7)年、八ケ山を中核とする野菜の供給地帯として知られるようになり、八ケ山青果市場が開設された。

八ケ山周辺には、今日も茶園、一万歩梅園、栗林、椿林と呼ばれる地名がある。

頂上は平坦な草地で立山連峰の格好の展望台である。公園にはトイレ・遊具があり、桜などの樹木も多く、家族での散策に適しているが、往年のおもかげはない。

八ケ山から牛首用水を隔てて俗称「長岡御廟の山」がある。ここは富山藩歴代藩主の墓地で真国寺が管理しており、周辺は富山市民墓地ともなっている。『登立山記』の著者大塚敬義、近代富山の政財界の大物山田昌作、井村荒喜その他の墓もある。

八ケ山と越中軌道(射水線軌道)の跡を隔てた丘陵地は百塚山とも呼ばれ、富山藩が最初に築城を計画した場所。「長岡八景」等にも「百塚の夜雨」として選ばれた地。牛首用水に因む牛首神社もあって臥牛銅像もある。

(木谷トモ子)

八ケ山(東側から)下は公園内にある四阿

呉羽山
くれはやま　　76.8m　富山市
2.5万分の1図「富山」
G.B　楽目ウ北

富山市の西部にある。南北に細長い呉羽丘陵は、県道富山・高岡線で二分されている。この二分された丘陵の北側を一般に呉羽山と呼んでいる。この一帯の自然をそのまま生かし、整備されたのが呉羽山公園。山頂は茶店がある広場になっており桜の名所。四季折々の自然が残り、富山市民の緑のオアシスとなっている。

山頂へは車で行けるが、民俗資料館前の西側駐車場から遊歩道をたどることもできる。付近一帯は、民芸館、売薬資料館、陶芸館等があり、民俗民芸村になっている。駐車場を通り抜け、牛ヶ首用水に沿った遊歩道をたどり、左手につけられた木の階段を上がると陶芸館前に出る。さらに右へ進み、とやま土人形工房を過ぎると、山腹を背にして富山市内を見下ろすように500余体の石仏が並んでいる。五百

五百羅漢石像(呉羽山中腹にある長慶寺境内)

羅漢と呼ばれるが、富山の町人黒牧屋善次郎が発願し、1798（寛政10）年から50年かけて安置されたもの。富山市の指定文化財となっている。

　江戸期、一目千本の花の名所とされた桜谷はこの山の東面。当地の花を愛でた富山6代藩主前田利興の夫人で歌人の佳子（自仙院）は1796（寛政8）年、島根県益田の柿本神社から土を取り寄せ、その上に柿本人麻呂木像を祭る人丸堂を建立。以後、この社頭で和歌連歌の会がたびたび開かれたという。人麻呂木像は、五百羅漢を管理する長慶寺に現存。

　石仏の間につけられた急な階段を上ると尾根に出る。尾根伝いの車道を左へ進むとまもなく、呉羽山山頂広場。山頂からは、富山平野を眼下に、そびえ

呉羽山の山頂広場

立つ立山連峰、富山湾が一望される。山頂広場から南へ進むと展望台があり、ここからの眺めも（特に夜景）すばらしい。展望台から、車道を南へ下っていくと、県道富山・高岡線に出る。

　山田孝雄の墓は長慶寺の境内に、大正天皇御野立所趾の記念碑や昭和天皇の立山の御歌碑、大伴家持立山の歌の万葉歌碑も付近にある。　　（越田勝子）

城山

じょうやま　　145.3m　富山市
　　　　　　　2.5万分の1図「富山」
　　　　　　　G.B 楽目ツ北

　富山県を東西に分ける呉羽丘陵の最高峰が城山。この丘陵は県道富山・高岡線に二分され、その南側にある山。山頂に白鳥城があった。白鳥城は中世の典型的な山城で、戦国時代、富山城主の佐々成政を豊臣秀吉が攻めたとき、本陣が置かれたところ。国の指定史跡となっており、頂上本丸跡に一等三角点がある。

　登山口は、高岡行きバスを「呉羽山公園下」で下

城山山頂の三角点

り、少し戻ったところにある。ここからは整備された遊歩道を進む。七面堂、旧峠を越して尾根をたどる。40分くらいで、3基のテレビ塔近くの駐車場に出、近くに展望台がある。東出丸跡、三の丸、二の丸を経て、白鳥城の本丸跡の頂上。

　頂上からの眺めはすばらしい。富山市街を眼下に平野が一望でき、その向こうに立山連峰が連なっている、西側の展望はないが、ゆるやかな丘陵を利用して梨畑が広がり、春には白い花をいっせいにつける。頂上からは南へさらに遊歩道が延び、ファミリーパークを右に見て、県道有沢線のトンネルの上を通り、富山医科薬科大学の近くまで続く。

　丘陵の一角に富山医科薬科大学が建造された時「杉谷古墳群」が発見され、その中に出雲地方と共通する「四隅突出型古墳」のあることが判明した。
→呉羽山　　　　　　　　　　　　　　（越田勝子）

高津峰山

たかづみねやま　116.6m　富山市・小杉町
　　　　　　　　2.5万分の1図「高岡」
　　　　　　　　G.B　－

　小杉町と富山市の境界にある。低い山だが、射水丘陵東部では1番高く、頂上に三等三角点がある。

高津峰山の三角点と、右は野中為雄宅の掛け軸

高津峰山周辺のゴルフ場

山麓の浄土寺集落の野中為雄宅にある古い掛軸に「高津山」と記してあることからみれば、昔は高津山と称したのかもしれない。

周辺の射水丘陵一帯は溜池の多い所。タヌキ、イタチ、テン、カワセミ、ノスリなどが出没する。小杉インターからこの山の近くの屋敷野池まで3.5km、車で6分。周辺から歩いて頂上まで25分だが、太閤山カントリーと小杉カントリーの境界のため、いちいち両カントリーに入山申込みするわずらわしさがあるので、ハイキングには不向き。(青江豊二)

経嶽山　　　62m　小杉町
きょうがくさん　2.5万分の1図「高岡」

G.B —

低い山だが、射水丘陵の北西側では1番高く、頂上に越中金比羅宮が建っている。北陸自動車道から見えるが、晴れた日には海上からも見え、海上渡航者の目印となっていた。小杉町青井谷には「京角」という姓の家が多いが、「経嶽山準提観音太子略縁起」から山号として「経嶽山」と名がついたという。小杉インター付近の金山小学校前「おぐら館」の横から入ると参禅道場の翁徳寺がある。翁徳寺背後一

曹洞宗の経嶽山

山頂の金毘羅宮

帯が経嶽山で、南方山頂にキャンプ場がある。周辺は一周1時間ほどの散策コースとなっている。

(青江豊二)

鳥越山　　　77.6m　大門町
とりごえやま　2.5万分の1図「高岡」

G.B —

大門町南部の串田丘陵地にある。山名は特になく、地元では山頂に三角点があることから「三角の山」「三角点の山」また「向かいの山」などと呼んでいる。一帯の地籍は鳥越で、頂上は大門町大字串田字鳥越208-2番地。数少ない二等三角点の山。地籍が鳥越だし、近くに鳥越の池という溜池もあることから鳥越山と呼ぶ方がふさわしいかと思われる。大

鳥越山（道路から鉄塔を目印に薮をくぐるとすぐ）

門町はほとんど平野部で、丘陵地はこのあたりだけ。地図の等高線でみる限り70m台のピークが1番高く幾つもある。標高が記入してあるものでは77.6mの鳥越山が最も高い。

近年、大門町ではこの丘陵地から北に連なる南郷丘陵にかけて開発をすすめており、山頂西側に二車線歩道付きの道路が付けられた。この道に車を置い

てヤブの中を登れば、数分で頂上に立てる。近くにある鉄塔が目印。頂上のヤブの中を探せば三角点の標石が見付かる。ヤブの木の間越し、ゴルフ場の山の向うに牛岳が望める。すぐわきを走る高速道路の車の音が聞こえている。　　　　　（高橋正光）

丸山
まるやま　　　　約70m　大門町
　　　　　　　　2.5万分の1図「高岡」
　　　　　　　　G.B　－

　大門町の南端に位置する。櫛田神社の南約1.5kmの梅の木集落（地図には生源寺新と表示）東側にある。地図には山名、標高とも表示がない。梅の木集落に近づくと、こんもりとした丸い森のこの山がすぐ目に入る。

丸山（梅の木集落上部のこんもりした森が丸山）

　南側の中腹あたりを北陸自動車道が通過し、西側は和田川に下がっている。この西側山裾を1818（文政元）年、加賀藩の直轄事業として長さ約80mの梅の木隧道3本が掘られ、和田川が流れている。
　　　　　　　　　　　　　　　　（高橋正光）

市兵衛山
いちべやま　　　70.8m　大門町
　　　　　　　　2.5万分の1図「高岡」
　　　　　　　　G.B　－

　大門町南端に位置する。高岡カントリークラブゴルフ場内の万葉コース・1ホール目のほぼ中間の南隅に三角点がある。
　以前は東南約300m、標高95.3mにあり、大門町の最高地点であったが、ゴルフ場開発のため現在地に移設した。
　ゴルフ場開発前はサツマイモ畑が点在していた。山名は耕作者名からではないかという。一帯は一般人は立入りできず、いずれ山名は忘れ去られる運命と思われる。　　　　　　　　　（高橋正光）

大澤山
おおざわやま　　約30m　大門町
　　　　　　　　2.5万分の1図「高岡」
　　　　　　　　G.B　－

　大門町南部、櫛田神社の南側に広がる東西150m、南北45mの独立丘陵。鎌倉時代末期、この丘陵に天台宗の寺が創建されたが、山名はその寺号「大澤山」（だいたくさん）からという。
　縄文中期の土器などが出土し、1976（昭和51）年、

大澤山（櫛田神社の南に広がる丘陵）

串田新遺跡として国の史跡に指定されている。1985（昭和60）年頃まで梨畑など果樹園があったが、現在は遺跡公園として整備されている。（高橋正光）

古能久礼山
このくれやま　　約30m　大門町
　　　　　　　　2.5万分の1図「高岡」
　　　　　　　　G.B　－

　大門町南部の櫛田（くしだ）神社辺りを指すものと思われる。

市兵衛山（高岡カントリークラブの万葉コースに三角点）

古能久礼山（伝承では大伴家持が名付けたという）

山名は大伴家持が櫛田神社に参拝した際、この地を「古能久礼山、奈良比丘」と呼んだという伝説にちなむ。古能久礼山は木の暗（昏）山とも解釈でき、木々の鬱蒼とした様子を指し、串田丘陵から南に連なる芹谷野丘陵の山々を呼んだという説もある。

櫛田神社には参道から社殿に向かう石段の左側に古能久礼山、右側に奈良比丘と表示されている。

櫛田神社には、大蛇が田植女を呑んだが、女の櫛が喉に刺さって大蛇が死に人々は危難をまぬがれたという伝説がある。　　　　　　　　　（高橋正光）

ダイジロ山
だいじろやま　　　263.2m　大山町・大沢野町
　　　　　　　　　2.5万分の1図「八尾」
G.B　－

大山町と大沢野町の境界にある。熊野川の支流虫谷川と小佐波川の間にあり、JR高山線笹津駅の北東約4kmに位置する。県立中央農業高校はこの山の北側山腹にある。東側山腹に大山カメリア、北西側山腹に富山カントリー両ゴルフ場がある。三角点のある山頂へは、中央農業高校の南に続く幅員1.5mの山道を行く。関電の鉄塔からナラ林の中に細道が山頂まで続いている。

山頂の三角点は右角が欠落し、等級が読めない。山名のダイジロは、虫谷川の支流の大次郎谷の谷名からか。山頂からの眺望は赤松や常緑樹の木の間越しに北に富山平野、西と東にゴルフ場が見える。山頂をさらに南東面に進むと、北斜面眼下に伐採地が広がっている。1969（昭和44）年に植樹祭行幸記念に作られたみゆき台スキー場跡である。北側眼下にカメリアゴルフ場、富山平野、富山湾。東に立山連峰の眺望がほしいまま。スキー場跡を下り、林道西に進むと中央農業高校にでる。駐車地点から山頂まで徒歩20分弱。山道を東西南北に散策が楽しめる。　　　　　　　　　　　　　　　　（浦山悟子）

猿倉山
さるくらやま　　　344.7m　大沢野町
　　　　　　　　　2.5万分の1図「八尾」
G.B　県ウ楽

神通川右岸にあり、川をはさんで笹津山と向き合う。小佐波御前山から御前山と続く尾根の末端にあたる。山頂の西側は急な段丘崖を形成している。

名前の由来は、戦国時代飛騨勢が越中に進攻した際の拠点猿倉城（舟倉城）があったことから。

1996（平成8）年に「中部北陸自然道」の一部

猿倉山（バーベキューガーデンから。山頂に「風の城」が見える）佐伯郁夫撮影

として再整備され、富山市内から車で30分という至近の位置にあるため御前山、小佐波御前山とともに手頃なハイキングコースとして親しまれている。また冬はスキーのファミリーゲレンデとして、夏はバーベキューパーティの場として四季を通じて賑わっている。頂上にある展望施設、風の城は風の名所としての特徴を利用して風力発電をおこなっていたが、今は運転を休んでいる。眼下には緑豊かな富山平野と神通峡の大パノラマが広がっている。

JR高山本線笹津駅より徒歩30分。→御前山、小佐波御前山　　　　　　　　（吉本道子）

御前山

559m　大沢野町
ごぜんやま　2.5万分の1図「八尾」
G.B 県

小佐波御前山の大きな山体の西肩にある台地。

神通川右岸に沿って続く山稜は小佐波御前山、御前山と続き、猿倉山で終わり平野部に没する。御前山は、その三山の中央部に位置し、舟倉地区にあるところから、もとは舟倉御前山といわれていた。昔、この山頂に雄山神社があったという。今も一の越、二の越の名称が残っているし、立山信仰との関わりをうかがい知ることができる。舟倉の人達は立山参詣の際は、旧氏子であるところから特別に扱われていたといわれる。

御前山山頂は高原状台地で公園として整備されている。便所、休憩所等の設備は別として、ジャングルジム、鉄棒などの遊具はいかがなものか。

北方に風の城のある猿倉山、富山平野、日本海が一望でき、山頂の西端からは眼下に神通峡が見えるなど大きな展望台地である。

頂上台地まで車で入れるが、笹津駅から猿倉山まで歩いて30分、猿倉山から尾根道を約40分でこの山に達する。広葉樹林の気持のよいふるさと歩道歩

きを楽しみたい。→小佐波御前山　（浦山悟子）

笹津山

532m　細入村
ささづやま　2.5万分の1図「八尾」
G.B 紀 歩 カ 雪

神通川左岸末端の山。富山市から大沢野町へと国道を走る時、正面に見えている2基の反射板のある山。低山だが富山平野の展望台として人気がある。東側の反射板が北電、西側が関電のもの。頂上付近まで車で登れるが、登山を楽しむ時は頂上反射板の巡視路を利用する。笹津地内の八幡宮前からか、集落北端の瑪瑙(めのう)が採れるという馬道谷の近くの林道から入る。昔、行者が使った岩穴があるというコウモリ滝の近くで林道が合流。この付近は薬草の宝庫。さらに上方で用水路脇の登山道に入り、関電ルートを登るのが一般的。下りは急な北電ルートが早い。車で登山口まで行けば頂上まで30分くらい。笹津橋詰バス停から歩けば1時間半くらい。

笹津山（大沢野町笹津から）

頂上付近まで車で登るコースは、楡原から割山(わりやま)森林公園を経て林道須原御鷹山線に入り、右折し数分で大乗悟山南登山口を過ぎて北側登山口に着く。

右手が笹津山。歩いて10分くらい。笹津山南方稜線上の大乗悟山、カンナ尾山、御鷹山とセットで登ると楽しい。山頂からは富山平野はもちろん、能登、氷見、高岡、魚津、朝日方面までのパノラマが広がる。　　　　　　　　　　　　（津田清則）

大乗悟山

590m　細入村・大沢野町
だいじょうごさん　2.5万分の1図「八尾」
G.B 紀 カ 雪 県

楡原集落の西、割山森林公園「天湖森」の真上の山。笹津山の南にある。細入村楡原地区から西に山並みを見ると、右手に双耳峰の山が見えるが、左のピークが大乗悟山の頂上である。

小佐波御前山（左）と御前山（右）＝富山市興南大橋から

大乗悟山（右から2番目のピーク。左から2番目はカンナ尾山）

江戸時代の富山藩領絵図に「大乗悟山、畠山義則之居城トイヘトモ不慥」とあるように、城主は不明確だが楡原山城と並んで、台地の楡原《館》が万一の時に立てこもる詰の城跡である。

360度眺望の利く頂上は、ハイキングコースとして最適。頂上尾根付近はヤブがひどく無雪期に登れる山ではなかった。1994（平成6）年4月、双嶺グループと地元楡原の協力で南側尾根筋を伐開、さらに1997年6月、再び双嶺グループが北側尾根から笹津山の背後の林道までを伐開。天湖森駐車場から頂上まで歩いて約1時間、中腹の林道登り口からは約20分である。

頂上からは神通河畔の楡原集落、県営漕艇場、対岸には下タ北部の各集落が見下ろせ、その上に小佐波御前山、薄波山、さらに上に立山連峰が、南東にキラズ山、時には乗鞍岳も。反対側は白木峰、金剛堂山が。冬晴れの眺望は絶景。　　（津田清則）

カンナ尾山　676.3m　細入村・大沢野町
かんなおやま　　2.5万分の1図「八尾」

G.B ㊗

神通川左岸の山。大乗悟山と御鷹山との中間にある。雷の鳴る尾根が訛ってカンナ尾になったといわれる。頂上の三等三角点の名称は須原。

頂上へは大乗悟山への登山道をたどり、尾根近くの三本松の所で右へ入らず、そのまま左の作業道を行く。御鷹山林道への下り近くで右に入れば三角点に着く。割に平坦な道で大乗悟山から30分くらい。御鷹山林道側からは急登であるが15分くらい。東側（細入村側）の眺めは良い。大乗悟山から御鷹山へと縦走する時に寄る山である。→大乗悟山・御鷹山　　　　　　　　　　　　　　　（津田清則）

御鷹山　675m　細入村・八尾町
おたかやま　　2.5万分の1図「八尾」

G.B ㊗㊥㊔㊢㊣

神通川左岸の山。細入村楡原と八尾町桐谷との境界をなす桐谷峠のすぐ南にある。八尾町には別に山田村境にもう1座、御鷹山があるから注意を要する。名の通り昔、殿様が鷹狩りをした山という。桐谷峠までは、楡原の国道41号線から上行寺横を通って桐谷に通ずる林道御鷹山線が通じている。国道から峠まで約7km。もちろん、桐谷側からも登れ、峠下数百mの道脇に殿様清水が湧き出ている。また割山森林公園から御鷹山林道の途中に出るルートもある。

峠から頂上までの道は、かつて楡原の有志が伐開したが、今では作業道が出来、頂上真下まで車で行

御鷹山（中央奥の左ピーク）楡原保育所付近から

ける。そこからは急登だがロープが張ってあり、数分もあれば頂上で、単独で登る山としては呆気ない。

頂上は樹木を伐ってないが、樹間から周囲の山々を見ることが出来る。眺望としては、楡原側林道の標高450m付近にある四阿（あずまや）や、峠からの方が良い。眼下の神通川を挟んだ各集落が一望出来、立山連峰も近隣の山々の上に浮かんで見える。　（津田清則）

長山　118m　八尾町
ながやま　　2.5万分の1図「速星」

G.B －

JR東八尾駅の西400mにある小さい楕円形の山。南方に八尾カントリーゴルフ場がある。田圃の

長山

中にポツンとまんじゅうのように盛り上がっているので周辺のどこからでもよくわかる。見る場所によっては丸く見えたり長く見えたりする。地主の一人出張平新さんの話では、山中からオノやヤジリが出土するとのこと。山に入る道は北と南の2か所。山頂に四等三角点がある。地元住民の墓場もある。

東八尾駅から山頂まで徒歩30分ほど。ハイキングには適さない。　　　　　　　　　（青江豊二）

源平山　　190m　八尾町
げんぺいさん　　2.5万分の1図「八尾」

G.B －

八尾町深谷、井栗谷地区の山で、一部八尾カントリークラブゴルフ場となっている。ゴルフ場整地のため最高地点の特定はしにくいが、隣の京ケ峰と同じく200m足らずの小ピークが幾つかある。その1つには土石採取地から遊歩道があり、山頂からは神通川流域が鳥瞰でき、婦中町、富山市方面が一望できる。昔はマツタケが豊富に採れたが、マツクイムシで松の木が枯れ、今は全く採れない。

山名の由来ははっきりしていない。　（橋本　廣）

京ケ峰　　200m　八尾町
きょうがみね　　2.5万分の1図「八尾」

G.B －

八尾カントリークラブゴルフ場のある山。八尾町深谷地区周辺の200m内外の小ピークが幾つもある広い範囲をいう。ゴルフ場開発によって整地され、最高地点の位置も地図のうえでは特定しにくい。クラブハウスの建物わきの鉄塔のある山が最も高く見えている。周辺からは遠く立山連峰が一望でき、平野部一帯が望める。

1984（昭和59）年頃、この山の山腹から中世の窯跡が発見され、カメ、ツボの破片が多く出土した。今でも山腹にそのかけらが散乱している。発掘調査記録の報告書も出ている。

ゴルフ場へ通ずる道路わき一帯は「自然環境保全地域」に指定され、ハッチョウトンボの生息地である。　　　　　　　　　　　　　　　（橋本　廣）

鼻峰　　295.9m　八尾町・大沢野町
はなみね　　2.5万分の1図「八尾」

G.B －

大沢野町と八尾町の境界の小さな山。大沢野町の町域は主として神通川右岸にあるが、一部左岸にもある。左岸の西端の集落根上（ねのうえ）の背後にあるのがこの山。かつてはこの山を経て大沢野・八尾相互の人馬の往来があったようであるが、現在では杉の植林と雑木に被われている。

鼻峰（下伏《げぶせ》集落上部から）

根上の神社前の広場から杉林の小道を南へたどり、雑木林の中を行くと東側に小高い山がある。それを登りきると頂上の三角点に達する。

木の間越しに笹津山から南に延びる稜線と西側には八尾町黒瀬谷の棚田が見える。

根上集落の神社から、30～40分も歩けば、八尾町の名刹法華宗本法寺へも行ける。根上の村から見るとこの山は、人の鼻のように見えるのでいつの頃からかそう呼んでいる。

　　　　　　　　　　　　　（寺島満寿子）

別荘山　　195.0m　八尾町
べっそうやま　　2.5万分の1図「八尾」

G.B －

井田川の支流、東の久婦須川と西の別荘川の合流点にはりだしている丘陵。県道から農道に入り、八尾町上水道下笹原加圧場脇から畑を通って墓地の横を進むと左手に登り口がある。やや急な道を10分も登るとなだらかな稜線に出る。稜線上の道をさらに5、6分歩くと頂上。四等三角点がある。立派な赤松が多く、杉の植林も行われている。大きな桐の倒木が目を引く。頂上からの見晴らしは立ち木にさえぎられて良くない。山名は、麓の沼地に昔、尼さんの屋敷があったことから。川の名もそこから。屋敷には聞名寺の門徒たちが集まったと伝えられ、当時の井戸跡があるという。ここからは八尾の街が一望できる。

別名は卯花山。川も卯花川。かつて、卯の花が一面に咲き乱れたことが由来。聞名寺からの眺めは壮

観だったという。町村合併以前は卯花村に属していた。村名は、口碑によれば大伴家持が咲きにおう卯の花をみてよんだ歌にちなんだ名ともいわれているが、事実かどうか。1489（長享3）年、万里集九の漢詩にも「卯山杜宇」と詠み込まれている。また、富山藩主前田利保が卯の花を賞嘆したことから命名されたともいう。　　　　　　　　　　（柴田健次郎）

尾道　　　　587.2m　八尾町
おどう　　　　2.5万分の1図「八尾」
G.B　—

　井田川の支流久婦須川と別荘川の間にある山。久婦須川上流左岸の滝脇の南西に位置する。村はずれから眺める尾道は、大谷を隔てて600mのピークと双耳峰のように見え、浅いお椀を伏せたようにきれいな丸味を見せている。山名はこのあたりを「大道（おおどう）」と呼んでいたことからきたらしい。1985（昭和60）年頃まで滝脇と小井波を結んでいた山道は藪におおわれてわからなくなっている。現在、山頂直下へは森林組合がつけた幅2mくらいの道をたどって登ることができる。山頂に立つと久婦須川をはさんで御鷹山、南に開けた小井波の右に夫

尾道（小井波から）吉村猛撮影

婦山が迫り、幾重にも重った山並の奥にはひときわ高く戸田峰が望める。　　　　　　　（吉本道子）

城ケ山　　　　199.8m　八尾町
じょうがやま　　2.5万分の1図「八尾」
G.B　—

　八尾の街並みの南にある丘陵。龍蟠山とも言われる。登り口は3カ所。諏訪町からは急な階段を150m登る。左に乃木希典が登った昔からの道がある。1・2・3番城カ山があり、表示の標高は1番のも

の。公園として整備されたのは明治以後（1868～）。園内には高浜虚子や吉井勇などの句碑や歌碑が多い。山名は700年前に武将諏訪左近が城を構えたことから。民家の甍、周辺の山々、さらに立山連峰へと眺望は絶佳。桜の名所でもある。　　　（柴田健次郎）

竹原山　　　　308.4m　八尾町
たけはらやま　　2.5万分の1図「八尾」
G.B　—

　別荘川の上流、上笹原梅谷、俗称ドコ谷にある山。小字が竹原なのでそう呼ばれているが、確かに麓には竹林があって、シーズンには村人が筍掘りを楽しむという。

竹原山（赤星正明撮影）

　頂上付近は赤松とコナラの疎林があって明るい。下笹原小学校から県道上笹原東町線を南進すること3.5kmで中根下橋に至る。この橋の袂にある民家から西方へ600m（約20分）で山頂に至る。別荘川から望むと、どこにでもある里山と同じく中腹まで棚田として利用されていることがわかる。村の古老の話では、山の地味が痩せているので木が太らず、恵みの少ない山とのこと。　　　　（高緑喜代助）

夫婦山　　　　784.1m　八尾町
めおとやま　　2.5万分の1図「八尾」
G.B 越 歩 県

　八尾町小井波の西に位置する双耳峰。戸田峰から北に延びる尾根（西女郎）末端の山。尾根の東は別荘川、西は野積川。いずれも井田川の支流。双耳峰の北峰は女山（740m）、南峰は男山と呼ばれる。
　昔は伊豆部山と呼ばれ、古人に親しまれていた。《いつべ》とは祭壇に祀る神酒を盛る瓶。その姿が似ていたのでこのように呼ばれたのであろう。
　富山市あたりからはうしろの山に重なって見えにくいが、ガスの晴れ間に男山の三角錐と女山の台形の山容が一対の山として仰がれる。

夫婦山（左が男峰。ミズバショウの咲く小井波峠から。）佐伯郁夫撮影

女山と男山の鞍部が松瀬峠（夫婦山峠）。古くから野積川流域の東松瀬と別荘川流域の小井波との交流路が通っていた。登山道は東松瀬側、小井波側の両方からあり松瀬峠から女山、男山双方についている。松瀬峠を通る道は近年中部北陸自然歩道に指定され整備が進んでいる。

小井波側からはよく踏まれた道がついている。杉林を過ぎた分岐には古びた石の道標に「右　山道、左　松瀬道」と記されている。松瀬峠まで一本道で迷うことはないが、峠の直下はかなり急。峠から左に折れると男山への登り。ロープの張ってある急な登りを過ぎると大岩が現れる。大岩の上からは周囲の山が良く見えるが下が切れ落ちているので怖い。山頂はすぐである。

東松瀬からは入口にお地蔵さんのある林道が取り付きとなる。林道の途中にある標識に導かれ登山道にはいる。道は1993（平成5）年7月に藤沢国男氏が呼び掛け、地元の山岳愛好家により20年振りによみがえったもの。途中水場や見晴らしの良いところもあり、小井波側よりも明るい雰囲気である。峠の直下はやはり急登になる。

山頂は遮るもののない展望に恵まれている。すぐ目の前に祖父岳、後方に戸田峰、白木峰も間近に見える。さらに立山、剱岳、薬師岳が遠望できる。下の方には富山平野を隔てて穏やかに広がる富山湾が見渡せる。

小井波は古くから開けた盆地で、三十六歌仙の1人である猿丸太夫之塚がある。また桐谷へ向かう峠（小井波峠）のそばには町天然記念物のミズバショウが雪解けとともに可憐な花を咲かせる。古き日本の原風景を漂わせる数少ない場所であろう。

男山・女山ふくめ往復3時間。→夫婦山女山

（乗山博昭）

夫婦山女山　　740m　八尾町
めおとやま　おんなやま　2.5万分の1図「八尾」
G.B —

双耳峰をなす夫婦山の北峰。女山、男山を合わせて夫婦山をなす。小井波より松瀬峠に至り右に折れると女山への登りとなる。ミズバショウの咲く季節には途中ピンクのイワウチワがたくさん咲いている。山頂の展望はあまり良くない。杉の間から富山空港の滑走路が真っ正面に見え、振り返ると男山の三角錐が雄々しく聳える。男山と一緒に訪れたい。
→夫婦山

（乗山博昭）

清水山　　273.7m　八尾町・山田村
しょうずやま　2.5万分の1図「山田温泉」
G.B —

新婦スーパー農道「新婦トンネル」の真上にあたる里山。トンネルの東側が八尾町、西側が山田村。山麓の柳川集落に清水の湧き水をもたらしていることから「清水山」と呼んでいる。山頂へはトンネルの八尾側入口脇から八尾中核工業団地西側へ通じる林道を0.5kmほど進み、そこから西へ5分ほど登れ

清水山（新婦トンネルの八尾町側から）

ば三等三角点がある。周辺は立派なアカマツ林。山頂からは北東の眼下に工業団地、南西に牛岳、南に白木峰・戸田峰が望める。東側は大きな杉林に遮られて眺望は利かない。　　　　　　　（松村　至）

城ケ山　　259.9m　八尾町
じょうがやま　2.5万分の1図「山田温泉」
G.B ―

野積川と仁歩川に囲まれた山地の最高地点。八尾町高峰集落のすぐ西側にある杉林の山。

山ぎわの尾林清治氏宅うしろの杉林を10分ほど登れば、頂はほぼ平坦な杉の植林地となっており、

城ケ山

その中央付近に四等三角点がある。周囲には空壕らしき地形や「百間場」（馬場）と呼ばれる広い所もあるが礎石等はなく、また城名も伝わっておらず、築城はされなかったと言われている。

山頂からは北アルプスは木立に遮られるが、南面は夫婦山、戸田峰、祖父岳、近くは狢峰、御鷹山や城山など近傍の山並みが迫る。　　　　（森田武夫）

上野山　　217.6m　八尾町
うえのやま　2.5万分の1図「山田温泉」
G.B ―

室牧川の八尾ダム東側のなだらかな山地。狢峰を含む山体の北端にあたる。

八尾市街から下苧に通じる道を約3km進み、細滝バス停前で山側の道を選び、更に南東へ0.5kmほど進めば、10ヘクタールほどの棚田が開けた場所に出る。四等三角点はその水田地帯の北隅、高さ2mほどの土塁上にある。

周囲は水田で遮るものなく、東面は毛勝三山から五色ケ原の鷲岳、鳶山まで。南面は狢峰、城山（若狭城跡）や御鷹山が見渡せる。　　　（森田武夫）

大峰　　360.9m　八尾町・山田村
おおみね　2.5万分の1図「山田温泉」
G.B ―

大峰（JA室牧支所から）

八尾町高瀬と山田村山田温泉を結ぶ県道の「高瀬峠」から西南約0.9km地点に位置する四等三角点の標石のある山。登り口は県道から分岐する高瀬・天池林道を高瀬集落側から0.3kmほど登った地点あたり。そこから15分ほど尾根をめざして杉林を登る。尾根伝いに南西に進み急登10分ほどで広い赤松林の台地に到達。さらに100mほど進むと雑木林の中に三角点がある。北東に僧ケ岳から南南東に笠ケ岳まで北アルプスが一望できる。南南西に雑木林の間から牛岳・スキー場が間近に見える。　（松村　至）

狢峰　　477.3m　八尾町
むじなみね　2.5万分の1図「山田温泉」
G.B ―

八尾市街の南西、仁歩川と室牧川に挟まれ、三角

狢峰（八尾町八十島付近から）

狢峰（室牧ダム湖の上流から）

点のある上野山や城ケ山を含む南北に長いムックリした山体の最高地点。

　農協室牧支所前の三分岐点を、須郷集落方向を選び、所々登りの道を選びながら、高原的風景の中を分岐から約4km南進する。頂上に最も近い所で車を下り、200mほど藪を分けて尾根筋を登れば、杉林の中に三等三角点がある。

　ここでの展望はきかないが、林道からは御鷹山や牛岳方向の展望が開ける。帰路は車で正間（まさま）トンネルの東側へ抜けることができる。　　　　（森田武夫）

城山
しろやま　　639.3m　八尾町・山田村
2.5万分の1図「山田温泉」
G.B　—

　大長谷川と山田川の分水嶺の御鷹山北尾根の前衛峰。山田温泉から谷集落へ進む。残雪期はこの集落の裏から城山へ直登が可能。近年この山から御鷹山までの雪山登山を楽しむ登山者もいる。無積雪期は谷集落から足谷（あしたに）への林道1kmほどのところに、大道城跡（若狭城）への案内板があり、城跡のある城山の頂上まで2kmと表示がある。細い林道を約0.5km進むと左手に山頂への登山道の標識があり、カタクリの群生する山道をたどる。山頂の物見櫓跡に四等三角点がある。また、本格的な山城の敷地跡が見られ興味深い。頂上から御鷹山へ登山道はない。この山からの牛岳の眺めは、険阻な鍋谷を隔て、雄大かつ、威圧的である。　　　　（森田武夫）

城山（棚田の上のピーク。右ピークは御鷹山）

御鷹山
おたかやま　　807.5m　山田村・八尾町
2.5万分の1図「山田温泉」
G.B　紀　越

　八尾町と西隣りの山田村との境界の山。八尾町と東隣りの細入村との境界にも同名の山があって、どちらの御鷹山にも富山藩主の鷹狩りの伝説がある。この御鷹山は北から南にゆるやかに高度を上げ、南端のピークが頂上である。山田川と室牧川の間にあって、室牧ダム湖畔の国道472号線から西を望むと、対岸に悠然たる構えを見せ、西方の牛岳からは眼下に全容が俯瞰される。

御鷹山の東面（室牧ダム湖畔から）

　山田村の谷集落から八尾町足谷を通じる大規模林道の中間から稜線に沿い、各ピークを巻いて頂上付近を造林道が通じているが、林道から頂上に達する登山道はない。近年冬期に山田川河畔の谷部落から、この山の北方稜線を利用するスキーやかんじきの登山者を見かけるようになった。雪質にもよるが、谷部落から2時間半乃至3時間。積雪期の山頂からの展望はすこぶる良く、西に牛岳、南は目の前に高峰、袖山、祖父岳が並び、その後に金剛堂山、白木峰を望む。東は戸田峰の上に北アルプス北部一帯が見渡される。眼下のダム湖が美しい。

御鷹山の西面（牛岳山頂から）

　北方主稜の639.3mのピークには、中世期の関西地方の城郭の特徴のある城跡があり、山田村では若狭城、八尾町では大道城跡としてそれぞれ史蹟に指

定し、林道入口に説明板が設置されている。北麓にあった若狭村、西麓にあった数納村、南麓にあった山中村などは1970年代にいずれも廃村となった。

(秋山照生)

向山　　542.6m　八尾町
むかいやま　2.5万分の1図「山田温泉」

G.B　—

　八尾から利賀へは室牧ダム湖岸を通るが、そのバイパスとして大玉生経由するルートがある。向山は大玉生の南に聳える袖山の北尾根の末端にある。

　大玉生から約1.8kmのこの尾根越えの峠地点で、道路脇の藪を北西方向に、尾根が落ち込む寸前のコブまで約0.4km辿れば四等三角点がある。ここでの眺望は雑木に遮られるが、峠の道路からは周囲の御鷹山、袖山、高峰などが迫って見える。向山は大玉生からは見えず、栃折集落からは、川から屹立した「むかいの山」という印象がある。

　なお、大玉生集落はやや隔絶した山中にあるが、水田も多く、樹齢700年余の「大玉生の桂」、富山

向山（中央。左後方は祖父岳。栃折集落から）

名水百選の「桂の清水」や小畑城跡などがあり、歴史を感じさせる。
(森田武夫)

森田山　　172.5m　婦中町
もりたやま　2.5万分の1図「宮森新」

G.B　—

　山田川と支流の赤江川に囲まれた八尾丘陵の北端にある。スーパー農道JR高山線千里跨線橋から前方正面になだらかな隆起が見えるのがその山。頂上から北側部分は丘の夢牧場となっている。山名は明治期以前の森田村に由来。また山頂の三角点脇には「鉾木山」の標識があるが、森田村の東隣が鉾木村であったことから。

　山麓の常楽寺から舗装道路を行くと稲荷社があ

森田山（右側は丘の夢牧場）。下はウラジロガシ林の内部

り、その横の石段を登ると、国指定重要文化財の常楽寺観音堂。境内に「富山の名水」に選ばれている「加持水」の井戸がある。さらに幅広い山道を登るとウラジロガシの純林となり、ここは県の自然環境保全地域指定地。山頂一帯は平坦でアカマツの純林。射水丘陵から富山湾まで眺められる。古刹、名水、自然林と、身近な散策ハイキングに適した山。

(赤星正明)

中山　　158.2m　富山市・婦中町
なかやま　2.5万分の1図「宮森新」

G.B　—

　富山市の最高地点の山。呉羽山より80m余り高く、テレビ塔のある城山より14m高い。富山市三熊と婦中町高塚の境界にある。富山市の古洞ダム1周コースの西側にあって、環境庁指定の自然歩道が通っているが、道が整備されていないとわかりにくい。頂上は狭く、周りの樹木が伸びていて見通しもよくない。四等三角点の周りに木材が散乱していた。遊歩道一帯は渡り鳥が多く、植物相豊富でハイキングには最適だと思うのだが、あまり利用されていないのは残念である。

　富山市側の三熊でも婦中町側の高塚でもこの山の呼び名がないし、この山が富山市の最高地点であることを知る人は少ない。『とやま35市町村の最高地

点』（北日本新聞社・1986年発行）には「高塚山」として取り上げてある。富山市の最高地点の山に名称がほしかったので、三角点の点名「高塚」をとって山名としたものである。

その後、婦負森林組合事務局で調べてもらったら、この山の富山市側の名称が「中山」であることがわかった。中山はほかにもあるので「三熊の中山」と呼んだ方がわかりやすいと思う。世界で1番高い山がエベレスト（チョモランマ）であり、日本では富士山、富山県では立山であることは誰でも知っている。県都富山市の最高地点はこの山であることにも気付いてほしいと思う。　　　　　　（橋本　廣）

野手高津峰山　140.2m　小杉町
のでたかづみねやま　　2.5万分の1図「宮森新」
G.B ー

小杉町野手にあるので野手高津峰山と呼ばれる。東の高津峰山が有名なのでそれに野手をつけたという。頂上の赤松群の中に三等三角点があり、西と南が開けている。昔は大きな赤松が2本あったので二本松山とも呼ばれていた。山の尾根筋には、かつて炭焼用の原木を切り出した道が今も残っている。

野手集落より石畑池に至り、三ノ谷林道をたどるとこの山の頂上へ出る。さらに北へ向かうと三野へ出る。石畑池から山頂までは1時間余りのハイキングコースとして楽しめる。

石畑池は近年大白鳥の飛来で知られるようになった。小杉インターから石畑池まで3.5km、石畑池から野手高津峰山の林道最上部まで2.4km。周辺の動物はタヌキ、イタチ、テン、カワセミ。目につく草花はササユリ、ハナイカダ、フタリシズカなど。

（青江豊二）

猫坂山　130m　婦中町
ねこさかやま　　2.5万分の1図「宮森新」
G.B ー

婦中町の高塚と平等の境界の山。この山を越して両村へ山越への道が通じている。猫坂峠から歩いて数分で山頂へ出る。山頂の雑木林を3、4坪刈り明けてあって、一応ベンチやテーブル状の台があって休憩できるようになっている。周辺の樹木はマツ、ナラ、マンサク、クリ、ネズミモチ、ウルシなど。この辺り富山十万石と加賀百万石の境界で、昔は関所があった。現在は周辺に遊歩道が整備され、古洞の森、ねいの里、1級鳥類観測ステーションその他がある。峠には松の木の下に小さな地蔵堂がある。車の走らない峠道がほとんど消えてゆく今日、猫坂峠の静けさと素朴なたたずまいは貴重なもの。

高塚部落のヒネ猫と坂下新のヒネ猫が毎夜ここで逢瀬を楽しんだという伝説がある。この山の南東

野手高津峰山。下は山頂の三角点

猫坂峠の地蔵尊

500mにある標高161.9mの山が猫坂山として記されている場合が多いが、正確にいえばそれは富士屋権現山である。→富士屋権現山　　　（青江豊二）

富士屋権現山　161.9m　婦中町
ふじやごんげんやま　2.5万分の1図「宮森新」
G.B －

婦中町高塚地内では1番高い山。富山市最高地点の中山の南西1kmにあって同山より3.7m高い。中部北陸自然歩道からコースをたどることになるが、取付点がはっきりしないうえ、道も次第にわかりにくくなる。地図で方向をさぐりながら登れば、猫坂峠から15分で頂上へ出る。

富士屋権現山の三角点

高塚ではこの山を昔から富士屋権現山と呼んでいるが、遊歩道わきの掲示板には猫坂山と記してあるし、三角点名も猫坂山となっている。ここでは、地元の人の意向にそって富士屋権現山とし、猫坂山は猫坂峠のある山としたい。

山頂はほんの少し刈り明けてあるが、雑木の中で眺望はきかない。→猫坂山、中山　（青江豊二）

亀山　133.1m　砺波市
かめやま　2.5万分の1図「宮森新」
G.B －

砺波市の増山城跡の北東750mにあって、北と東は射水丘綾に連接し西には和田川が流れている。

南北朝時代に和田城が構築され、南西に増山城が築かれてから亀山城と称され、その出城となる。北には孫次山砦跡がある。山名の由来は南北朝時代に亀山院の代官がここにいたことによるという。

亀山の字名を高津保理山といい、丸く高い山を意

亀山（中央のコブ。芹谷野段丘から）

味する。今は杉の植林が山を覆い、外部からは山の形が明確でないが、登って見ると丸く高い意味がうなづける。増山とあわせて周遊するとほぼ1時間半。増山ダムに車を置き、亀山橋を渡ってから林道を500mほど歩くと右に増山、左側に亀山の標柱がある。そこから10分ほど登るとやや広い頂上に着く。
→増山　　　　　　　　　　　　（秋山照生）

増山　120m　砺波市
ますやま　2.5万分の1図「宮森新」
G.B 紀ウ自楽

砺波市の北東に位置し、庄東丘陵にあって、東は射水丘陵に連接する。西側に和田川ダム湖、北にダムと亀山、南に頼成の森がある。

庄東山地と庄川右岸の芹谷野段丘の間を、和田川が蛇行し、その急崖の上に増山城郭群が築かれていた。南北朝時代、まず亀山に和田城が築かれ、その後、直線距離で750m南西に増山城が築かれた。魚津市の松倉城、高岡市の守山城と並び越中三大古城と称され、1965（昭和40）年に富山県文化財に指定された。1996（平成8）年より4カ年計画で発掘調査が行われ、空堀が姿を現している。

登り道は3カ所で、第1は和田川ダム堰堤を渡った所が入口。駐車場とトイレが設置され説明板がある。第2はダム湖の増山大橋を渡った所から、七曲りの坂道を経て一之丸に至る。第3は和田川上の第2発電所を右に見て、亀山橋を渡ってから林道を500mほど歩くと、右の分岐に増山城、左の分岐に

増山

増山城址

亀山城の標識がある。1.5時間で双方を周遊できる。

山麓の和田川ダム湖には砺波海洋マリーナが設けられている。

史料によると増山城の城名の由来を「亀山之城ヨリ増タルヨシニテ増山ト名付ケル」とあり、山名はここからと思われる。→亀山　　　　(秋山照生)

天狗山　192.5m　砺波市
てんぐやま　2.5万分の1図「宮森新」
G.B 楽 目 ウ

頼成山々塊の南東から北西に連なる尾根の主峰で、東は九社谷(現在は水生植物園)をはさんでひよどり山、西は千光寺展望台を経て和田川の流れ、南は急崖の下に浅谷、東別所の集落、北東には多くの尾根を派生し数々の遊歩道・園地がある。

頂上は細長く、休憩舎と地蔵堂がある。頂上の西端に二等三角点があり、展望はすこぶる良い。西側のピーク見晴らしの丘からは立山連峰、白馬岳、能登の山、砺波散居村の眺めが美しい。→頼成山、ひよどり山　　　　(秋山照生)

ひよどり山　197m　砺波市
ひよどりやま　2.5万分の1図「宮森新」
G.B 楽 目 ウ

頼成山の最高点で南北に連なる尾根の南端のピーク。南の追分峠のトンネル上で天狗山からの稜線に接する。北は観望台、八が峰を経て森林科学館のある芝生広場、第1駐車場に至り、西は1969(昭和44)年の全国植樹祭で植えた杉の美林、東側は市の谷、坪野の集落、西側は頼成の森管理車道と並行

ひよどり山の山頂

する水生植物園。

駐車場から稜線、ミツバツツジの道、ソヨゴの道をたどると1時間で頂上。新緑の頃や涼風の初夏の稜線歩きは気分がよい。見晴らしはよくないが落葉時には木の間に牛岳や立山、剱岳が見える。

この山には実のなる樹が多く、ひよどりが集まるところから名付けられたようである。→頼成山、天狗山　　　　(秋山照生)

頼成山　197m　砺波市
らんじょうやま　2.5万分の1図「宮森新」
G.B 楽 目 ウ

天狗山の山頂

頼成山の遠望 (庄川太田橋から。小突起が天狗山)

砺波市の東端、庄東山地の中央部に位置し、追分峠南方の峰を頂点とし、北へひよどり山、観望台、八が峰、森林科学館へいたる尾根と、北西へ頼成の丘、天狗山、見晴の丘を連ねる尾根とに囲まれる115ヘクタールの山塊をいう。北側は東西に通じる国道359号線に沿っている。最高地点がひよどり山で次いで天狗山192.5mが高い。

付近一帯の山野（栴檀野・般若野）は越後勢が攻め込んで来た時の古戦場で、長尾為景の討死の墓と伝承する墓もある。頼成という地名は乱声獅子の芸能にちなむという説がある。

1969（昭和44）年、天皇、皇后両陛下をお迎えして行われた全国植樹祭を記念して遊歩道の整備がなされた。このとき天皇がお詠みになった御製の歌碑も建つ。1975年に県民公園頼成の森として開園した。園内には多くの尾根、丘、谷、溜池などがある。

各所に案内図板があり、水場、手洗所、展望台、休憩舎がある。展望台からは立山連峰、砺波散居村、牛岳、鉢状山、医王山、稲葉山、宝達山、二上山、増山などが望まれる。四季を通してハイキングに適し、春秋の休日にはナチュラリストが無料で解説してくれる。頼成の森管理事務所（砺波市頼成字鴨155、電話0763-37-1540）へ問い合わせをすればよい。→天狗山、ひよどり山　　　（秋山照生）

オンダン山
おんだんやま　　268.8m　婦中町・山田村
2.5万分の1図「宮森新」
G.B　－

オンダン山の三角点

山田村白井谷の背後婦中町境界線上の小字村上にある。運段（ウンダン）とも呼ばれ、耕地の字名は鬼谷（オンダン）とあてている。

白井谷の村はずれ（婦中町）牛滑方面に向う林道のすぐ入口に、白井谷簡易水道施設があり、そこからしばらく薮をくぐると雑木林の中の頂上へ出る。眺望はよくないが、西方の眼前に牛岳、夢の平スキー場が見える。山頂一帯はゆるやかだが複雑な地形で丘陵地の一角の隆起地としては、登りごたえ、歩きごたえのある山。

山頂には三等三角点があって、昔の鐘撞堂の跡が残っている。これは山田村小島にあった大林城の見張台の役割を果していた。

はっきりした登山道がなく、残雪期のカンジキ登山によい。　　　　　　　　（吉村　猛）

貉ケ城
むじながしろ　　242.8m　山田村・砺波市
2.5万分の1図「宮森新」
G.B　－

山田村と砺波市の境界上の山。沼又（ぬまのまた）の集落から西へ1.2km。標高差100m足らず。登山道はない。村道、小島・沼又線が当山を通り砺波市の東別所まで通じている。この道の途中、東側が10mほどの崖になっている道を50mぐらい進むと切り通しに出る。この少し手前から西に7、8分の急登で頂上に達する。傾斜のゆるい地点からとりついて稜線を行くこともできるがやぶ漕ぎが必要。

頂上はゆるやかな稜線上にあり、雑木林の中に三等三角点がある。沼又側斜面は杉林で県が数年前から造林を始めたもの。山頂からの眺望は林にさえぎられあまり良くないが、木の間越しに砺波方面の集落がかいま見られる。

山名の由来は、昔から狸が多く住み、沼又では狸のことを貉と言っていたことから。貉峰（むじなみね）とも呼んでいた。正式には西山（にしやま）と言う。小字は岩峠で、岩だらけの山だったが今はその面影はない。　　　　　　　　（柴田健次郎）

城山
じょうやま　　160m　山田村
2.5万分の1図「宮森新」
G.B　－

山田村の北端に近く、山田川の左岸にある小高い

城山（小島団地）

山。小島の城山住宅団地に接するように屹立する。比較的新しい階段の道がある。頂上は平坦な杉の植林地。小島城（大林城ともいう）という出城があったが、上杉謙信に落城されたという。遺構はない。西側が急崖で、国道359号線から山田村中心部へ向かう道路の中瀬付近から突兀として見える。

（吉村　猛）

天鳥山
てんどりやま　　521.0m　山田村
2.5万分の1図「山田温泉」
G.B　−

牛岳スキー場・セントラルゲレンデの東側に位置する小高い山。地元ではここを「天鳥」と呼んでいる。「富山市こどもの村」入り口から牛岳スキー場・第1リフト山頂駅に向かう道を約0.5km進み、山田川側の展望が開ける地点に四等三角点の標石がある。

天鳥山（牛岳温泉スキー場から）

ここからは、南西に牛岳、その手前にセントラルゲレンデ第1リフト山頂駅、南々西に高峰、真南に御鷹山、南東に貉峰などが望める。　（松村　至）

高場
たかば　　651.4m　山田村
2.5万分の1図「山田温泉」
G.B　−

牛岳スキー場・セントラルゲレンデの第1リフト山頂駅などがある台地。地元では「高場」と呼んで

高場（奥ノ山から。右奥に若狭城山と御鷹山）

高場の三角点

いる。無線中継局建屋とゴンドラ・ロープウエイ若土駅建屋の間に三等三角点の標石がある。

ここは、富山湾と能登半島が広々と一望できる特設展望台といえる。また、北西から南東にかけては奥山、牛岳、ユートピアゲレンデ、御鷹山、祖父岳などが望める。またカラフルなパラグライダーがここから飛び立つ。　（松村　至）

奥ノ山
おくのやま　　632.4m　砺波市・山田村
2.5万分の1図「山田温泉」
G.B　−

牛岳の南北に走る稜線の最北端のピーク。山田村今山田集落から八尾町中村に通じる道を東へ約0.8km進むと牛岳に至る林道がある。それより南西へ約2.3km進むと牛岳スキー場が見えるところに出る。そこから北へ300mほど尾根沿いに登った小高い山

奥ノ山（牛岳スキー場山頂駅から）

が四等三角点のある奥ノ山で、地元では「丸坪」と呼んでいる。東に牛岳スキー場、北西に杉林の間から夢の平スキー場、西南西遥かにＩＯＸアローザスキー場。県内の３スキー場が望める。特に牛岳スキー場の眺めがいい。南東に祖父岳・城山（若狭城跡）・御鷹山。　　　　　　　　　（松村　至）

ジュッカの山 800m

じゅっかのやま　　　庄川町・山田村
　　　　　　　　　　2.5万分の1図「山田温泉」
　　　　　　　　　　G.B －

　牛岳から二本杉を経て北へ延びる稜線上のピークで、ここから北東へ派生する尾根は、牛岳スキー場へつづく。また北西へ延びる尾根の先端のピークが

ジュッカの山（牛岳山頂から）

高尾山。北へ下って721ｍ地点から北西へ延びる尾根は鉢伏山へ続く。北に延びる尾根は砺波市と山田村の境界となっていて、その660ｍ地点が砺波市の最高点である。
　庄川町の隠尾（かくりお）、名ケ原（みょう）、落シ（おと）、横住、湯山、湯谷、二ツ屋（廃村）、砺波市の川内、伏木谷、五谷（ごろたん）の十ケ村（じゅっ）の入会地からとってジュッカの山と呼ばれる。西側は全て杉林、稜線上は雑木林、東側は杉と雑木が混在。現在今山田の方から伐採が始まり、檜と杉の植付が行われている。
　この山の頂上に通じる登山道はない。牛岳登山口の二本杉に休憩舎があり、そこから年１回伐開される作業道を歩くと20分でこの山の頂上へ出る。冬は砺波市の川内まで車が入るので雪の締ったときな

ら、２時間半で頂上へ出れる。　　（秋山照生）

高尾山　544.1ｍ　庄川町

たかおやま　　　2.5万分の1図「山田温泉」
　　　　　　　　G.B －

　庄川右岸の山。牛岳の前山の１つ。庄川町、砺波市方面へ美しい三角形の山姿を見せる。
　庄川町から156号線を行き、小牧で対岸へ。20分ほどで最終集落横住に着く。村をこえ林道を10分余走るとカーブの右側に植林用の車道が見える。中に入ると２分ほどで行き止まりとなる。車を置き、道のない杉林の中を高い所を目指して10分ほど登ると頂につく。植林のはずれのこんもりした草むらに三角点がある。山頂は平坦な雑木林。木の間から、牛岳や小牧ダム湖が見える。

高尾山（中央。右の稜線は牛岳）

　昭和30年（1955～）代頃までは、牛岳登山や鍋谷集落の人達の、井波太子伝参拝の要道であった。昔は山頂には砦らしいものがあったと伝えられる。また百数十年前、西斜面に鉱山があったとも言われている。　　　　　　　　　　　　（藤森京子）

鉢伏山　510.3ｍ　庄川町

はちぶせやま　　　2.5万分の1図「山田温泉」
　　　　　　　　　G.B －

　庄川右岸の山。北東面が夢の平スキー場のゲレンデ。山頂の一角がリフトの終点。山頂にはアンテナが何基かある。冬のスキーのほか、初秋のころはコスモスの大群落が人気を呼んでいる。北麓に寺尾温泉、南麓に湯谷温泉がある。山頂を中心に８合目あたりを林道が鉢巻形にめぐる。山頂西側林道上に小さな登山口の標識がある。ここから約15分で山頂。展望は大変良く、立山連峰や北アルプス、能登半島を遠望し、牛岳、人形山、医王山を見る。眼下には銀色の庄川や、砺波平野が見渡せる。山名の由来は、

或る托鉢僧が鉢を埋めたとか、山容が鉢を伏せた様に似ているからとか言われている。上杉謙信の時代（1560年頃）に山頂に隠尾城があったと言う。名勝として鉢伏峠（山頂の南100m）の不動明王（1830年頃の作）、隠尾八幡宮の大木（杉、ナツツバキ、エンコウカエデ）などがある。（藤森京子）

三条山
さんじょうやま　　334.5m　庄川町
2.5万分の1図「山田温泉」
G.B　―

　庄川右岸の山。鉢伏山の山裾（西方2km）にある小さな山。庄川町から庄川にかかる舟戸橋を渡る。正面に見えるのが三条山である。舗装された林道を300mほど行くと左側に「県定公園三条山遊歩道入口」の看板がある。林道ぶちに2、3台駐車が出来

三条山（中央。左奥は鉢伏山）

る。三条山への細道を登ると、雑木や赤松林の中の樹木に名札が下げてある。サイゴクミツバツツジ、マンサク、雪椿、ガマズミなど植物が豊かである。20分余りで頂上の四阿に着く。山頂部は平坦で東西64m、南北12m余りと細長い。一部刈上げされた箇所からは砺波平野の散居村、とうとうと流れる庄川が眼下に一望できる。展望台に登れば牛岳、八乙女山、赤祖父山、医王山、猿ケ山などが見える。下山は山頂を越し、庄川をめがけて下れば、先の駐車地点から100m先の林道上に出る。

　三条山は室町時代前期の山城で「千代ケ様城址」と伝えられている。麓には庄川峡、水記念公園やダム、温泉、山菜料理店などが並ぶ。（藤森京子）

牛岳
うしだけ　　987.1m　庄川町・山田村・利賀村
2.5万分の1図「山田温泉」
G.B　紀越歩県日楽北

　富山県西部の中央に位置し、庄川及び支流の利賀川と、山田川（神通川上流）の間にある。砺波平野から見ると牛が座っている姿に似ている。昔、大国主命が牛に乗って通ったという言い伝えから、この名がついたとも言われる。山上に牛嶽大明神の社殿がある。四方に尾根を張り出し、北はジュツカの山を経て高尾山・鉢伏山・奥山・高場などをおこし、庄東山地から射水丘陵につながる。

　周辺の山に比べてぬきんでて大きく、砺波地方のみならず、射水平野からも仰ぎ親しまれている。山上からは北に富山湾をへだてて能登半島が、東は眼下の御鷹山、袖山、祖父岳の上に立山連峰が、西は砺波散居村の向こうに医王山をはじめとする石川県境の山々が、南は高清水山系、人形山、三ケ辻山、金剛堂山、高峰、白木峰等の上に遠く白山が望める。頂上は2つあるが、二等三角点のある頂上がこの山の最高点で、庄川町の最高点でもある。1998年に

牛岳（牛岳ハイツから。左はユートピアゲレンデ）

アマチュア無線レピーター用の高さ24mのパンザマストが設けられた。三角点から5分ほど東へ行ったピークが山田村の最高点で神社、休憩舎、石碑があり、直下に10台ほど駐車できる広場、舗装された車道、少し下に公衆トイレがある。

この神社のあるピークの東側が牛岳スキー場のユートピアゲレンデとなっている。南側の尾根は一本杉の峠を経て、高峰につづいており、尾根の東斜面には県下有数のブナ林があって天然記念物に指定されている。また尾根上標高910m地点までしっかりした2m幅の観察道が造られている。北側の尾根は二本杉の休憩所を経てジュツカの山へ続き、さらに北東へのびて牛岳スキー場となっている。スキー場の一角に青少年旅行村がある。またこのスキー場からゴンドラで鍋谷上空を渡って、ユートピアゲレンデと結ばれている。

登山道のうち牛岳ヒュッテ経由のコースは庄川町の小牧ダムサイトから取り付く、国道471号線沿いに300mほどで遊歩道に入り、50分でヒュッテ、さらに1時間半で頂上。4合目と5合目の中間で大規模林道からヒュッテまでは20分。各コースとも8月下旬頃に庄川町の手で草刈りされる。ヒュッテは庄川町青年団が手入れを行い、冬期登山者のために薪が用意してある。この道は夏でも樹間を通るので暑さは感じられない。

二本杉からの登山コースは北尾根沿いに頂上まで1.2km。高度差50m毎に山田村教育委員会の標柱が立っており、駐車地点から40分で頂上に出る。

牛岳神社の御神体は肩に座乗した大国主命。山田郷33ヶ村の総社である。周辺の市町村の牛嶽社、宇志多気社は42社を数え、富山市内にもある。

牛岳山頂（後方は三角点のある山頂）

近頃「熊注意」の立て看板が目につくようになった。周辺に廃村（居舟、深道、二ツ屋、栗当）が増えて熊の活動範囲が広がったのと、利賀ダム関連工事の影響で鉢巻山の熊がこの辺りまで出歩くようになったためか。

なお、往時は婦負郡側では牛岳と言い、東砺波郡側では鍬崎山と称したようである。古老の記憶によると、砺波市栴檀山地区川内の入会地に鍬崎山という小地名があるとか。二本杉の字名は庄川町字鍬崎という。

（秋山照生）

鉢巻山
はちまきやま

863.0m　利賀村
2.5万分の1図「山田温泉」
G.B 紀 越 雪

牛岳の遠望（右。砺波市南郊から）

鉢巻山（脇谷の「道の駅」から）

　利賀川と庄川の合流点あたりに、利賀川をはさんで牛岳と鉢巻山が向かい合っている。右岸が牛岳で左岸は鉢巻山。標高は鉢巻山の方が100mほど低く、国土地理院の地形図には山名の記入がない。鉢巻山の北西の山麓が長崎温泉で、南西山麓が大牧温泉。鉢巻山は南北朝の頃、吉野の「大戸の院」の軍勢が濠を掘り、まわりに木を植えたのが鉢巻をしたように見えたことによるとか。

　山頂は遠くの平野部からも見えているが、庄川対岸のオムサンタの森スキー場からはこの山の西面が全望できる。

　登山道がないが、最近、残雪期にこの山の頂上を目指す登山者が増えてきている。長崎温泉をベースとして、この山の北西尾根を伝って登頂するケースが多い。雪質にもよるが、登り2～3時間ほど。

　頂上からは北東に牛岳、南東に高峰。高峰の右に白木峰と金剛堂山。庄川の対岸に赤祖父山、大寺山、八乙女山。牛岳の肩に富山平野が望める。

(秋山照生)

峯山
むねやま

854m　八尾町・山田村・利賀村
2.5万分の1図「山田温泉」
G.B　—

　八尾町と利賀村境界の栃折峠北側の山。西側は深く切れ落ち、その底に山田川が流れている。東面は緩やかで、ここに栃折の集落があるが、過疎化が激しい。この集落の名は、トチノキが多く、また獣の往来も盛んで山の樹木がよく折れたことに由来するという。

(富樫正弘)

8「白木峰」「飛騨古川」

1 洞山 ……………210	10 小白木峰 …………216	19 りゅうこ峰 …………219	28 御鷹巣山 …………222
2 大谷ノ頭 …………210	11 仁王山 …………216	20 金剛堂山 …………220	29 猿倉山 …………223
3 西新山 …………211	12 日尾御前山 …………216	21 前金剛 …………221	30 水無山 …………223
4 唐堀山 …………211	13 祖父岳 …………217	22 中金剛 …………221	31 高峰 …………224
5 大高山 …………211	14 袖山 …………217	23 奥金剛 …………221	32 西山 …………225
6 戸田峰 …………212	15 栃平山 …………218	24 奥座峰 …………222	33 上西山 …………225
7 中尾 …………213	16 三ケ峰 …………218	25 そばかど峰 …………222	34 尾洞山 …………225
8 山神堂 …………213	17 ウスジョウ山 …………218	26 白谷山 …………222	35 葡萄原 …………226
9 白木峰 …………214	18 袖ノ谷山 …………219	27 向平 …………222	36 大明神山 …………226

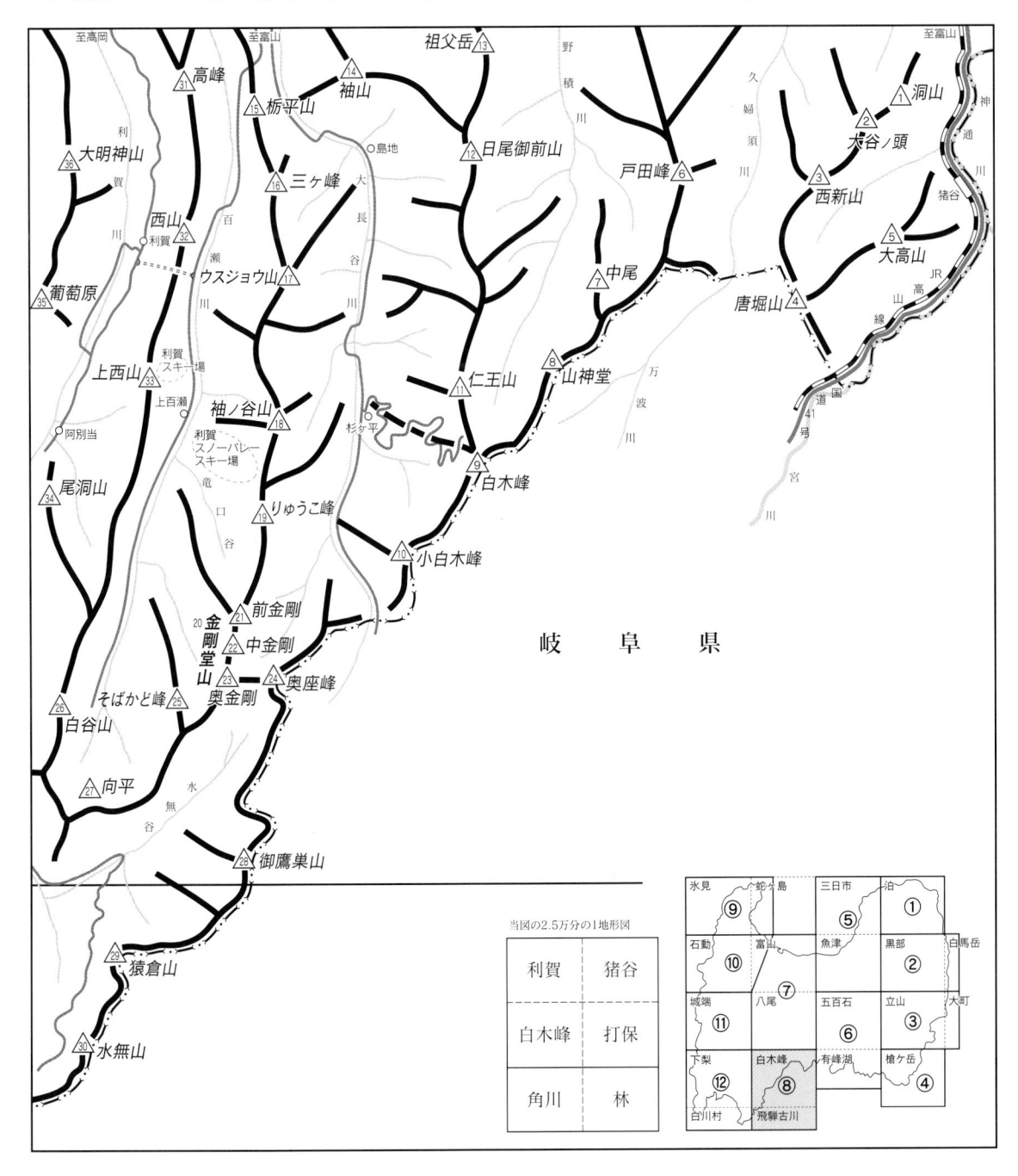

洞山（左ピーク）と大谷ノ頭（右）。楡原の観光橋から

洞山
ほらやま

840m　細入村
2.5万分の1図「猪谷」
G.B 紀 越 歩 ガ 雪

　神通川北陸電力第1ダム湖の西側にそびえる。細入村片掛集落背後の山。

　地元の片掛では「ホラ」、庵谷では「タキノウエヤマ」、楡原では「オガタキ」と呼んでいる。

　山頂は東西に長く平らで広い。その東端に国土交通省の無線中継用の反射板が2基建ち、傍に三角点がある。三角点の標高は831.8mだが、最高地点は三角点の西100mほどの所にある。地形図の標高を読んで840mとした。

　反射板補修用の刈り開け道を利用して、最近この山に登山コースが出来た。庵谷峠からテレビ塔の山を経て旧飛騨街道の小菅峠まで車が入る。峠の末端の尾根に取り付いて頂上に至るもので、小菅峠から1時間半乃至2時間の登り。峠の登り口に目印の杭が立っている。今まで積雪期に一部の登山者のみに登られていた山だが、今後は四季を通じて楽しめる。が、道の一部は下草がのびるので手入れがゆきとどかないとわかりにくいかもしれない。

　積雪期にはカンジキハイクのコースとして庵谷地区簡易水道の建物前から東側の尾根にとりつき、洞山・大谷ノ頭・西側尾根を巡る1周コースが利用されている。
(松井和一)

大谷ノ頭
おおたにのあたま

961m　細入村・八尾町
2.5万分の1図「猪谷」
G.B 紀 歩

　神通川左岸の支流、大谷川源頭の山。洞山の西、西新山の北東にあり、細入村と八尾町の境界をなす。山頂は東西に長く平らで広い。北面の庵谷側は急斜面で自然林が残るが、南の八尾側は緩斜面で広く杉が植林されている。境界に沿い大きなブナが点々と立ち並び、西側尾根には立山杉の大木が目につく。

大谷ノ頭（左）と洞山（右）。猪谷の舟渡から

山頂からの展望は四周遮るものがない。圧巻は僧ケ岳から立山連峰、笠ケ岳・乗鞍岳までの大パノラマ。槍ケ岳が双六岳の上に尖頭を覗かせる。戸田峰・西新山・大高山等が指呼の間に迫り、富山平野も一望できる。

無雪期は八尾町桐谷から林道万波線を進み、左へ大亦林道をつめ、造林作業道から登られる。

積雪期は洞山と共に大谷源流を1周する尾根コースで登られる。→洞山　　　　　　　（松井和一）

西新山　1110.3m　八尾町・細入村
さいしんやま　2.5万分の1図「猪谷」
G.B ㊗㊥歩㊋北⑦

神通川左岸、久婦須川との分水嶺上の山。神通川支流の猪谷川を取り囲むように西新山、唐堀山、大高山がほぼ同じ高さで連なる。そのうち西新山は猪谷川左岸の稜線にあって、細入村と八尾町の境界をなしている。この稜線の北東端には洞山がある。八尾町側の村が桐谷、細入村側の村が猪谷。

西新山（神通川左岸から）

北東の鞍部に大亦峠がある。ここは細入村猪谷と八尾町桐谷を結ぶ標高730mの峠。江戸期には両集落の連絡道として、また、飛騨、越中間の関所を避けた間道として利用された。

サイシンのサイは「細い・狭い」を、シンは山腹の小さな平を意味するとされる。しかし、周囲にある唐堀山、大高山、戸田峰などに標高的に劣ってはいない。古くは細辛山とも書いた。細辛は漢方薬の1つ。富山県内には同様の効能を持つウスバサイシンが産する。その植物との関連も窺われる。

この山は大亦峠から登るのが一般的。峠へは猪谷、桐谷両集落から林道が延びているが林道より先は廃道同然。峠からも道はなく、夏期は薮こぎを強いられる。登頂には積雪期が適。洞山などからの縦走もできる。最短は猪谷の常虹の滝から延びる林道から大亦峠を経て登るコースだが急登箇所がある。

頂上は緩やかでブナ、ミズナラ、ホオノキなどにスギを交える林が広がる。　　　（長谷川幹夫）

唐堀山　1159.5m　細入村・宮川村
からほりやま　2.5万分の1図「猪谷」
G.B ㊗㊥雪㊋

富山県と岐阜県の境界の山。神通川と久婦須川の分水嶺上の1ピーク。この山から北方に西新山、洞山、御鷹山、笹津山へと稜線が連なる。また、この山は神通川支流猪谷川の源流部にあたる。

唐堀のカラは水が乏しいこと、または窪んでいるという意味があるが、ここでは、後者の意味であろう。ホリは池の意味である。山頂から中腹にかけて、湿地帯になっており、上の池、中の池、下の池など池沼があることからこの名が付けられたとされる。国道41号線を南下し、猪谷で右折し、国道360号

唐堀山（岐阜県祢宜沢上から）

線にはいる。宮川沿いを約5km進んだJR高山線のトンネル46番の脇が登山口。清水の横の階段を登り、堰堤から船渡谷沿いをいく。道はスギ林を経て広葉樹林内で分岐。右の急坂を上り、4つの鉄塔沿いを直登した後、左へ山腹をトラバース。尾根に出たら右折してピークに至る。約2時間10分の行程。

山頂は広く、ブナの疎林でチシマザサが茂る。北西に戸田峰、南西に白木峰、南にソンボ山、漆山岳などがある。山頂から大高山まで約1.5kmにわたって緩やかな高原状の台地がつづき、ブナ林が美しい。
　　　　　　　　　　　　　　　　　（江尻政昭）

大高山　1100.3m　細入村
おおたかやま　2.5万分の1図「猪谷」

G.B 紀越

神通川左岸の山。猪谷地区の背後にそびえる大きな山体。神通川の支流、猪谷川を取り囲むように西新山、唐堀山、大高山がほぼ同じ高さで連なるが、そのうち大高山は、猪谷川南側、唐堀山から北東に向かってはしる稜線の中央にある。神通川をはさんで対岸には小佐波御前山からキラズ山に連なる稜線がはしる。

名前の由来は、山容が鷹が羽を広げた様子に似るところからとされる。山腹から頂上直下まではミズナラ、コナラ、ホオノキなどが生育、かつて炭焼きに供された雑木林が広がる。山頂から唐堀山まで約1.5kmにわたっては緩やかな高原状の台地がつづき、ブナ林が覆い美しい。

送電線用鉄塔の管理道も中腹までしかないため、登山は残雪期が適切。国道41号線を南下し、猪谷の町を過ぎたところを右折して高山本線のガードをくぐり、蟹寺方面へ進むとほどなくＮＨＫ登山口という標識がある。まず、そのＮＨＫ中継所までの登山道を進み、さらに続く送電線用作業路を進むと標高450メートルにある送電線の鉄塔にたどりつく。その先は登山道がなく、尾根づたいに登る。途中やや急登なところもあるが、およそ3時間半で山頂につく。山頂からは西新山、洞山が見え、さらに天候が良ければ、その先には立山連峰も一望できる。

(粕谷健一郎)

戸田峰

とだみね　　1227.1m　八尾町
　　　　　　2.5万分の1図「猪谷」

G.B 紀越 カ雪

井田川の支流、野積川と久婦須川の分水嶺上のピーク。山の東側を久婦須川が流れ、その対岸に西新山、南東の岐阜県境に唐堀山、南西に白木峰をはじめとして県境の山々がある。富山市の市街地からもその頂を見ることができる。

この山の名称は「トトミネ」から戸田峰になった。『八尾町史』によると、「魚峰（ととみね）」で、単に高い山の意味。また別の説によると、トトミネのトは、水音がトートーと流れ聞えることによるもの。東側は久婦須川、西側は野積川がまさに「トートー」と流れている。

山頂は、積雪期であれば大きな木がないので眺望がきく。立山連峰、鍬崎山、鉢伏山、東笠山、西笠山、牛岳、などが見える。頂上直下の窪地に1500

大高山（小糸から）

奥の白い山並（左から中尾、山神堂、白木峰、仁王山）

株ほどのミズバショウが群生。南西側はブナの原生林が広がる。また、南東側は造林が進行中である。登山道がないので登る人は少ない。

　無積雪期であれば、桐谷から久婦須川を遡ってワサビ谷やクルビ谷などの沢にそって登るルートがある。また、西松瀬から野積川を遡って東又谷から尾根に出るルートもある。残雪期であれば、小井波より別荘川を遡り途中の小尾根から稜線に出て、頂上を目指すルートや小井波峠から尾根づたいに頂上を目指すルートもあり、このルートのほぼ中間点に、大切と呼ばれる874mのピークがある。いずれも登山口から頂上まで4～5時間。充実した日帰り登山が楽しめる。　　　　　　　　　　（橋本康雄）

中尾
なかお　　　　　1328.9m　八尾町
　　　　　　　　2.5万分の1図「猪谷」
　　　　　　　　G.B　−

　野積川源流の1峰。岐阜県との県境付近にある八尾町の山。戸田峰から白木峰へと続く尾根のほぼ中間点に位置する。夫婦山（八尾町）の男峰山頂から南の方を見ると、戸田峰、中尾のピーク、その右奥に白木峰が連なっているのが確認できる。

　野積川の支流となる真川谷と東又谷が尾根の西側と東側を流れている。そこから「2つの川の中の尾」という意味で中尾と呼ばれている。

　山頂から北側に眺望がひらけ、富山平野と富山湾を見下ろすことができる。

　中尾と戸田峰を結ぶ稜線の中間付近に『八尾桐谷孔』と呼ばれる孔がある。隕石が落下した跡ではないかと言われ、調査された。しかし、隕石の跡であるとの確認は得られなかったらしい。　（橋本康雄）

山神堂
さんしんどう　　　1450.4m　八尾町・宮川村
　　　　　　　　2.5万分の1図「猪谷」
　　　　　　　　G.B　−

　岐阜県との県境にある八尾町の山。戸田峰から白木峰へと続く尾根のほぼ中間点で、白木峰の北東約3kmにある。

　富山県側の麓の集落では、この山を「戸田峰」と呼ぶこともある。

　夫婦山（八尾町）の男峰山頂から南の方向を見ると、白木峰への連なりの中にその姿が確認できる。山頂からの眺めはよく、富山平野が一望できる。

　登山道がないので登る人はほとんどいない。残雪期に登られているコースとして、白木峰から尾根づたいに山神堂へと向かうコースと大長谷川沿いに杉

山神堂と南の平地（富樫正弘撮影）

ケ平から林道に入り、1060m地点から仁王山の南のコルを経て白木峰から山神堂へと続く尾根に出るコースなどがある。残雪期以外はヤブこぎがひどく登山には不適。残雪期といえども5月中旬頃まで林道が積雪のため通行止めなので、杉ケ平から徒歩での入山となる。　　　　　　　　　（橋本康雄）

白木峰
しらきみね　　1596m　八尾町・宮川村
2.5万分の1図「白木峰」
G.B 越歩か県日楽北

　白木峰は小白木峰を従えて北方に幾つもの尾根を延ばし、遠く富山平野に呉羽丘陵を突出させている。周辺に発する谷間の久婦須川、野積川、室牧川（大長谷川）は八尾町に集って井田川となり、婦中町で山田川を併せ、富山市で神通川に合流している。分水嶺の南側は岐阜県で、前白木峰（1521.9m）と万波高原があり、その水を集めた万波川は県境を越えて富山県に流入し久婦須川となっている。

　飛騨変成岩を基盤とする地塊は、隆起、地殻変動、海の侵入、堆積、火成造山活動等を経て、片麻岩、結晶片岩、石灰岩の大起伏中山性山地となり、富山県中南部の脊梁をなし、北側に安山岩、集かい岩からなる御鷹山・夫婦山・日尾御前山・祖父岳・袖山等の中起伏山地、更に砂岩・泥岩・礫岩からなる八尾累層の小起伏山地を形成している。

　この山をめぐって飛騨と富山藩との間に所領争いが起こり、幕府の裁判に持ち込まれたが、富山藩主前田利次急死（1674年）のため富山側の敗訴となったが、この問題は昭和年代（1926〜）に持ち越され、解決したのは1970（昭和45）年だった。

県境問題の解決を喜ぶ橋爪八尾町長（右）と梶谷河合村長

　八尾の中心部から国道472号線を南に走ると、大長谷川上流の杉ケ平に達する。ここの森林公園から舗装された林道を登ると標高1310m地点にゲートがあり、10数台置ける駐車場と公衆トイレがある。ここから尾根道を歩いて40分余りで頂上へ出る。

　杉ケ平から分断された旧登山道を歩くと3時間を要する。岐阜県側からは万波峠より前白木峰経由の登山道がある。

白木峰（左から2番目のピーク）と前白木峰（中央）＝金剛堂山から（佐伯郁夫撮影）

白木峰の大草原

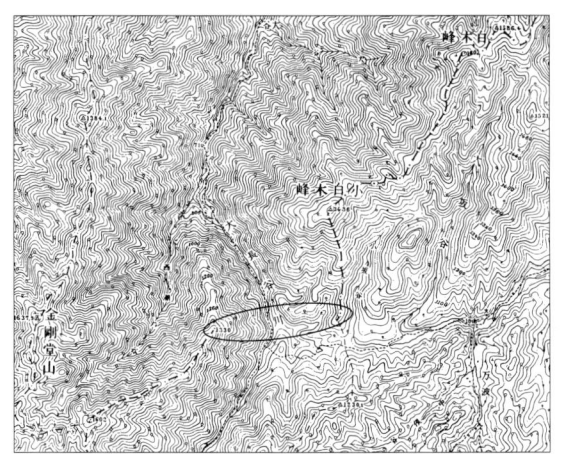

1957（昭和32）年発行の国土地理院地形図（上）では、〇囲みの部分が論争地で県境は引かれていない。下は現在の地形図

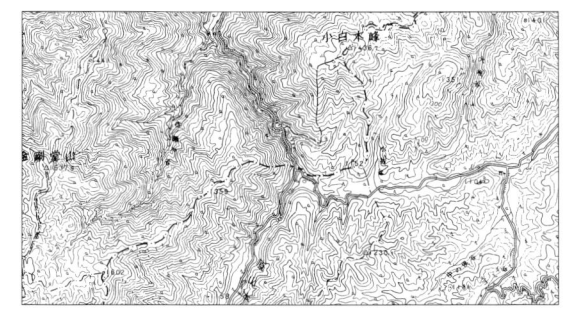

　山頂近くにあったＮＴＴ無線中継用の巨大アンテナは役目を終えて撤去され、コンクリートの建物も解体され草原回復工事が行われている。

　山名は、はだの白いブナの木が多いことからとか。遠望するとゆるやかな山容である。頂上には八尾町に向けて聖徳太子の幼時の石像が安置されている。一帯は1974（昭和49）年に白木水無県立自然公園に指定され、遊歩道はすべて木道が敷設された。山上は火山性台地の大草原で多くの池塘があり、中には浮島のあるものもある。池塘にはクロサンショウウオ、イモリ、モリアオガエルが棲息し、食虫植物やワタスゲなどが生えている。時季は少しずつずれるが、ゼンテイカ、イワウチワ、イワカガミ、ウラジロヨウラク、ササユリ、ニッコウキスゲ、ギボシ、アザミ、コバイケイソウなどの美しいお花畑となる。ササヤブにはシャクナゲ、ナナカマド、ツゲなどの木がまじる。

　二等三角点のある北東側のピークには大方位盤が設置されている。隣に並び立つ盟友の金剛堂山以外には周りに高い山がなく、眼をさえぎるものはない。東に北アルプス、西に白山連峰、南に御岳から飛騨、五箇山の峰々、北は富山平野、日本海、その向うに能登半島の大パノラマとまさに第１級の展望である。

　草原の散策と大展望が手軽に楽しめるので、6月から7月のシーズンには、ゲートの周辺に数十台の車が連なり、山上の木道は行き交う人で溢れる。秋の草紅葉、ナナカマドも美しい。

　頂上の一角に無人の白木峰山荘があり、水場もある。→小白木峰　　　　　　　　　　（秋山照生）

浮き島のある池塘（白木峰）

小白木峰（県境から）池原等撮影

小白木峰
こしらきみね　1436.7m　八尾町・宮川村
2.5万分の1図「白木峰」
G.B 越歩ガ県

　白木峰から南西に延びる尾根の先端にあり、大長谷川を隔てて金剛堂山と相対している。地形、地質、山容、生物、植生はすべて白木峰と同じで、そのミニチュア版といったところ。南東は岐阜県宮川村万波高原。この山だけを目指すのは山菜採りだけ。白木峰からの縦走者か、小白木、白木を周遊する人のみの静かな山である。
　白木峰入口の杉ケ平から大長谷川沿いの国道を南へ9km、富山・岐阜県境の0.5km手前で国道が大長谷川を渡る橋のたもとに、大長谷第4発電所の取水口がある。車を対岸の広い所に置いて、その構造物の間を抜けたらすぐ左に登山口がある。いったん斜行してやや急な作業道を登り、植林地と雑木林の間を尾根通しに歩く。笹道を抜けると、ポッカリと大きな池塘のある湿原に出る。少し行った草原台地が三角点のある頂上。およそ2時間の登りである。さらに少し進むと万波高原からの道が合流する。起伏を4km、1時間15分ほどで白木峰に着く。国道の雪が溶け始める頃、車の行ける所まで行き、取り付きやすい支尾根から、スキーで主稜を目指すのも一興であろう。→白木峰　　　　　　　（秋山照生）

仁王山
におうざん　1516.6m　八尾町
2.5万分の1図「利賀」
G.B 紀越

　白木峰の北方1.5kmにある山。富山市内から眺めると白木峰の前面に見える。お椀を伏せたような形の独立峰。残雪期の頂上からの眺めはすばらしく、自分がまさに「仁王様」になって四方八方に睨みをきかしているような気分になる。
　以前は、庵谷集落から杉ケ谷沿いに登山道があり、白木峰と仁王山の鞍部に出ることができたようだが、現在はこの道はなく、残雪期に白木峰から北方に延びる稜線づたいに行くか、または杉ケ谷を詰めるかのいずれかである。
　余りにも開発が進み、たくさんの人の訪れる白木峰の近くにあってその陰に隠れたような存在だが、それだけにその静寂が価値のあるものと思える山である。
　　　　　　　　　　　　　　　（吉本豊彦）

日尾御前山
ひおごぜんやま　1054m　八尾町
2.5万分の1図「利賀」
G.B ―

　伝説を秘めた岩壁を抱く山。白木峰から仁王山を経て祖父岳に至る尾根上の1ピーク。御前山とは本峰金剛堂山に登拝できぬ人々のため、本峰登拝と同

日尾御前山（内名集落から）吉村猛撮影

格の御利益を与える山をいい、日尾御前山はこれにあたる。ヒオとはヒナタの反対で、朝日の射さない場所、つまり山の西側を言う。山の西側には大岩壁があり日尾御前と呼ばれている。

岩壁には行基菩薩が彫り上げたと伝える弥勒菩薩の姿が望まれ、岩壁のふもとの広場で村人は仏に祈りを捧げた。この拝所のまわりには奇怪な形をした杉の大木が林立しているが、オハナ杉と呼ばれる佛への供花の意味をもっている。その他にも比丘尼屋敷、コマノミアト（駒御跡）、鏡岩の伝説が今に伝えられている。

日尾御前への道は大長谷の島地八幡の傍らを流れる日尾谷を遡る。道は整備された一本道で迷うことはない。岩壁の広場から上には道がない。岩壁の上、佛頭に当たる部分が日尾御前山。越中平野が一望できる。杉の古木が生え神々しい雰囲気の内にも不気味さが感じられる。

(乗山博昭)

日尾御前の西側の大岸壁が中央に見える。右の大木はとても杉の木とは思えないが《オハナ杉》と呼ばれる杉の木。人の立っている辺りと岸壁の間は御前様の前庭と言われる雑木林。1981（昭和56）年2月、県の自然保全地域の指定を受けた。この写真は『大長谷村誌』の編集者喜多氏が撮影し同誌に掲載されたもので、木々の茂った現在では撮影できない光景。

日尾御前の鏡岩の上に生育する根元が膨れ上がった《ヨノ木》（『大長谷村誌』の編集者喜多氏が1986年に撮影されたもの）

祖父岳　831.6m　八尾町
そふだけ　　　　2.5万分の1図「利賀」

白木峰から仁王山、日尾御前山を経て北へ向かう尾根の最後の突起。東の夫婦山、西の袖山を結ぶ線上にあり、周囲の山々や野積の里から一目でそれとわかる尖峰である。

瓶を逆さにした形から「瓶山（かめやま）」とも呼ばれ、また蘇夫嶽とも呼ばれたことが『野積村誌』に記されている。この山に一眼一脚の怪物が住み、人々を恐怖させたという伝説がある。

山麓の谷折から登山道があり、谷折には登山者のために舗装された駐車場がある。「祖父岳登山口標高560m」の標識から尾根に向かい、高度差250m、直線距離500mの直登コースを40分登ると、思いのほか広い頂上に出る。

東は眼前に夫婦山、右手に戸田峰、遠く北アルプスの山々、西は高峰から牛岳、南から西にかけて金剛堂山、人形山、さらに白山々系の山々、北方に野

祖父岳（谷折峠から）

積川の流れが望める。

　谷折の竹原家は室町中期に神岡から移住し、祖父岳の西側を開拓した家。当主銀松さんは冬でも1人で隣接の住吉社の御守りをしている。宮の前には八尾町指定天然記念物のイチイの大木があり、裏手にはトチの木が沢山ある。　　　　（秋山照生）

袖山
そでやま　　851.8m　八尾町
　　　　　　2.5万分の1図「利賀」
G.B 紀 越 雪

　八尾町の南、仁歩地区と大長谷地区にまたがり、東に祖父岳、西に高峰があってその両者の中間に位置し、西麓を大長谷川が半月形に巡る。独立峰的な存在である。

　北側に住んでいた里人は「高の山」といい、南西の大長谷地区の村人は、西方にゆるく張り出した尾根が袖の形に似ているのにで「袖山」と呼んだ。

　中腹にはこの山に依存して炭焼き、和紙漉、養蚕等を主業としてきた吉友、横平、専沢（せんのさわ）、二ツ屋、越後谷、安谷と6つの集落があったが、すべて廃村となり、今は林道を残すのみ。袖山の中腹から下は杉の植林地だが、上は落葉広葉樹の2次林である。

袖山（島地集落の対岸から）

　登山道は無く、ヤブ漕ぎして登っても展望はきかない。残雪期に大長谷地区の上牧から残雪を伝って登れば、上牧から1時間30分余りで広い頂上に着く。明るい落葉樹林の合間から、祖父岳がすぐ眼の前に、振り返ると高峰が白くそびえている。（秋山照生）

栃平山
とちびらやま　　790m　利賀村・八尾町
　　　　　　2.5万分の1図「利賀」
G.B —

　八尾町大長谷と利賀村百瀬との境、栃折峠の南にある細長く平たい山。トチノキが多いのでこの名が付いた。戦後の食糧難の時は、この辺りでとれた栃の実が栃の実ダンゴなどとして食卓を潤したという。

　大長谷の薄尾（すすきお）から百瀬地区の菅沼まで、山の南を越えて峠道があった。その菅沼は今はダム湖に沈んでいる。　　　　（富樫正弘）

三ヶ峰
みつがみね　　1012.3m　利賀村・八尾町
　　　　　　2.5万分の1図「利賀」
G.B —

　金剛堂山の北方の尾根にある山のひとつ。利賀村の百瀬地区および八尾町の大長谷地区の入口に位置する山で、栃折峠の南にある。

　山名は国土地理院「点ノ記」による。1012.3mの主峰を中心として3つの峰が並んでいる。百瀬地区ではドナシ谷の源頭であることからドナシ山、大長谷地区ではイモ谷の奥にあるのでイモ谷の峰（いもんたんのみね）、または山腹の地名より石崎の峰（いしなざきのみね）とも言う。　　（富樫正弘）

ウスジョウ山
うすじょうやま　　1067.9m　利賀村・八尾町
　　　　　　2.5万分の1図「利賀」
G.B —

　金剛堂山の北方の尾根にあり、三ヶ峰の南にあたる。百瀬川支流の入谷川は、奥で北のダラゴマ谷と南のウスジョウ谷に分かれるが、この谷の山であることから地元ではウスジョウの頂点といっている。以前は、百瀬の入谷（いりたに）から大長谷の清水（しょうず）へ峠道があったが、現在は林道となっている。峠を百瀬側では長谷（ながたに）峠、また峠付近の台地をしょうじケ平と言っている。大長谷側に乗り越したところに地蔵がある。江戸の頃、この峠で強盗が人を殺して埋め、この地蔵さんに「誰にも言わんでくれ」と頼んだところ、地蔵さんは「わっしゃ言わねど己がいうじゃろう」と言った。果たして3年後の村祭りの時、その男が獅子舞のシシトリ役になって踊り囃す中で「おら人殺した」と歌ってしまい直ぐに捕り押さえられたと言う話が伝えられている。

　谷の入り口にある入谷の神社は、かつては大日堂とも言われており、また集落の屋敷の下からも不動明王像が出土しており、金剛堂山との深い関わりが

考えられている。　　　　　　　（富樫正弘）

袖ノ谷山　1274.5m　八尾町・利賀村
そでのたんやま　2.5万分の1図「利賀」
G.B　−

　八尾町大長谷と利賀村百瀬との間に横たわる山並みのほぼ中央に位置する山。利賀村では、谷の名前や地名が詳しく付けられているが、山にはこれという共通の名は少ない。確かに利賀の谷に入ると山の腹ばかり見えて、山頂や山形がくっきりと見える所は少ない。これでは共通の名前になりにくい。山頂は、〜谷の「峯」とか「頂点」とか「頂き」などと呼ばれているだけである。事実、共通に呼ばれている山は、高峰、三ケ辻山、金剛堂山など数えるほどしかない。

　百瀬川の人は谷の東側の峰々を総称して「東山」、西側は「西山」という。利賀川の人は谷の東側は「東山」と言うのだが、西側は川の向かい側にあるというので「向山」という。これが村内で共通した呼び名である。大長谷川でも、東の山々には名前があるのに西の山々は谷の名で呼んでいるに過ぎない。1274.5mの三角点名は「袖ノ谷」、大長谷川から入っている支流に由来する。

　この山の西懐、百瀬川沿いには、キャンプ場、演劇場、青年の家、最近は天竺の湯が開湯した。また、東側、大長谷川の対岸でも20世紀の森やふるさとセンターなどが自然に親しむベースとして整えられつつある。これら周辺の山にはもっと適切な名前がほしいところである。　　　　　（富樫正弘）

りゅうこ峰　1384.1m　利賀村・八尾町
りゅうこみね　2.5万分の1図「白木峰」
G.B　−

　金剛堂山の北にある山。三角点名は「竜尾」。この山を分水嶺として、百瀬川へは竜口（りゅうこ）谷が、大長谷川へは竜尾（りゅうお）谷が流れ出している。竜口谷の方は中程から上で幾つもの谷に広がっているので、雨の時は一気に水嵩が増えると考えられる。それが谷奥に竜がいるという言い伝えになったものと思われる。

　富山藩10代藩主、前田利保公が1853（嘉永6）年3月に大長谷の庵谷集落から登ったときの記録に

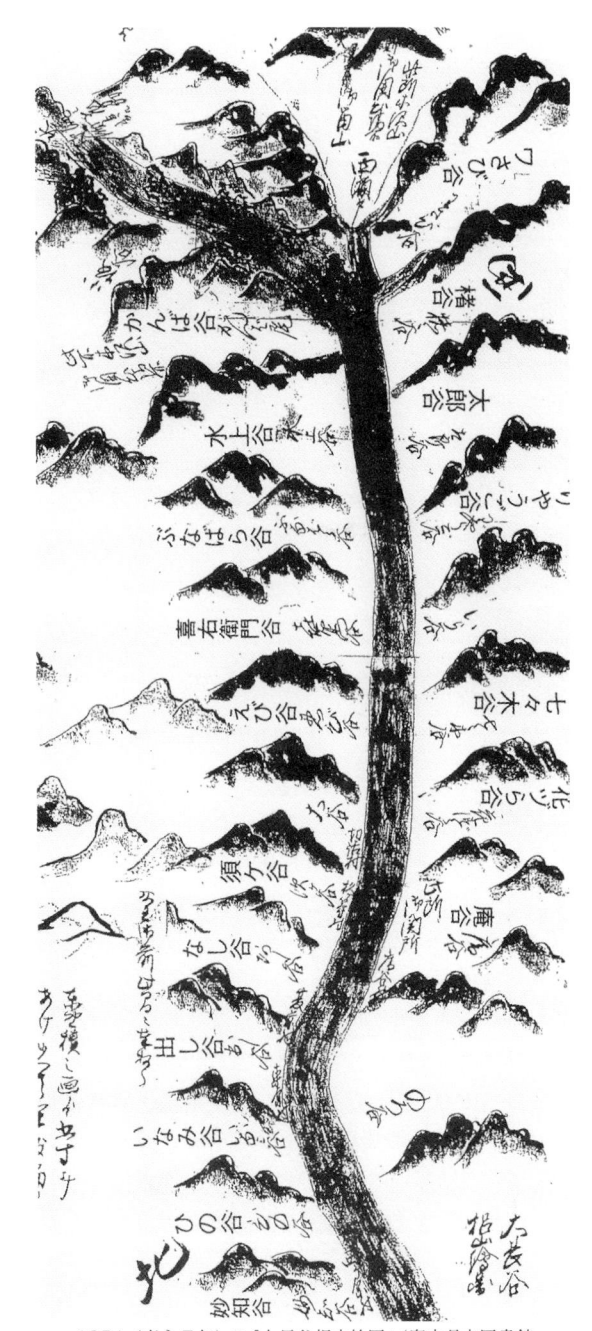

1854（嘉永7年）の「大長谷桴山絵図」（富山県立図書館蔵）図の一番上（南）に《御留山、此の所木沢山》と記されるのは金剛堂山。その下、右側（利賀村側）に《りやうご谷》とあり、「りょうご」とも呼ばれたことが判る。

は「上龍虎峯」の字が見られる。「竜口」と「龍虎」は読みが似ているところから、当て字と思われる。また、「りゅうご」「りょうこ」と読む人もいる。1997（平成9）年、この山の西斜面に北陸最大級のスノーバレー利賀スキー場ができ、冬の印象が一変した。
　　　　　　　　　　　　　　　（富樫正弘）

金剛堂山（仁王山の尾根から）

金剛堂山
こんごうどうざん

1650m　八尾町・利賀村
2.5万分の1図「白木峰」

《概観》

　八尾町最南端の山。同時に八尾町の最高地点。利賀村との境をなす。「金剛堂山」は加賀藩の名。飛騨では単に「金剛岳」。富山藩でははじめ「高尾山」のちに「西白木峰」と称した。富山藩の最高地点とされた（立山は加賀藩領）。なだらかな三角錐を富山平野へ見せているがその姿は遠い。山頂部は広々とした台地で、その上に3つのピークがある。北から前金剛、中金剛、奥金剛と呼ばれる。前金剛には一等三角点があり金剛堂山登山はこの山までを目指して登られることが多い。しかし、最高峰は中金剛1650mである。

　山頂を通り南北に走る主稜線が、八尾町と利賀村を分け、井田川の支流大長谷川と百瀬川の水を分ける。大長谷川に注ぐ西ノ瀬戸谷、百瀬川に注ぐ竜口谷、日尾谷の3本の谷が入り込んでいる。

《自然》

　日本海に面して手前に高い山がないため冬の季節風をまともに受け、頂上台地一帯は広大な風衝草原となっており高山植物の宝庫。がきの田（池塘）も見られる。尾根の風下側には林床にネマガリダケを伴うブナ林が発達し日本海側特有の植生を形成している。東の白木峰、南の水無山などと共に白木水無県立自然公園に指定されている。

《歴史》

　山名は修験道によるもの。役ノ小角（役の行者）の開いた山との伝承がある。役ノ小角開山伝説を持つのは県内ではここだけと思われる。山岳信仰の霊峰として崇められ、「金剛蔵王権現」を祀っている。山頂の祠には藤原義勝の神鏡が祀られ、古くから、五箇五谷、野積四谷の霊場として各地から多くの信者を集めていたいわれが記されている。山麓利賀村の各地の神社、地名、石仏等にも金剛堂山信仰を反映したものが多い。

　1853（嘉永6）年3月富山藩10代藩主前田利保が従者と共に登り、登頂の感激を「飛騨信濃木曽の峰峰みな見えて西は残さぬ白木やまかな」と詠んだ。中金剛にはこの歌を刻んだ花崗岩製の歌碑があるが、登頂の翌年運び上げさせたものという。同じ歌碑を山麓の大長谷川沿いの庵谷にも建てた。

《登山》

　登山道は八尾町側の西ノ瀬戸谷からのもの、利賀村上百瀬の栃谷から尾根に取り付くもの、百瀬川源

富山藩主前田利保が白木峰を詠んだ歌碑を庵谷に建てた際の絵（藩主の藩内巡視を藩の絵師・木村立嶽が描いたと伝えられる『富山藩三方絵巻』3巻）富山市郷土博物館蔵より

流東俣谷の峠を起点とするものの3コースがある。東俣谷コースは標高差も少なく、風衝草原の中を歩くファミリーハイカーにはうってつけのコース。峠は広場になっていて車を停めるのに丁度良い。峠から眺めの良い林道を40分ほどたどると東俣登山道入口の標識があり、そばに大きなブナが立っている。小さな起伏を1つ越すと森林限界を越え、なだらかな草原となり、キンコウカやニッコウキスゲの群生を見ながら2時間程で奥金剛に着く。中金剛までは所々小さな池塘を見ながら約10分。さらに10分で前金剛に至る。

頂上からは歌碑同様の展望が得られ、前田の殿様の気分が味わえる。

金剛堂山は、県西部屈指の名山であると共に、尾根歩き、沢登り、山スキーなどスポーツ登山の対象としても非常に優れており、いつまでも今のままの自然を残しておきたい山である。

3コースいずれも頂上まで登り3時間、下り2時間。　　　　　　　　　　　　　　（乗山博昭）

前金剛

まえこんごう　　1637.9m　八尾町・利賀村
　　　　　　　　2.5万分の1図「白木峰」
　　　　　　　　G.B ―

金剛堂山三峰のうち1番北にあるピーク。高さは中金剛に次いで2番目に高いが、頂上に「金剛蔵王権現」を祀る祠があるのと一等三角点があるので、金剛堂山登山の目標になっている。登山者は奥の中金剛、奥金剛に足を延ばすものいるが、ここから引返すものも多い。→金剛堂山　　（乗山博昭）

中金剛

なかこんごう　　1650m　八尾町・利賀村
　　　　　　　　2.5万分の1図「白木峰」
　　　　　　　　G.B ―

金剛堂山の3つのピークの中央に位置し標高が最も高い。前金剛には一等三角点があるため、この山は最高地点の割には不遇な扱いを受けている。山頂から少し下がった斜面に前田利保の歌碑があり辛うじて存在を保っている。西ノ瀬戸谷・栃谷コースの登山道で前金剛に到達した人でも中金剛まで足を延ばす人は少ない。金剛堂山の特徴である風衝草原の素晴らしさを感じるためにも是非訪れたい。→金剛堂山　　　　　　　　　　　　　　（乗山博昭）

奥金剛

おくこんごう　　1616m　八尾町・利賀村
　　　　　　　　2.5万分の1図「白木峰」
　　　　　　　　G.B ―

金剛堂山の3つのピークの最南端に位置する。平野部からは、そのピークを確認することは出来ない。ほとんど訪れる人も無く静かな山頂である。頂上は風衝草原となっており夏には高山植物が咲き競う。南側からの登山道はこの山の頂上を経て前金剛に至るまでなだらかな道が続くが、植生の踏みつけと雨による浸食が進んでおり木道などの敷設が望まれる。→金剛堂山　　　　　　　　　　　　（乗山博昭）

奥座峰　1602m　八尾町・利賀村・河合村
おくざみね　2.5万分の1図「白木峰」
G.B －

奥金剛の東1km、利賀村と岐阜県河合村との境界にある。道がないし、どちらの県の人里からも遠く見えにくい山。1980（昭和55）、81年に富山県庁山岳スキー部が行なった県境調査に際して、白山石楠花の多いこの山の無名峰であることを惜しんで「奥座峰」と名付けた。白木水無県立自然公園内の山。富山県庁山岳スキー部の発行『県境を歩く』（1982年）にこの山の記事がある。→金剛堂山（橋本　廣）

そばかど峰　1567m　利賀村
そばかどみね　2.5万分の1図「白木峰」
G.B －

百瀬川の奥、日尾谷と東俣谷との間にある山。利賀村下流にある高峰の集落から眺めると、金剛堂山の右方、利賀中央の山の左からちょこんと蕎麦の実の角っこのように姿を見せている。

そばかど峰（中央奥）1513.4mピークの三角点から

水無峠（東俣峠）から金剛堂山へ登山道が付いているが、このほぼ中間にある1513mの三角点から北へ1kmほど入った尾根上のピーク。かすかな踏み跡があり、山頂は短いササで被われている。

北東には金剛堂山、その反対方向には人形山の他、加賀の峰々が眺められる。　　　　　（富樫正弘）

白谷山　1411.1m　利賀村
しらたにやま　2.5万分の1図「白木峰」
G.B －

利賀川上流の奥大勘場集落の東側背後の山。山麓の奥大勘場は加賀と飛騨との境なので関所があった。

この山は、利賀川の千束集落から入っている白谷の源頭部でもある。千束からこの白谷の北谷を詰め、ほくらの峠を越えて百瀬川に出る山道があった。
　　　　　　　　　　　　　　　　　　　（富樫正弘）

向平　1455m　利賀村
むかいびら　2.5万分の1図「白木峰」
G.B －

百瀬川の源流西俣谷と利賀川の源流水無川に挟まれる地域を総称して言う。水無集落からの呼び名で、この辺りは峰々が平に集まっているからであると思う。上百瀬入会奥山となっている。山域からは、北アルプス～乗鞍岳～御岳～白山が見渡せる。

向平と山腹の土留工事（東俣峠＝水無峠から）

植生は、薪炭生産後の2次林とスギおよびカラマツの造林から成るが、多雪地帯のため成長が思わしくなかった。南西向きの斜面では、ブナよりもミズナラが目立つ。また、ススタケが多く、そのため熊も多いと言われている。

山の東側、東俣谷源流一帯は、戦後（1945～）から昭和30年（1955～）代中頃にかけてブナを皆伐したために大規模な雪食崩壊が起こり、1990（平成2）年の初めにその防止策として山腹土留工といって崩れた急斜面に狭い段々を造り、そこにブナ、タケカンバなどを植えて山を元に戻す工事が行われた。

地質は、古生代から中生代にかけての飛騨変成岩類から成る。日本で最も古い地層。　　　（富樫正弘）

御鷹巣山　1444.0m　利賀村・河合村
おたかすやま　2.5万分の1図「角川」
G.B －

御鷹巣山（中央。右はカラ谷。水無峠下から）

利賀川の源流にある水無集落の南側、楢峠から牛首峠にかけての県境一帯は巣原（すわら）と称されていた。水無集落は、加賀の殿様が鷹の雛を捕らせるために1軒の家を置いたのが始まりといわれる。鷹の子を捕る山域を御鷹巣山または御巣鷹山という。水無からの峠道のうち、カラ谷から山を越えて岐阜県の羽根・二ツ屋へ至るものは御鷹巣山周辺を通っていた。羽根には関所があったが、水無の人に限ってたやすく通れたといわれている。この山道のノタノオ峠（羽根峠、原山峠）には一体の地蔵があったが、現在は羽根村の土埴（はに）神社の右横に安置されている。「のたのお」とはこの山域一帯の岐阜県河合村からの呼び名である。この県境には、御鷹巣山の他にも西俣ノ山、シシ（猪）山、庄屋谷ノ山、まるおという山名を聞くが、これらも場所は明瞭でない。　　　　　　　　　　　　（富樫正弘）

猿倉山周辺のミズバショウ（水無平のような斑入ではない）の生える湿地帯

猿倉山
さるくらざん　　1383.1m　利賀村・河合村
　　　　　　　　2.5万分の1図「角川」
G.B ―

利賀村の最南端に近く、岐阜県との県境にある山。水無山の北北東約3kmにあり、水無林道はこの山の西側山腹を巻いて水無平へ通じている。頂上に至るはっきりした道はないが、農場には山菜採りの人たちによって、ゼンマイ、山ウド等が採取されるが、山名の由来ははっきりしない。　　（須河隆夫）

水無山
みずなしやま　　1505.7m　利賀村・河合村
　　　　　　　　2.5万分の1図「角川」
G.B 越 歩

利賀村と岐阜県の境界にあって、水無林道からすぐ近くにあるが、そんなに目立たない山。水無山の頂上に二等三角点があるだけで、一面のヤブにおおわれている。登山道がないから登るとすれば地図をたよりに方向を確かめながらの登高となる。林道からの距離は短いが、不用意に踏み込むと下りに難儀する。山麓の水無平までは林道があるが、道の手入れがゆき届いているかどうか。水無平は定倉谷の上流にある湿原帯で広大なミズバショウ群落があり、高山植物の宝庫である。馬蹄形の長軸南北3km、短軸北端50m、南端300m、一大盆地ですばらしい。植生群落が続いており、夏には多くの自然愛好者が来訪する。ここまで利賀村役場から25kmもあり、車で1時間半の道のり。しかも険しい林道だから運

水無山（右のピーク。水無峠下から）

高峰
たかみね

1071.4m　利賀村
2.5万分の1図「利賀」

G.B ㊗㊥歩カ

　利賀村へ通じている国道471号線の草嶺、北豆谷の上部にある山。周辺の峰々に比べて、きわ立っているからこの名がついたのだろう。富山方面の山手からもすっきりしたピラミッド状の山容が望まれ、山頂の鉄塔も確認できる。頂上まで車が上がるので登山の対象にはならない。どちらかというと冬のクロカンスキーやかんじき登山が面白い。山頂には、アンテナの鉄塔のほか守護神の祠と鳥居があり、歩道も整備されている。

　頂上からの展望は圧巻である。朝日岳から笠ケ岳

水無平のミズバショウ。下は水無ダム湖畔から（中央の谷を越えた辺りに水無平がある）

転には注意を要する。動物・植物・野鳥・昆虫等は、特徴ある種類の生存が確認されており、これ等の保護対策が早急に取られる必要がある。（須河隆夫）

1975年頃に建立された山頂の高峰権現堂

高峰（南方から望む）

までの北アルプスに続いて、白木峰、金剛堂山、人形山が並び、さらに白山につながる。牛岳は背面を見せているので、砺波平野は望めない。8月中旬夜、富山市の花火大会をここから見物ができる。

上市町と立山の境界に高峰山があるが、利賀のこの山は高峰山とはいわず高峰という。頂上に二等三角点がある。　　　　　　　　　　　（須河隆夫）

西山
にしやま　　　921.4m　利賀村
　　　　　　　2.5万分の1図「利賀」
G.B —

庄川の支流利賀川と、神通川水系の百瀬川との水

西山（左端。左奥は金剛堂山。中央に見える村は利賀、その上に見える山は上西山。右奥の三角の山は白谷山）

を分ける位置にある。百瀬川右岸の入谷集落からは西の方向にある高い山ということで名づけられた。山頂は南北に細長くゆったりしていて三等三角点がある。利賀側方面には、山菜採りのコースが出来ているが、けっこうけわしい。この西山に対して上流の992.8mの山を上西山という。　（須河隆夫）

上西山
かみにしやま　　992.2m　利賀村
　　　　　　　　2.5万分の1図「利賀」

G.B —

利賀川と百瀬川の分水嶺の山で三等三角点がある。この山の北東面が利賀中村のスキー場となっている。別名を示ボラ（しめぽら）ともいい、中村地区では1番高く、山頂付近はネマガリダケが密生している。西山に対して上流側にあるのでこの名がつけられたと思われる。頂上より上畠側（東側）は急峻で、深く長い渓谷をなしている。　（須河隆夫）

尾洞山
おどうやま　　943m　利賀村
　　　　　　　2.5万分の1図「白木峰」
G.B 紀雪

利賀川上流の山。阿別当地区の南約1kmの地点にある。尾洞山のことを大戸山ともいう。1955（昭和30）年頃まで、この山の中腹にあたる標高670mの箇所に尾洞（家号）という家があった。

昔、南北朝の時代、利賀村北方の鉢巻山では「吉野の大戸の院」の軍勢が陣地を築き、ここを根拠地として砺波平野の戦乱に参加していた。戦いが終った後にある住み良さそうなおだやかな山容のこの尾

尾洞山（阿別当から）。下の点線の山。左奥は金剛堂山

洞山へ転居したと伝えられている。前述の尾洞家がそれで、尾洞山の8合目あたりには、岩盤を積みあげた城跡のような場所も発見されている。また、この山の3合目から7合目あたりまでは、約70箇所の大きな円形穴場（炭焼き窯に似ているが、ちがう）が散在し、注目をあびている。が、その研究はまだ進んでいない。

時々、この山を登山しようとする人達がいるが、山頂までの登山道はない。8合目まで車道があるので、それから上は、薮漕ぎになる。

この山は「利賀富士」とも言われる。利賀川辺から眺める山容が富士山に似ている。　（須河隆夫）

葡萄原　　1102.0m 利賀村・平村
ぶどうはら　　2.5万分の1図「利賀」
G.B　－

利賀村と平村の村界にあって、利賀川と庄川本流との水を分ける。漢字で読むとブドウバラだが、村の人たちは、ブドワラという。ブドウバラは山頂付近の窪地を表わす語といわれる。東日本に広く分布。県内では、東部の大杉山・大鷲山などにある。

山頂から東側の利賀川に面した斜面は獣も通れないくらい急崖。昔は炭焼きの窯がこの山のあちこちに造られていたが、今では跡形もない。「終戦直後までは利賀村は県下一の炭の生産地だった」と地区の古老は懐かしそうに語っている。　（須河隆夫）

大明神山　　1001.5m 平村・利賀村
だいみょうじんやま　　2.5万分の1図「利賀」
G.B　－

庄川と利賀川との間の山。平村の東北部に位置し、利賀村との村境で、国道からは見えにくい山。頂上に三等三角点があり尾根つづきに北約1kmに北峰（1007m）がある。台形の山で、北峰の方がわずかに高い。この2つを結ぶ山稜の西側はタキンツボと呼ばれる谷で、中腹に40mの滝がある。北峰からヤセ尾根で南の大明神山の頂上へ続き、両山一体で大明神山である。利賀側からの山容は平凡な連山にすぎない。

利賀川から林道標谷線が平村祖山との村境まで延びており、大明神山直下まで計画されている。

（山崎富美雄）

葡萄原。中央の急崖付近には3～4月頃、熊の通るケモノ道がある

大明神山（北豆谷地区から望む）中央奥が三角点のある本峰

大明神山（左の写真は村境稜線946m峰の直下から。右の写真は天柱石道路から）

標高順位　30山
—— コラム⑫

1	立山 (大汝山)	3015
	雄山	3003
	富士ノ折立	2999
2	劒岳	2998
	前劒	2813
3	水晶岳 (黒岳)	2986
4	白馬岳	2932.2
5	薬師岳	2926.0
	北薬師岳	2900
6	野口五郎岳	2924.3
7	鷲羽岳	2924.2
8	赤岳	2910
9	鑓ケ岳	2903.1
10	鹿島槍ケ岳	2889.7
	北峰	2842
11	ワリモ岳	2888
12	別山	2880
13	龍王岳	2872
14	旭岳	2867
15	赤牛岳	2864.2
16	真砂岳 (黒部源流)	2862
17	真砂岳 (立山方面)	2861
18	三ツ岳	2844.6
19	三俣蓮華岳	2841.2
20	黒部五郎岳 (中ノ俣岳)	2839.6
21	浄土山	2831
22	祖父岳	2825
23	針ノ木岳	2820.6
24	五龍岳	2814.1
25	杓子岳	2812
26	天狗ノ頭	2812.0
27	蓮華岳	2798.6
28	劒御前	2792
29	丸山	2768
30	スバリ岳	2752

県西部（神通川以西）標高順位20山
—— コラム⑬

1	笈ケ岳	1841.4
2	大笠山	1821.8
3	三ケ辻山	1764.4
4	人形山	1726
5	カラモン峰	1679.3
6	金剛堂山 (中金剛)	1650
	前金剛	1637.9
	奥金剛	1616
7	奈良岳	1644.3
8	見越山	1621
9	奥座峰	1602
10	白木峰	1596
11	春木山	1590
12	大門山	1571.6
13	そばかど峰	1567
14	北ソウレ山	1555.1
15	白子ノ頭	1525.6
16	前笈ケ岳	1522.1
17	仁王山	1516.6
18	水無山	1505.7
19	赤摩木古山	1501
20	大滝山	1498.1
21	山神堂	1450.4

9「虻ヶ島」「氷見」

1	後藤山	230	14	風吹	234
2	大平	230	15	碁石ケ峰	234
3	蔵王山	230	16	蛭子山	234
4	石場山	230	17	朝日山	235
5	桝形山	231	18	潟山	236
6	大平山	231	19	長山	236
7	久江原山	232	20	竹里山	236
8	鏡山	232	21	蛇ケ谷山	237
9	焼山	232	22	菅池山	237
10	エボシ山	233	23	法華ケ峯	237
11	御殿山	233	24	虹岳	237
12	三角山	233	25	臼ケ峰	238
13	西山	234	26	東山	238

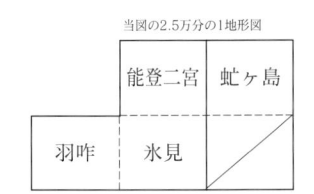

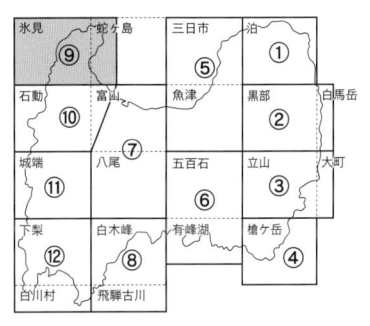

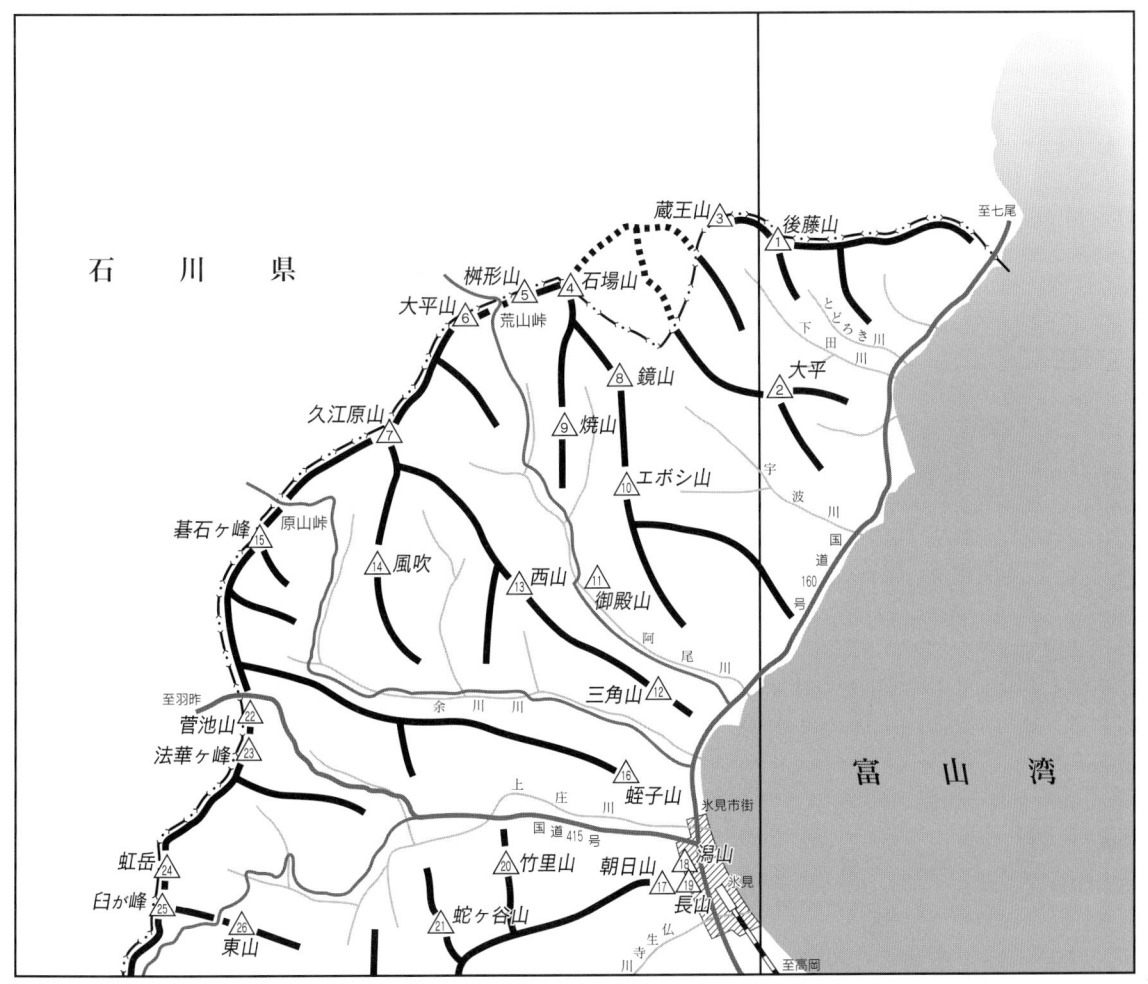

後藤山
ごとやま

398m　氷見市・七尾市
2.5万分の1図「虻ケ島」
G.B　—

　氷見市の北辺、石川県との県境で、氷見市吉岡地区と平地区の中間にあるボタモチ状の大きな山。後藤山の名称は地元ではこのあたり一帯の山の総称として使っているようである。

　吉岡部落から平ノ山を経て脇へ通ずる林道に入り、途中、北へ向かう脇道に入る。吉岡地内では県の林務課による集落水源山地整備事業が行われていて、谷止工森林整備工事を標示する看板がある。この看板が分かれ道の目印。この道に入って終点まで行く。終点から植林地を経て県境尾根に取り付くが、

後藤山（池原等撮影）

踏跡程度ではっきりした道はない。取付点から薮の中を約2時間ほどかかる。頂上へ出ても展望は全くよくない。
（清水正彦）

大平
おおひら

200.7m　氷見市
2.5万分の1図「虻ケ島」
G.B　—

　氷見市北部の下田川と宇波川の間の山。下田川の右岸（南側）に東西に続く顕著な稜線があるが、その稜線上の1ピーク。国道160号線の中田から下田川ぞいに山中に入る。約10分で谷口集落の外れから宇波川へぬける峠越えの山道に取りつく。道は通る者もなく荒れている。峠からは尾根ぞいにヤブを分ける。約30分で頂上。あたりは杉林の中で展望はきかない。
（清水正彦）

蔵王山
ざおうやま

507.6m　氷見市・七尾市
2.5万分の1図「能登二宮」
G.B　—

　氷見市の最北、石川県七尾市の境界線にある山。

蔵王山。下は三角点

この山域で1番高い石川県の石動山（せきどうさん）の東約1.5kmに位置する。

　氷見市平地区の高坂剣主神社から田んぼの畔道をたどりながら高度を上げて、尾根筋を約30分で、蔵王山（高坂山ともいう）の頂上につく。頂上は約50㎡の平になっており、一等三角点と記した名札

高坂剣主神社

杭が立っている。長老の話では、蔵王山は個人の山でなく、官地であり石動山の修行者が参籠した山であるとのこと。

　山頂からの展望は、南東に虻ケ島と青く澄んだ富山湾が見え、晴れた日には眼下に市街地が広がり、遠く立山連峰が展望できる。
（薮中　進）

石場山
いしばやま

513.0m　氷見市・鹿島町
2.5万分の1図「能登二宮」

G.B —

　氷見市北辺石動山丘陵の一画を占める。氷見市最高の山で石川県との境をなしている。名称は昔この山から石を切り出したところから。かつては石川県鹿島郡から能登に至る物資輸送の要衝として馬車が長い列をつくったといわれている。荒山峠を越え、石川県に入り東に向かって石動山に通ずる林道を進む。桝形山を右に眺めつつ氷見市の林道氷北線と交差する地点から、造林された檜林に至る道をおよそ100m入ると左手中央の高台に三角点がある。周囲はうっそうとした檜の美林に囲まれ見通しは利かないが、北東に石動山が見え隠れしている。

　この山の頂上部は柴峠または芝峠とも呼ばれていた。県境の石動山丘陵帯の最高峰は石川県鹿島町の石動山565mだが、以前はこの石場山周辺も石動山

桝形山の登山口。下は方位盤のある山頂

の山域の一部と考えられていた。だから明治の頃に作成された三角点の「点の記」には、この石場山の点名は「石動山」となっている。　　　（田子紀一）

石場山。下は三角点

桝形山　486m　氷見市・鹿島町
ますがたやま　2.5万分の1図「能登二宮」

G.B —

　富山県北部と石川県の境界線上にある。一般地方道氷見田鶴浜線の荒山峠を越え、石川県側へ約400mで林道荒山線の入口がある。入口には「荒山城趾」と書いた立派な標柱がある。この林道を約500mほど進むと登山口がある。

　登山口周辺は地元鹿島町により整備され（1994年）トイレのある駐車場や登山案内板が設置された小公園になっている。桝形山の登山口から頂上までは階段の道が設けられ、約15分で行ける（ここは開発されるまで頂上へは薮漕ぎを強いられた）。途中には戦国の世を思わせる檜の見晴台やグラスファイバーのミニスキー場がある。頂上は方向盤のある広場になっている。ここからは能登の山々、越中の山々、北アルプスなど、360度の展望が望める。

　この山は荒山合戦・石動山合戦の古戦場としても知られる。山名は、山頂が桝を伏せたような地形から付けられた。これらのことは登山口の案内板にくわしい。

　ここは隣の石動山（標高564m）と共にハイキングに最適な場所である。　　　（清水正彦）

大平山　477.1m　氷見市・鹿島町
おおひらやま　2.5万分の1図「能登二宮」

G.B —

大平山

大平山は氷見市と石川県鹿島町の県境にある。名前の通り高原状に開けた明るい山。山頂へは、県境の荒山峠から尾根沿いにたどるか、山麓の小滝の村から林道に入って、南側から頂上を目指すかである。荒山峠からは峠に建立された地蔵堂の背後のうっそうとした雑木林を歩く。石川県側は急に落ち込み、路面は粘土質で滑りやすい。登るにつれて傾斜も強くなる。約30分余で樹林帯が切れ、クマザサの群生になる。薮こぎも10分足らずで突然目の前が明るく開け山頂へ出る。山頂は広い平坦地で、どこが最高点かわかりにくい。頂上からは石川県・鹿西平野が一望出来る。 （田子紀一）

久江原山　452.4m　氷見市・鹿島町
くえはらやま　2.5万分の1図「能登二宮」
G.B　−

富山県氷見市と石川県鹿島町境界線上の一画を成す。全山杉林と雑木の山。頂上に「富山県庁山岳スキー部県境調査」の標識がある。見通しはきかない。ルートは県道良川磯辺線の胡桃(くるみ)部落県境峠より南へ遊歩道をたどり、道路から約4mほど入った薮の中に三角点がある。ここから約300mほど南側に高圧線の鉄塔があり、遊歩道の分岐になっている。このあたり、富山県側より石川県側の方が開発され林道等登りやすくなっている。 （清水正彦）

鏡山　343.5m　氷見市
かがみやま　2.5万分の1図「能登二宮」
G.B　−

阿尾川と宇波川の分水嶺上の1峰。国道160号線から阿尾川をさかのぼること約10kmで村木地区。村木から県道町山河原線を東に走行すれば中田浦集落に至る。そこから林道氷北線に繋ぐ古い農道を北に歩くこと約15分くらいで右手のクマザサの密生地にルートをとる。2mを超えるクマザサの薮こぎと、途中に数ケ所倒木があったりして、かなりのアルバイトを強いられる。

高度を稼ぐにつれてキウルシ、カエデ、その他雑木に変わり40分くらいで頂上に達する。どこが頂上なのかわかりにくく、木立の中を探査しても三角点は見付けにくい。

なお、中田浦集落には加久間神社があり、境内には鎌倉時代の作と推定される高さ1.5mの石材を用いて作られた「板石塔婆」があって、金剛界大日如来の梵字が刻まれている。これも石動山信仰のいわれのものと思われる。氷見市の指定文化財となっている。 （田子紀一）

焼山　258m　氷見市
やけやま　2.5万分の1図「能登二宮」
G.B　−

阿尾川源流部の山。支流の雁田川をはさんで対岸に鏡山・エボシ山。雁田川の谷ふところに階段状の小規模な水田と3つの集落、中田浦、城戸、そして

久江原山へ通づる遊歩道

焼山（村木集落から）池原等撮影

村木がある。地滑り地帯である。

3つの集落の1番奥が村木。その南部の細い農道から雑木林に入り、既に廃屋となった豚舎の前を過ぎて山に取りつく。猛烈なヤブ漕ぎをすればピークに立てる。　　　　　　　　　　（田子紀一）

エボシ山　277m　氷見市
えぼしやま　　2.5万分の1図「能登二宮」
G.B ―

氷見市北部の山。阿尾川上流の城戸集落背後（東側）にある。集落から氷北線を1kmほど行った地点からなだらかな尾根を300mほど登ったところに三角点がある。三角点の周囲は広い範囲で植林されている。かつての地辷りにより山は2つに分断され、三角点の位置は移動している。

エボシ山の三角点

エボシ山を中心に、森寺城址、石動山へ行く道がついていて、石動山の修行者達が通ったものという。山頂からの展望は、南東方向に氷見カントリークラブが、また富山湾ごしに立山連峰が一望できる。
　　　　　　　　　　　　　　　（薮中　進）

御殿山　167.2m　氷見市
ごてんやま　　2.5万分の1図「氷見」
G.B ―

阿尾川の中流域、森寺辺りの左岸から北西に延びる尾根筋がある。森寺から1.2kmほどで山頂に達する。室町中期、七尾城に構える守護畠山氏が能登から氷見に向かう荒山街道を抑え、越中を攻める前衛基地として築いたといわれる森寺城がこの山にあった。軍用道とされた尾根道は深く狭く掘り込まれて敵の目を防いでいるのがわかる。山頂に出ると急に

御殿山（北側から）池原等撮影

視界が開け、磯辺集落や反対側の親田川の深い谷間が見える。本丸、二の丸や土塁・石垣・空堀などの跡が残り、複雑かつ雄大な城構えは氷見随一という。1585（天正13）年、佐々成政の客将神保氏張はこの城によって前田利家方の阿尾城主菊池右衛門と戦ったが敗北。百年以上にわたって続いた城の名は消えていったという。　　　　　　　（勝山敏一）

三角山　98.9m　氷見市
みすまやま　　2.5万分の1図「氷見」
G.B ―

氷見市街地の北約3kmほどにある山。阿尾地区の西側約1.5kmに頂上。西山（標高226.5m）から東へ続く稜線の最東端にある薮の山。三角山の直下には余川川が流れ、氷見市では富山湾に近い位置にある。

1352（観応3）年、幕府に敵対した桃井直信を討伐するため越中へ進攻した能登守護吉見氏頼の軍勢が城ケ峰などの桃井方を攻めた（平凡社『富山県の地名』）とあり、その城跡が三角山にあたるとされている。地元では今でも祭りの際の獅子舞の太鼓

三角山（北側から）池原等撮影

台に三角山の提燈を上げてその存在を示している。
　国道160号線の余川川稲積橋から北へ約100m進むと左側に指崎へ越える市道の入口がある。ここから車で約5分で当山西側の峠。ここから右側の杉山を300mほどで頂上に出る。道はない。(清水正彦)

西山
にしやま　　226.5m　氷見市
　　　　　　2.5万分の1図「氷見」
　　　　　　G.B －

　氷見市の阿尾川と余川川を二分するように突き出ている丘陵状の尾根の上部に位置する。
　林道稲積谷村線が丘陵にそって頂上の直下（南側）を通っている。西山は伐採中であり、ハゲ山になるのも時間の問題だろう。
　頂上には四等三角点があり、周囲の展望は素晴らしい。北側には石動山をはじめ石川県境の山々、東は北アルプスの峰々、南は二上山など。また、ここより5分くらい登った所には、1577（天正5）年

西山山頂からの一刎城址

に上杉謙信が七尾城攻めの途中に使用した一刎一夜城址がある。　　　　　　　　　　（釣賀正明）

風吹
かざふき　　320.8m　氷見市
　　　　　　2.5万分の1図「氷見」
　　　　　　G.B －

　氷見市余川川の源流、吉懸地内にある藪山。現在地元の人により開発中で、展望もひらけつつある。吉懸部落から車で約15分。文字通りここは両側の谷より吹き上げ風が強い。頂上附近は地元の水口伸一郎氏の手により児童の自然体験学習の場として整備されつつある。炭焼窯、作業所、バーベキュー場、マウンテンバイクの道、宿舎、休憩所、甲虫採取場などの施設があり、今後に期待される。展望は東に富山湾を経た北アルプス、氷見市街、西には県境の山々が望める。　　　　　　　　（清水正彦）

碁石ケ峰
ごいしがみね　461.1m　氷見市・鹿島町・羽咋市
　　　　　　2.5万分の1図「氷見」
　　　　　　G.B 県北

　氷見市、石川県鹿島町、同羽咋市の境界の山。
　碁石ケ峰のすぐ下の石川県側に鹿島少年自然の家や、原山大池、オリエンテーリングのコースなどがあり、夏場は小・中学生達でにぎわっている。また山頂近くには駐車場も整備されており、ドライブやハイキング、遠足にも大変良い環境がととのってい

碁石ケ峰の山頂。鳥居があるのは、山頂に今もある巨石は天から降った神の石とする伝承からという（『富山県の地名』平凡社）。巨石は元は五個あったので「五石ケ峰」と称したなど、山名には諸説がある。

る。小さいがすっきりした独立峰で、山頂からの展望は絶佳。きびすを返すだけで360度のパノラマが望め、能登の山々や越中の山々が一望できる。特に晴れた日は、富山湾をへだてて立山連峰が遠望できる。　　　　　　　　　　（藪中　進）

蛭子山
えびすやま　75.3m　氷見市
　　　　　　2.5万分の1図「氷見」
　　　　　　G.B

　余川川と上庄川に挟まれ、海岸に向かって突き出ている丘陵の先端部にある。1922（大正11）年、この山の10〜40mの中腹から多数の横穴古墳が発見

氷見市街地中央部背後にある。頂上には「朝日山公園」があり、広場や神武天皇の立像、展望台がある。桜の名所として知られる。またツツジの名所でもある。1909（明治42）年、当時皇太子であった大正天皇の北陸巡遊を記念して開設された。頂上展望台からは氷見市街、富山湾、能登半島、立山連峰などの展望が雄大で、桜の時期は特にいい。

朝日山北面山麓の中ほどにある「千手寺（せんじゅじ）」は高野山真言宗の寺。毎年4月17日には「丸髷祭（まるまげまつり）」と称し郭（くるわ）の遊女たちが年に1度だけ結婚した女達が結う丸髷に替えて、良い夫に恵まれて苦界から救済されることを願った奇祭が行われる。郭なき現在も、遊女役を一般市民から募集して続けられている。

同じく麓にある「上日寺（じょうにちじ）」高野山真言宗は、先と同じ4月17・18日に境内で「ゴンゴン祭」が催される。1663（寛文3）年の日照りの際、住民の雨乞い祈願の功があったことを喜び、神仏の加護に感謝して鐘を撞いて祝ったことに始まったとされる。重い生松丸太（約60kg）を担いで鐘打ちの数の多さを競う力自慢の祭りとして知られる（『富山県の地名』平凡社）。また、この寺にある大銀杏の木は樹

加納横穴古墳の発見時（1922年）の蛭子山の様子。現在まで56基の古墳が発見されている。

され、加納横穴群と名付けられている。発掘された1つは、玄室の奥行き2.3m、幅2.4m、高さ1.6mのカマボコ型天井をもち、銅製双竜環大刀などが出土している。6世紀後半から7世紀初めと推定され、出土品の一部は麓の加納小学校に保管。（勝山敏一）

朝日山
あさひやま　　42m　氷見市
2.5万分の1図「氷見」
G.B ―

朝日山公園から氷見市街を、見下ろす

高36m、幹回り12m、樹齢約1300年と言われ、1926（大正15）年10月20日、国の天然記念物の指定を受けている。この木は上日寺創建（681年＝白鳳10年）時に霊木として植えられたものという。この木の近くに、同じくその時に湧き出た「上日寺観音菩薩霊水」があり、1986（昭和61）年2月24日、とやまの名水に選ばれている。　　　（清水正彦）

潟山

かたやま　　　33.2m　氷見市
　　　　　　　2.5万分の1図「氷見」

G.B ―

　氷見市街の中央にある朝日山の南麓にある小高い杉林の丘陵。すぐ下には国指定史跡朝日貝塚がある。朝日貝塚は1918（大正7）年、山麓に臨済宗国泰寺の別院誓度寺が建てられ、その整地作業中に発見されたもの。貝塚からは長さ16.5㎝の硬玉製大珠が出土し、国指定重要文化財となっている。また復元されたバスケット形土器は、その豪華華麗な装飾から縄文時代中期の代表的土器として著名である。

朝日貝塚から出土したバスケット型土器

炉跡が2つ検出され、わが国で最初の住居跡の発見であった。現在、貝塚の住居跡には覆屋がかけられ見学出来る。縄文時代前期から後期を中心とした遺跡である。　　　　　　　　　　（清水正彦）

長山

ながやま　　　25m　氷見市
　　　　　　　2.5万分の1図「氷見」

発見時の朝日長山古墳。松の木があって土砂の採掘から免れた崖に石槨の一部が露出していたことから調査につながった。

G.B ―

　氷見市の中央部にある朝日山から南東に延びた尾根を長山という。ここは旧十二町潟の北端にあたる。長山の最末端には朝日長山古墳があるが、1950（昭和25）年に発見されたもの。1952年及び1972年にも調査が行われている。長山一帯は宅地化が進み、附近一帯は住宅地となっている。近くには朝日貝塚や朝日山公園があり、氷見高校、朝日丘小学校、氷見市南部中学校も近い。　　（清水正彦）

竹里山

ちくりさん　　137.4m　氷見市
　　　　　　　2.5万分の1図「氷見」

G.B ―

　氷見市の市街地背後（西側4km）中尾地区と上田地区の境界をなす山。標高の高い山ではないが、海上から障害物なしに見えるため、昔から船が氷見港へ入る時の目印にされていたという。漁港の防波堤に立つと、市街の屋根越しに丸い特徴ある山容を望むことができる。

　山頂部が切り立ち、眺望にすぐれるため、南北朝から戦国時代にかけて「千久里城」が築かれていたといい、堀切や馬の足洗い場などの遺跡が残っている。この山の中腹に岩屋堂という人工の洞窟がある。中央に護摩檀があり、正面に不動明王像がまつられ

ている。室町時代の開削で、修行僧が参籠したものと言われている。江戸時代には氷見郡三十三札所の十七番寺として真言宗「竹里山」が存在し、地方衆人の参拝が盛んだったという。周辺には当時の盛況を示す板碑、石仏などが多い。山麓の中尾白山神社に安置されている大日如来像は、平安時代中期以前の作と思われ、欅の一木彫りの堂々たる像。二上山を中心とする欅彫刻文化圏の一環をなす貴重な文化財になっている。

現在、林道中尾～上田線が山越えに両地区を結んでいる。道路脇には中尾壮年会が植林した桜並木が10年ほどを経て若木に育っている。桜の間にはアジサイも植えられた。頂上には中尾地区のテレビ共同アンテナが敷設され、約100軒の民家は鮮明な画像を受信できるようになった。　　　　（宮崎　護）

蛇ケ谷山　　166.8m　氷見市
じゃがたんやま　2.5万分の1図「氷見」
G.B －

氷見市街地の西5kmにある丘陵地帯の一角の山。上田集落と早借集落の中間にあたる。頂上南側に上田と早借間を結ぶ山越えの作業道があるが、車は通りにくい。山は主として杉の植林帯で、上部は雑木林。作業道からの道はないが、杉林やヤブを分ければ頂上へ出る。頂上にある二等三角点の点名は「上田」。上田地区の人はこの山を蛇ケ谷山と呼んでいる。頂上は雑木の中で展望は望めない。（橋本　廣）

菅池山　　233.2m　氷見市・羽咋市
すがいけやま　2.5万分の1図「氷見」
G.B －

石川県境上の山。北4kmに碁石ケ峰、南4kmに臼ケ峰がある。石川県へぬける国道415号線が0.7km北方を通る。南東中腹にある『論田』地区は、昔から地滑りによって田が移動し論争が絶えない所からその名が生じたと云われる。山名は石川県の字名から。

菅池山へは国道415号線の熊無峠から県境上をたどる。杉の植林地帯の中、富山県側は傾斜が強い薮山で三角点も薮の中。展望は県境の方向が分かるくらいで良くない。

南側に氷見市により開発された「天狗林健康広場」があり、テニスコートやパターゴルフ場、バーベキュー広場などの施設があって、多くの人々に利用されている。この広場の横を通る市道からも登ることは出来るが、道はない。市道より薮こぎ30分くらいを要する。
　　　　（清水正彦）

法華ケ峯　　260m　氷見市・羽咋市
ほっけがみね　2.5万分の1図「氷見」
G.B －

氷見市と石川県羽咋市の境上にある。国道415号線熊無峠より三尾地区へ通ずる林道法華三尾線を約1.8km（車で約15分ほど）進んで、少し脇の狭い山道を入った所にある。少々分かりづらいので地元の世話をしておられる瀬戸さんに案内を乞う。山頂

法華ヶ峰（論田から）池原等撮影

は雑木林の山で展望は割に良い。　（清水正彦）

虹岳　　256.1m　氷見市・志雄町
にじだけ　2.5万分の1図「羽咋」
G.B －

石川県境上の1峰。臼ケ峰の北0.5kmの位置にある。上庄川上流の三尾川の源流の山。富山県側の三尾地区と石川県側の見砂の間にある。頂上の二等三角点の点名は「見砂」。県道氷見志雄線の三尾県境

虹岳（三尾峠から）池原等撮影

峠から南へ山路を経ると、やがて山間の田圃の上に出る。さらに林の中の薮こぎ。富山県側は杉の植林、石川県側は自然林で展望はよくない。このあたりは地すべり区域として指定され、その標示杭がある。三尾峠から約50分で頂上。

麓の三尾(みお)部落では隣の石川県志雄町と共同で1920（大正9）年より共同の道路愛護デーを設けていて、今日まで続けられている。当日は両自治体の住民や首長が総出で道路清掃を行ない交流を深める。また三尾部落の竹細工は伝統工芸品として有名である。 　　　　　　　　　　　　　　　　（清水正彦）

臼ケ峰山頂（池原等撮影）

臼ケ峰
うすがみね

270m　氷見市・志雄町
2.5万分の1図「羽咋」
G.B ⑦

氷見市床鍋(とこなべ)と石川県志雄(しお)町にまたがる県境上の山。山頂公園として多くの人に親しまれてきた。遠足その他で足を運んだ人が多いだろう。県道氷見志雄線から市道三尾見内線に入り、約1km。道幅は狭いが、舗装されたやや急な坂道を登る。

山頂の広場は昔、地元の人が運動会をしたと伝えられるほど広い。展望台からは北に七尾湾、南には宝達山、東南方向には立山連峰が望める。

1969（昭和44）年6月、氷見市の史跡名勝の指定を受け、さらに文化庁が1996（平成8）年、「歴史の道百選」に「臼ケ峯往来」を選定。

万葉の昔、越中の国守大伴家持がこの山頂を通った時に「之乎路から直越えくれば羽咋の海朝なぎしたり船揖もかも」と詠み、その景観を讃えている。この歌は故松村謙三氏（国会議員）の筆により歌碑になって登り口に建てられている。江戸時代には御上使往来と呼ばれ、将軍の代替りなどに諸国巡察のため派遣された巡見使が通る道であった旨など、展望台横の地図にくわしい。また、親鸞上人がこの峠を通過したとの伝説もあり、頂上に親鸞ゆかりの太子堂も建っている。2000（平成12）年6月、地元の人の努力によって山頂近くにログハウスの休憩所が完成した。 　　　　　　　　　　　（清水正彦）

東山
ひがしやま

206.3m　氷見市
2.5万分の1図「氷見」
G.B －

氷見市の西方床鍋地内にある。これといった特徴のない薮山。床鍋から小久米へ通ずる市道の途中から南へ山道を約15分ほど歩くと、三角点のある頂上へ出る。薮山なので展望はきかない。（清水正彦）

左方が臼ケ峰のピーク（床鍋と老谷集落の境から。右方に小さく展望台が見える）池原等撮影

10「石動」

1	大師ケ岳 …………240	17	城ケ平山 …………247
2	鉢伏山 ……………240	18	元取山 ……………248
3	二上山 ……………241	19	平尻山 ……………248
4	城山 ………………242	20	奥山 ………………248
5	布尾山 ……………243	21	向山 ………………248
6	布施円山 …………244	22	後尾山 ……………248
7	三方峰 ……………244	23	大嶺山 ……………249
8	三千坊山 …………244	24	下山 ………………249
9	鞍骨山 ……………245	25	焼山 ………………249
10	御杯山 ……………245	26	三国山 ……………250
11	軍頭峯 ……………245	27	御来光山 …………250
12	大高尾 ……………246	28	稲葉山 ……………250
13	大釜山 ……………246	29	鍋山 ………………251
14	奥山 ………………246	30	矢部山 ……………251
15	高山 ………………247	31	平山 ………………252
16	清水山 ……………247	32	向山 ………………252
		33	御坊山 ……………252
		34	砂山 ………………252
		35	城山 ………………253

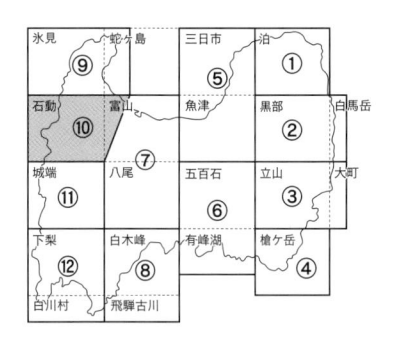

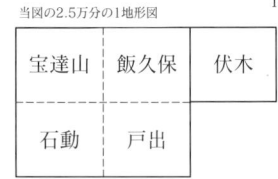

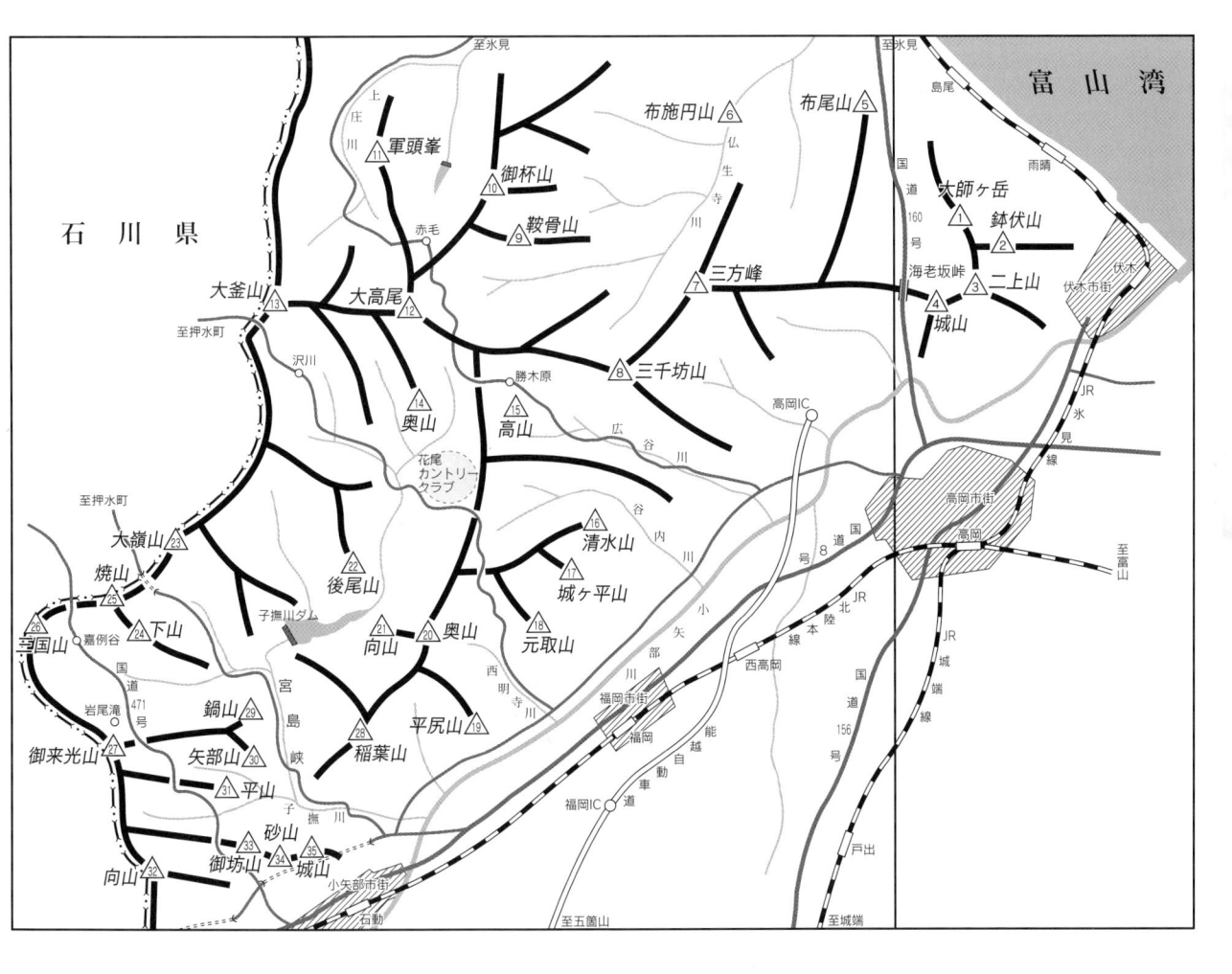

当図の2.5万分の1地形図

宝達山	飯久保	伏木
石動	戸出	

大師ケ岳
たいしがだけ

253.6m 高岡市・氷見市
2.5万分の1図「伏木」
G.B －

　主峰二上山から北に延びる尾根続きの山。二上山系では3番目に高い。城山に守山城があった頃、摩頂山と共に出城があった。

　万葉ラインから逸れて高岡方面からは奥の御前や城山に阻まれて見えないが、氷見方面からはどっしりとした山容を現す。

　二上山、大師ケ岳を中心とした渓流は放射状に流れ、そのうち幾つかは山麓で堰き止められ溜池として付近の水田を潤している。太田を流れる河川のほとんどはこの山を源流とする。

　山名の由来は、昔からこの山から吹く風をダシの風と呼び、吹く風の強弱で太田浦の漁師が船を出すかどうかを判断したので「ダシの山」と言い、ダシの山が訛って「ダイシガタケ」になったとする説、また、国泰寺の開祖清泉(せいせん)大師が登った山の意から命名されたという説がある。この山に鷲がいたので「ワシガタケ」とも呼んだ。

　登山口としては北麓にある臨済宗大本山国泰寺、太田の湯、与茂九郎池など、いずれも林道白山線に

大師ケ岳（氷見街道R160号線から）下は途中の休憩所

大師ケ岳の登山道（竹林の中）

合流する。最近は万葉ラインから竹林の中を通り山頂へ向かう道が出来た。多少のアップダウンはあるが途中に休憩舎もあり、中部北陸自然歩道として手入れの行き届いた歩きやすい道である。山頂に建つアンテナはいささか目障りだが展望台もあり、立山連峰をはじめ能登半島、虻ヶ島などが見下せる。山野草が豊富な山で国泰寺側へ下山すれば門前に筍料理の家が軒を連ねている。→二上山　　（山本憲子）

鉢伏山
はちぶせやま

210.9m 高岡市
2.5万分の1図「伏木」
G.B －

　二上山の主なピークのうち主峰二上山・城山・大師ケ岳は揃って氷見街道寄りにあるが、鉢伏山（八伏山）は海岸線に向かったなだらかな尾根上にある。小矢部川にかかる米島大橋から二上山を眺めると、端正な稜線上に仏舎利塔と平和の鐘が見える。

　頂上に建つ仏舎利塔は1964（昭和39）年に完成したもの。元はここに鉢伏山の三角点があり、標高が210.9mであったが、仏舎利塔建設のため約300mほど北西に移動して179.2mとなっている。

　高岡駅から伏木行きのバスに乗り古府(こふ)バス停で下

鉢伏山（万葉ラインから仏舎利塔を望む）。下は家持の歌碑「玉くしげ二上山に鳴く鳥の声の恋しき時は来にけり」

車、万葉ラインの標識に従って歩けば曹洞宗正法寺の前に出る。お寺の裏山にある八十八ヶ所霊場の山道には石仏と大伴家持の歌碑もあり、日本海を眺めながら歩くのもよい。雑木林の道は舗装された道だが、桜、赤松も多く見られる。残雪期は人も少なく静かな山道は気ままな一人歩きが出来る。万葉文化の広場には自然石で作られた句碑や歌碑があり、郷土資料館、平和の鐘、仏舎利塔のある頂上も近い。なだらかな丘陵はさえぎるものも無く山という急峻さは無いので高岡市民の憩いの場となっている。深田久弥は、「河岸段丘の小高い所にあって日本海を見降し立山連峰の眺められる景勝の地だった。そして1200年前に《館の客屋は居ながらに蒼海を望む》のどかなところであったに違いない」と著書『100名山以外の名山50』の中に二上山をあげている。

山頂は360度の展望。山と海と平野を一望出来る1級の眺め。南は越中平野、北は灘浦海岸に続く能登半島、東側には雄大な立山連峰と、時間の経過を忘れさせる。景色を堪能したら大師ケ岳、二上山、城山と縦走し、海老坂に出ればバス停も近い。→二上山
（山本憲子）

二上山
ふたがみやま　274m　高岡市・氷見市
2.5万分の1図「伏木」
G.B ガ雪県日ウ北

県の北西部、高岡市の北部に位置する南北5km、東西4kmの山塊。主峰二上山（奥の御前）をはじめ、城山、大師ケ岳、鉢伏山などの頂がある。主峰から城山へ連なる2つの峰が並ぶ山姿は特色があり、山名はその2峰を双神としてあがめた古代信仰に由来すると考えられている。低山ながら県西部のどこからも望まれ、古くから親しまれてきた山である。展望にも優れ、北アルプスをはじめ、富山県を取りまく山々が一望でき、富山平野や富山湾、さらに能登半島なども望まれる。

万葉の歌人である大伴家持は国司として赴任し、

二上山（二上大橋から）

万葉ライン脇にある大伴家持像

二上山頂の日吉社（通称・奥の御前）

この山の麓に生活し、「玉くしげ二上山に鳴く鳥の声の恋しき時は来にけり」と二上山の歌を詠んでいる。また、万葉集には二上山の鷲の営巣、子育てをうたった在地のめでたい歌が採録されている。南北朝から戦国時代にかけては城が築かれていた。

石川県境から東西方向に延びる丘陵は、海老坂峠で一度高度を下げ、そこから東へ急に高度を上げ、城山、主峰の二上山などの峰が続き、さらに東方へと徐々に高度を下げ、富山湾へと没している。

海老坂峠付近で丘陵が高度を下げるのは、丘陵を直角に横切るように、断層（海老坂断層）が通るためである。断層のため侵食をうけやすく、峠地形を形成した。高岡と氷見を結ぶ国道160号線は、この峠を通過している。

二上山一帯の植生の多くは、2次林としてのコナラ林である。ホオノキ、リョウブ、ヤマモミジなどの落葉樹やソヨゴ、ヒサカキ、シロダモなどの常緑広葉樹が混生している。尾根にはアカマツ林がみられる。なお、二上山山頂には、300m弱の低山にもかかわらずブナ林が自生し、注目されている。

二上山は、この山に封じられた悪王子伝説の霊峰でもある。二上地区の射水神社の築山祭では、山頂奥御前の神霊を築山に乗せ一気に下る。途中で悪王子が乗り込んで禍をもたらすのを防ぐためという。また、山麓には、虚無僧の寺としてもよく知られる臨済宗国泰寺が13世紀に開かれている。戦国時代から江戸時代初期には、越中平野を一望する城山を中心に山城があった。

海老坂から伏木まで、尾根を縫うように自動車道「万葉ライン」（8.4km）が1966年に完成し、観光化が急速に進んでいる。ライン沿いには、城山に平和観音像、山頂直下に大伴家持像、キャンプ場、万葉植物園、鉢伏山に仏舎利塔、平和の鐘、二上山郷土資料館、伏木側の麓に万葉歴史館などの文化、観光施設が整備され、賑わっている。

高岡市街地の近くにありながら、自然が多く保たれていることから、中部北陸自然歩道として整備されている。

二上山一帯は自然探勝・史跡文化財探訪・文学散歩・スポーツなど各方面の活用がみられる。→鉢伏山・大師ケ岳・城山　　　　　　　　（菊川　茂）

城山
じょうやま　　　　258.9m　高岡市
　　　　　　　　2.5万分の1図「伏木」
G.B　—

二上山の双耳峰の1つ。西峰または袴腰とも云う。海老坂から登ると最初の山頂が城山。海岸からせり上ったV字型の侵食谷が何本も主峰近くまで入り込

城山（二上大橋から）

み、人を寄せつけぬ険しい地形をなしている。元は尖がった峰であったところから二上山の名を得たと云われる。山頂部は削平され南北朝から室町時代、戦国時代まで、守山城（二上城）の本丸がおかれた。空壕や石垣、殿様道が今も残っている。呉羽山で狼煙をあげれば新川方面の動きが、能登の山で狼煙をあげれば加賀、能登の軍勢の動きがすべてわかるという軍事上の拠点でもあった。また、小矢部川の水運や左岸の街道にも恵まれた交通の要塞でもあった。守山城は二上城、海老坂城、獅子ケ面城、袴腰城とも呼ばれた。

　北側には摩頂山（小竹山）、大師ケ岳と250m余りの山々がほぼ南北に並ぶ。いずれも守山城の出城があった。西側は氷見街道が走る谷筋となっている。現在、本丸跡には人類の平和を願って平和観音像が建っている。

　二上青少年の家から登山道に入ればコナラやソヨゴの静かな林が続き30分余りで悪王子社のある前の御前に着く。東側が開け立山連峰や越中平野が一望、近くには万葉植物園やオートキャンプ場などもある。一休みして家持像下の万葉ラインに出ると二上山頂、城山山頂も近い。他に登山口としては上二上、城光寺からの滝コースもある。

　山頂は北東に延び、八重桜の木が多いので桜の名所となっている。氷見市をはじめ県境の山々など富山湾を隔てた北アルプスの眺めは素晴らしい。市街地を流れる小矢部川の蛇行は独特の絵模様。冬は車道が閉鎖されるのでクロカンスキーと四季折々の楽しみがある。→二上山　　　　　　　　（山本憲子）

布尾山　　約30m　氷見市
ぬのおやま　　2.5万分の1図「飯久保」

G.B ―

　氷見市柳田布尾山古墳として知られる。特別老人ホーム「すわ苑」のすぐそばの小高い山がそれ。

　古墳は1998（平成10）年6月、氷見市史編纂委員西井龍儀氏により発見された。全長107.5m、横巾55mの前方後方墳で日本海側最大、全国でも10番目の大きさ。築造時期は今から約1700年前、大和政権と地方豪族の力が拮抗した4世紀前半の築造と考えられている。誰が埋葬されているかは不明。

布尾山（真ん中の木立の中に古墳がある。上方が北）

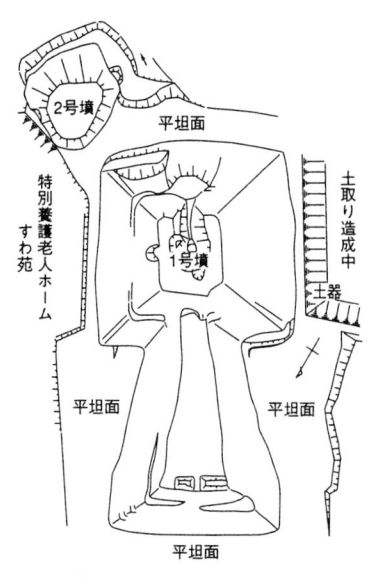

上空から見た布尾山（上の写真と逆に北が下方）。真ん中の木立の中の古墳は左図のような形をしている（上が後方部）＝氷見市教育委員会『柳田布尾山古墳』2000年3月より

今後の調査に待たねばならないが、近くにある十二町潟が内陸に大きく入った天然の良港だったと考えられることから、海上交通を支配しその経済力を背景として大和政権に対し一定の距離を置いた「外様大名」的な存在の人物ではないかと思われる。

現在は調査中で発掘作業が行われているが、一般市民の見学会が何度も行われており、氷見市では今後、国指定の史跡に申請すると共にその歴史遺産の保存と広い活用から「史跡公園」として整備する計画がある。なお、発見が新しいので地図には位置の表示がない。 　　　　　　　　　　（清水正彦）

布施円山
ふせのまるやま　　約30m　氷見市
　　　　　　　　　2.5万分の1図「飯久保」
G.B —

布勢円山とも書く。田圃地帯の中にもり上がった半球状の山、氷見市南部。県道氷見惣領志雄線のすぐ脇布施部落にある。

急な石段を登った頂上には「布施朝臣」の祖と伝えられる大彦命を祀る「布施神社」や大伴家持を祀る「御影明神社」がある。古く万葉の時代には下にある十二町潟（布施水海）に接する岬角であったことが大伴家持の詩に表されている。

伝承によれば、この山に家持の館があり、客人の接待の場として利用されたので多くの歌人が訪ねたという。頂上からの展望は広々とした田圃地帯で万葉時代の海が連想される。氷見市観光の目玉の1つで古くから多くの人が訪れた。（清水正彦）

布施の円山。下は布施神社や御影社への上がり口

三方峰
さんぽうみね　　150m　氷見市・高岡市
　　　　　　　　2.5万分の1図「飯久保」
G.B 雪

氷見の神代地区、仏生寺地区、高岡の国吉地区の境界をなしているのが山名の由来。仏生寺の大覚口地区から造林用道路が山頂まで続いている。富山県造林公社がこの山の仏生寺地区に大規模な杉植林を造成、30年近くを経て美林に育っている。しかし、近年は需要が減り、維持も大変な様子である。山頂は広くて雑木林に覆われ、頂上は定かでない。

この山の東方1.2kmに三方峰峠があり、幅員は狭いが舗装された道が通じている。かつては氷見の神代地区から高岡方面へ物資を運搬する重要な生活道路だったという。戦後間もなく、神代地区で天然ガスが湧出し、高岡のガス会社が峠を経てパイプラインを敷設したこともあったが、供給に足る量が得られず、事業は中断されたそうで、今は跡形もない。
→三千坊山　　　　　　　　　　（宮崎　護）

三千坊山
さんぜんぼうやま　264.2m　高岡市・氷見市
　　　　　　　　　2.5万分の1図「飯久保」
G.B 紀歩県ウ楽

三千坊山の遠景

高岡市と氷見市の境界線に位置する山。この山域では二上山に次いで標高が高い。林道三千坊山線で隔てられたすぐ下は高岡市の不燃物処理場になっており、修復のために張られた緑の芝生が高岡の市街地から遠望でき、その奥の山として位置が特定できる。登山道は高岡市の江道、山川集落、氷見市仏生寺の脇之谷内集落の3方面からつけられている。一帯は市のレクリエーション地域になっており、炭焼小屋、バーベキュー小屋、フィールドアスレチックなどの施設が点在している。

頂上には高さ10mほどの展望台があり、上に立つと、箱庭のような氷見の山並みと集落、その奥に能登半島、高岡の市街地や砺波の散居村、それを取り囲む山々が展望できる。

頂上の説明板には、大伴家持が歌に詠んだ「須加の山」がここであること、昔この一帯は天台宗寺院堂舎が存在していたこと、南朝の宗良親王と関係があったこと、現在の遊歩道が能登半島の塩売り商人の通った道であることなどが記されており、歴史との関わりの深さを感じさせる。　　　　（宮崎　護）

鞍骨山　　270.3m　氷見市
くらぼねやま　　2.5万分の1図「飯久保」
G.B −

氷見市旧仏生寺村の鞍骨集落と上中集落の間にこの山がある。昔、鞍骨山城があったのでこの名が付けられた。道は鞍骨の集落からも上中の集落からもこの山の方向に延びているが、いずれも途中まででその後のルートは定かではない。

鞍骨側の方が道程は長いものの傾斜は幾分緩い。林道の行き止まり地点から歩き出す。階段状の水田の畦道から杉林の中に入る。石を敷きつめた平坦地に出、さらに草付きの道、雑木林とたどり、ヤブを分ければ頂上へ出られる。イバラの密生地も多く、方向を見失うと面倒である。

この山は別名城山ともいう。　　（田子紀一）

御杯山　　230m　氷見市
おはいやま　　2.5万分の1図「飯久保」
G.B −

上庄川と仏生寺川の分水嶺上の1峰。鞍骨川（仏生寺川上流）の源流にあり、全体に開発された明る

御杯山

い山。県道高岡氷見線の鉾根部落から林道を登る。傾斜が強いのでコンクリートに箒目がたてられた道。この林道は久目の桑の院へ通ずる。巾員は広くはないが立派な道である。

鉾根より約1.5km地点で鞍骨部落と桑の院部落への分岐点がある。右側桑の院側へと進み、しばらく行くと頂上直下へ。道路より左手へ約10m登った杉林の中が頂上。木々の間から氷見市街、富山湾、北の方には氷見の山々がよく見えている。

この山は昔の鳥山で、季節の渡り鳥の通り道に当りカスミ網での捕獲がなされていた。地元では「御林山」と書き、《ごりんざん》または《おばやしやま》と両様に読んだ。　　（清水正彦）

軍頭峯　　232.0m　氷見市
ぐんとうみね　　2.5万分の1図「飯久保」
G.B −

上庄川源流の山。支流桑ノ院川をはさんで御杯山と並ぶ。南麓の坪池部落から見た軍頭峰は堂々とした風格がある。東麓に桑ノ院鉱泉や桑ノ院ダムがある。県道高岡羽咋線より分岐する林道赤毛触坂線の途次にある。入山してみるとどこが頂上かわかりに

軍頭峯

くく、三角点も見つけにくい。頂上と思われる地点には柵懸地内の集中テレビアンテナが建てられている。そこから先は道はない。

このあたりの部落は古来串柿の産地として知られ市道沿線には立派な柿の木林が何カ所もある。

名前の由来は不明だが、山ブドウのことをグンドウと呼び、それが多いからでないかとは地元の人の言である。　　　　　　　　　　　（清水正彦）

大高尾　　376.6m　高岡市・氷見市
おおたかお　　2.5万分の1図「飯久保」
G.B　−

高岡市と氷見市の境界上で、福岡町とも近い。子撫川、仏庄寺川、上庄川の水を分ける位置にある。山の標高は低いが、山間部の少ない高岡市のここが最高地点である。林道奥山線の終点で、林道能越線との分岐点付近にある。

高岡市北西の山間集落勝木原（のでわら）より、さらに北西へ林道をたどるとこの山の山頂近くへ出る。林道よりの標高差は30mほど。一帯は雑木林に覆われているうえ、特に目立ったピークではないので、376.6m地点を特定するのはむずかしい。国土地理院の2万5千分の1図の373mピークより200mほど北東へ寄った所で、地元の高岡市都市計画基本図に標高が記されている。　　　　　　　　　（橋本　廣）

大釜山　　501.7m　福岡町・氷見市・押水町
おおかまやま　　2.5万分の1図「宝達山」
G.B　−

福岡町の北端に位置する子撫川源頭の山。石川県押水町及び氷見市との境界をなす。三角点は県境より100mほど富山県側にある。福岡町の最高地点。五位ダムの五位山大橋を渡り、1995（平成7）年に完成した「ふくおか家族旅行村」の分岐点を直進すると沢川（そうごう）の集落。光永寺の前を過ぎて村はずれの右手にある小さな池の向うになだらかな弧を描いているのが大釜山。県道福岡・押水線の県境、梨ノ木峠から右に入ると500mで山頂。中川泰秀氏所有の山小屋があり、三等三角点は熊笹の中にみられる。山頂からの眺望はすばらしく、東に立山連峰、西に宝達山、南部に医王の山々が一望出来る。遠くには加賀の白山。

沢川は田畑氏が前田利家から拝領した地といわれる。前田利家と佐々成政が争った末森城の合戦の折、成政軍が有利と思われていたが、当地の田畑氏が前田側に味方して成政軍を道に迷わせたことから成政軍の敗北となった。その功によりこの地を拝領したという。梨の木峠〜頂上（往復30分）（福呂況子）

奥山　　288.9m　高岡市
おくやま　　2.5万分の1図「飯久保」
G.B　−

高岡市の西のはずれ、福岡町境に近い。子撫川の源流の1峰。勝木原（のでわら）から県道29号線を五位ダムの標識に従って進む。林道奥山線の案内板のあるところが五位ダムの最上流、福岡町境の少し手前に7〜8台駐車出来る空地があり、右手の造林用の道を登ると頂上に至る。

今は県の公社が借り受け杉を造林しているが、縄文時代は農耕されていたと思われる跡が今も残っている。戦前に炭焼きをしていたころは高岡の夜景が美しく山の中の淋しさはなかったと聞く。

近くにふくおか家族旅行村があり、県外からの釣り客などで日曜日は賑わっている。地元の人はオッキャマと呼んでいる。ＪＲ高岡駅（加越能バス）勝木原行、終点勝木原下車、徒歩40分。（山本憲子）

大釜山のなだらかな稜線（池の端から）

奥山（五位ダム上流の対岸から）

高山
たかやま　　232.4m　高岡市
2.5万分の1図「飯久保」
G.B －

高岡市の西端付近の1峰。小矢部川の支流・広谷川をさかのぼる細い谷の奥が勝木原(のでわら)部落。その南側0.5kmにあるのがこの山。

バスの終点から県道29号線を7～8分歩き、左に折れるとすぐ登山口がある。旧登山道は廃道になり、よく手入れされた山道は、一気に登りつめる急登、あえぐ間もなく山頂に立つことが出来る。

三等三角点の横には地蔵尊の祠があり、土地柄の《つままの木》が多い。西側には宝達の峰々、北側は勝木原の部落が見下せる。縄文時代に作られた窯跡が戦後発見され、《須恵の高山》とも呼ばれている。JR高岡駅（加越能バス）勝木原行、終点勝木原下車、登山口まで徒歩10分。頂上まで15分。

(山本憲子)

清水山
しょうずやま　　170m　福岡町
2.5万分の1図「戸出」
G.B －

小矢部川の左岸の山。福岡町西部の丘陵性山地のうち高岡市との境界線近くにあるのが清水山。駅前通り北方、福岡保育所の屋上に山頂をのぞかせている。東側山麓に鞍馬寺。その一番奥の淺井神社の古色蒼然とした杉並木を抜け、天然記念物の大欅の前から林道を20分歩き、左側の細い山道へ入る。水平歩道となり、やがて現れる右手の苔むした石畳の階段を70m登りつめると頂上。祠があり、清水観音がまつられている。この地には南北朝時代からの歴史があり、京都と同じ地名（鞍馬、加茂等）が残る。山頂から高岡市が一望出来る。　(福呂道隆)

城ヶ平山
じょうがひらやま　　170m　福岡町
2.5万分の1図「戸出」
G.B －

小矢部川の左岸を眼下にみる丘陵性山地の山。北に清水山、南に元取山が同じような高さで並ぶ。古

清水山（舞谷から）。下は山頂の祠

城ヶ平山（こぶし荘入り口から）下は横穴古墳

横穴古墳から出土した遺物（『富山県写真帖』明治42年発行）。古墳は1908（明治41）年に発見され、発掘遺物の一部は帝室博物館に買い上げられたと記されている

墳時代後期の古墳群で県指定の史跡。福岡町舞谷の社会福祉センター「こぶし荘」の手前80mくらいに史跡標示板があり、標識と踏跡に従えば40分ほどでなんなく竹林のある頂上に到る。頂上からは砺波平野を一望出来る。山腹斜面には上下3段に50くらいの横穴古墳の開口部がある。　（福呂道隆）

元取山　　195.8m　福岡町
もととりやま　　2.5万分の1図「戸出」
G.B　—

　福岡町の西方鳥倉地区の背後の山。北に城ヶ平山、清水山が並ぶ。山麓の鳥倉八幡社の左の林道を2kmほど進むと、右手に元取山の取付きの標識があり、登山道へ入って300mで三等三角点のある山頂へ出る。東に立山連山が広がり、眼下に福岡町を全望出来る。山頂から北東へ300mほど下ると鴨城跡がある。

元取山の山頂から福岡町を眺める

る。16世紀の山城で、町では歴史の道として周辺一帯を整備する計画がある。ハイキングコースとして最適。　（福呂況子）

平尻山　　119.0m　福岡町
ひらじりやま　　2.5万分の1図「戸出」
G.B　—

　福岡町の小矢部川左岸の丘陵性山地のうち最も南に位置する山。県道小矢部伏木港線から高岡地区森林組合前の墓地を巻くようにして山道に入る。しばらくして踏跡は消滅するも杉林を抜け雑木林を薮こぎ20分ほどで山頂。三等三角点があり、木立の間から小矢部の市街が望まれる。　（福呂況子）

奥山　　200m　福岡町
おくやま　　2.5万分の1図「戸出」
G.B　—

奥山の登山道入り口（真仏トンネルを出てすぐ）

　福岡町西部の丘陵地にある山。西明寺を過ぎてカーブの多い県道を登っていくと、9年をかけて1928（昭和3）年に完成した真仏トンネルがある。出口のすぐ脇に記念碑があり、ポケット駐車場から登山道がみられる。100mほどで踏跡がなくなり、頂上は不鮮明で眺望も全くない。真仏隧道上の丘陵地には縄文や鎌倉期の遺跡がある。　（福呂道隆）

向山　　203m　福岡町
むかいやま　　2.5万分の1図「戸出」
G.B　—

　福岡町西部、子撫川ダム上流にある山。西明寺から真仏トンネルを経てゆるやかな坂を下ると、小野の集落。村入口前川橋の西側から山道に入り、50mで左折してケモノ道に踏み込む。4つの溜池を通過して薮に入り頂上に到る。眺望はきかない。
　　　　　　　　　　　　　　　　（福呂道隆）

後尾山　　210.0m　福岡町
ごおやま　　2.5万分の1図「石動」
G.B　—

　福岡町西部、五位ダムと子撫川ダムの中間に位置

熊笹に被われた後尾山の昔の生活道

する山。小野集落の簡易郵便局を過ぎ、左側の北岡仁一さん宅裏道よりしばらく行くと登山道になる。この道は1945（昭和20）年頃まで、石川県押水と行き来する牛馬も通る生活の道だったが、今は熊笹の生い茂る薮地である。

峠地点で左側小高い雑木林の中に三角点がある。蛇行した小矢部川が見える。　　　　（福呂況子）

大嶺山
おおみねさん　　397.5m　小矢部市・津幡町
　　　　　　　　2.5万分の1図「石動」
G.B　-

小矢部市の最北端、石川県津幡町との県境に位置する山。津幡宮島峡公園線を走り、「宮島緑の村"恵林館"」の表示に従い左折すれば、レンガ色のとんがり帽子の林間休養施設「恵林館」の駐車場に着く（市街から車で30分ぐらい）。右手の階段を登り山道を進む。

途中、道もわからなくなるが、高い所を目指して尾根にそってまわり込むようにして登る。石川県側は落葉樹の雑木林、富山県側は植林されているので境界がはっきりしている。笹の薮こぎが終わると視界がひらけ、杉木立の中に三角点のある頂上に出る。石川県側は切れ落ちたようになっている。三角点は石川県側にあるが、少し下った県境の約390m地点が小矢部市の最高地点。

大嶺山（林道小屋谷線、木窪地区から）

頂上からは県境の山並みが続き、石川県側の木窪の集落や木窪川が間近に見渡せるが、富山県側が見えないのは残念。山頂までの往復所要時間は1時間ぐらい。

近年、この山は「宮野山」と紹介されたりしているが、地元では「大嶺山」と呼んでいる。また、この山の下の田圃が「おばたけ」なので「おばたけのたかの山」などとも称している。大嶺山より150mくらい下方の「俊寛塚」辺りの地名が「宮納（みやのう）」なの

で、間違って宮野山と呼ばれたのでないかと考えられる。三角点のある石川県側の地名は「高坪」。
　　　　　　　　　　　　　　　　（可西美智恵）

下山
しもやま　　　　200m　小矢部市
　　　　　　　　2.5万分の1図「石動」
G.B　-

子撫川（小矢部川支流）源流にある山。小矢部市嘉例谷（かれいだん）地区の東約2kmにある。特に顕著なピークはなく、嘉例谷から久利須（くりす）へと通じる能越林道（全長24km）は、この山をぐるっと取り巻く形で通じている。付近は、土砂流出防備保安林や笹原、植林地、転作田が見られる。荒間へと延びる林道の分収造林地傍からは、意外な高さで三国山が端正な山容で迫る。また、白鳥が両翼を拡げたような白亜の岩尾滝小学校舎が望まれる。　　　　　　　（辻　信明）

焼山
やきやま　　　　260m　小矢部市・津幡町
　　　　　　　　2.5万分の1図「石動」
G.B　-

小矢部市宮島地区の奥、石川県津幡町牛首との県境尾根にある。宮島隧道の西約1.2km地点になる。隧道を抜けると、左側に稜線へ登る径がある。右手に整った河合山の山容を望み、左手に崩壊した個所も見られる荒れた尾根筋を進む。春浅い頃なら特に歩行に支障はない。人が滅多に来ないせいか、ゼンマイが多い。ヒノキの植林地からピークに出ると、のどかな牛首の集落が桃源郷のごとく眼前に展開する。牛首側からは3つのピークに分かれて見えており、雪の頃は覆い被さるような守護神的な存在の山であり、緑濃い頃はのどかな里山の風情に包まれている。　　　　　　　　　　　　　　（辻　信明）

焼山（牛首から）池原等撮影

三国山
みくにやま

323.6m　小矢部市・津幡町
2.5万分の1図「石動」
G.B 紀雪北

　小矢部市北西部、石川県津幡町との境界にある丘陵性の山。越中、加賀、能登三国の分岐点であることからこの名で呼ばれている。山頂には三等三角点と1992（平成4）年に新装なった祠がある。その三国山神社の祭礼が毎年7月15日にあり、ふもとの3つの村〔嘉例谷(越中)、興津(加賀)、下河合(能登)〕が交代で祭りの世話をする。三国山が分水界をなすことから水に感謝する祭礼が受けつがれてきた。
　国道471号線の富山県側の最終地点である嘉例谷の集落に入り左方向へと進む。林道は三国山直下まで舗装され10分も歩けば頂上。山頂は狭い台地で富山県側の立山連山、石川県側宝達山や河北潟が見渡され眺望はすばらしい。新緑の頃には山菜取りや森林浴、秋のあけび取り、晩秋の紅葉と、休日には途絶えることなく家族連れが訪れる。1981（昭和

三国山の頂上（佐伯郁夫撮影）

56）年から石川県側の三国山周辺は森林公園三国山園地として整備が進められ、遊歩道やキャンプ場、ログハウスが完成している。
（福呂況子）

御来光山
ごらいこうやま

252.6m　小矢部市・津幡町
2.5万分の1図「石動」
G.B ―

　小矢部市の北西部岩尾滝小学校の裏手にある石川県境の山。国道8号線の小矢部トンネルを出て471号線に入り、石川県津幡町方向へと走ると、やがて小矢部市立岩尾滝小学校の瀟洒な屋根が見えてくる。学校のすぐ裏に屏風のように稜線が見える。
　小学校では、春には山菜取り、秋には木の実拾いにと定期的に山行きを楽しんでいる。地元の人達が「カサイケヤマ」と呼んでいるのは石川県側の麓に「笠池ヶ原」と呼ぶ集落があることから。校舎の裏側へまわるとプールのすぐ横に登山道がある。小さな池を過ぎ、杉林を抜けると右側に小高い山頂が見えて来る。やぶこぎで雑木林へ入ると山頂に赤いポールと三等三角点がある。開発の進む小矢部市のシ

御来光山からの展望（右は稲葉山）

ンボルのように、東側の山はだに近代的な建物の白い屋根が光っていて、周辺に今上天皇の御成婚記念造林の碑がある。
（福呂況子）

稲葉山
いなばやま

346.9m　小矢部市
2.5万分の1図「石動」
G.B 紀カ雪目楽北

　小矢部市北部にある山。小矢部市の独立峰としては最高峰で、市内のどこからでも見えることから小矢部市のシンボル的な山。JR石動駅から約7km、車で15分ほどの距離。山頂付近から中腹にかけ市営稲葉山牧場が展開する。山麓の田川集落から山頂まで舗装された自動車道が通じ、展望の良さから観光地となっている。地形的には南側は急斜面だが、北側はゆるやかに高度を下げ丘陵性山地が続く。
　『小矢部市史』によれば、戦後の食糧難の時代に稲

稲葉山（東中野付近から）

稲葉山展望台からの眺望

葉山中腹の比丘尼（びくに）平と称する平坦地で開拓が進められた。自動車道路も作られて田や畑として耕作されたが、食糧不足の解消とともに畑は荒廃した。1966（昭和41）年から中腹より頂上にかけて約80ヘクタールの牧草地が造成され、県西部の基幹牧場が設置された。現在も公共育成牧場として毎年多くの乳用牛、肉用牛を放牧している。中腹にある管理舎、サイロ等は平野部からも見える。山頂部にはふれあい動物広場（4月～11月）や山頂売店（無料休憩所　日曜・祭日営業）、遊園地、展望台も設置されており、マイカー利用の家族連れや若者達が大勢訪れる。

　麓から3、4kmと近く、眺望もいいことから学校の遠足やハイキングで登られることも多い。展望台からは、東に砺波平野の散居村、立山連峰、北は富山湾、二上山、能登半島、宝達丘陵、西には河北潟、南には小矢部市街地、医王山、白山など360度の眺望をほしいままにできる。

　頂上の送電線鉄塔の脇に二等三角点（点名「稲葉山」）がある。稲葉山の近くには子撫川ダム、宮島峡などの観光地があり、四季を通じドライブコースとして人気がある。一帯は稲葉山・宮島峡県定公園に指定されている。

　牧場周辺の中腹一帯には、小矢部市の市木に指定されている宮島杉が植林され、西斜面には観光クリ園がある。山頂に至る自動車道は田川、子撫川ダムと南の宮中からの3方向から通じる。南麓に稲葉神社、法楽寺温泉（硫化泉）、特養老人ホーム「清楽園」がある。なお宮中からの中腹にある嶺（みね）集落奥の渓流沿いにコウモリ洞窟（宮島石の石切場跡）がある。
　　　　　　　　　　　　　　　　　　（山田信明）

鍋山　　　　220m　小矢部市
なべやま　　　2.5万分の1図「石動」
G.B ―

　子撫川（小矢部川支流）の宮島峡右岸の山。縄文遺跡の出土した桜町の西交差点から子撫川沿いに北上、了輪（りょうわ）集落の入口で左折し「岩抱きのけやき」で有名な宮島神社の裏道から鍋山に登る。始めは踏跡もあるが、途中から怪しくなる。10年前は頂上に畑があったが、今は荒れたまま。道も荒れ放題で頂上も藪の中である。
　　　　　　　　　　　　　　　　　　（福呂道隆）

了輪の岩抱きケヤキ

矢部山　　　221m　小矢部市
やべやま　　　2.5万分の1図「石動」
G.B ―

　子撫川（小矢部川支流）の宮島峡右岸の山。国道8号線の小矢部市桜町西交差点から、県道小矢部・押水線に入り、石動城主前田秀継（木舟城主［現福岡町］に転じ、天正大地震に遭遇して圧死）の墓のある矢波の集落へ。矢波橋を渡るとすぐ右手に急坂の登山道があり、100mほどで墓地前。踏跡をたどって杉林を行けば舗装した道に出る。この道を100

矢部山からの展望（岩尾滝小学校の校舎が小さく見える）

m北上した所の左側に赤土のむき出した高地があるが、これが頂上。西方に岩尾滝小学校校舎と南北に走る送電線が遥かに見渡せる。登り口から約40分。

(福呂道隆)

平山　　　　156.1m　小矢部市
ひらやま　　　2.5万分の1図「石動」
G.B —

　子撫川の支流矢波川右岸の山。国道8号線小矢部トンネルを抜けて471号線に入り、道坪野の集落を抜けるとすぐタイヤチェーン脱着地がある。この反対側が遊歩道の入り口。橋を渡ると道は二又、右手側に入って小さなアップダウンで送電線を仰ぐ。さらに100mくらいで右手わきに入り、よく踏みならされた雑木林の中の水平歩道を歩く。左側に頂上の標石をみつける事が出来る。登り口から約20分。

(福呂道隆)

向山　　　　243.9m　小矢部市・津幡町
むかいやま　　2.5万分の1図「石動」
G.B —

　小矢部市西部の県境上の山。国道8号線の倶利伽羅トンネルのすぐ北に位置する。
　旧8号線の県境である天田峠を越えてホテルの近くから林道天田線に入る。県境に沿う林道を1.5km

向山（アンテナ塔の右側。砺波山から。遠景は宝達山）

ほど進むと「デジタル・ツーカー北陸」のアンテナがあり、その側を5分ほど薮に入ると標柱がある。すぐ下を北陸新幹線のトンネルが通る。

(可西美智恵)

御坊山　　　199.6m　小矢部市
ごぼうやま　　2.5万分の1図「石動」
G.B —

　小矢部市街地の北西部に位置する丘陵性の山。国道471号線を走り、道坪野集落に入る手前で右折し正面上方の墓地に向かって200mほど進み、さらに右折して500mほどの曲がり角で下車。左手の山の斜面の薮を登る。途中、大きな堤が見え、登りにく

御坊山（道坪野地区から）

い斜面を高みを目指して進めば三角点と石柱のある山頂。頂上からは、東方に城山、北西には三国山、宝達山、南西方向に砺波山、医王山を遠望できる。往復40分ほど。

(可西美智恵)

砂山　　　　155m　小矢部市
すなやま　　　2.5万分の1図「石動」
G.B —

　小矢部市の市街地の背後にある丘陵性の山。安楽寺と城山の中間に位置し、永く市民に親しまれた名前通りの砂の山。しかし、現在は鉱石採取場になっており、採り崩されて山の形は大きく変貌した。
　国道8号線小矢部バイパスの源平トンネルを抜け

砂山（源平トンネル付近から）

て小矢部トンネルに向かう時、トンネルの左上の位置に三角形の特徴ある砂山の頂上が見える。登り口は鉱石採取場左横。山際の小道を約700m。

(可西美智恵)

城山
しろやま　　　　　　186m　小矢部市
　　　　　　　　　　2.5万分の1図「石動」
　　　　　　　　　　G.B　—

　1585（天正13）年に前田利家が築き、後に前田利秀が城主となった「今石動城」のあった所で、頂上に本丸があった。一名を白馬山と称し、御城山林と称えられた山々に加賀藩は朱鷺（とき）を放ち保護したと伝えられている。現在は城山公園として市民に親し

城山（大谷池の手前から）

まれている。駐車場・遊歩道・四阿などが整備され桜（ソメイヨシノ）が咲き誇る季節は圧巻。
　JR石動駅から北へ約20分で公園入口。
　「今石動城址」は1997（平成9）年8月に焼失した聖天堂の横の小径を5分ほど登ったところ。また、神武天皇像の後の上野本林道を20分ほど、駐車場からの標高差80mほど登ると、広く刈り開けた頂（186m地点）に出る。

(可西美智恵)

11「城端」

1	赤祖父山 ……………256	21	砺波山 ……………263
2	扇山 ………………256	22	矢立山 ……………263
3	大寺山 ……………257	23	源氏ケ峰 …………264
4	八乙女山 …………257	24	大窪山 ……………264
5	前八乙女山 ………258	25	枡山 ………………264
6	丸山 ………………258	26	梨ノ木平山 ………265
7	四十寺山 …………258	27	松根城の山 ………265
8	丸山（池田）……258	28	柿ケ原山 …………265
9	丸山（大野）……259	29	土山 ………………266
10	瓦山 ………………259	30	高松山 ……………267
11	天摩山 ……………259	31	坂本山 ……………267
12	千羽山 ……………259	32	笠取山 ……………267
13	安居山 ……………260	33	城山 ………………267
14	興法寺山 …………260	34	岩崩山 ……………268
15	ジャクズイ山 ……260	35	前医王 ……………268
16	火燈山 ……………260	36	三千坊 ……………268
17	小白山 ……………261	37	御坊山 ……………269
18	桑山 ………………261	38	ツンボリ山 ………269
19	平ケ原 ……………261	39	医王山 ……………270
20	国見山 ……………262	40	奥医王山 …………272

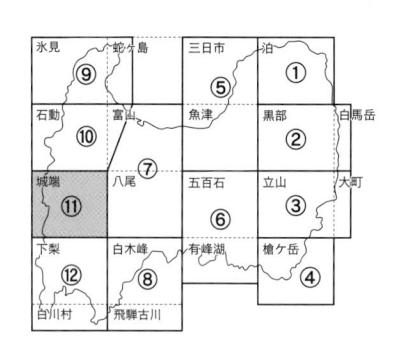

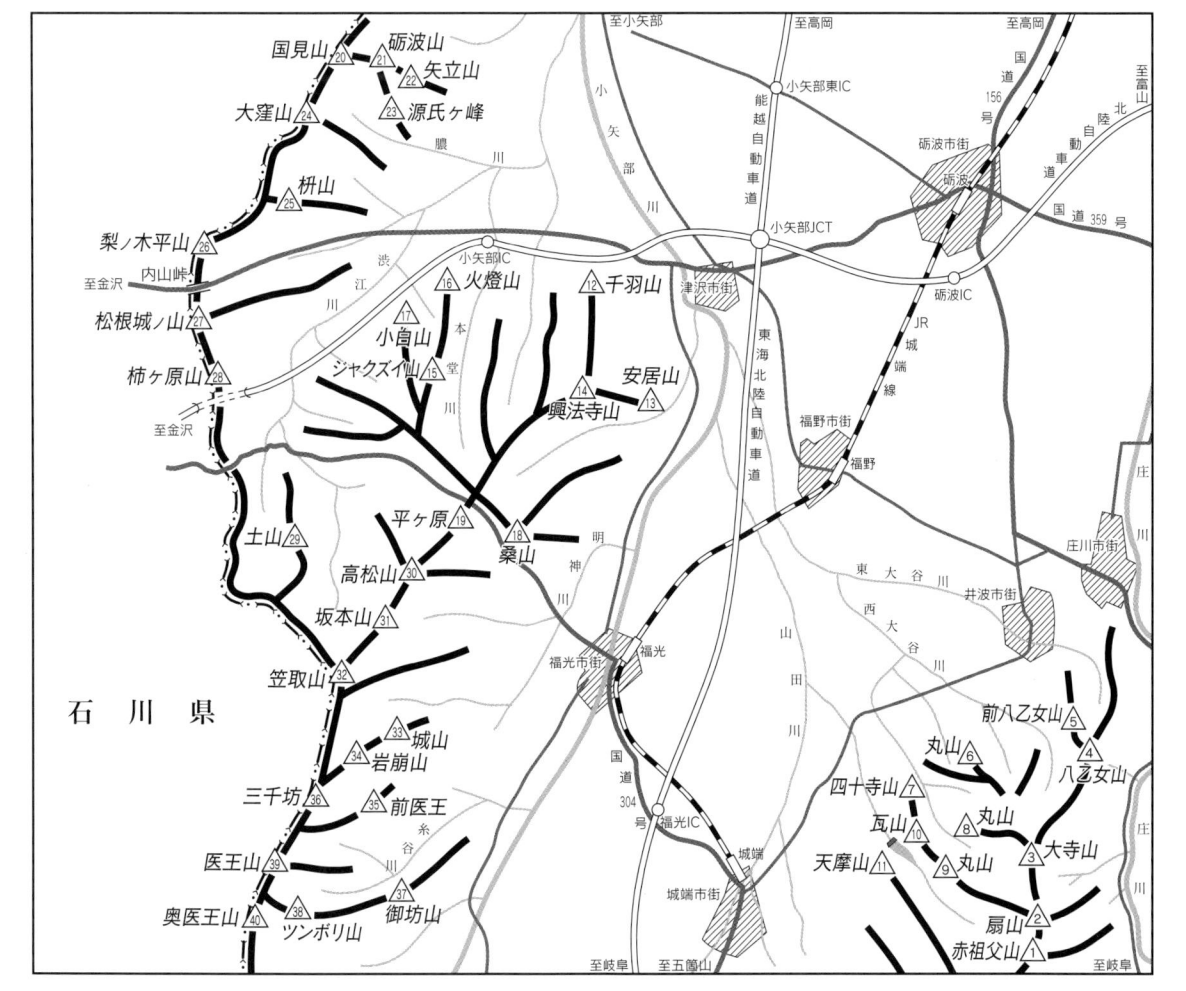

当図の2.5万分の1地形図

倶利伽羅	砺波
福光	城端

赤祖父山
あかそふやま　　1025.5m　井口村・利賀村
2.5万分の1図「城端」
G.B ㊤㊥㊦㊧㊨㊩

　砺波平野の南にあり井口村と利賀村を分ける。この山から流れ出る赤祖父川の標高300m附近一帯に飛騨変成岩中の石灰岩を溶かし込んでいる赤茶色の炭酸水「そぶ」が湧き出る。これが山名の由来とされる。また、山麓の人々がこの山を、敬い親しむべき父として仰いだことから赤祖父の名がつけられたとも。この山の特徴は北側斜面に広がる原始林である。砺波平野をとりまく山々のうち、ここだけが原始の姿を現在に残している。農業用水の水源涵養林として伐採を禁じてきたためである。水不足を補うために当山の北西山裾に赤祖父溜池が作られた。ゴルフ場近くにある天摩山入口の石碑には、次のように刻まれている。
　「赤祖父郷は古来、赤祖父川小谷川千谷川の小渓流を潅漑用水とし水田を経営し来れるも水源森林浅狭にして夏季流量を減じ潅漑用水不足なり　旱天の際には各部落被害続出し、或は一定の犠牲田を設置し或は収穫皆無の為免祖なるもの三割に及ぶことあり殊に隣保我田引水の事闘甚だしく年々傷害の惨事を見ざることなし……」

　溜池は2000年現在、地盤補強のため工事中。再び満々と水を湛えるのは3年後とか。木の葉石や福寿草の自生地もあるが、地元民は標識を一切立てない。
　登山口は判りにくいが、赤祖父林道の大野丸山あたりから尾根づたいに登るものと、栃原からと2本があり、いずれもいったん尾根に出て扇山を経て山頂に至る。林道から約2時間。
　山頂には標識があるが、3本の古い杉が良い目印である。山頂は雑木林のため展望はきかない。庄川側に樹木の無いピークがあり、ここを山頂という人もいる。頂上から広い刈開けが城端町境まで続いているが、展望のない道は通る人も稀であり、相当のアルバイトである。赤祖父山はボリュームのある山である。冬期登山もおおよそ無雪期に準ずる。→扇山
　　　　　　　　　　　　　　　　　（粟野定芳）

扇山
おうぎやま　　1033m　井口村・利賀村
2.5万分の1図「城端」
G.B ㊦

　井口村と利賀村の境にある山。赤祖父山と尾根続きで隣り合う。西および北東は急斜面である。山頂は平坦で、西に開いた扇形をしているのでこの名がある。地元の人は扇山という名を使わず、赤祖父山の総称で呼んでいる。

左から赤祖父山と扇山と大寺山（庄川小牧ダム上流から）橋本廣撮影

標高は赤祖父より僅かに高いが、闊葉樹に覆われた山頂は展望もきかず、赤祖父山登山の通過点とされることが多い。この山のみを目指す人はいない。また、標識のない頂上は見逃しやすい。八乙女峠からこの山近くまで作業道がつけられ、車で上がれるようになった。便利になったとはいえ、自然が失なわれていくのは寂しい。1033mの標高は最近の井口村の地図による。→赤祖父山　　　（粟野定芳）

大寺山　927.8m　井波町・利賀村・井口村
おおでらやま　2.5万分の1図「城端」
G.B 越歩紀ガ県

高清水山系の1峰。標高919.1mの三角点は頂上の西側100mぐらいの所にある。平安朝に天台系の白山修験の影響を受け、医王山から東の大寺山、八乙女山、牛岳にかけて天台の修験者が数多く往来したといわれる。北側山麓の井波町東城寺からと同じく北面の西大谷川沿い、さらに庄川沿いの下原、栃原から道があった。1972（昭和47）年、これらの道は整備されたが、現在は廃道。かつて西大谷川沿いの道は井波小学校高学年の遠足道であった。学校から栃原峠を越え、庄川左岸の下原から沿岸道路（今の156号線）を1人の落伍者も出さず足を棒にして歩いた。昔の子供は、皆健脚だった。

1970（昭和45）年、八乙女林道がついた。井波町から八乙女峠まで車で20分。地元自然保護団体の願いも空しく、この峠からさらに稜線を縫うように作業道が扇山近くまでつけられた。ほかに林道赤祖父線西大谷線分岐近くからもついた。麓から見る赤茶けた山肌が痛々しい。山頂附近まで伐採植林された。

最近、名水として汲みに来る人の多い不動滝の水源が大寺山である。保水力のない杉の植林によって将来滝の枯渇が憂慮される。

山頂まで車が走る現在、登山の対象にはならないが八乙女峠からの道は風穴や不吹堂（ふかんどう）、鶏塚、栃原峠の天狗杉など見るべきものも多く、昔日を偲ぶ格好の遊歩道といえよう。

山頂の展望を楽しむなら大寺山の東端がよい。木立のない所から医王山と牛岳の間に散居村や庄川の流れが見える。背後に県境の山々が連なっている。山登りを楽しむなら積雪期がいい。オムサンタの森スキー場終点から稜線を目指し直登する。パーティーの人数力量にもよるが、1時間くらいで頂上に立てよう。反射板がよい目印となる。落葉松林が素晴しい。赤祖父山を目指すもよし八乙女山へ向かっても稜線漫歩の楽しい山行である。　　（粟野定芳）

八乙女山　756m　井波町・利賀村
やおとめやま　2.5万分の1図「城端」
G.B 紀越歩ガ県自

井波町の背後にそびえる八乙女山は、南北に長く連なる高清水山地の北端のピーク。稜線より東の利賀村側は急斜面となって庄川に落ち込む。低い山のわりに西側も断層のため急傾斜をなし、井波町の屏風のように見える。

八乙女山へは、閑乗寺高原から遊歩道がある。途中、林道を横切って尾根筋を登り、大平の鉄塔下を通って八乙女峠に出る。歩くと1時間半だが、閑乗寺高原から舗装された八乙女林道をたどれば、車で10分くらい。八乙女峠から栃原峠までの旧道は、造林作業道ができて寸断されている。山頂はブナ林を過ぎ、天池と呼ばれる湿地の手前右手のスギ林の中にある。頂上から間近に見る牛岳は、美しい三角形をしている。左から立山連峰、白木峰、金剛堂山とつづく。晴れていれば、飛騨との県境の山々の後

八乙女山（閑乗寺公園から）橋本廣撮影

八乙女山頂の今西錦司氏ら一行（1982年10月30日）橋本廣撮影

不吹堂と風穴（手前）山田信明撮影

方に槍ケ岳の尖峰が見える。目の下に広がる砺波平野の散居村の中を、ゆるやかに庄川が流れる。

山頂から栃原峠に至る尾根道に、風が吹き出すという風穴がある。その西側に元旦に鶏が鳴く声がするといわれた鶏塚がある。埋められた金鶏が元旦には特に威勢よく鳴くという言い伝えもある。昔から井波一帯に井波風と呼ばれる強風が吹くのは、八乙女山の岩の隙間から吹き出すと伝えられてきた。

風を鎮めるために不吹堂が建てられ、風神が祭られている。この不吹堂は、越前の僧泰澄が八乙女山の麓に止観寺を建立したころ、風穴より吹き出す大風に苦しむ村人たちの懇請により大師が祠を建てたと伝えられる。しかし、その後も風は相変わらず吹き、風神堂は谷底に吹き飛ばされた。

やがて井波に瑞泉寺が創建され、村人の布教に専念した本願寺五世綽如上人が、村人の懇願を受けて不吹堂を再建、三部経を納めて風神を鎮めたと伝えられる。

井波風はフェーン風といわれ、わが国の局地風の1つにかぞえられている。八乙女の地名は、昔、風穴の前で豊作を祈り風を鎮める風鎮神事の祀りごとが巫女により行なわれたことによるらしい。

春の残雪期に登ると、手頃で気持ちのいい山である。八乙女峠(20分)山頂、山頂(20分)風神堂。

（米倉春子）

前八乙女山　　592m　井波町
まえやおとめやま　　2.5万分の1図「城端」

G.B —

八乙女山の前衛峰。南砺地方から見ると、井波町の町並の背後にそびえる八乙女山と重なって見えている。山頂は祖母谷をはさみ双耳峰となっている。旧道は東大谷川の橋を渡り、赤祖父林道にある祖母谷（麓の砂防ダムに七福神が描かれている）の左岸の道を登る。

瑞泉寺不吹堂の祠の前を通り、スギの植林地を過ぎると道は薮に覆われてしまう。今は八乙女林道が山頂の東側を通っているので、そこから登ればすぐ頂上である。山頂のスギ林の間から散居村を望む。山の北西斜面では、開町600年を記念して、1900（平成2）年から旧盆8月16日の夜に八文字焼が行なわれている。→八乙女山　　（米倉春子）

丸山　　271m　井波町
まるやま　　2.5万分の1図「城端」

G.B —

南北につらなる高清水山系の大寺山北西山麓の小高い山。東城寺および院瀬見の集落背後にある。大寺山の西面にも同名の山があるので混同しないよう注意を要す。東城寺集落を通り抜け800m入った山の盆地に養豚団地があり、その西側にあたる。田圃跡地から山頂までスギとヒノキの植林がなされ、暗い林の中を15分くらいで頂上につく。山頂の北側はスギの林、南側は赤松やコナラの雑木林、樹木の間から砺波平野の散居村が見える。　　（米倉春子）

四十寺山　　240.6m　井口村
しそじやま　　2.5万分の1図「城端」

G.B —

大寺山山裾の1峰。池田集落の奥、干谷川上流にあり、ここはゴルフ場の東側のはずれになる。広い刈明道がある。頂には桧と杉が混生しており展望はない。いわくあり気な山名なので由来を地元の人に聞いたが、判明せず。池田の人達は早口で《しようじ山》と呼んでいる。干谷川沿いの舗装道分岐から歩いて15分ほど。　　（粟野定芳）

丸山（池田）　　443.5m　井口村
まるやま　　2.5万分の1図「城端」

G.B —

麓の池田集落の名をつけて池田丸山と言っているが、井口の村人さえ丸山と言えば、最近展望台などが整備された大野丸山（当山の南約1.5kmにある）を指し、池田丸山の知名度は低い。しかし、送電線鉄塔のあるズングリした山と言えば「あゝ、あの山か」とうなずく人も多かろう。

かつて池田集落から大寺山方面への道がこの山を越えたものだが、現在、赤祖父林道がこの山より少し高い南側を通っているので廃道となった。鉄塔補修路をこの林道から下れば5分余で山頂に着く。狭い薮の中に幹の美しい赤松の古木が点在し、周りは杉林で覆われ展望はきかない。→丸山（粟野定芳）

丸山（大野） 497.0m 井口村
まるやま　2.5万分の1図「城端」
G.B ―

井口村には丸山が2つある。ここに書くのは西の大野丸山で、これに対して東は池田丸山と呼ばれている。北面は頂上近くまで杉林で覆われているが、あとは灌木帯である。見晴らしが良く、山頂には最近展望台も作られた。「ゆーゆうらんど花椿」（温泉）の奥の右側から「つづら坂」を経て山頂に至る遊歩道も設けられている。しかし、林道赤祖父線で車を降りて緩い400余の階段を利用する人がほとんど。

眼下に南砺の散居村が展け、医王山や二上山なども望める。背後に俗に云う砺波アルプス八乙女山から高落場山に至る山並みが美しい。→丸山（池田）
　　　　　　　　　　　　　　　　　（粟野定芳）

瓦山　225m　井口村
かわらやま　2.5万分の1図「城端」
G.B ―

名の通り昔瓦を焼いた山。この山ほど山容を変えた山はなかろう。赤祖父溜池の築堤に大量の土石が採掘され、赤茶けた広大な荒地がむき出しになっている。雪が降れば井口村の小学生が粗末なスキーで戯れた昔日の面影はない。僅かに採掘を免れた西の一角に往時を偲ぶのみ。広大な荒地の向こうに赤祖父山や大寺山が望める。「ゆーらんど花椿」（温泉）の手前からダンプ道があり歩いて10分足らず。
　　　　　　　　　　　　　　　　　（粟野定芳）

天摩山　220m　井口村
てんまやま　2.5万分の1図「城端」
G.B ―

トナミロイヤルゴルフ場入口の右にあり、山と言うより丘。樹齢50年ほどの杉がうっそうと繁り、眺望は全くない。山頂には不吹堂があり、赤祖父山を水源とする下流11カ村（東西原・森清・安清・江田・田屋・江尻・川上中・井口・蛇喰・宮後・久保）で維持されている。ゴルフ場入口手前の右に《不吹堂登り口》と記した石組があり、簡易舗装された道を5分も登ると山頂である。
　　　　　　　　　　　　　　　　　（粟野定芳）

千羽山　80m　小矢部市
せんばやま　2.5万分の1図「砺波」
G.B ―

小矢部市南部の蟹谷丘陵にある山。そばに千羽平ゴルフ場があり、日幡神社の社に隣接する。すぐ北側を北陸自動車道が東西に走る。ゴルフ場からの眺望は四季の変化に富み、霊峰立山に対座し、砺波平野の散居村が見渡せ、まさに緑の楽園である。

また、この丘陵地一帯には、市営の野外活動センター、サイクリング・ターミナル、特別養護老人ホーム「ほっとはうす千羽」等の施設がある。付近には溜め池が多く点在し、里山の自然を残している。
　　　　　　　　　　　　　　　　　（可西美智恵）

千羽山（日幡神社から望む）山頂はゴルフ場内にある

安居山
やっすいやま　　130m　福野町
2.5万分の1図「砺波」
G.B　—

　JR福野駅より西方約3kmのところにある。山名は山裾の古刹弥勒山安居寺からきている。古くは峰毎に寺山、堂山、城山、善法寺山などと称されていたが、現在はこれらを総称して安居山と云っている。山と云うよりは南北に延びる高さ100m余の丘陵で、南は福野町の桑山、医王山につづき、北は小矢部市の蟹谷丘陵で終わっている。登り口は安居寺奥の観音堂横。石段を登り10分くらいで備中ヶ丘の展望台にでる。この展望台を起点に南へ遊歩道を辿れば、緑地公園までの周回コースで1時間くらいである。また、北へコースをとれば、珍しいアベマキの自然林や西斜面の見事な桜林を眺め、第2展望台を経て観音堂へ戻れる。20分くらいの散策である。

　何れのコースも観音像や古墳、句碑等が散在し散策に好適。安居丘陵の南西は低いとはいえ山深く、迷い込むと脱出に苦労するから要注意。

　緑地公園は児童のための野外設備が完備され、林の中にはキャンプサイトが設けてある。谷沿いの水芭蕉は5月には見事に開花する。　　　（酒井省吾）

安居山（東を流れる小矢部川から望む）下は安居寺の山門

興法寺山
こうぽじのやま　　181.9m　小矢部市
2.5万分の1図「倶利伽羅」
G.B　—

　小矢部市南部、福野町との境界近くにある二等三角点の山。ゴルフ倶楽部ゴールドウィンのゴルフ場の背後にある。

興法寺山（市三郎池の堰堤から）

　ゴルフ場開発の折、頂上をかなり削り取って、なだらかにしたという話もあるが、1番高い地点の17番ホールや15番付近の茶店からの眺望は雄大。立山連峰を遥かに望み、眼下にひろがる散居村が四季折々に姿を変え、見る者を楽しませてくれる。頂上へはゴルフ場に沿った林道から。　（可西美智恵）

ジャクズイ山
じゃくずいやま　　210.3m　小矢部市
2.5万分の1図「倶利伽羅」
G.B　—

　蟹谷丘陵の中の1峰。小矢部市の南方一帯は丘陵性の山々が広がり、平地と100m前後の尾根がひだ状をなしている。その中、この山は砺波から少し突出して見える。山名はこの地域の末友集落の人々の呼び名である。三角点（三等）の点名は「脇谷」。北面の大曲溜池より上流、山頂に至る山林は福野高等学校の演習林が分収契約で設定され、育林や測量などの学習に供されていた。林道浅谷線が山頂近くまで敷かれているが、造林木が生長して尾根からは周囲の眺望は困難である。　（和田　健）

火燈山
ひとぼしやま　　92.3m　小矢部市
2.5万分の1図「倶利伽羅」
G.B　—

　小矢部南部にある蟹谷丘陵に属する山。伏木町の古国府にある勝興寺はかつて小矢部市末友にあって越中真宗教団の頂点にいた寺院で、安養寺御坊と称

火燈山にある、かつての繁栄を偲ぶ巨大な墓石、墓所

していた。1581（天正9）年、織田信長勢に与した木舟城主石黒氏の夜討ちに遭い、戦火で焼失した。当時の住職の墓所がこの火燈山にあって、門信徒や縁の人々の墓地ともなっている。末友の交差点から北陸自動車道の下をくぐって小高い山に出たところで、眼下には北陸自動車道の車が行き交っている。

（可西美智恵）

小白山　　120.9m　小矢部市
おじろやま　　2.5万分の1図「倶利伽羅」
G.B　—

小矢部南部の丘陵帯にあって火燈山の南西、約1

小白山（山頂付近の突出した大杉の頭が目印）下は山頂付近のブナとウラジロガシの混成林

kmに位置する。臼谷橋を渡り左の山側、北陸自動車道の下を抜け200〜300mで山頂に続く階段がある。三角点のある山頂は、北方系のブナと南方系のウラジロガシが混成林を形成し、小矢部市指定の天然記念物となっている。奈良時代、白山や医王山、石動山を開いたと云われる泰澄大師が開山したとされ、白山の女神を祀り、白山より小さい山、霊峰「小白山」と号し、神域として大切に守られてきた。樹齢500〜600年という杉の大木に護られた祠から西方130mほどの小高い所に三角点があり、明るく刈り開けてある。

（可西美智恵）

桑山　　292.5m　福光町
くわやま　　2.5万分の1図「福光」
G.B 紀 雪

一名鍬山。地元に次のような伝説がある。立山と白山の神様が背丈を競った時、白山の神様が力余って投げはずした1鍬分が落ちてできた山であると。

医王山が北東にゆっくり稜線を下げる途中に盛り上がり、南砺地方では目立つ山である。

国道304号線華山温泉バス停より2km余り、約40分で頂上まで登れる。頂上まで車で行けるのでお薦めは積雪期である。わかん、クロカン、山スキー。晴れた日に思い立ってすぐに登れ、いい汗をかける。頂上には、桑山石で作られた小さな祠があり、不動明王が祀られていた（現・春日社）。北半分は平地で、室町から戦国時代にかけての城跡が空堀などの遺構として残っている。

展望は東と南のみ。人形山が正面に見え、南砺地方が一望できる。桑山石（安山岩質の凝灰角礫）の採石跡はテレビ、FMの中継局になっている。

福光に疎開していた棟方志功の有名な歌に「桑山も蜩飛の院も秋ならむ　その裾山の龍胆咲けるや」がある。

（瀬川富士夫）

平ケ原　　241.1m　福光町
ひらがはら　　2.5万分の1図「福光」
G.B　—

医王山が北東に稜線をゆっくり下げ、国道304号線新蔵原トンネルのやや南側に見える山。麓の蔵原集落に平ケ原の字があり、それに由来する。

県道小矢部・福光線小森谷トンネルの手前の林道

医王線を500mほど進み、切り通し右上の杉の植林の中で登りやすそうな所を強引に行くしかない。約10分で三角点のある頂上につく。名の通り平らな原、ミズナラなどの雑木のため見晴らしがきかない。

(瀬川富士夫)

国見山
くにみやま　　276.8m　小矢部市・津幡町
2.5万分の1図「倶利伽羅」

国見山のピーク。左の胸像は花咲じいさん「高木翁」

倶利伽羅峠五社権現。源平合戦の古戦場で名高い倶利伽羅峠にある倶利伽羅不動寺の境内地にあり、五社権現と呼ばれる祠が並ぶ小ピーク。クリカラ山域の最高峰で、富山県小矢部市と石川県津幡町の県境に位置し、小矢部市内では稲葉山山頂と2カ所しかない二等三角点がある。点の記には「点名倶利伽羅（くりから）、俗称五社権現」とある。別名を峰御前、カカリノ宮（津幡町教委）。アプローチは国道8号線倶利伽羅トンネルの手前から旧国道に入り天田（あまだ）峠経由か、小矢部市石坂から観光道路の源平ラインを登る。

倶利伽羅不動寺の正面参道入口（津幡町）の右手の鳥居の奥にある108段の急な石段を登りつめると見晴らしのいい平らな頂上に出る。五社権現は手向神社の末社で、八幡大菩薩、秋葉権現、白山権現、蔵王権現、不動明王の五社権現のうち不動明王は不動寺に祀られたため4社となったという。4棟の祠は石川県産の戸室石で作られており、加賀藩5代藩主前田綱紀の建立と伝えられる。津幡町指定文化財。2000（平成12）年、修復工事が行われた際、鉄骨製の四阿に納まった。南側は歩きやすい広い階段で旧北陸街道まで降りられ、向かい側は駐車場と倶利伽羅公園（津幡町）になっている。

倶利伽羅峠は旧北陸道の加賀・越中の国境の峠

国見山山頂の五社権現と2等三角点（左端）

倶利伽羅峠付近の旧北陸道

砺波山（猿ケ馬場の付近）

で、標高約260m。交通の要衝であったが、1878（明治11）年に約1km北方に天田峠越えの新道が通じてからさびれた。峠の周辺一帯は倶利伽羅県定公園に指定されている。「くりから史跡の森」としてとやま森林浴の森の1つ。

倶利伽羅不動尊は、千葉県の成田不動、神奈川県の大山不動とともに日本三大不動として有名。開山は718（養老2）年といわれ、高野山別格本寺。本堂は石川県側に建つ（1950＝昭和25年）。毎月28日が不動縁日でJR石動駅から加越能バスが運行している。倶利伽羅峠一帯は八重桜の名所となっているが、これは「昭和の花咲じいさん」と呼ばれた高木翁（大島町）が1959（昭和34）年から19年間にわたり桜の苗木を植え続け総数7000本に達した苦労の賜。4月末から5月連休にかけて毎年八重桜まつりが小矢部市・津幡町両商工会主催で開催される。

五社権現からの眺めは素晴らしく、周辺の立木が伐採されたこともあって360度のパノラマが広がる。東に砺波平野の散居村と立山連峰、西には河北潟から日本海を望む。さらに南は医王山と背後に白山方向、北は稲葉山、宝達山など。　（山田信明）

砺波山　260m　小矢部市
となみやま　2.5万分の1図「倶利伽羅」
G.B　―

小矢部市の西端に位置する。埴生護国八幡宮から倶利伽羅不動寺にかけての一帯の山をさす古称で、猿ケ馬場古戦場を中心にした富山県側の山。「砺波山」を舞台に時の権勢を賭してくりひろげられた源平合戦はあまりにも有名。市内に住む多くの人達は「砺波山」とは呼ばず、「倶利伽羅山」とか「くりから」と呼ぶ。史跡が多く、墓碑・句碑・歌碑などの石碑や記念碑が多く建てられている。とくに北陸道は万葉時代の官道であったため『万葉集』に多くの歌が記され、その歌碑が随所に建立されている。旧北陸街道（ふるさと歩道）や源平ラインを散策するのも楽しい。倶利伽羅不動寺を中心に源平ラインの道の辺には八重桜の並木が続いている。4月下旬から5月上旬には桜花が満開となり見事である。

猿ケ馬場にはブナが自生し（小矢部市指定天然記念物）、くりから水源の森の碑がある。→国見山
（可西美智恵）

矢立山　205.7m　小矢部市
やたてやま　2.5万分の1図「倶利伽羅」
G.B　―

猿ケ馬場古戦場の東約1km、観光道路源平ラインと旧北陸道の交差する辺にある峰で、三角点がある。旧北陸道は倶利伽羅ふるさと歩道として整備され、その歩道入口には「里程標」「矢立山碑」が建つ。矢立山周辺は源平合戦の折、源氏軍の最前線だった所で、日の宮林（小矢部市蓮沼）よりここを占領した先鋒今井兼平の軍を目がけて、幅300mほどの谷を隔てた平家軍の最前線、塔の橋（猿ケ馬場から旧

矢立山の入り口（倶利伽羅ふるさと歩道に至る）

矢立山入り口に立つ里程標

北陸道を東に下り、曲がりくねった砂坂を下りつくした所）から平家軍がしきりに矢を放ち、林のごとく多くの矢が立ったのが「矢立山」の名の由来とされている。→国見山　　　　　　　　　（可西美智恵）

源氏ケ峰
げんじがみね　　240m　小矢部市
　　　　　　　　2.5万分の1図「倶利伽羅」
G.B　−

　源平古戦場猿ケ馬場の南東方1kmほどの所にあり一段高く、うっ蒼とした杉林が続く。

　西側は地獄谷と呼ぶ急傾斜の谷で、源氏軍が火牛の計で平家軍をこの谷へ追い落としたと云われる。源平合戦の折、平家軍陣地だったこの峯を源氏軍が占領したので、後にこの名が付けられたと云う。源平ラインを進み、塔の橋碑から350mほどのところにある「源氏ケ峰」の標示に従って鉄製の階段を

源氏ケ峰（源平ラインから）

源氏ケ峰（向こう正面）

登り、山道を南へ約200m進むと小高いピークに出る。源氏ケ峰碑が建つ山頂である。木立ちに囲まれ、あまり展望はきかないが、牛岳を望める。→国見山
　　　　　　　　　　　　　　　（可西美智恵）

大窪山
おおくぼやま　　238.7m　小矢部市・津幡町
　　　　　　　　2.5万分の1図「倶利伽羅」
G.B　−

　倶利伽羅峠の南に位置する。県境のかなり広い林道を峠から南へ約1km走ると、下りにかかる。その左手の植林されている丘のような起伏が大窪山。ヤブ漕ぎをして1番高い所に登るとアカマツの林。東に地獄谷をはさんで源氏ケ峰が望まれる。三角点は山頂よりかなり下にある。周辺で注目すべきは、再興された葛城大権現にちなんでの御堂が、大窪集落の先に建てられていること。小矢部市側には「蟹谷」の名の由来ともなった蟹池がある。『越中志徴』によれば「昔、付近の村人に危害を加えた妖僧が本叡寺住職に蟹の化身と見破られ、その巨大な死骸を五郎丸川にさらした」という。　　　　　　（辻　信明）

枡山
ますやま　　279m　小矢部市
　　　　　　2.5万分の1図「倶利伽羅」
G.B　−

　枡山は枡形山とも呼ばれ、かつて一乗寺城があった。1370年頃、松根城主だった桃井直和が兼務する形で支配した城。松根城の支城としてその役割を果たしつつ、戦国時代、佐々成政の部将杉山小助が守りを固めた。

　この山の背後にNTT横根無線中継所の大きなパ

県境北側から見た枡山（一乗寺城跡）山田信明撮影

ラボラアンテナがあるため、砺波平野の西部からは山座同定が容易である。枡山に至るには、倶利伽羅峠から県境に沿って伸びる林道を走り、左手の八伏(はちぶせ)集落からの道路を過ぎると、ほどなく小矢部市指定文化財「一乗寺城跡」と記した石碑に出る。そこが登り口。付近は植林地となっており、ゆるやかな登りで山頂に到達する。山頂一帯には、城跡の名残りを感じさせる雰囲気が漂っている。なお、八伏集落から平野部へと下る途中の八講田川の渓流は、見所がある。　　　　　　　　　　　（辻　信明）

梨ノ木平山
なしのきたいらやま　260m　小矢部市・金沢市・津幡町
2.5万分の1図「倶利伽羅」
G.B －

石川との県境上、内山峠の北約1kmの所にある。国道359号線の内山峠手前500m付近で右手の林道に入る。ここからは、ゆったりとした山頂部一帯が指呼の間である。林道を約500mほど進んで三叉路となっているが、真ん中のやや細い道を登ると、広い田圃に出る。その傍からクマザサをかき分けると畑地があり、石川県側からのしっかりとした道に出くわす。そして再びヤブ漕ぎをし、大体の見当をつけて1番高そうな所へよじ登ると、杉の植林地がある。山頂には「皇太子殿下御成婚記念樹　高田善作」なる標柱が建っている。展望はないが、県境の能登幹線巡視路へ出ると、牛岳から高清水山へと続く南砺の山並みが一望出来る。能登幹線102号からは広々とした山頂を俯瞰することが出来る。（辻　信明）

松根城の山
まつねじょうのやま　308.0m　小矢部市・金沢市
2.5万分の1図「倶利伽羅」

上は松根城の山。下はその山頂（池原等撮影）
G.B －

石川県境の内山峠の南約1kmにある。南北朝時代から安土・桃山時代にかけて、加越国境の要害として幾多の戦乱にさらされた。本丸の広さが660㎡あり、今も空堀が残っている。前田利家と佐々成政の攻防戦の後、成政が敗北してからは古城となったようである。城主がこれだけ代わった城も珍しいが、いずれも要衝の地としての位置を占めていた。山頂には1984（昭和59）年に金沢市教育委員会が設置した案内板がある。歴史的な考証については『小矢部市史』上巻などを参考にされたい。また、城のふもとには小原道(おはらみち)が通っており、藩政の頃から、金沢への近道として米や日常物資の輸送路とされた。

山頂からの展望はよく、金沢方面・河北潟・日本海が望見出来る。富山県側も散居村の眺めがいい。山頂に三等三角点。この山に至るには、国道359号線の内山トンネルの手前で左折、林道松根城線に入り、廃校となった内山分校の裏から能登幹線105号を過ぎ、ゴルフ場分岐で右折する。　（辻　信明）

柿ケ原山
かきがはらやま　265.8m　小矢部市・金沢市
2.5万分の1図「倶利伽羅」
G.B －

北陸自動車道富山・石川県境の高窪トンネルの上にある。柿ケ原集落の養鶏場付近からは、特に見栄

えはしないが、能登幹線107号から整った姿が映える。山頂付近は雑木に覆われて道はない。山頂直下の能登幹線108号の鉄塔までは、林道松根城線から巡視路が続いている。右手のゴルフ場からは、安居の奥山や桑山あたりが、間延びした山並みの中に幾分特徴ある峰頭を窺わせる。　　　（辻　信明）

土山
どやま　　　261.3m　福光町
　　　　　　2.5万分の1図「福光」
　　　　　　G.B －

土山の中心が御峰。頂上付近は、かつて本願寺八世蓮如上人が北陸布教のおり、自ら開かれたと伝えられる土山御坊の跡。ここは北陸真宗の重要拠点であった加賀二俣本泉寺と越中井波の瑞泉寺の中間の国境地点。蓮如の次男蓮乗が住職となり、さらに4男の蓮誓が住職となる（文明年間＝1469～87の前期という）ような本願寺の柱石的な御坊であった。付近の蟹谷庄（かんだのしょう）にいた初源的な浄土宗門徒が支えたものらしい。文明13（1481）年、砺波郡に古代から勢力を張っていた石黒氏が瑞泉寺を攻めた際、土山

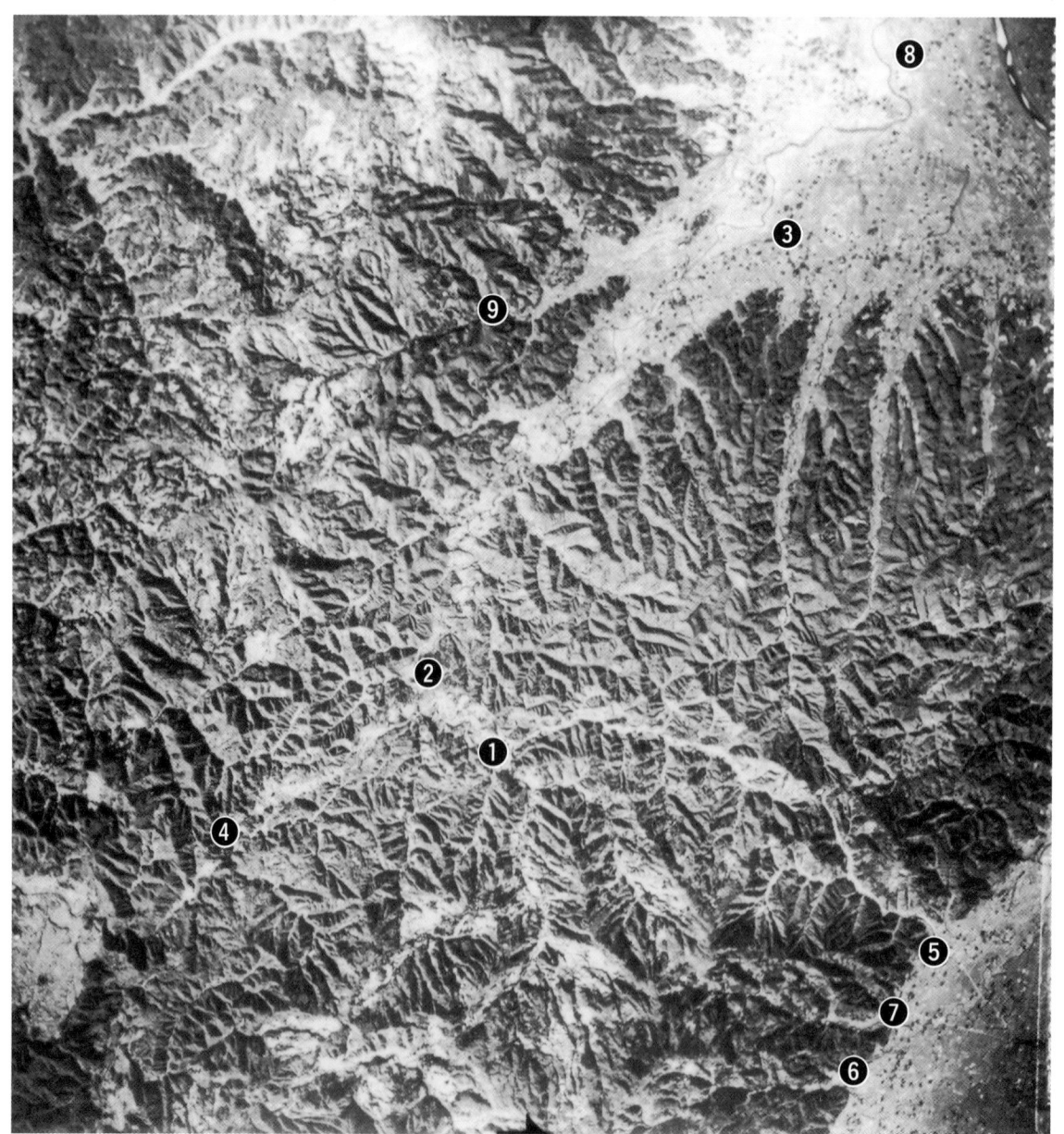

越中と加賀の国境山域（昭和2＝1927年の航空写真。久保尚文『勝興寺と越中一向一揆』1983年・桂書房より）①土山坊跡 ②高木場坊跡 ③安養寺（末友）④二俣本泉寺 ⑤法林寺（公徳寺）⑥山本（善徳寺旧跡）⑦坂本 ⑧蓮沼 ⑨倶利伽羅

土山坊の跡

御坊に結集した一向一揆勢がその反攻の中心となり、石黒氏を逆に負かしてしまう。御坊はその後、谷筋を下って高木場（福光町高窪）に移り、さらに小矢部川の中流域の末友まで進出して安養坊と名を変えていく（現在の伏木勝興寺の祖）。御坊は1581（天正9）年、織田信長に与した石黒氏の夜討ちに遭い、焼失したという。一向宗寺院として残るその遺構は浄土真宗史にとってきわめて重要。現在も集落があり、全体が要害の地という雰囲気である。

車を止め5分も歩けば頂上。標高で30mほど登るだろうか、頂上は佐々成政が前田利家と争ったとき御峰城（土山砦）を築いた跡でもある。今は水道の施設があり展望もよく富山、石川の県境の山並みが見られる。　　　　　　　　　（瀬川富士夫）

高松山　　326.3m　福光町
たかまつやま　　2.5万分の1図「福光」
G.B　－

医王山北東稜線の山。県道金沢井波線医王トンネル手前右の医王山登山口への道をしばらく行き、林道医王線を右折し、400mほど進む。ころあいを見計らって林道左の杉の植林地を登る。登山道はないのでササ原の急斜面を強引に行くしかない。約20分で頂上につく。頂上付近はミズナラなどの雑木林の中のササ原。展望はまるでない。（瀬川富士夫）

坂本山　　405.0m　福光町
さかもとやま　　2.5万分の1図「福光」
G.B　－

医王山の北東稜線上の山。山裾の坂本集落の持ち山。百万石道路のそばにある。三角点はあるものの山としての独立性に乏しい。麓の福光町坂本より朴坂峠を越え、加賀二俣を経て金沢へ至る道があるが、江戸時代は金沢への往来道として栄え、加賀藩13代藩主前田斉泰が参勤交代の帰りに通られ《殿様道》と言われるようになったという。今も峠の石畳が在りし日の面影を忍ばせる。

朴坂峠は宝坂峠とも言われ、奈良時代に裏官道として開かれた。『源平盛衰記』にも記され、都人や蓮如上人も足跡を残した古道である。(瀬川富士夫)

笠取山　　530.6m　福光町・金沢市
かさとりやま　　2.5万分の1図「福光」
G.B　－

医王山の国見平から北方に続く県境稜線上の小丘。空をバックに浮かぶのは福光あたりの小矢部川沿いから。古くは加越国境で、鎌中越えと呼ぶ峠道がこの山の肩を通り、城端の善徳寺に通じていて、ここが要路の目印とされていた。周辺は機ヶ平（ほたごだいら）と呼ばれ、美林が続く。北方に蟹谷丘陵がひろがる展望のよい位置を占めるが、生育良好の樹林が展望を妨げている。位置は百万石展望路と砂子坂林道の合流点。医王トンネルから3km、車で約10分。　　　　　　　　　（谷村文平）

城山　　353.4m　福光町
じょうやま　　2.5万分の1図「福光」
G.B　－

医王山系の山。福光町舘集落の背後にあり、尾根つづきで岩崩山に続く。砺波平野の動勢を一望でき、

城山（福光町青柴から）

鎌中越えと称する要路を監視する要衝。前田利家との合戦に敗退した佐々成政が一時ここに城を構築したとされている。水源を断たれる危機に際し、山腹の要所を槍で突いて水を噴出させたとの伝説がある。現在も槍の先と呼ぶ湧水が上水道に活用されている。山頂稜線に多数の遺構が確認され、町の調査では広瀬城跡として報告されている。福光駅から舘まで3km、ここには商標「槍乃先」の醸造所がある。

（谷村文平）

岩崩山　　648.3m　福光町
いわくずれやま　2.5万分の1図「福光」

G.B ―

　医王山群の東北端。国見平から一段低い尾根がキャンプ場へ続く。きのこ形の四阿（あずまや）のあるのが岩崩山の山頂。すぐ手前に避難小屋があり、積雪期には嬉しい憩いの場になる。山頂は土層なく裸地状、尾根の先端には槍の先の湧水があり、百万石道路側は深

岩崩山（山頂に展望台がある。国見平から）井口洋孝撮影

い峡谷《加賀谷》で、明神川となる。祖谷口からの古い登山道は現在のような谷沿いでなく、この山の頭を通って国見平へ出たので、積雪期の祖谷口ルートはまずこの山を目標にするのが安全。祖谷口から5km約100分、国見平からは1km約15分。（谷村文平）

前医王　　554.2m　福光町
まえいおう　2.5万分の1図「福光」

G.B ―

　医王山の前衛峰。本峰に似た眉形の頂稜線が本峰に平行する。北側が三角点のある台蔵、南が山頂に相当する金剛。本峰百万石道路の国土原（医王乗越）からのびる前医王尾根に歩道があり、中腹林道大谷

前医王山（登山道祖谷口から）

橋右岸あたりからの歩道と接続する。台蔵は「大谷」をはさんで本峰の三千坊と向き合う。「大谷」は深い谷と樹海によって人を寄せつけない。古い地図には道があり、「堂ケ辻」「群堂ケ原」の地名も見え、前医王と共に仏教の聖域を想像させる。現在の「大谷」は人跡もまれ、野生獣の楽園とみなされている。山麓に小集落香城寺（こうじょうじ）があり、週辺に古代寺院の遺構が多数確認された。修験者の末裔も現存とのこと。胎蔵界、金剛界を意味する山名はそのイメージをこの山にかさねて修業したことによるものか。金剛には一時期、通信施設があり、違和感を抱かせたが、現在は復元。

　林道医王線大谷川橋右岸附近に登り口がある。山頂まで約60分。百万石道路、国土原から約30分。車の道に邪魔されぬ医王登山路として貴重。

（谷村文平）

三千坊　　789.5m　福光町・金沢市
さんぜんぼう　2.5万分の1図「福光」

G.B ―

　医王山系県境主稜線北端、医王権現の背後に当たる。福光側からは平凡な山容が周辺と一体になり見わけにくい。三角点、新旧2基の展望台、地蔵堂がある。須恵器出土の記録があるが、三千坊の存在につながる出土品はない。

三千坊（旧展望台が見えるが、その下に三角点がある）

三千坊の山頂広場と地蔵堂

　風衝帯で視野が広い。医王山中の景勝地、鳶岩、大池平、豊吉川方面を俯瞰し白兀山、奥医王とともに医王山系の全域を把握できるのが特色。前医王側に群堂ケ原、堂ケ辻の地名があり、三千坊の呼び方とともに多数の寺院があったとも伝えるが、遺跡の確認はない。

　三千坊の肩には金山峠があって、はしご坂から三蛇ケ滝に通じている。背面は権助谷で直接豊吉川に落ちこむ。標高750ｍを通る百万石道路（車道）脇の展望台で車を止める人は多くない。キャンプ場、貸山小屋も近いから家族向きのハイキングに良い。この高さからブナが自生して新緑が美しい。

　国見平から徒歩15分、キャンプ場からは30分ほどの距離。　　　　　　　　　　　　　　（谷村文平）

御坊山　　357.4ｍ　福光町

ごぼうやま　　2.5万分の1図「福光」

G.B　－

　医王山群の山。スキー場下部は駐車場をふくめ荒山平（あらやまだいら）と称する洪積台地。台地の東北端の三角点の山がこの山。医王山東面山麓には広谷、香城寺、館、才川などの村落名を冠するご坊山が散在する。寺領か寺院の場所を意味すると理解されている。ここの場合、三角点の下方北東尾根に十数箇所の小平坦面を確認。住民の認識では三角点を中心とする一帯ではなく、北東斜面の林地が広谷御坊山なのである。集落の裏山であるご坊山の中、この広谷御坊山は規模が大きく特定しやすい第1級の山。

　山頂に北電・福光保健館「シー・ハイル」が建つ。アカマツ、コナラの深い森に囲まれ森の精気が漂う。北側は急斜面となって落ちこむので散居村の展望台にふさわしい。足下に小集落糸谷の灯が見え、散居村の四季の変化が前医王をバックに演出される感じ。白山山系の末端に位置するので積雪期には高さの順に並ぶ同山系の山々が確認できる。→医王山
　　　　　　　　　　　　　　　　　　（谷村文平）

ツンボリ山　　786ｍ　福光町

つんぼりやま　　2.5万分の1図「福光」

G.B　－

　医王山主稜線の鞍部、夕霧峠の東面台地が白兀平。この中心部にある小突起がこの山。冬はスキー場上部ゲレンデ、夏はキャンプ場の脇に当たる。白兀平は峠側に岩壁、黒岩が露出して、主稜線からの地滑り台地であることがわかる。大正末（1925年頃）、県営造林がなされ、台地中央部に当たる本山頂に造林記念碑が建つ。台地は植生豊富であるが、この山

御坊山の山頂を占拠する北陸電力保養所「シー・ハイル」

ツンボリ山（山頂の植林記念碑。白兀平にて）

頂は土層貧弱、裸地状。視界は広く全造林地が視野におさまる。白兀平の名称はこの山の状態によるものか、または白兀山に隣接する台地の意味かもしれない。→医王山　　　　　　　　　　（谷村文平）

医王山全景（奥医王から岩崩山に至る頂稜線。立野ケ原台地から）

に指定された。

医王山
いおうぜん　　920m　福光町・金沢市
2.5万分の1図「福光」
G.B 紀越歩ガ県自ウ栗北

《概観》

　白山火山脈の最北端、加賀と砺波平野を区切る山。一般的には、福光町と石川県を区切る大きな山体を医王山という。地元での発音は「ようぜん」、その中には奥医王山（939.1m）、白兀山（896m）、蛇尾山（920m）のほか前医王山、三千坊、黒瀑山などもふくまれる。そのうち、白兀山、蛇尾山、黒瀑山は石川県の山。その他は富山県または富山、石川の県境上に位置する。

　この山体の最高峰は県境の奥医王山だが、山群中の920mピークを特定して医王山とも呼ぶ。国土地理院の地形図にもこのピークに医王山と記されている。このピーク自体は県境の山だが、頂上は100mほど石川県側にある。

　医王山という場合は、この1ピークを指す場合もあるが、一般的には前記山域全体をいう。山群自体は大きく孤立する眉形で、立山からも石川県の兼六園からも識別できる。ただし、北方蟹谷丘陵からの山容は一変する。

　富山県は1967年県定公園に、1975年に県立自然公園に指定。石川県では1996年、県立自然公園

《各ピーク》

　山群中の最高峰は奥医王山939.1mで、次いで医王山、白兀山の順に高い。

　石川県の白兀山には古くから薬師如来をまつった祠があった。薬師如来は大医王仏ともいい、この山の山名の由来となっている。白兀山は自然条件の劣悪から植生の貧困を意味し、これが展望を有利にし

医王山の碑、下は安全祈願をする医王権現（国見平で）

て山頂気分を楽しめる。並ぶ蛇尾山（920m）は樹木の生育が良いから視界がない。この違いが山頂の祠を白兀山に置いた理由であろう。奥医王は一等三角点の山で展望が良いはず。にもかかわらず、樹木の生育は良好、地形的にも平野部に対する視界が制限されるので、展望台の出来た現状でも十分ではない。ただ、林道やリフトの整備に伴い、容易に夕霧峠に到達できるから、実質最高峰の奥医王が医王山頂の待遇を受ける機会が多くなりつつある。

《太谷川、糸谷川、豊吉川》

太谷川は奥医王を源流として小二又から小矢部川に、糸谷川は夕霧峠・白兀平を源流とし、三千坊と前医王から来る大谷の流れを合わせ古館で小矢部川に、三千坊・国見平にはじまる金山谷は加賀谷となって明神川に続く。夕霧峠、奥医王の西面は菱池谷から浅野川となり河北潟に、白兀山北面は蛇尾、中尾、松尾の3谷が三蛇ヶ滝に続き、豊吉川深谷を経て森下川として河北潟に注ぐ。

石川県側はゆるい尾根が続くのに対して、福光側が急峻であるのは、山麓南北に存在する法林寺断層線による。

《車道》

最初の車道は1966年開通の林道医王線で小又口、国見平間。国鉄バスも運行、好評。これに便乗して掘削機が県境稜線を突進、夕霧峠に到達、百万石展望路と改称された。続いて東西に夕霧峠を越す菱広線が完成して、歩く山から乗り物の山への転換が完了したのが1969年。東面山腹の広域基幹林道「医王線」（通称中腹林道）と相俟って全山の林道網完備の状態。

《スキー》

現スキー場は夕霧峠と白兀平に続く荒山尾根が主要のコース。洪積台地の荒山平がベース。スキーの歴史は古い。軍によるスキーの導入に続いて1927年から計6回「医王山突破スキー大会」が実施されている。本格的クロスカントリ・スキー競技であった。

《交通・登山道》

車の場合、標識に従いイオックスアローザ・スキー場に到着、そこから白兀平、夕霧峠に向かうのがわかりよい。国見平側への道は法林寺から医王トンネルに向かう。トンネルの東西入口附近にある標識にしたがって百万石道路に入る。

一般的登山路は祖谷口～国見平5km、100分。国見平～三蛇ケ滝～大池～鳶岩～白兀山～夕霧峠～国見平（1周）12km約4時間。このコースはほとんど石川県内になるから、道標も石川県むきになることを念頭に、地図を読みながら歩くのがポイントである。

（谷村文平）

三蛇ケ滝　下は鳶岩（共に井口洋孝撮影）

奥医王山　939.1m　福光町・金沢市
おくいおうぜん　2.5万分の1図「福光」
G.B －

　医王山群の南端で最高峰。一等三角点がある。最高ではあるが、僅差で並び中央でもないから従来主峰の扱いになっていない。山群の中央部で景勝地の多い白兀山、鳶岩、三蛇ケ滝一帯の開発が進むにつれ「手つかずの山」として評価が高まる。1996年に指定の石川県立自然公園でも自然度の高い植生と豊かな動物相の維持が強調されている。

　山頂はノッポの展望台とケルンの石地蔵、大型の三角点の標石が混在の状態。展望台は金沢、地蔵は福光の工作物。隣接して医王山寺の六角堂が建つ。厳冬期、シベリア寒気団が日本海でいっぱいに水蒸気を含ませて直接に医王山腹に吹きつける。菱池谷を上昇して夕霧峠、析出する氷晶がブナの枝に霧氷の華を結ぶ。高山ではありふれた現象であるが、850mに過ぎないこの地点では珍しい。昔は条件の良い日でも半日がかりで、峠に着く頃には名残りの姿を見るだけ。今はリフトがあるので出会う機会が多くなった。

　アプローチは林道菱広線で県境の夕霧峠まで福光から車で30分、ここから徒歩35分で山頂。途中モリアオガエルのいる竜神池がある。山頂から県境尾根を横谷側へ少し下降、ゴンドラリフト上部駅に戻る回遊コースは徒歩約60分。県境尾根を横谷峠まで下降するコースは山頂から4km、60分。両コースとも草の繁茂する夏場は迷いやすい。金沢側には下山路、菱池コースと栃尾コースがある。県定公園の案内に「林業生産との調和を図る風致地域」とある通り、古くからの医王山そのままの雰囲気ただよう山道。この場合、菱池町または栃尾集落跡からの交通手段の手配を要する。→医王山　（谷村文平）

奥医王山頂ケルン（井口洋孝撮影）

12「下梨」「白川村」

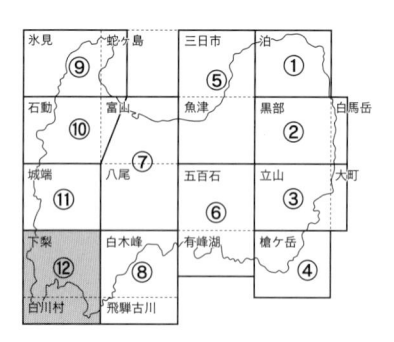

1	飛尾山……274	37	中尾……287
2	長尾山……274	38	三方山一峰……288
3	高草嶺……274	39	猿ケ山……288
4	山の神……275	40	ガンザオ山……289
5	杉山……275	41	大獅子山……290
6	高清水山……275	42	タカンボウ山……290
7	高落場山……276	43	阿別当山……291
8	大滝山……277	44	御世仏山……292
9	草沼山……277	45	マルツンボリ山……293
10	奥つくばね山……278	46	春木山……294
11	つくばね山……278	47	三ケ辻山……294
12	とぎのしま山……279	48	岩長山……295
13	雪持山……279	49	白子ノ頭……295
14	樋瀬戸山……279	50	北ソウレ山……296
15	高附山……279	51	人形山……296
16	風吹山……280	52	カラモン峰……298
17	北横根……280	53	大滝山……299
18	横根山……280	54	輪撫山……300
19	丸山……280	55	八若山……300
20	タカツブリ山……281	56	細島山……300
21	すぎおい山……281	57	大門山……301
22	笠かぶり山……281	58	多子津山……301
23	八丁山……281	59	月ケ原山……302
24	大ジャラ……282	60	赤堂山……302
25	中ジャラ……282	61	大倉山……303
26	ソバツボ山……282	62	順尾山……303
27	上松尾山……282	63	コイト山……304
28	天王山……283	64	赤摩木古山……304
29	越形山……283	65	見越山……305
30	猪越山……284	66	奈良岳……306
31	高坪山……284	67	前笈ケ岳……306
32	道谷山……284	68	天ノ又……306
33	鍋床山……285	69	大笠山……307
34	袴腰山……286	70	宝剣岳……308
35	奥山……287	71	錫杖岳……308
36	三方山……287	72	笈ケ岳……309

地図

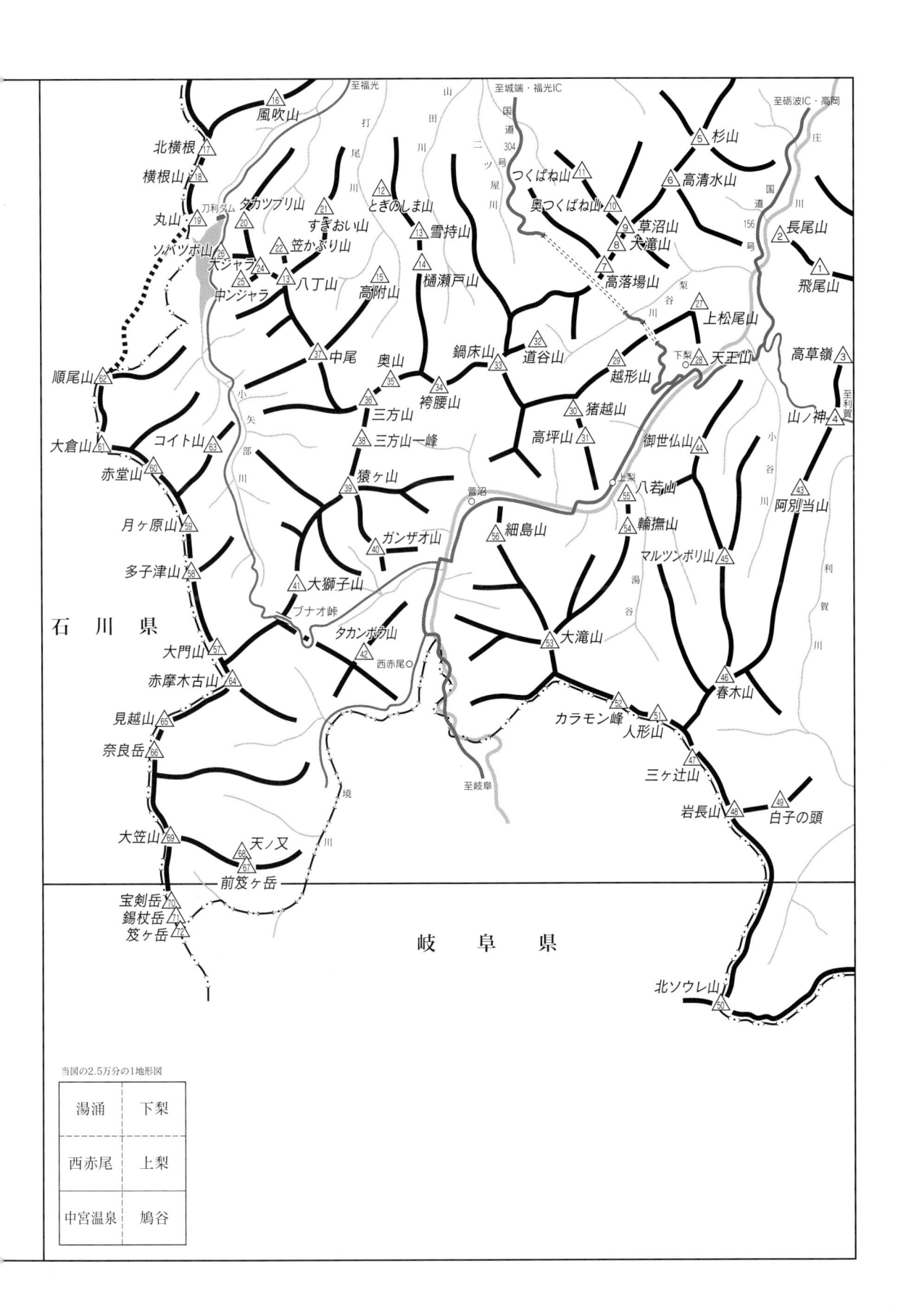

至福光 / 至城端・福光IC / 至砺波IC・高岡

- 風吹山 ⑯
- 北横根 ⑰
- 横根山 ⑱
- 丸山 ⑲
- タカツブリ山 ⑳
- ソバツボ山 ㉖
- 天ジャラ ㉔
- 中ジャラ ㉕
- すぎおい山 ㉑
- 笠かぶり山 ㉒
- とぎのしま山 ⑫
- 雪持山 ⑬
- 八丁山 ㉓
- 高附山 ⑮
- 樋瀬戸山 ⑭
- つくばね山 ⑪
- 奥つくばね山 ⑩
- 杉山 ⑤
- 高清水山 ⑥
- 長尾山 ②
- 草沼山 ⑨
- 大滝山 ⑧
- 高落場山 ⑦
- 飛尾山 ①
- 上松尾山 ㉗
- 天王山 ㉘
- 高草嶺 ③
- 刀利ダム
- 打尾川
- 山田川
- 二ッ屋川
- 国道304号
- 梨谷川
- 下梨
- 国道156号
- 至利賀
- 順尾山 ㉒
- 大倉山 ㉑
- コイト山 ㉓
- 赤堂山 ㉖
- 月ヶ原山 ㉙
- 多子津山 ㊺
- 中尾 ㊲
- 奥山 ㉟
- 袴腰山 ㉞
- 鍋床山 ㉝
- 道谷山 ㉜
- 越形山 ㉙
- 猪越山 ㉚
- 高坪山 ㉛
- 御世仏山 ㊹
- 八若山 ㊽
- 輪撫山 ㊾
- 山ノ神
- 阿別当山 ㊸
- マルツンボリ山 ㊺
- 小谷川
- 利賀川
- 三方山 ㊱
- 三方山一峰 ㊳
- 猿ヶ山 ㊴
- ガンザオ山 ㊵
- 大獅子山 ㊶
- 菅沼
- 細島山 ㊻
- 上梨
- 湯谷
- 石川県
- 大門山 ㊼
- 赤摩木古山 ㊽
- 見越山 ㊿
- 奈良岳 ㊻
- ブナオ峠
- タカンボウ山 ㊷
- 西赤尾
- 大滝山 ㊽
- カラモン峰 ㊾
- 人形山 ㊿
- 春木山 ㊻
- 三ヶ辻山 ㊷
- 岩長山 ㊽
- 白子の頭 ㊾
- 境川
- 至岐阜
- 大笠山 ㊾
- 天ノ又 ㊻
- 前笈ヶ岳 ㊷
- 宝剣岳 ㊿
- 錫杖岳 ㊹
- 笈ヶ岳 ㊷
- 岐阜県
- 北ソウレ山 ㊿

当図の2.5万分の1地形図

湯涌	下梨
西赤尾	上梨
中宮温泉	鳩谷

飛尾山
ひおやま　　866m　平村
2.5万分の1図「下梨」
G.B ―

　平村の北東に位置し、大崩島の東上部にそびえるすっきりした山容の山。庄川上流の国道沿線からよく眺められる。山頂から北面の尾根は長尾山を経て庄川へ落ちている。山頂から東へ続く稜線はなだらか。西側山麓に大崩島地区、南西側山麓に寿川地区、入谷地区がある。山頂は樹木に覆われて眺望がきかないが、南寄りの松の木に登れば五箇山の展望が得られる。

飛尾山（見座下の国道から。左は下梨、右は大島集落）
下は山頂からの展望（下梨方向。遠望は笈ケ岳と大笠山）

　登山道はないが、近くまで林道猫池線が延びているので、林道から20分、樹木とヤブを分ければ山頂部に立てる。五箇山の展望台として開発したい山である。　　　　　　　　　　　　（山崎富美雄）

長尾山
ながおやま　　562.0m　平村
2.5万分の1図「下梨」
G.B ―

　平村の大崩島と祖山の中間にある庄川右岸の山。庄川の大渡橋付近から端正な丸みをした山容がよく見えている。三等三角点の山。地元では小松尾と呼んでいる。山頂からは高い樹林のため展望がきかない。山頂近くまで林道柳峠線が通っており、頂上へ出るには柳峠から10分ほど。柳峠は昔、大槻伝蔵が祖山へ流刑されたとき、ここでヤリを投げた峠と

長尾山（右、左下は関西電力祖山発電所）。下は祖山ダム湖に突き出す半島状の長尾山（バックは大明神山）

いわれ、ヤリナゲ峠がなまってヤナギ峠となったと伝えられている。　　　　　　　　　（山崎富美雄）

高草嶺
たかそうれい　　1075m　平村・利賀村
2.5万分の1図「下梨」
G.B ―

　平村と利賀村との境、山の神峠の北側に位置する山。平村の高草嶺集落の寺から見ると、利賀村との境に3つのなだらかな山が並んで見えるので、三ケ山（みつがやま）ともいう。その右端の山が高草嶺集落の山なので、このように呼んでいる。
　中央の山の右端に無線塔が立っているが、その近

くに猫池がある。猫池は周囲300mほどの池で、稜線上にあるにもかかわらず、水が涸れない。小さな浮島が2つある。

　池の名の謂われは幾つかあるが、共通しているのは、池の周りの雪の上に猫の足跡が現れると言うことである。
　　　　　　　　　　　　　　　　（富樫正弘）

山の神　　902.4m　平村・利賀村
やまのかみ　　2.5万分の1図「下梨」
G.B ―

　平村と利賀村を結ぶ重要な峠がある山。特に冬、利賀の人にとってかけがえのない峠であった。1930（昭和5）年に祖山・小牧の両ダムが完成してからは、平村の下出（しもで）へ出て、下出から船で祖山に下り、そこで乗り換えて庄川町の小牧に出た。しかし、この峠は積雪が多く、集落で積もっていなくても峠では腰くらいの雪になることがあり、何人かの人が遭難した。その1人1人の供養として地蔵さんが峠に置かれた。また、東側斜面の650～900mにはブナを主体とする原生林がある。これは、雪崩防止のための雪持林（ゆきもちりん）として伐採を免れたためである。峠には天狗が居るという1本の大きな杉の木がある。　（富樫正弘）

杉山　　1110.5m　平村・利賀村・城端町
すぎやま　　2.5万分の1図「下梨」

G.B ―

　やや右肩上りに立てた屏風のように、さして個性のない山々のつらなりを総称して「東山」と呼んでいる。右肩の高い所が高清水山で、稜線を1.5kmほど北に送電線と送電線の間に当山がある。春早く、あるいは秋の落葉後の晴れた日には、頂上から西は砺波平野、東は北アルプスの山々が素晴らしい。ピークの南側を杉尾峠（古くは細野峠）の道が通っている。大正の末（1926年）、注目と期待を集めて水力発電ダム用資材運搬のため、登り3時間、下り1時間半の道をボッカが往復したという。後に城端駅から索道がこの峠沿いに設けられ、庄川水系電源開発に大いに貢献する。

　1998（平成10）年4月17日、北陸中日新聞に高岡徹氏は「5つの城砦跡」を投稿されている。細野から峠の中間くらいにある鉢伏山「607.5m三角点」にも砦があったと言う。

　登山には送電線見廻りの道がよく手入れされているのがうれしい。
　　　　　　　　　　　　　　　　（荒井共信）

高清水山　　1145m　城端町・平村
たかしょうずやま　　2.5万分の1図「下梨」
G.B 越 歩 雪 北

　城端町は三方を山に囲まれた山麓にある。南に町のシンボルで最高峰の袴腰山を、西に医王山を、そして東に東山といわれる高清水山系を配している。

高清水山（杉山から）富樫正弘撮影

高清水山頂からの展望（橋本廣撮影）

この山系は庄川と小矢部川の分水嶺をなす。

高清水山頂からの眺望は、南から東北に向けて木曽御岳・乗鞍岳・穂高連峰・薬師岳・立山・剱岳などが屏風のごとく連なり、南から西北に向けては白山・笈ケ岳・大門山・医王山・稲葉山・二上山などが連なる。眼下には砺波平野の散居村が広がり、晴天の時は遠く富山湾まで望める。

高清水山への登山道は、縄ケ池からのルートと、杉尾峠（城端町細野または林道・赤祖父線の「梨の木平」）から登るものと2つのルートがある。

縄ケ池からのルートは、縄ケ池の南端から五条の滝に沿った急な道（春先にはイワウチワ・ミツバツツジ・ユキツバキなどが咲く）を登り、痩せ細った尾根「竜の背中」を右下に、「幻の滝」を見て高度を稼ぐ。道の両側に樹齢何百年もの杉の大木が連なる中に、大人数人が抱える「千年杉」を見る。さらに進むと「東山」の尾根道（道宗の道）の日だまり峠に出る。縄ケ池からの距離は約700m。この道を左に折れ、尾根道を約700m、3つの頂を上り下りすると頂上である。

杉尾峠ルートは、林道・赤祖父線の梨の木平から県指定天然記念物の「梨の木」を経て、30分ほど登ると「折渡谷」に出る。ここには大変きれいな清水が湧き出て、昔からこの峠道を往来する人が利用した。しばらく進むと道の左側に、60年ほど前には蓴菜が採取されていた「天池」があり、さらに進むと往時には人々の目標として親しまれた「馬乗り杉」という大木がある。峠の近くには冬に人々の心の支えとなった「中尾杉」があり、やがて標高1067.2mの「杉尾峠」に出る。峠から右に尾根道（道宗の道）をとり、ほぼ水平に近い稜線を約600m、小高い頂2つを越すと、索道峠（庄川にダム建設をするため城端からの物資輸送に使用）に出る。ここから約500mで頂上。

高清水山の名前は推察であるが、次のように考えられる。縄ケ池の不思議の1つに、池へ流入する水よりも池から排出する水が多いということがある。また、夏になると池へ入る川が渇水しても池から排出される水は絶えない。現在、縄ケ池から高清水山頂に向けて杉が植林されているが、その昔はブナ林だった。広葉樹は針葉樹よりはるかに保水量は多い。流入水量より排出水量が多いのは、この高清水山からの伏流水（清水）である。「東山」の主峰からの「清水」。これを《高清水》とよんだのであろう。

（小原耕道）

高落場山
たかおちばやま

1122m　城端町・平村
2.5万分の1図「下梨」
G.B 越 歩 カ 県

城端町の南東に位置し、高清水山系の南端をしめくくる。どっしりした山容の上に小台形の頂上部がある。稜線が南にたおやかに下降した鞍部が朴峠で、古くから城端と五箇山を結ぶ街道筋であった。

大滝山へ続く北側の尾根は見事なブナの原生林である。これは1627年、加賀藩が水持林として禁伐したもので、現在は若杉、縄ケ池自然環境保全地域となっている。ブナ林はグリーンダムとも言われるように保水能力にすぐれ、これを水源として2すじ並んだ夫婦（めおと）滝が年中変らぬ水量を落している。米作りに必要不可欠であった水源を祭祀し、聖域としたのであろう。

元にかえること、若がえることを変若（おち）といい、水源の滝を変若水（おちみず）ということがある。高落場山の山名も水が再生、誕生する山という意味の高変若場山の可能性が高い。

梨谷集落は木地師が移り住んだのが始まりといわれる。標高が高くて稲作が出来ず、生活の糧を付近の山々に求めた。加賀藩は塩硝を年貢としたので、それを煮詰める燃料用の薪、焼畑、養蚕、和紙を採り、明治になると肥料用に石灰を掘った。高落場山東のコウモリ谷は、その採掘跡の穴にコウモリが住みつき、その名前がつけられた。

人の活動領域であった梨谷側と対照的に、禁伐を守り続けた城端側の林相に著しい差が生じ、特に冬場になると梨谷側は白く輝き、黒いブナ林におおわ

高落場山（林道柳線からの遠望。手前は庄川の双美峡）山崎富美雄撮影

れた城端側の景観は、同じ山とは思えないほどである。高落場山の山名をたどっていくと、生活形態、山地利用、そして景観のちがいが見えてくる。おもしろい山といえる。

登山道は城端町から国道304号線を五箇山方向に走り、田んぼが見えなくなって間もなく左折して、縄ケ池林道に入り、4kmほどで若杉集落跡の石碑の広場があり、車を駐車する。

ここから近年中部北陸自然歩道として整備された旧五箇山街道へ入る。かつての石畳の道を20分で唐木峠。《横渡り》といわれた朴峠への街道を右に見て、杉の植林の中を尾根に取りつく。928m付近から尾根も広くなり、気持ちのいいブナ林となる。

主稜線に出ると、大滝山方面への登山道が左へ降りているが、頂上へは右折、平坦な道を5分。唐木峠から1時間ほどで小高い頂上へ出る。三角点はない。頂上は城端町と平村の境界であり、500年前、赤尾の道宗が井波別院まで通ったと伝えられる《道宗道》も、ここを通っている。

展望は良く、東のすぐ前は平スキー場と平村庄川右岸の家並みが点在し、金剛堂山、白木峰の後に北アルプスが立ち並ぶ。南には人形山、袴腰山がすぐ近く、白山を盟主とする加飛、加越国境の山々、西には砺波平野南部の散居村をはさんで、医王山が立ちはだかる。

帰路は大滝山を経て、縄ケ池へ下るとより充実したコースとなる。かつて頂上から直接朴峠へのルートも整備されたが、現在はヤブがひどく積雪期のみ通行可能である。→高清水山　　　（橋本英司）

大滝山　　1040m　城端町・平村
おおたきやま　2.5万分の1図「下梨」

G.B　—

草沼山の西、約1000mの所に夫婦滝があるが、この滝の水源地一帯を大滝山と称している。

慶長年間（1596〜1615）に地元の農民が、水源涵養林としての「大滝山」の木を切らないように願い出た古文書も現存している。おかげで、県内でも指折りのブナ原生林が残り、夫婦滝、打尾川に流れる水は大鋸屋（おおがや）、泉沢を潤している。

大滝山の山域ははっきりしないので、山の高さも決めにくい。が、城端町と平村の境界の尾根まで広がっているとすれば、標高およそ1040mである。
→草沼山・高落場山　　　（本谷二三夫）

草沼山　　1080.7m　城端町・平村
くさぬまやま　2.5万分の1図「下梨」

G.B　—

高清水断層によって出来た高清水山系の1山。高落場山と高清水山の中間にある。

草沼山を《奥つくばね山》と記してある文献もあるが、間違いで、三角点記も草沼山とある。

登山コースは、城端町森林公園前の高落場山登山口より、南東に直線距離で1200m、4分の1強の勾配、標高1000〜1050mあたりで道が2つになるが、右へ行くと、県内でも指折りの大滝山のブナ原生林に入り、そのまま高落場山へと行く。左の尾根道を登ると頂上に達する。この道は次のピーク（1071m）を過ぎたところで先ほどの右道と合流する。

山頂だけを目指すなら、林道高清水線の1番南寄りの高落場山登山口から登ると20分ほどで山頂。山頂の西側はブナ林で眺望がきかないが、東側は高落場山とほぼ同じ眺望である。→高落場山

（本谷二三夫）

奥つくばね山　995m　城端町
おくつくばねやま　2.5万分の1図「下梨」
G.B ㋕

高清水山系の草沼山の北北東300mにある。

1958（昭和33）年2月、第8回中部日本スキー大会が城端で開催された。当初、滑降競技のスタート地点をつくばね山山頂としていたが、雪不足のため急遽、標高996mの無名ピークにスタートを移動、原山牧場をゴールとした。その時に一帯を「奥つくばね」と呼称して現在に至っている。

現在、頂上の北西斜面はパラグライダーのテイクオフ基地になっている。

山頂までは、山頂南側の林道高清水線の駐車場から歩いて5分。山頂からの展望は、真下に城端散居村、西には医王山、天気の良い日には石川県の内灘砂丘、そして日本海。北には高岡の二上山、奈呉浦、有磯海の富山湾も見える。城端町の第1級の景勝地。城端町の森林基本図には、この山の標高は996mとなっている。国土地理院の995m標高点の数百m南西、草沼山北西尾根の1地点に当たる。

（本谷二三夫）

つくばね山　760m　城端町
つくばねやま　2.5万分の1図「下梨」
G.B ㊐

井波町から、車で井口村をぬけ城端町に入ると、すぐ左前方に三角形をした端正な山が見えてくる。高清水連山の一角をなす「つくばね山」である。稜線より砺波平野に一歩踏み出した位置にあり、城端から眺めると、連山の主峰である高清水山と高落場山を左右に従え、堂々とした山容を成している。

旧登山道は、ふもとにある林道温泉の横から登る道であったが、今は廃道となり、新たに温泉の300mほど西側に登山道が整備された。入口に2000年富山国体縦走競技コースの導標が立っている。そこ

つくばね山（手前、中央の平らな所がつくばね山、右の一番高いのが草沼山。東海北陸道城端S.Aから）

つくばね山

から歩くと約1時間半で頂上につく。

また、林道縄ケ池線の起点、国道304号線の取りつきから車で20分ほどいくと、つくばね森林公園の広場につく。そこから10分ほど歩くと頂上に立つことができる。頂上からの眺めは、砺波平野と、その散居村が一望できるすばらしい景色である。

山名はこの山に自生するツクバネの木が多いことからついたのであろう。平安末期、藤原清輔著の歌学書『袋草子』の1節に「越中のツクバネの神」が見えている。これについて、加賀藩の学者、森田柿園の『越中志徴』に『袋草子』の所伝を挙げて、次のように述べている。「此にいふ越中のツクバネの神といふ神社、神明帳及び国史等にも見えず。若しくは巡杖記にいえる林道村のつくばね山に鎮座する神ならむか。」

つくばね山は、その東に広大な原山台地、涸れることのない縄ケ池、南に豪快な夫婦滝を配し、麓に飛ぶ鳥も落すという霊泉（炭酸孔）をもつ。山容また秀麗にして、かつての信仰の山としての条件は充分に備えている。　　　　　　　　　　　（藤田豊久）

とぎのしま山　632.0m　福光町
とぎのしまやま　2.5万分の1図「湯涌」
G.B ―

小矢部川支流の打尾川と山田川の分水嶺をなす山で、福光・城端町境でもある。福光市街地から眺めると、袴腰、三方山の山並の手前に独立峰として見える。尾根続きの雪持山、樋瀬戸山とともに山名の由来は不明で、5万分の1図、2万5千分の1図にも山名の記載はない。近年完成した臼中ダムの東側にあり、急斜面の雑木林で登山道はない。城端側に近年完成した山田川ダムがあり、杉の植林地が広がり、その作業道も山頂近くまで付いている。登山の対象としては楽しみがない。　　　（橋本准治）

雪持山　545m　福光町・城端町
ゆきもちやま　2.5万分の1図「湯涌」
G.B ―

旧臼中集落の真東、現在はダム湖上に突き出す岬の突端から見あげる位置にある。福光で作成された臼中研究書には「雪待山」とあるが、古くからの呼び名としては語感がそぐわぬので旧住民の方に照会したところ「ゆきもちやま」が正しい。旧臼中村の総山（共有林）になっている由。登路はない。残雪期、山田川の城端ダムから稜線にとりついて縦走する方法が考えられる。　　　　　　　（橋本准治）

樋瀬戸山　579m　福光町・城端町
ひのせとやま　2.5万分の1図「湯涌」
G.B ―

小矢部川支流の山田川と打尾川が最接近する地点に城福トンネルがあり、城端・福光両町の境界をなす山稜線が北方へ続く。この線上に雪持山と並ぶのが樋瀬戸山。村落樋瀬戸は打尾川のはるか下流で小矢部川本流に近い。その名をいただくには訳がありそうに思い、旧在住者にあたってみたが不明。登山路はない。　　　　　　　　　　　（橋本准治）

高附山　581.2m　福光町
たかつきやま　2.5万分の1図「湯涌」
G.B ―

小矢部川支流の打尾川源流の山。臼中ダム湖を見下ろす三等三角点の山。5万分の1図、2万5千分の1図にも山名の記載はない。臼中ダムサイトの公園から眺めることができ、近年中部電力の送電塔が2基建った。ダム湖周遊道路から送電塔巡視路があり、登山用としても利用できる。雑木林の中、階段状のコースを40分ほど登ると送電塔基部に着く。送電線が多少気になるが、なかなか展望は良い。100mほど離れて2基目が建ち、その先5分ほどのヤブこぎで山頂に立つことができる。山名の由来は不明。1978（昭和53）年の離村まで臼中部落の里山として利用され、炭焼跡もたくさん残っている。ダム周辺は公園工事が進められており、ハイキングコースとして利用されることだろう。（橋本准治）

風吹山
かざふきやま
330m　福光町
2.5万分の1図「湯涌」
G.B　−

奥医王東面小矢部川左岸にある山。県境の横谷峠から小矢部本流に沿って派生した長い丘陵上にある。福光温泉の対岸に位置する。落葉樹ばかりの尾根で松の緑が鮮やかな小山。この尾根は往古、城下町金沢と越中太美郷(ふとみごう)を結ぶ文化・経済交流の要路であった。そのシンボルがこの山。

風吹山(送電塔とクレー射撃場が取りまく)

里山開発による自然消滅の典型で、別荘地計画が持ち上がり破綻、自然休養村事業、県営射撃場などが当山を取りまき、さらに能登原発と中京を結ぶ巨大送電施設が完成して包囲完結。

福光温泉バス停から徒歩30分。積雪期、横谷峠あるいは、IOXアローザスキー場からクロカンスキーコースとして面白い。　　　　　　(谷村文平)

北横根
きたよこね
602.1m　福光町・金沢市
2.5万分の1図「湯涌」
G.B　−

石川県境上の横谷峠の南約0.5kmにある小山。三等三角点がある。本地点は台地状の横根山(606m)の北端であって独立性が乏しい。→横根山
　　　　　　　　　　　　　　　　　(石崎悟正)

横根山
よこねやま
606m　福光町・金沢市
2.5万分の1図「湯涌」
G.B　−

医王山南にある山。金沢市横谷町と小矢部市の刀利ダムに挟まれた高原状の山。山頂部分が平坦で際

横根山(刀利ダム右岸から)

立ったピークは見られない。山名の由来は、横谷と中根(とうり)(立野脇の小矢部川対岸にあった村落で今は消滅)の中間の山ということだろう。1998(平成10)年、福光に変電所が作られて石川県側から送電線ルートが通過。その巨大な鉄塔3基が山頂部分に建てられている。

登山道は横谷峠から石川県側へ百mほど入った左手に鉄塔巡視路北側の取り着きがあり、最初の鉄塔までの急登を5分ほどで登り切ると、後はなだらかな登山道が続く。山を取り巻くように林道があるため鉄塔の巡視ルートが山中に枝分かれして伸びているが、どう間違えても必ず林道上に出るので迷うことはないだろう。山頂部の中ほどに池があるが、登山道がないため無雪期には薮こぎになる。山頂での眺望は望めないが、鉄塔基礎部の刈り払いからは、金沢方面を望むことができる。　　　　(石崎悟正)

丸山
まるやま
554m　福光町・金沢市
2.5万分の1図「湯涌」
G.B　−

刀利(とうり)ダム堰堤西側の山。小矢部川(ダム湖)と金沢市横谷にVの字型に挟まれた部分で、丸くコンモリとした独立の山頂をもつ山。県道福光湯涌金沢線の県境手前から右手に舗装された林道が蛇行しながらこの山の中腹を取り巻くようにして北へ伸びてい

丸山(刀利ダム右岸から)　橋本廣撮影

る。この林道から上は山頂まで杉の植林がされており、登山道はなく、眺望も望めない。（石崎悟正）

タカツブリ山　684m　福光町
たかつぶりやま　2.5万分の1図「湯涌」
G.B ―

　刀利ダム堰堤東側の山。小矢部川とその支流蛇谷川に挟まれた部分の最高部。刀利のダム湖をはさんで丸山と向き合う。山頂に1997（平成9）年、北陸電力の反射板が設置され、大規模林道がダム湖岸から八丁山西側に刻まれた。これが北側に回り込む峠の少し手前から巡視用の登山道が整備されている。これをたどると林道から15分ほどで山頂に立つことができる。山頂からは、医王山や金沢市内を

タカツブリ山（刀利ダム左岸から）

望むことができる。なお、地元では言い間違いだろうが「カタツブリ山」と言う人もいる。（石崎悟正）

すぎおい山　647m　福光町
すぎおいやま　2.5万分の1図「湯涌」
G.B ―

　小矢部川支流の打尾川と蛇谷川の間にある。刀利ダム右岸の八丁山から北へ派生する尾根の一角にあり、ほとんど目立たない山。5万分の1図、2万5千分の1図にも山名の記載はない。近年、ふるさと林道城福線の工事が進められており、これを利用して登ることができる。山頂一帯は杉の植林地で山名と符合する。近年中部電力の送電塔が建った。この巡視路を利用すると簡単に山頂に立つことができる。
（橋本准治）

笠かぶり山　872m　福光町
かさかぶりやま　2.5万分の1図「湯涌」
G.B ―

　小矢部川上流刀利ダム湖の東岸の山。「刀利青年の山研修館」の東1km余りの所にある。この山の南1km余りに八丁山がある。ここを源流とするのが蛇谷川で、集落吉見で小矢部本流に注ぐ。蛇谷川上流が吉見谷で、里人が山菜や岩魚などを目的に入山する時の目印の山であったという。当今は刀利ダム湖を起点とする幹線林道が標高600mの肩のあたりを通るので、注目されることもない。刀利ダム西岸、横谷峠側に建立の石碑に姿と呼称がきざまれている。
（角谷隆光）

八丁山　970m　福光町
はっちょうやま　2.5万分の1図「湯涌」
G.B ―

　小矢部本流の刀利ダム東岸の山。尾根は南北に連なり、上平村境の三方山につながる。砺波平野の南の限界を示す衝立状の山。周辺に笠かぶり山をはじめ、小ピークを多くしたがえ、1山塊を形成する。北面は吉見谷に続き蛇谷川、背面は小矢部本流の刀利谷である。刀利谷側は旧刀利村の解村に伴い公有林地に譲渡され、公営造林事業が進む。そのため林業関係研修施設の整備、草刈十字軍の活動などで有名。西側中腹台地に「刀利青年の山研修館」が建つ。頂稜部は標高約900m。樹木の生育良好な台地状で丸形の隆起が南北に並ぶ。970mは南端になる。夏場は全体の見通しが困難な地点が多い。造林管理の山道はあるが、登山道はないので、登頂には残雪期がよい。積雪期、福光温泉から稜線づたいの八丁山

八丁山（刀利青年の山研修館から）橋本廣撮影

往復は適当な1日コースであった。薪炭林の伐採がなく、降雪の減少した現在は諸条件の把握がむずかしい。　　　　　　　　　　　　　　（角谷隆光）

大ジャラ　　　810m　福光町
おおじゃら　　　2.5万分の1図「湯涌」
G.B　−

八丁山の衛星峰。「刀利青年の山研修館」の東側

一番高いのが大ジャラ、右へ中ンジャラと続く。手前の三角形がソバツボ山（刀利ダム左岸展望所から）

植林地の後ろ側。八丁山三角点の西約0.7kmにある。なお、奥医王山南側にも同名の地がある。また、奥医王山山頂には「ジャラガ池」という池もある。「ジャラ」は宗教的用語で竜神の意味とか。山腹には「青年の山研修館」から遊歩道があるが、途中で中ンジャラの方向へ迂回しており、山頂へは薮漕ぎとなる。山頂からの眺望は望めない。（石崎悟正）

中ンジャラ　　　715m　福光町
なかんじゃら　　　2.5万分の1図「湯涌」
G.B　−

八丁山の西側の山。「刀利青年の山研修館」南側ケビンの裏手の山。ケビンから裏山にかけて遊歩道が整備されており、山頂付近まで登ることは可能だが、はっきりした山頂がどこか分からない。山頂からの眺望は望めない。　　　（石崎悟正）

ソバツボ山　　　446m　福光町
そばつぼやま　　　2.5万分の1図「湯涌」
G.B　−

刀利ダム右岸湖畔の山。「青年の山研修館」から西に伸びる尾根の先端部の、きれいな円錐形をした部分。刀利ダムから1kmほど右岸道路を逆上ると、左手に大規模林道が八丁山へと蛇行しながら伸びているが、この道路が尾根を断ち割るようにしている部分が当山の山頂部分に当たる。湖面からの高さは百mほどだろうか。対岸の展望所から真正面にその整った形状を眺めることができる。　（石崎悟正）

上松尾山　　　770.4m　平村
かみまつおやま　　　2.5万分の1図「下梨」
G.B　−

平村の小集落上松尾の背後にある。台形をした山容は平村のおおよその場所から望まれる。三角点名は「上松尾」、地元ではジャノイの頭と呼ばれているが、村民一般では「松尾の山」と呼んでいる。

山頂は潅木に覆われているが見晴しはきく。この山麓一帯は緩やかな起伏に富み、旧国道を生かしたクロスカントリーのコースが設定され、大会が開かれている。年間を通じてハイキングに好適で、平村全体が展望できるファミリーコース。山頂へは廃村の田代から入り、クロスカントリーコースから40分で山頂。村指定名勝天然記念物の「天柱石」は、

天柱石（高さ約32m、周り約76m）

この山の北側山腹にある。　　　（山崎富美雄）

上松尾山（稜線上の台形の山。上梨トンネル上から）

天王山
てんのうざん　　310m　平村
2.5万分の1図「下梨」
G.B　—

平村の中心地下梨集落の北部にある。国道156号線沿いに瑞願寺があり、その裏山にあたる小山。古墳らしい土盛りが山頂にある。山頂は平坦で長細い。伝承によると、ここは悲運な生涯を送った南朝の長慶天皇の陵墓であるという。瑞願寺門前左側に「長慶天皇御陵」の石碑が建っている。この山の登り口の石室に納まる石仏の台座裏に「元文四（1739）年八月四日、目加田氏」とある。全山杉や松の針葉樹の大木が茂り、半円形の尾根状の山。鳥越地区から良く踏まれた登路がある。　　（山崎富美雄）

G.B　—

平村の中心下梨の西方にそびえる山。山頂に三等三角点がある。山の北斜面は五箇山たいらスキー場となっている。山名は相倉側のもので、通常は「梨谷の山」と呼んでいた。リフトのない昔は「梨谷スキー場」で通っていた。山頂を中心に北面は来栖地区、西面は相倉地区、スキー場の大部分は梨谷地区である。北西の斜面はションタカ草嶺と呼ばれ、合掌造りの茅の採取地。標高は南方に対峙する高坪山よりわずかに低いが、山頂からの展望はゲレンデの雪質と共に特筆すべきものがある。白山連峰を南に山座同定が楽しめる山。山頂には文化遺産相倉合掌集落の看板を兼ねた反射板が建てられた。

（山崎富美雄）

天王山（高い松の木の付近が山頂。平村下梨の中心街から）

越形山
こしがたやま　　933.5m　平村
2.5万分の1図「下梨」

越形山（たいらスキー場も見える。高落場山の東尾根から）

猪越山　　896m　平村
ししごえやま　　2.5万分の1図「下梨」
G.B －

　高坪山北方稜線上の小さなコブ山。三角点はないが、東側に大きな尾根を張り出している。樹木に覆われていて山容その他にも特筆することはない。山名は《ししごえ》と呼ばれる字名からきている。相倉地区がこの山の西側へ峰越しに続いているが、その目印となる山である。

猪越山（矢印の山。左は高坪山。越形山山頂から）

　1995（平成7）年、林道高坪線が開通し、高坪山と猪越山のコルを通って、獅子越林道に結ばれた。その昔、炭焼や桑こきに苦労した山越えの道だったが、今は車で通り過ぎている。→高坪山

（山崎富美雄）

高坪山　　1013.9m　平村・上平村
たかつぼやま　　2.5万分の1図「上梨」
G.B －

　五箇山の中心に位置する山。平村と上平村の境界。山容はどこから見ても端正な三角形で、平村のシンボル的な存在である。

　1976（昭和51）年に当山を含む相倉、上梨、田向地区が五箇山国民休養地に指定され、登山道と遊歩道が整備された。その後、林道高坪線が相倉合掌集落を起点に高坪山の北側のコルを通り、道谷高原から延びる林道獅子越線と結ばれ、従来の登山道は廃道化した。今では林道から15分くらいで山頂に立てる。山頂には反射板が建っていて、そのわきに三等三角点（点名「高壺」）がある。山頂からの展望は下梨方面のみが望め、人形山や白山方面は樹木にさえぎられて見えない。

　この山の東側に断層が走っている。城端から高清

高坪山（正面、篭渡地区の矢切から）

水山地と庄川をほぼ直角に横切り、湯谷川沿いに人形山方向に延びる大断層で、「城端・上梨断層」と呼ばれている。林道が出来て登山の対象から見はなされ不遇の山となった高坪山に新たな魅力をつけ加えるために、五箇山保勝会の手で新しい登山道が完成した。高坪山へ直接登るのではなく、遠巻きにながめながら高度をかせぎ、北尾根の900mピークから白山連峰のパノラマを眺めて頂上に至るコースとなっている。下山は旧登山道と林道をつなぎ、近道をして相倉合掌集落に達することができる。全コース4km、所要3時間である。高坪山は2000年国体登山競技の会場で、かつて国民休養地として設置された登山道を復活、整備して踏査競技がくりひろげられた。相倉合掌集落の屋根の茅は高坪山の山腹で採集されている。晩秋の天候を見計らって毎年刈り取りが実施されているが、時期によっては、高坪山頂から黄金色になった茅場（かやば）をあちこちに見ることが出来る。

（山崎富美雄）

道谷山　　954m　平村
どうだんやま　　2.5万分の1図「下梨」
G.B ㋕

　道谷山は前道谷、中道谷、奥道谷の3峰から成っていて、最高峰が奥道谷。山名は山の東側の地名からきている。付近は道谷高原と称し、紅葉の名勝と

道谷山三山（バックは鍋床山。たいらスキー場から）

なっている。全山「太美山層群（ふとみ）」と呼ばれる地質から成り、流紋岩や石英はん岩が多く、角ばって割れて脆い。付近の代表的な植物として、山頂北側稜線上の天然杉が挙げられる。秋の紅葉の中、緑がひときわ目立っている。山の西側の谷は美ケ谷と呼ばれる滑床と滝の美しい渓谷。沢登りに好適。山頂への登山道はないので、登山適期は積雪期・残雪期。山稜はヤセ尾根で、低山ながら手ごたえのある山歩きが楽しめる。

美ケ谷の右尾根から取付き、中道谷を経て、さらに吊尾根を通って奥道谷へ登る。山頂からの眺めは絶賛に価する。　　　　　　　　　（山崎富美雄）

鍋床山　1065.7m　城端町・平村・上平村
なべとこやま　2.5万分の1図「下梨」
G.B ㋕

袴腰山連山の1峰。城端郊外から袴腰山の左手に三角定規を伏せたように見えるピーク。三等三角点がある。山頂北面約150m下方には尾瀬林道が横切っている。西に尾瀬峠（930m）。ミヤマナラ、マルバマンサクなどの風衝低木群落が生育している。

2000年とやま国体山岳競技かみたいら縦走コースの最終部分はこの山の中腹を巻いている。なお、このコースは、かつての道宗道（どうしゅうみち。上平村赤尾から井波町に至る尾根道）の一部であると考えられている。

鍋床山頂から望む城端側は、所々岩壁が露出したカルデラ状の深い谷となっており、山田川の支流東谷が流れていて、砂防ダムが連なっている。一方、この山の平村側は、梨谷川が刻んだ稜線で、その谷に鍋床谷と美ケ谷がある。浸食によって谷底が滑らかとなり、岸壁が一枚岩のようになった断崖があり、まさに鍋床の名にふさわしい。2つの滝を越して、山頂に至る沢登りが楽しめる。

この山は特徴のある山容であるが、特定できる山

道谷山頂からのパノラマ（左にたいらスキー場、背後にスノーバレー利賀、金剛堂山。手前は御世仏山、遠景は北アルプス）

袴腰山（城端郊外から）

名はないので、今回、谷の名称から鍋床山とした。
（水上成雄）

袴腰山
はかまごしやま　　1163m　城端町・上平村
2.5万分の1図「下梨」

城端町の最南端に位置し、町の最高地点でもある。東海北陸道へ小矢部ジャンクションから入ると、道は砺波平野の散居村の中央を真南へ走るが、正面に、炬燵のやぐらにふとんを掛けたような端正な形の山が見えて来る。これが袴腰山。山名の由来はそのまま袴の腰板にそっくりな梯型から。昔から南砺地方では砺波富士とも呼ばれて親しまれてきた（城端町ではシンボルマークにしている）。

東海北陸道は立野ケ原を横切り、この山の山頂直下を6kmのトンネル（袴腰トンネル）で潜り、五箇山インターに通ずる。古来、砺波平野から五箇山を通って飛騨白川へ抜ける道は、この山の東側の鞍部である小瀬峠を越えていた。袴腰登山はこの峠が起点だったが、現在は国道304号線の旧道にある細尾トンネルの脇から袴腰林道が上平村小瀬まで通じているので、これを5km行った所にある袴腰峠から。この地点は城端町と上平村の境界にあり、2000年国体の上平縦走コースのゴール地点でもある。約10分登った所に城端山岳会が建設の無人小屋がある。ここからは人形山の展望がすばらしい。人形の

かたちの残雪が見えるのは6月中旬ごろまで。小屋から山頂までの標高差は150m。途中、岩の露出したヤセ尾根を通り、この山の特色である急斜面を直登すると、約30分で山頂の平坦地へ出る。

2～3mのブッシュの中を約100m行った所に城端山岳会によって1966（昭和41）年に完成した展望台がある。辺りはホンシャクナゲの群生地。ここからの展望は真南に白山、その手前に笈ケ岳、大笠山がよく見える。奈良岳、見越山、大門山はすぐ隣にある三方山、猿ケ山の陰になるが、西は医王山のかなたに金沢市街が見え、眼下には、臼中ダム、城端ダム、桜ケ池の3つの人造湖が見える。その向こうは散居村の砺波平野、二上山、富山湾、はるかに能登半島の山々。東は高清水山系の向こうに金剛堂山、その奥に白木峰、さらに立山連峰となる。人形山、五箇山方面の展望には、山頂の平坦地を南へ200mほど行くと、池の平へ下りる道のピークがあり、人形山、そして庄川上流の白川街道が広がっている。

下り約30分で池の平キャンプ地へ下りる。この場所は袴腰山南麓の台地で、浮島のある池にはトキソウが一面に咲き、雪どけ時にはカタクリの群生もすばらしい。5月20日以後の日曜日に行われる袴腰山開きのイベント会場になるが、近年はすぐ近くの岩壁にイヌワシが営巣するので立ち入り禁止になる。

数年前から能登原発の電力を名古屋へ送る送電線の工事がこの山の西側で行われ、その鉄塔を巡るコースが開かれた。このコースを通ると頂上から1時

間余で池の平へ下りる事が出来る。　　（西川雄策）

奥山
おくやま　　　　1103.9m　福光町・上平村
　　　　　　　　2.5万分の1図「湯桶」
G.B −

　三方山の第Ⅲ峰にあたる。三方山から袴腰山へ続く平坦な高原状の東端に相当するのが奥山。尾根はここから急落、鳥越峠の鞍部になる。廃村の臼中の人々が「オンゾー」とも呼んだ。臼中のダム湖南端に鎌倉橋があり、上流は「かつら谷」、東方鳥越峠に向かうのが「ソーレ谷」。昔は小瀬谷と通じる道があったが、今は完全に消滅。ソーレ谷上部は台地状の地形であるのに対して、小瀬谷は急峻で川沿いの通路は無理、迂回が必要だが道はない。ソーレ谷上部の平坦地には湧水源があり、湿原植物も生育する。ソーレ谷に沿う東尾根にも中部電力の送電線が完成。その管理道路を利用すると春秋の軽登山にもよい。→三方山　　　　　　　　　　（角谷隆光）

三方山
さんぽうざん　　1142m　福光町・上平村
　　　　　　　　2.5万分の1図「湯涌」
G.B −

　大門山から北東へ派生する袴腰尾根上にある。猿ケ山と袴腰山のちょうど中間になる。旧5万分の1図には山名の記載がない。地元では「三方山ⅠⅡⅢ峰」と呼び分けてきた。新地図に記入された三方山はその「Ⅱ峰」に相当する。袴腰尾根から八丁山へ続く尾根の分岐点である。3山の中心部。山頂は平坦、風衝地帯で膝丈の潅木に覆われる。

　南側の猿ケ山は三方山Ⅰ峰があるので完全に目隠し状態、東は小瀬谷（右俣A沢）、南西に三方谷（金伏滝谷左俣）が小矢部本流に落下。西は尾根がのびて中尾、八丁山に続く。

　道は臼中ダム湖の最奥から「かつら谷」沿いに送電線管理路が三方山稜線に続くので、軽いハイキングも可能。臼中ダムの建設以前は砺波平野から1番遅くまで残雪の輝いて見えるこの山が愛好者をひきつけたが、長期閉鎖で今は忘れられた存在となる。
　　　　　　　　　　　　　　　　　（角谷隆光）

中尾
なかお　　　　　976.9m　福光町
　　　　　　　　2.5万分の1図「湯涌」
G.B −

　猿ケ山、袴腰山尾根上の三方山で分岐、八丁山へ続く丘陵上にある。北側は臼中谷で南側は三方谷の「おやざき谷」の源流部にあたる。標高の割に小型、

三方山（右、袴腰山北尾根から。左奥は猿ケ山）山崎富美雄撮影

山容はピラミッド型。福光町役場から見ると大門山がちょうど背後に納まる位置にあたる。別名小ヤリ岳ともいう。

打尾川の源流部に相当する「かつら谷」の最奥を占める。古い5万分の1図ではこの山の肩を越す点線路が三方谷へ通じている。現在は道が消えているから残雪期以外は無理。大型林道の計画があり、北側山腹を通るので、深い奥山と思っているこのあたりが行楽地化の可能性もある。

入山路は臼中ダム湖岸路から「かまくら橋」を経て「かつら谷」をつめることになる。「刀利青年の家」から八丁山を縦走するルートも残雪期にはよい。

（角谷隆光）

三方山Ⅰ峰

さんぽうざんいっぽう　1348m　福光町・上平村
2.5万分の1図「西赤尾」
G.B —

大門山から分岐する袴腰尾根上の山。猿ケ山の北に並び「前猿ケ山」の感じであるが、福光側では猿ケ山本峰が全く重なる地点が多く、この山を猿ケ山と呼ぶ場合が多い。

山名の由来は同一山塊（三方山Ⅰ峰、三方山、奥山）を三方山と総称した時代の名残である。風格のある袴腰山と猿ケ山の間にあるので山容の上で特に区別されることは少ない。

東面は小瀬谷中俣、西面は金伏滝谷左俣、南は猿ケ山に、北は三方山に続く。登山路は袴腰からの縦走路、臼中からの送電線道、小瀬からの尾根道がある。→三方山

（角谷隆光）

猿ケ山

さるがやま　1447.8m　福光町・上平村
2.5万分の1図「西赤尾」
G.B 紀越歩カ県北

小矢部川源流の1峰。福光町と越中五箇山の上平村との境にそびえる。ゆったりと大きな山体は、砺波平野や金沢市街地からもよく見える。山頂部は東西に細長い2つの峰からなっており、東方の峰の中央に二等三角点がある。三角点名が「猿ケ馬場」。馬場とは広野の意味。田植の終わる頃までこの山の雪は白く光るのが南砺の各地から見える。人々はこの山の雪を見て冬の支度や種まきの指標としてきた。猿ケ馬場は『三州旧蹟志』に記載があり、南は西赤尾町村（現・上平村）山、北東は漆谷村（現・同前）山、西は刀利村となっていた。十二支の申にちなむ山名の山の代表として、1968（昭和43）年、十二支会のメンバーが登頂した。

猿ケ山（中央。左尾根に新登山道が出来た。袴越山頂から）

猿ケ山遠望（手前の三角形はガンザオ山、楮地区から）

　十二支会とは、その年の干支にちなんだ山を選んで登っている会。今西錦司氏を代表とした。

　猿ケ山は営林署管轄の山。登山道はヤブ同様で地元の案内人やベテラン登山家でさえ迷ったことも重なり、1986（昭和61）年より五箇山保勝会が伐開整備作業に着手し、翌年に残り500mをチロル山の会との合同奉仕で伐開した。ブナオ峠から当山を経て袴腰山登山口に至る10.6kmの猿ケ山縦走路が完成した。山頂直下の東南部に横たわる幻の沼が発見された。幅8m、長さ50m、水深20～60cmの細長い沼で、今後の植性調査が期待されている。

　この山の春山登山は、山頂にガスがかかると三方山に至るルートは特に複雑で迷いやすく注意を要する。三角点から北方へ10m下れば金沢方面と南峰が確認できる。1997（平成9）年、山頂から東に派生する長大尾根上にある三角点（点名「漆谷」1221.1m）を経て小瀬へと結ぶコースを新設。記念の村民登山会が行われた。村道取付口より約3km。3時間の登高で山頂に至る。急登コースだが眺望は素晴らしい。迷う心配はなく、縦走の避難ルートとしても利用される。
　　　　　　　　　　　　　　　　（山崎富美雄）

ガンザオ山　　984.6m　上平村
がんざおやま　　2.5万分の1図「西赤尾」

G.B ―

　上平村西赤尾町の背後（北側）にそびえる山。
　山名はガンザオの谷からきている。ガンザオは蟹沢の転化との説がある。この山を「ガンザオの差しあげ」ともいう。山頂には三等三角点があり、シャクナゲの木が繁っている。細くせまい尾根は猿ケ山の山腹につながっている。国道156号線のブナオ線入口から三角形状の山容が仰がれる。頂上に至る道

猿ケ山東面で発見された細長い沼

ガンザオ山（遠景は猿ヶ山。対岸の東赤尾集落から）

はない。中腹にある中部電力の送電鉄塔補修路を利用し、それから上部はヤブを漕ぐしかない。残雪時山頂からは猿ケ山の急斜面が望め、眼下に楮(こうず)方面が庄川の水面と共に光って見える。　（山崎富美雄）

大獅子山　1127.1m　上平村・福光町
おおじしやま　2.5万分の1図「西赤尾」
G.B 越

小矢部川源流の山。ブナオ峠の北約1.5kmに位置

大獅子山（左。桂湖から）

する。西側は福光町、東側は上平村。山容は目立たぬなだらかな山。山名の獅子はカモシカのことをいう。山頂は平らで東方に長く、上平村側に寄ったところに三等三角点がある。

山頂からは猿ケ山の稜線が良く見える。東面は岩場で危険。また、迷い込むと深い樹林で方向を見失いやすい。近年、山頂に気象測候の鉄塔が出来て目印となった。

1987（昭和62）年、猿ケ山縦走路完通の際に、大獅子山頂への登山道も五箇山保勝会の手で伐開された。ブナオ峠から40分足らずで山頂へ出る。縦走路のわきには1980（昭和55）年に東斜面で遭難死した青木幹治と、後に病死した兄の昭三の石碑が建つ。少し手前の登り口に大獅子池があり、モリアオガエルが生息する。→猿ケ山　（山崎富美雄）

タカンボウ山　1119.5m　上平村
たかんぼうやま　2.5万分の1図「西赤尾」
G.B 紀越カ

上平村の中心部西赤尾の上部にある。上平村の象徴的存在。庄川左岸の山。庄川沿いの国道156号線からよく見えている。山容は端正な丸みをおび、長い山すそを庄川へ落している。三角点は山の中央部にあるが、樹林に囲まれ、大門山とオゾウズ山のみが望める。頂上の樹林の中を南へ200mほどたどれば、白山北部の大観が望め、眼下に境川ダムの湖水を見おろす。

タカンボウ山は山の北西半分が国有林。北西側の尾根はブナオ峠へつながっている。この尾根の東側は草谷で県道刀利西赤尾線が通っている。昔の山越えの道は西赤尾町からこの山の北端のコルを通り、48曲りの難所を通ってブナオ峠越えをした。

山頂から北東、西赤尾町へ延びた尾根の末端に1987（昭和62）年にタカンボースキー場がオープン。ここは1908（明治41）年に耕地として開拓された所。その東端にある小山が丸岡。山頂に四等三角点があり、丸岡城趾公園として親しまれた。また周辺一帯は2000年の冬季国体のバイアスロン会場としてにぎわった。

山名のタカンボウは「高ン峯」の意。1993（平成5）年頃からこの山の中腹を中部電力の越美幹線の送電鉄塔が8基も建てられ、山の景観は一変した。この山の東面には滝ノ又の谷、橋ノ谷、老野谷、猪ノ谷、杉尾谷、水上谷、小松谷等の幾本もの谷がくい込み、深い山襞をつくっている。頂上へ登るには中部電力の巡視路を利用するか、山頂から北西に延びた稜線上の旧蓮如道を利用するか、いずれも頂上

タカンボウ山（山腹に鉄塔群が見える）

中景がタカンボウ山（遠景は人形山など）大門山頂上から

へは、やぶを漕ぐことになる。残雪の時はスキー場終点から尾根をたどるのがいい。夏場は道なきやぶ山で、ブナオ方面から山頂を目ざせば目的は達せられるが、積雪の多いブナオ峠への路線は道路の拡幅工事や災害で通行止が毎年続く。入山には確認が必要である。なお、県道は1992（平成4）年、主要地方道福光上平線と名前が変った。（山崎富美雄）

阿別当山
あべっとうやま　　1056.9m　平村・利賀村
2.5万分の1図「上梨」
G.B　—

左が阿別当山（山の神林道から）下は大渡橋から（中央）

庄川支流の利賀川と小谷川の分水嶺上の山。平村から利賀村に通じる新山ノ神トンネルの南方にある村境の山。利賀側の阿別当地区からも望めるが、平村側の林道山ノ神線、または国道156号線の大渡橋から全容が望める。平村側は杉の造林に覆われているが、利賀側は自然のブナ林。三等三角点の山で、山名は北東山麓の利賀村阿別当から。

登山道はないが、旧山ノ神林道の利賀側から村境の稜線づたいに緩やかな林道が延び、終点から500mほど造林境界を辿れば山頂に達する。山頂は意外と複雑な地形で、北西の稜線以外は樹木で見えない。
（山崎富美雄）

御世仏山

みよぶつやま　　1031.3m　平村
2.5万分の1図「上梨」
G.B ㊗

平村中央部に位置する山。二等三角点がある。

地元では《みょうぶつ》と呼んで妙仏山とも書く。ほかに《島の山》と呼ぶ人もいる。この山は県境の人形山稜線から派生する長大な尾根の末端の山で、庄川沿いにさらに北方に延びて小谷川との合流点に達している。城端から走って梨谷トンネルをぬけると目前に現れる堂々たる右上りの山がこの山。谷の底にあたる上梨からは見上げるばかりの高き峯である。かつてこの山の西面の中腹一帯は合掌造りに使用するカヤの採取地であった。カヤ場一帯は日当たりもよく、早春になるとなだれの音が響いたところであったが、利賀川第2発電所の水路設置で1975（昭和50）年頃から廃石場化した。御世仏山の北方の山麓に大島集落がある。この山の背後には桐の木が山の稜線に向かって植えられ、平村の木となっている。さらにこの桐畑の上部には戦後開拓された水田が広がっている。標高650mのこの地に1948（昭和23）年8月、小谷川西俣より導水する開拓隧道の通水式が行われて自給自足の村づくりが始まった。近年、これより御世仏山頂まで山の稜線を這うように林道が付けられている。残雪の北峰からはマルツンボリ山と人形山の連峰が全望できるが、御世仏山頂は高樹木に遮られて眺望はきかない。ただ西側の木の間より眼下に上梨の集落と庄川上流が望まれる。一方、大島集落からは林道の西端から登山道が整備された。山頂まで1時間余の急坂が続く樹林の中の直登コース。尾根上の林道は今後この山の山頂直下東側を通り、マルツンボリ山の北側の林道西俣線と結ばれ、さらに湯谷川からの尾峰線と結ばれる計画がある。今後、人形山からマルツンボリ山を経由する山スキーの好コースとして親しまれていくようである。田向からの登路も南側の稜線まであり、林道と結ばれる日も近いことだろう。　　（山崎富美雄）

北峰からの御世仏山の山頂

御世仏山と大島集落（上松尾地区から）

マルツンボリ山（右）上平村細島から

マルツンボリ山
まるつんぼりやま
1236.8m　平村
2.5万分の1図「上梨」
G.B 紀越雪北

　越中五箇山の平村にある山。岐阜県境上の人形山乗越付近から北に派出する長大な尾根のほぼ中央に位置し、庄川の支流の小谷川と湯谷川に挟まれている。山容はお椀を伏せたように丸く、山頂が平ら。山名は丸いツンボリのような山という意味。ツンボリは丸っこい台、容器、道具などをいう。御世仏山の背後にあるため、平村からこの山の全容は望みにくいが、上平村の細島集落の国道からはよく見える。道がない山の割には登山者のファンが多い。カタカナの名が珍しいからか。山頂は広く、杉の植林で全く視界がきかない。三等三角点の「鹿屋敷」という点名は山の北面の字名から。山頂付近で方向を見失うと帰路がわからず、三角点さえ見つけられず下山した登山パーティもある。

　登山には小谷川林道から西俣林道をつめ標高900mの終点まで入る。そこから沢沿いに登り切ると、稜線より30mほど手前に三角点がある。1988（平成元）年6月11日、チロル山の会一行が建てた記念の標柱が林の中にある。この山の北斜面は昔からスキー場に良いと話題になっていたが、結局その地位をたいらスキー場にゆずった。この辺りは山菜の宝庫。そのため、地元小谷山菜加工所では山菜の時節の入山を禁止している。山容、展望では取り得のない山でも、春山スキーなら一級コース。西側の中根平から登り、宮屋敷あたりからこの山の山頂に下るコースは、本格的山スキーの醍醐味が味わえる。現在、湯谷川から鹿屋敷に通ずる林道尾峰線が工事を進めており、完成すれば春山1周のコースとして人気を集めるだろう。また、林道高成線も小谷川源流からこの山の山頂直下を巻き、鹿屋敷を通って中根平と結ぶ工事が進められている。　　　（山崎富美雄）

小谷川西俣奥のマルツンボリ山（御世仏山北峰から、遠景右は人形山）

春木山
はるきやま

1590m　平村・利賀村
2.5万分の1図「上梨」
G.B －

人形山の北東3kmにある。庄川支流の小谷川東俣奥地の山。春木山は「はり木山」のことで、春に薪木を切る山をいう。小谷川の東俣奥地一帯は下出村、高草嶺村、中江村、夏焼村の入会山で薪木呂山としての稼ぎ山であった。

春木山（小谷川東俣の奥）

残雪の山へ入って1年分の薪を切り、丸束にして引いて、にょう場に積むのが農耕前の大仕事であった。ばいた、とねと呼ばれる太さ、長さに切り、木の先端は杪、柴に分けられる。塩硝煮や楮蒸しにたくさん使われた。付近に「黒滝」がある。

山頂はクロベの木の群落で覆われているが、三角点から富山平野と三ケ辻山を望むことができる。小谷川からの登路がある。→人形山　　（山崎富美雄）

三ケ辻山
みつがつじやま

1764.4m　利賀村・白川村
2.5万分の1図「上梨」
G.B か雪県

富山・岐阜県境稜線上の山で利賀村の最高峰。平村の最高峰人形山の南東2kmにある。山頂から人形山方面、芦倉山方面、牛首峠方面の三方に尾根が延びる形からこの名がある。富山県側ではミツガツジヤマというが、岐阜県側ではサンガツジヤマと呼んでいる。山頂には二等三角点が、岐阜県側に200mほど入ってある。どの方向から眺めても端正な三角形の突起の山として望める。人形山よりも40m高く、飛越国境の盟主として恥じない存在である。

この山と人形山との分岐点は、昔は越中から飛騨へのぬけ道（間道）でもあった人形山越えのコースとか（塩照夫著『富山県歴史の五街道』）。また、『五山村那楚記』（1813＝文化10年、見花堂作）には「田向の、奥山つづき飛騨境、三ツ辻の高峯に、白山前堂建てんとて、山臥二人登りけり……」とある。山頂に人形山の奥宮があったと伝えられ、岐阜県白川村の芦倉からもかつては部落で刈開けた参拝登山道があったといわれている。現在芦倉からの登路は芦倉山（1123.6m）を越えて三ケ辻山頂から下る尾根のコルまで道形はある。隣の人形山は毎年登山者でにぎわっているが、この山は地元からも冷遇されていて登山道がなかった。そのため、地元の五箇山保勝会では1984（昭和59）年から登山道の伐開に取組み、1986年に開道。記念登山を行った。

その後も時を見計って整備している。以来、かなりの登山者が訪れるようになった。県境の人形山分岐点から1km、40分で山頂に着く。人形山より高いだけあって、山頂からの眺望は遮る物はなく素晴らしい。西側の斜面には池塘が2つあり、ニッコウ

三ケ辻山と人形山（白木峰の山頂から）須河隆夫撮影

三ケ辻山（宮屋敷直下から。樹氷が美しい）

キスゲの群落が見られる。残雪期にはこの山から牛首峠方面に方向をとり、さらに長大尾根が続く有家ケ原へ下る山スキーやカンジキ踏破に挑戦するものもいる。→人形山　　　　　　（山崎富美雄）

三ケ辻山頂付近の池塘

岩長山
いわながやま　　　1631m　利賀村・白川村
2.5万分の1図「鳩谷」
G.B　−

　三ケ辻山の東南、岐阜県白川村との境界にある。この辺りは熊の多いところ。岩長山も熊の住みやすい岩穴が多いことからついた名といわれる。また、この辺り一帯1200mから上は高山植物が現れる。
　奥大勘場（おくだいかんば）では川向かいの山を向山と総称している。ここにはいろいろな言い伝えがある。猿がたくさんいて谷を渡るときに橋のようになるという猿橋谷、ここにあった大きな立石が2、3段飛びして阿別当の上に移ったという立石谷など。また、奥大勘場の猟師、鬼の宗八郎にまつわる八郎谷の伝説もある。　　　　　　（富樫正弘）

白子ノ頭
しらこのずこ　　　1525.6m　利賀村
2.5万分の1図「鳩谷」
G.B　−

　利賀村の南端に近く、水無ダムの西にある山。この山の南のすそに牛首峠がある。岐阜県白川村との境界も近い。周辺一帯は春は山菜の宝庫で、秋は山ブドウが多く実ったが、最近は乱獲で荒れ放題であ

白子の頭は右側の山。中央の山との境が牛首峠

る。牛首峠の岐阜県側のふもとに牛首という村があったが、無人になって久しい。　　　　（須河隆夫）

北ソウレ山　1555.1m　利賀村・白川村
きたそうれやま　2.5万分の1図「鳩谷」

G.B —

　富山県の南端にある山。水無山から西南に延びる稜線上5.5km地点に山頂がある。利賀川の源流に位置している。山頂から東方1.8kmに富山県の最南端地点。山名はこの山の南1.7kmにあるソウレ山から。山頂のすぐ近くを原子力発電所の送電線が通り、山頂脇に送電線の鉄塔が建っている。管理用の林道が山頂直下50mの所を通過している。

　一般登山コースはないが、牛首峠から南に延びる林道を進み、薮を15分ほど漕ぐと二等三角点のある山頂に達する。山頂は雑木が繁り、南方のソウレ山が草木の間から見えるだけ。林道をさらに200mほど進むと、鉄塔が建つ1520mのピークに達する。この山頂からは人形山、金剛堂山、三方崩山、籾糠山などの展望を楽しむことができる。（池原　等）

北ソウレ山（南隣の山から）

人形山　1726m　平村・白川村
にんぎょうざん　2.5万分の1図「上梨」

G.B 紀越歩カ北県自楽

《概要》

　飛越国境の山。国道304号線の梨谷トンネルをぬけると、前面の御世仏山の右南方に見えている台形の山。五箇山のシンボルとして仰がれ親しまれている。日本三百名山の1つ。「白木水無県立自然公園」の西端に位置する。山稜部は高層湿原で、なだらかな女性的な山容と、山頂からの白山山系の展望などで人気がある。毎年6月の山開きには多くの登山者でにぎわう。

　現在はニンギョウザンと読むが、古くはヒトカタヤマといった。旧5万分の1の地図では1724mだったが、現在の2万5千分の1図では1726mに訂正された。泰澄開山の伝承のある霊山で、中腹標高1584mの地点に祀られていた白山宮は後に上梨に移され、その跡地は宮屋敷とよばれ、鳥居が建っている。上梨の白山宮社殿は国の重要文化財に指定されている。

《自然・雪形》

　5月下旬から6月中旬にかけて、この山の中腹に2体の人の形をした雪形が現れ、山名もこの雪形に基づく。緑の中に手をつなぎ合った2つの人形の残

上梨中心部からの人形山（左奥）

人形山中腹に見えるヒトガタ残雪と、山頂直下に現れた「三つ星」残雪。(林道上段線から。左はカラ谷の雪渓)

雪が白くはっきりと現れる。自然に対する畏怖の念を抱かせる初夏の風物詩でもある。昔、山姥の病を治すために、人形山頂にある権現堂に祈願した２人姉妹が遭難死してこの雪形になったという哀話が語り伝えられている。

この雪形は山麓の農耕の目安とされていた。人形山にはもう１つの雪形がある。２人の姉妹の雪形が手を離すころ、人形山頂に３つの斑点が残る。三ツ星と呼ばれ、平野部からも望める。この三ツ星が現れるのを待って、加賀の羽二重商人達は五箇山へ山越えで繭の買付けにきたものだという。

《開山の歴史》

人形山は養老年間（717〜723）に加賀の白山を開いた越の大徳泰澄大師が開いたとされる。1833（天保14）年に書かれた上梨白山宮の縁起によれば（上平村生田家所蔵）、泰澄大師が人形山に篭って修行され、17日目の満願の夜明け方、十一面観世音菩薩が光明を放って現れ、次のお告げがあった。「我は白山の本地仏である。仏法を護持し、国家を鎮め守ろうと願って、この山に来て汝の来るのを待っていた。祭礼をされよ」。大師は歓喜して、人形山頂に堂塔を建て、その中に自らの鋳た黄金の尊像

中尾根からの人形山

を安置されたのが開山の由来であるとされている。その後、戦火のために堂宇が焼けたので仮の小祠を建てた。平安末期の天治2（1125）年、人形山頂から現在地上梨に遷座したという。

　1803（享和3）年作『二十四輩順拝図会後篇巻之三』によれば、「城端を去る事六里ばかりに人形山といへる大山あり四、五月頃消のこりたる深雪人の手を取かわして立てるに似たり依て土人是を人形山と云ふ…」。1813（文化10）年作『五山村那楚記』によれば、「篭乗り渡り田向の、奥山つづき飛騨の境、三ツ辻の高峯に白山前堂建てんとて、山臥二人登りけり。湯谷の湯にて垢離を掻き、深山分て入玉ふ。人里たへて道もなし…人形山と申也」とある。

《登山道》

　人形山登山道は1961（昭和36）年、中根平ルートが開道して前夜祭および山開きが行われ、64名の参加者を見る。

　現在の山開きは6月第1日曜日に定着。人形山中腹標高830mの中根平にて行なわれている。歴史とロマンを秘めた名山として、全国から参加者が集まる。これより山頂まで6km。4時間で山頂に達する。山頂はゆったりした台地で方位盤や展望席がある。

　人形山のシンボルの木はキャラボクで、花は前庭花（ニッコウキスゲ）。7月中旬頃山頂斜面に咲きみだれる。

　人形山の登山基地は中根平で、ここに駐車場および山小屋がある。　　　　　　　　　（山崎富美雄）

カラモン峰

からもんほう

1679.3m　平村・白川村
2.5万分の1図「上梨」

G.B 紀

　平村と岐阜県白川村の境界上の山。有名な人形山の西方1.2kmに位置にする。頂上に三等三角点があって、点名は「人形山」。いうなれば人形山の一角ともいえる。山容は端正なピラミッド形をなし、なだらかな人形山とは対照的。人形山縦走路の要である。

　1983（昭和58）年10月、この頂を踏む人形山縦走路が五箇山保勝会の手によって開道して、上平村側の大滝山と結ばれた。この道はその後何回か修復されたが、手入れが行きとどかず、ヤブがひどくてわかりにくくなる。

　人形山が修験の場として栄えた頃は、山麓の楮部落からの最短コースでありながら、行く手をはばむカラモン峰の陰に隠れて全く見えず、人形山頂への「山門」として君臨していた。「カラ」は「空」または「唐」の意。「モン」は人形山頂への関門の意。

カラモン峰（大滝山登山道1300m付近から。左は人形山）

僧泰澄が開山した人形山の白山遥拝修験の名残りを今にとどめているといえる。→大滝山・人形山
(山崎富美雄)

大滝山
おおたきやま　　1498.1m　上平村
　　　　　　　　2.5万分の1図「上梨」
G.B 紀県目ウ

　人形山から西に派出した尾根の一角にある。頂上には三角点と大きな反射板がある。どこから見てもこの反射板が目印となってわかりやすい。山頂からの尾根は人形山へ向かって続いており、その稜線から多くの支谷を派生し、山麓の村々への水源確保に役立っている。山中にある大きな滝がそのまま山名となっている。山頂の反射板の下は広場で幾つものテントが張られる。ここから望むカラモン峰（1679.3m）は峻峰である。上平村西赤尾町が真下にあり、白山と白山北部の山々が望める。登山には五上段の林道から反射板の巡視路があり植林の中を登っている。→人形山　　(山崎富美雄)

大滝山（上松尾ヒノキ尾から。眼下に庄川と下梨の集落）

大滝山（対岸のタカンボウ山から。右へ人形山と三ケ辻山が続く）

輪撫山　　672.1m　上平村
わなでやま　　2.5万分の1図「上梨」
G.B －

　庄川の右岸、上平村猪谷集落の背後にある山。大滝山から北に派出する尾根の末端にある小さなふくらみで、特に目立った山ではない。山の東面は湯谷川。西面に猪谷と高草嶺の集落がある。山頂の樹林の中に三角点がある。

輪撫山（中央やや左の丸山。手前の小山は八若山。上梨から）

　どこも見えない頂であるが、東側20m下を林道五上段線が走っていて、初夏の風物詩の人形残雪がよく望まれる場所がある。また、この山の末端に八若山古戦場がある。字名は「輪撫」。登路は高草嶺の駐車場から真すぐ八若山へと続き、尾根伝いの山道をたどればよい。
　　　　　　　　　　　　　　　　（山崎富美雄）

八若山　　405m　上平村
はちわかやま　　2.5万分の1図「上梨」
G.B －

　大滝山から北に延びる尾根が、輪撫山を経て庄川本流に没する最後の隆起にあたる。1000m台の山々の中にある400m余りの小さい台地。山名は後醍醐天皇の第8の宮（尹良親王）にちなむという。600年以前、飛騨・越中の南朝方が戦に敗れて五箇山へ立てこもった時、本拠にしたのがこの山。室町幕府方が斯波高数を総大将に攻め入ると、宮方は敗れ、越中の石黒重行らは親王を奉じて尾張国へ逃げ去るのだが、その激戦の名残が《陣屋》《的場》《城首》《将軍塚》《血水谷》などの地名に留められている。やぐら場の地下70cmから柱の根元6個、開田地から古刀3振りが出土している。

　五箇山を見渡せる《城首》という所では、平安時代から近郷の若い男女が盆の16日に集まり、かがり火を中にして踊り廻ったものといい、その名残が「舞々踊」として現在に伝わっている。

　八若山へ登るには、高草嶺集落から北東に向かって山道を登る。10分くらいで山頂。山頂は高い樹木で展望がきかない。
　　　　　　　　　　　　　　　　（山崎富美雄）

細島山　　928.8m　上平村
ほそじまやま　　2.5万分の1図「上梨」
G.B －

　上平村役場のある細島の背後南方の山。小原ダムから山容が望める。ラクダの背に似た2つの山から成り、西峰に三等三角点がある。大滝山から北へ走る稜線の末端にあたる山で庄川に裾を落としている。山頂一帯はブナの樹林に覆われていて、木の間から袴腰山方面が少し見える程度。北側の斜面の大

大滝山から派生する尾根の末端にある八若山（右奥は人形山）

2コブの細島山（小原ダム下流から）

きい松の木に登れば大滝山方面、白山北部の山々、袴腰山までの大観が望め、眼下に新屋と西赤尾町が見えるが、細島集落はブナ林に遮られて見えない。

登山道はなく、工事中の林道高成線をたどり、山頂から派生する尾根に取付けば、刈りあけ程度の道跡が山頂まで続く。付近の谷は急な岩場が多く危険。

(山崎富美雄)

大門山
だいもんざん　　1571.6m　福光町・金沢市
2.5万分の1図「西赤尾」
G.B 紀越歩カ北県

福光町の最高峰、小矢部川源流の山。医王山に続く白山々系の主稜線上にあり、支稜線がブナオ尾根、猿ケ山、袴腰山に続く。白山側には赤摩木古尾根に続き、医王山方向が多子津尾根。西には倉谷(犀川上流)をはさんで高三郎が並ぶ。北側に小矢部源流の不動滝谷がある。多子津尾根の月ケ原山麓に古くから大門山登山基地として親しまれた下小屋集落跡がある。

福光町では八丁山に隠れるし、大部分の地域からは見えない。見えても手前の猿ケ山が高く見えて印象が薄いから最高峰を知らない人が多い。他方、金沢ではピラミッド状の秀麗な山容がさまたげなく現れるので「加賀富士」の愛称がある。福光でも高速道沿いの北山田地区からは、雪化粧で浮び出る初冬や残雪期には里人の眼をひく。

登山道のあるブナオ尾根はブナ林の美しいゆるやかな尾根であるが、左右の不動滝谷、赤摩木古谷側は急峻。主稜線の頂稜部は風衝林帯状のゆるい起伏となっている。倉谷側は急峻で道もない。白山国立公園は赤摩木古山までで、大門山は域外となるのは残念。不動滝はまさに小矢部川の源流。標高1000m。林道にかかる橋の下から落下している。

登山基地となるブナオ峠にはキャンプ施設があり、西赤尾と福光から車道が通じる。登山路はほぼ一直線の尾根道、約2時間で赤摩木古との分岐点。右に折れて20分ぐらいで大門山頂である。

車で標高1000mの峠に到達できるから、春秋の軽登山には格好の山。ただし、車道は雪と豪雨に弱いので欠壊と修復を繰りかえしており、情報の確認が必要。

(石崎悟正)

多子津山
たごつやま　　1311m　福光町・金沢市
2.5万分の1図「西赤尾」
G.B 紀越

小矢部川源流の1峰。石川県との県境稜線上の山。白山から北へ大笠山、大門山と続く尾根の延長上にある。山名の由来は「蛸頭山」からきているらしく、蛸のように盛りあがった山頂は急傾斜でなかなか立派である。

人気のある大門山の北隣の山でありながら道もなく、訪れる人は少ない。ブナオ峠より大門山まで道

大門山(中央奥。刀利ダム湖岸から)

ブナオ峠から望む多子津山。下は多子津山南面 (橋本廣撮影)

があり、その先は残雪を利用して登るのがよい。

頂上からは小矢部川の対岸に大きな山容の猿ケ山や大獅子山が望まれる。倉谷川（犀川上流）の向こうに高三郎山と加賀平野の眺めが良い。→大門山

（河島博明）

月ケ原山　1169.8m　福光町・金沢市
つきがはらやま　2.5万分の1図「西赤尾」
G.B 紀 越

小矢部川上流左岸の山。大門山の北、石川県との県境稜線にあり、廃村となった下小屋集落上部にそびえる。

月ケ原山は5万分の1の地形図が命名した。《月ケ原》は、現在の山と赤堂山と呼ばれる北の峰の間の平坦地の小字名（倉谷村＝現・金沢市）であった。江戸期は前田藩主の鳥構山で、木の伐採が禁じられた切り止め山（御留山）であったので、今でも大木が多い。また、倉谷では幕末に銀が採掘され、明治の頃には精錬用の木材がブナオ峠から運搬されていたと言われる。旧版地図にはブナオ峠から月ケ原山の肩まで大門山腹を横切る道がある。また、ブナオ峠から下小屋を経て月ケ原山と多子津山の鞍部を抜けて運ばれたとも言われている。

登山道はないし、登山者は極めて少ない。赤堂山や多子津山から県境の稜線伝いに登るか、あるいは下小屋集落跡からソレ谷、トビット谷あるいはヨロイ谷のいずれかを詰めて2～3時間かけて稜線まで登る。いずれのルートも山頂付近はブッシュがひどく、悪戦苦闘を強いられる。積雪時ならば稜線沿いに赤堂山から約2時間半、多子津山から約1時間。頂上からの見晴らしはよく、東側になだらかな山並が南北に連なり、正面には猿ケ山が広大な稜線を延ばしている。稜線の左右に小矢部川と倉谷川が蛇行している様子が見られる。

（出口聡美）

月ケ原山（多子津山から）橋本廣撮影

赤堂山　1059m　福光町・金沢市
あかんどやま　2.5万分の1図「西赤尾」
G.B 越

小矢部川と犀川の源流・倉谷川に挟まれた富山・石川の県境の稜線上にある。稜線沿いの山々はどれも整った形をしているが、赤堂山だけはズングリと

右から大倉山、赤堂山、月ケ原山、多子津山、大門山（最奥は笈ケ山）橋本廣撮影

右が大倉山、左は赤堂山（順尾山から。橋本廣撮影）

しているので目立つ。

　大倉山から大門山にかけての山域には登山道がない。1966（昭和41）年、刀利ダムの建設によって、下流の下刀利、刀利、滝谷集落が湖底に沈み、そのため上流の中河内集落も廃村となり、富山と石川を結ぶ山道も廃道になったためである。登山道がないので、この辺の山に登る登山者は極めて少ない。

　無雪期にこの尾根の縦走記録があるが、一般的には残雪期に限られる。

　登山コースは、大倉山から稜線をたどる（月ケ原山より約1時間半）か、無雪期には小矢部川上流の中ノ河内から登る（約4時間）か、あるいは石川県の倉谷地内から沢詰めで登るかのいずれかである。

　明治時代までは石川県側の倉谷に倉谷鉱山（銀）があり、倉谷地内から登ると、当時の採掘場跡を見ることが出来る。

　赤堂山は阿咸堂・上處（『皇国地誌』）と記されたこともある。「大門山の北側、大倉山方向へ派生する阿咸堂・尻高、赤目欠・地獄・矢代などの山名が記述され、これらの諸峰を百山と総称していた」との記述もあるが、現在それらの山々はどれを示すのかわからない。

　山名はアカンド谷左岸斜面の一部に赤いガレ場があり、これから赤い砥石を産するので赤砥谷といい、その源頭にあることからアカンド山となったといわれる。この半透明の紅色を帯びた石は大倉山から赤堂山、月ヶ原山にかけての山中にある二又礫岩層と言い、2500万年前の物である。

　山頂は東西に長く、南西には背の高い高三郎山、東に小矢部川の谷と猿ヶ山の大きな山容、その左に八丁山、その向こうに富山湾の海岸線を眺めることができる。

（出口聡美）

大倉山
おおくらやま

1004.6m　福光町・金沢市
2.5万分の1図「西赤尾」
G.B 紀

　小矢部川上流左岸の山。廃村となった中河内と下小屋の中間地点の対岸にある。石川県との県境で、北には順尾山、南に赤堂山、月ヶ原山が連なる。

　順尾山からは稜線の向こうにすっきりと尖った容貌を見せてくれるので、比較的目印にしやすい山。「クラ」は「沢、崖、岩」を意味する非常に古い地名語で、本県の古代文化萌芽発展の地であると『福光町史』は記している。

　大倉山へは昔、中河内から金沢市へ通じる道が1本あったが、現在は廃道。周辺の猟師が狩猟にやってくる程度。登山道はないし、この山だけを目指して登る者はいない。残雪期の縦走記録によれば順尾山から2時間、赤堂山から1時間半。残雪期にこの山だけを目指すとすれば、刀利ダムから中河内集落跡まで3時間、ここから尾根通しに進み、赤堂山とのコルに出て山頂まで6時間。頂上はなだらかな台地状で、白山や五箇山連山を眺めることができる。

（嶋本美智代）

順尾山
じゅんのざん

883m　福光町・金沢市
2.5万分の1図「湯涌」
G.B 紀 越 雪

　医王山から大門山へ南に向かって走る山稜の一角にある。山頂は刀利ダムの西南、約5kmの所にある。刀利ダム側からの林道はこの山の山頂近くまで延びており、林道の終点からは荒れたはっきりしない踏み跡が頂上まである。残雪期ならば刀利ダムから県境尾根沿いに4時間半。

頂上は平坦で最高地点がどこかわかりにくい。約170mの台地が南北にのびている。積雪期ならば裸木の向こうには北に医王山、南に大門山、大倉山、猿ケ山など、360度の山々の景色を楽しめる。

別名の「なるおやま」は、尾根のなだらかさを形容しているという。江戸時代末期には銀山として採掘され、刀利村を本拠とする鉱山師がいたとの記録もある。富山と石川の境界線が山稜でないのは、鉱山が関わるからという説がある。　（嶋本美智代）

コイト山　723.1m　福光町
こいとやま　　　2.5万分の1図「西赤尾」

G.B —

小矢部川上流左岸の山。県境稜線の月ケ原山と赤堂山の中間から北東に分岐する「コイト尾根」の中央に位置。尾根の北端、小矢部川畔に廃村の「中河内」、月ケ原の山裾には「下小屋」の住居跡が残り、両集落が「コイト峠」によって結ばれ、西赤尾と金沢をつなぐ「硝煙（火薬資材）の道」の一部であった。小矢部本流沿いの「奥小矢部峡」沿いに車道が完成した後も、冬期の生命線であるコイト峠の目標はコイト山。峠は「越戸峠」とも表記されている。登山道はなく、残雪期に湯谷側からとりつくのがよい。　（石崎悟正）

赤摩木古山　1501m　上平村・金沢市
あかまっこやま　　　2.5万分の1図「西赤尾」

G.B 越歩カ県

大門山の南方1kmに位置する加越国境稜線上の小ピーク。東面の上平側は数条の支稜が開津谷へ延びていて、一帯の谷水は赤摩木古谷となって桂湖に注いでいる。

頂上真下は石英粗面岩が露出し、開津谷の魚留滝へのびる短い支稜の中間まで続いている。《赤摩木枯》などと記入されたものがあるが、1714（正徳4）年に著された『加越能大路水経』は「西谷（二又川のこと）の滝を登れば、赤犬と云高山有。此山つづきは鶴来の奥山瀬汲山、千丈ケ平と云山続也」と記している。江戸中期には見越山から赤摩木古山を含めた地域を赤犬と呼んでいた。2つの山が分離した名称となってからも両山は混同され、明治20年代初めに参謀本部陸軍測量局の地形図に赤摩木古山と記載されて以来、正式な山名となったのだが、現在の見越山が本来のアカマッコ山であるともいわれる。山頂直下が石英粗面岩の露出のため赤く見えるのに由来する山名で、岩壁を意味するマクが訛ってマッコになったとする説もある。山名が奇異なのでアイヌ語説もあるが、根拠は薄弱。

近年山頂に立派な方位盤が設置された。ブナオ峠からの登山道が整備され、白山国立公園北部の登山コースとして十分に楽しめる山に変貌した。近年大雨で赤摩木古山頂直下より土砂崩れの大災害が発生、庄川本流が1カ月以上も赤く濁ったことがある。

山頂の展望は雄大、加越国境の峰々を仰ぎ、眼下

赤摩木古山（中央は大門山で、そのほんの少し手前の丸いふくらみが赤摩木古山。南側に崩壊の跡が見える）

に仙人岩、成出ダムを俯瞰出来る一級の展望台地でもある。→大門山　　　　　　　　（山崎富美雄）

見越山　1621m　上平村・金沢市
みこしやま　2.5万分の1図「西赤尾」
G.B 越 歩 県

　加越国境の山。犀川源流第2の高峰で、白山北部縦走路のブナオ峠より登る最初の1600m級の山。

　頂上付近は北から3つのコブが階段状に並び、南端のピークが最高点。この頂上から南へ延びる主脈は奈良岳に連なり、北東は赤摩木古山、大門山に連なる富山・石川県境となっている。

　東南面は露出した石英粗面岩のガレが頂上から一気に開津谷へ落ちこみ、北東面は倉谷川の水源となり、西面は短い支脈が犀滝へ延びている。北西に延びる支脈は高三郎山へ続き、二又川と倉谷川の分水脈となっている。

　見越山は眺望の位置により山容は異なる。東方にある赤摩木古山からは扇を広げたように目前に大きく鎮座するが、桂のフカバラの尾から望む山容はピラミッド状の三角形となり、山として気高く立派だ。明治以前の絵図、地図類にはほとんどこの山の名は出てこない。『加越能三州地理志稿』の見越山の項は「見越山襧都山、高三郎山、三山対峙。呼為倉谷三方山。在犀川庄砺クラ山東」とあり、奈良岳の項を見ると、また「一名倉谷三方山」の記載があり、奈良岳と見越山が混同されている。

　登山道はブナオ峠から日帰りコースとして整備されている。実際に登ってみれば見通し、高度感は北アルプス級である。東面の登山道中には貴重な高山植物群落が見られる。

　見越山は北部に続く高三郎山への分岐点でもある。1949（昭和24）年2月、西川博氏（当時22歳）をリーダーとする高校生4名の遭難事件がこの山であったが、5日後、無事に下山している。

見越山（右奥は大門山。ブナオ峠からのコース、奈良岳から）

見越山（大門山と赤摩木古山の鞍部から。橋本廣撮影）

犀滝

この山の西北面にある犀滝は犀川源流の滝で、落差45m。水量豊かで、5万分の1の地図に記載されている。→大門山・赤摩木古山　　（山崎富美雄）

奈良岳
ならだけ　　1644.3m　上平村・金沢市・吉野谷村
2.5万分の1図「西赤尾」
G.B 越歩県北

上平村、吉野谷村、金沢市の1市2村の接点にそびえる白山国立公園北部の山。三角点のある本峰と南峰の2つから成る。本峰を中心に主脈は南北に走り、北は見越山へ続き、南は大笠山に連なる。支脈は西に延び、平坦な尾根が奥三方山に連なり、尾根の北面は二又川の源流となっている。東面は急崖となって庄川の支流開津谷へ落ち込む。

奈良岳の名称は、幾度か変遷の末、ようやく本来の形にかえった。頂上に楢が茂り山名の由来を思わせるが、「山頂の平坦な山」をナラと称したという説もある。柳田国男の地名の研究でも「山中で少し平らな所をナラ、ナル、ナロと呼ぶ」とある。1909（明治42）年10月に四高生の遭難が起きている。

奈良岳の南東1kmの地点、瀬波山から東へ延びる支脈の北面は、仙人岩と呼ばれる垂直にちかい緑色凝灰岩の岩壁で、高さ200m、幅400m。1959

奈良岳と開津谷（桂湖から）

（昭和34）年10月、金沢大学山岳部が登攀に成功している。奈良岳は石川県の犀川源流の最高峰だが、石川県側からは目立ちにくい。どちらかというと富山県側の上平村成出あたりから優雅な三角形のピークとして仰がれる。

ブナオ峠から登山道が整備されていて、大笠山まで縦走できる。山頂から望む富山県側は2mの灌木に遮られて展望はきかないが、石川県側は奥三方山とさらに延びる口三方岳への視界が広がり、北方に県境の見越山のヤセ尾根が望まれる。→大門山・見越山
　　　　　　　　　　　　　　　　（山崎富美雄）

前笈ケ岳
まえおいずるがだけ　　1522.1m　上平村
2.5万分の1図「中宮温泉」
G.B 越

大笠山から東方に派出するフカバラノ尾根の中間地点にある三等三角点の山。桂湖畔から登り始めて最初に到達するピーク。天ノ又（1550m）の手前300mほどにある。明治の頃、ここに三角点が設置され点名を「前笈ケ岳」として以来、登山者間ではそう呼ばれることが多いが、どちらかといえば天ノ又の一角と考えていい。→天ノ又　（山崎富美雄）

天ノ又
てんのまた　　1550m　上平村
2.5万分の1図「中宮温泉」
G.B ―

前笊ケ岳（桂橋から）

　大笠山から東方に派出するフカバラの尾根の中間地点にある小ピークをいう。山麓にあった桂集落からよく見えていて、村の人たちはこの山を天ノ又と呼んだ。明治の頃、この山の手前のピークに三角点が設置され点名を「前笊ケ岳」と称して以来、登山者間では天ノ又と前笊ケ岳が混同されているが、正しくは三角点のある1522.1mピークが前笊ケ岳で、その上の標高記入のない1550mピークが天ノ又。

　廃村の桂集落の人々は、雪をまとったこの山の天を突く山容に畏敬の念を抱いていたという。現在では登山道をたどって大笠山に登頂できるが、かつて大畠谷から支尾根に取り付いて目前にそそり立つ岸壁をよじ登って達したといわれている。そうした畏敬の念がこの山を天ノ又と呼ばしめたのであろう。大笠山に登山道がなかった頃は大笠山や笊ケ岳登山は残雪期に限られ、天ノ又や前笊ケ岳は格好のキャンプサイトだった。桂湖の登山口から登山道をたどってここまで4時間。→大笠山　　（山崎富美雄）

大笠山
おおがさやま　　1821.8m　上平村・吉野谷村
2.5万分の1図「中宮温泉」
G.B　紀　越　歩　ガ　県　北

　庄川の支流境川源流の山。上平村と石川県吉野谷村との境界にある。日本三百名山。山頂に一等三角点がある。白山国立公園、北部の要の山。

　大笠山は越中側の呼称で編笠状の山の意。加賀側では山頂直下に広い平地があるところから千丈平山といった。上平村では「桂の大笠」といって親しまれ、世界遺産に登録された菅沼合掌集落の国道からも真っ白い雪を装った優美な山容を仰ぐことができる。金沢市内からも端正な笠状の山容が望める。山頂部は細長い台状になっており、笊ケ岳や両白山地北部、五箇谷間の好展望地である。

大笠山（タカンボウ山から）河島博明撮影

大笠山の南面（笈ケ岳山頂から。手前に向かって宝剣岳、錫杖岳）

　大笠山は頂上を中心に四方へ発達した山脚を延ばしている。南北富山・石川県境の尾根で笈ケ岳あるいは奈良岳に続く主脈。このうち奈良岳側は急傾斜で落ち込んでいるが、笈ケ岳側は緩斜面である。東尾根は境川に面し、前笈ケ岳を経て桂湖へ延びている。西側へは大瓢箪山から高倉山に続く長大な尾根が走っている。

　大笠山頂上より西方0.8km、標高1720m付近に大笠池がある。幅30m、長さ100mほどの池で、明るい日射しを受け、澄んだ水をたたえている。また、西南に広がる千丈平は標高1500mのこの山系唯一の高原で、ブナの純林帯である。千丈平は大笠山登山が容易になった今日、大笠山の持つ第2の顔として注目されている。夏期の千丈平には水気がないが、大雨が降れば一挙に水が溢れて、大蛇行の末、水晶谷へ注ぎ込んでいる。

　大笠山の山頂に一等三角点があり、そのそばに近年みかげ石の方位盤が設置された。故真田幸雄（保勝会会員）氏の遺族によって建設されたもの。1997（平成9）年10月には山頂から約300m低い桂登山道に待望の大笠山避難小屋が建設された。翌年7月には地元有志の熱意により大笠山東面の谷からパイプで引水された。なお、小屋は4畳半のログハウスで、北方に見越山と大門山が南方に笈ヶ岳が仰がれる。
　　　　　　　　　　　　　　　　（山崎富美雄）

宝剣岳
ほうけんだけ　　　1741m　上平村・吉野谷村
　　　　　　　　　2.5万分の1図「中宮温泉」
　　　　　　　　　G.B　―

　笈ケ岳の前衛峰。同山北方約0.8kmに位置する岩場の突起。修験道では採灯大護摩の前作法として宝剣の儀がある。不動明王の持つ破邪顕正、悪魔降伏の智恵を表わす剣で、宝物として大切に蔵する剣にたとえられた山である。山頂は喬木が多くて、雪の少ない春山の稜線歩きは地に足がつかない難場である。→笈ヶ岳　　　　　　　　　（山崎富美雄）

錫杖岳
しゃくじょうだけ　1780m　上平村・吉野谷村
　　　　　　　　　2.5万分の1図「中宮温泉」

上平村菅沼の対岸から望む大笠山

G.B —

　笈ケ岳北側の頂上直下にある岩塊。笈ケ岳頂上と宝剣岳との中間に位置する。山容を錫杖の杖頭に見たてた名。修験の山の名残りである。山頂はヤブに覆われているが春は残雪が多い。笈ケ岳頂上、錫杖岳、宝剣岳の3山は五箇山地方の各山頂から遠望でき、特徴のある山容を確認することができる。→笈ケ岳
　　　　　　　　　　　　　　　（山崎富美雄）

笈ケ岳　1841.4m 上平村・吉野谷村・白川村
おいずるがだけ　2.5万分の1図「中宮温泉」
G.B ㊗㊥㊧

《概観》

　白山国立公園北部の山。富山県上平村、岐阜県白川村、石川県吉野谷村の接点。富山県西部の最高峰で、日本二百名山にふくまれている。富山県内の平野部からは見えにくいが、注意してみれば呉東の山の小山頂からでも見えるところが多い。

　主峰を中心に北稜、南稜、西稜に分かれ、東面は境川源流に急傾斜している。北稜は大笠山の鞍部から、宝剣岳、錫杖岳の2大ジャンダルム（前衛峰）を経て主峰（山頂）に達するもので、露出した石英粗面岩とヤブの急崖である。南稜は小笈から冬瓜山、山毛欅尾山へ続く一脈と、仙人窟岳、瓢箪山へ続く一脈とに分かれている。

《自然》

　白山山系は地形、位置が中部山岳から孤立し、冬期大陸から日本海を渡って吹きつける季節風を真正面から受ける前衛高地であるため、激しい強風とともに大量の降雪を見、本邦有数の深雪地帯となっている。いわゆるドカ雪と称し、1日で2mもの降雪も稀ではなく、雪質も湿った雪で重い。

《歴史》

　修験者らが仏具などを背負う「おいずる」が山名の由来。山名のとおり修験の山で、1905（明治38）年、陸軍参謀本部陸地測量部が三角点を設置したとき、この山頂で経塚を発見。また経筒、仏像、鏡、短刀、鏃など多数が出土した。2個の経筒は銅板製で、その1個の銘には「武州太田庄光福寺本願実栄敬白三十番神為旦那正朝逆修永年十五（1518）年天戌寅今月十覚坊」とあり、今1個の物には年紀がなく「大聖寺住僧善養房同行十二人奉納説主照善養房十三度之時」の銘がある。これによると、善養坊の登山は単に13回目である以外は不明で、武州（埼玉県）から笈ケ岳へ納経に登った情熱と13回連続登攀の記録は驚嘆に値する。発見された出土品は現在、国立博物館に保管されている。

　白山の登山は717（養老元）年、越前の僧、泰澄にはじまり、その後、修験の僧侶達によって次々と拓かれていった。同様に白山北方主脈の山もこれら僧侶達が白山の遙拝所として足跡を記していたことは、妙法山その他の山頂で発見された遺品によって明らかである。近代登山は金沢の第四高等学校旅行部員3人によるものが記録に残る最初で、1926（大正15）年5月末に登頂されている。また1922年5月末に立山の佐伯平蔵他3名が白山に登り、国

左から小笈、笈ケ岳本峰、錫杖岳、宝剣岳（フカバラの1552mから望む）

笈ケ岳（右）と大笠山（左奥。冬瓜山頂から）

境主脈を縦走、大門山から倉谷へ下った記録がある。登山道がないので、残雪期を選んで登られている。

《文学》

1903（明治36）年に出版された泉鏡花の小説『風流線』に「昔西国方の旅の巡礼の若い夫婦、奥三方に詣でんとして、途中笈ケ岳の半腹で不意の寒さに封じられて、千丈の雪に埋った。…」とあるが、伝承に基づくものか創作かは不明。深田久弥は1968（昭和43）年にこの山に登山したが、『日本百名山』（昭和39年発行）を執筆時にはまだ登っていなかったので残念ながら割愛したと同書の後記に書いたところ、かえって人気が出たという山である。

《登山》

登山シーズンは長らく残雪期に限られたが、1997（平成9）年、大笠山に避難小屋が建設され、無雪期登山の可能性が開ける。ここを足がかりとしても前後2泊は必要であろう。

笈ケ岳の山頂は狭く、石川県側は断崖となっている。180度の展望絶佳。三角点のわきに城端山岳会が1996年に建てた祠がある。

笈ケ岳登山の記録は、『とやま山紀行』（1996年桂書房刊）に8団体の山行記録が載っている。なか

笈ケ岳とその右にひろがる千丈平（大笠山から）

夕日を浴びて輝く笈ケ岳（バックは白山。大笠山から）

でも、魚津岳友会の池原等氏の無雪期の登山記録は
貴重といえよう。→大笠山　　　　（山崎富美雄）

富山県山名一覧表

- ①中部山岳国立公園　②中級山岳　③低山丘陵　に3区分した。
- 中部山岳国立公園は立山連峰側と後立山連峰側に分け、いずれも概ね南から北に配列した。
- 中級山岳・低山丘陵は、国土地理院の五万分の一図ごとに区分し、北東部より順次南西部に及ぶよう配列した。
- 五万分の一図を更に二万五千分の一図ごとに北東部・南東部・北西部・南西部の順に四区分した。
- 「点」らんの記号は次の通り。
  Ⅰ……一等三角点　Ⅱ……二等三角点　Ⅲ……三等三角点
  ○……四等三角点又は標高点など
  ×……地図に標高記入のないもの
- ×印の山の標高は、地元で認められている数値以外は、地図の等高線によって概略を示した。
- 三角点や標高点が山の頂上でない場合は「備考」らんに頂上付近の「点」の種類とその標高を記した。
- 所在地の市町村名が（　）の中に入っているのは、頂上部だけがその市町村からはずれている場合。
- 「備考」らん中の略号は次の通り。
  図……国土地理院発行の五万分の一図、二万五千分の一図に山名を記入してあるもの。
  通……通称・俗名その他森林基本図に記載されている名称のほか、山名としてすでに定着していると思われる名称。
  点……国土地理院の「点の記」に記載されている「点名」によるもの。
  他……その他によって得たる山名。

中部山岳国立公園（立山連峰側）

No.	山　名	ふりがな	標高(m)	点	所　在　地	五万分の一図	二万五千分の一図	備考	頁
01	三俣蓮華岳	みつまたれんげだけ	2841.2	Ⅲ	大山町・上宝村(岐) 大町市(長)	槍ケ岳	三俣蓮華岳	図	128
02	黒部五郎岳 (中ノ俣岳)	くろべごろうだけ	2839.6	Ⅲ	大山町・上宝村(岐) 神岡町(岐)	槍ケ岳	三俣蓮華岳	図	134
03	赤木岳	あかぎたけ	2622	○	大山町・神岡町(岐)	槍ケ岳	三俣蓮華岳	図	134
04	北ノ俣岳 (上ノ岳)	きたのまただけ	2662	○	大山町・神岡町(岐)	槍ケ岳	薬師岳	図 Ⅲ2661.2	132
05	寺地山	てらちやま	2000	○	大山町・神岡町(岐)	有峰湖	有峰湖	図 Ⅲ1996.0	178
06	太郎山	たろうやま	2372.9	Ⅲ	大山町	槍ケ岳	薬師岳	図	132
07	薬師岳	やくしだけ	2926.0	Ⅱ	大山町	槍ケ岳	薬師岳	図	130
08	北薬師岳	きたやくしだけ	2900	○	大山町	槍ケ岳	薬師岳	図	130
09	間山	まやま	2585.2	Ⅲ	大山町	槍ケ岳	薬師岳	図	130
10	奥木挽山	おくこびきやま	2470	×	大山町	立山	立山	文	112
11	丸山	まるやま	1962.6	Ⅲ	大山町	立山	立山	図	114
12	スゴノ頭	すごのずこ	2431	○	大山町	立山	立山	通	113
13	越中沢岳	えっちゅうさわだけ	2591.4	Ⅱ	大山町	立山	立山	図	111
14	木挽山	こびきやま	2301.1	Ⅲ	大山町	立山	立山	図	112
15	鳶山	とんびやま	2616	○	大山町	立山	立山	図	109
16	鷲岳	わしだけ	2617	○	大山町	立山	立山	図	108
17	獅子岳	ししだけ	2714	○	立山町	立山	立山	図	107
18	鬼岳	おにだけ	2750	○	立山町	立山	立山	図	106
19	龍王岳	りゅうおうだけ	2872	○	立山町	立山	立山	図	105
20	浄土山	じょうどさん	2831	○	立山町	立山	立山	図	101
21	室堂山	むろどうやま	2668	○	立山町	立山	立山	通	102
22	国見岳	くにみだけ	2620.8	Ⅲ	立山町	立山	立山	図	103
23	天狗山	てんぐやま	2521	○	立山町	立山	立山	図	104
24	雄山	おやま	3003	○	立山町	立山	立山	図 Ⅰ2991.6	99
25	大汝山	おおなんじやま	3015	○	立山町	立山	立山	図	99
26	富士ノ折立	ふじのおりたて	2999	○	立山町	立山	立山	図	99
27	立山	たてやま	3015	○	立山町	立山	立山	図	94

No.	山　名	ふりがな	標高(m)	点	所　在　地	五万分の一図	二万五千分の一図	備考	頁
28	真砂岳	まさごだけ	2861	○	立山町	立山	劔岳	図	98
29	別山	べっさん	2880	○	立山町	立山	劔岳	図	96
30	伽羅陀山	からだせん	2380	×	立山町	立山	立山	通	105
31	奥大日岳	おくだいにちだけ	2611	○	立山町・上市町	立山	劔岳	図 Ⅲ2605.9	86
32	中大日岳	なかだいにちだけ	2500	○	立山町・上市町	立山	劔岳	通	88
33	大日岳	だいにちだけ	2501	○	立山町・上市町	立山	劔岳	図 Ⅱ2498.0	88
34	早乙女岳	さおとめだけ	2050	×	立山町・上市町	立山	劔岳	図	90
35	前大日岳	まえだいにちだけ	1778.8	Ⅲ	立山町・上市町	立山	劔岳	通	91
36	雪見平	ゆきみだいら	1566	○	立山町・上市町	立山	劔岳	通	91
37	大熊山	おおくまやま	1628.5	Ⅲ	上市町	立山	劔岳	図	91
38	クズバ山	くずばやま	1876	○	上市町	立山	劔岳	図	93
39	西大谷山	にしおおたんやま	2086.7	Ⅲ	上市町	立山	劔岳	図	94
40	劔御前	つるぎごぜん	2792	○	立山町・上市町	立山	劔岳	図 Ⅲ2776.6	86
41	丸山南峰	まるやまなんぽう	1981.3	Ⅲ	立山町	立山	黒部湖	通	78
42	丸山	まるやま	2048		立山町	立山	黒部湖	図	77
43	丸山北峰	まるやまほっぽう	2023		立山町	立山	十字峡	通	78
44	大タテガビン	おおたてがびん	2076		立山町	立山	十字峡	図	77
45	黒部別山南峰	くろべっさんなんぽう	2300.3	Ⅲ	立山町	立山	十字峡	図	76
46	黒部別山	くろべっさん	2353	○	立山町	立山	十字峡	図	75
47	黒部別山北峰	くろべっさんほっぽう	2284.3	Ⅲ	立山町	立山	十字峡	図	76
48	一服劔	いっぷくつるぎ	2618	○	上市町・立山町	立山	劔岳	通	85
49	前劔	まえつるぎ	2813	○	上市町・立山町	立山	劔岳	図	85
50	劔岳	つるぎだけ	2998	○	上市町・立山町	立山	劔岳	図	82
51	小窓ノ王	こまどのおう	2760	×	上市町・立山町	立山	十字峡	図	81
52	池ノ平山	いけのたいらやま	2561	○	上市町・宇奈月町	立山	十字峡	図	81
53	南仙人山	みなみせんにんやま	2173.1	Ⅲ	立山町・宇奈月町	立山	十字峡	文	75
54	仙人山	せんにんやま	2211	○	立山町・宇奈月町	立山	十字峡	図	75
55	北仙人山	きたせんにんやま	2199.1	Ⅲ	宇奈月町	立山	十字峡	図	74
56	白ハゲ山	しらはげやま	2387.5	Ⅱ	上市町・宇奈月町	立山	劔岳	図	80

No.	山 名	ふりがな	標高(m)	点	所 在 地	五万分の一図	二万五千分の一図	備考	頁
57	赤ハゲ山	あかはげやま	2330	×	上市町・宇奈月町	立山	劔岳	図	80
58	白萩山	しらはぎやま	2269	○	上市町・宇奈月町	立山	劔岳	通	80
59	赤谷山	あかたんやま	2260	×	上市町・宇奈月町	立山	劔岳	図	78
60	坊主山	ぼうずやま	1667.9	Ⅲ	宇奈月町	黒部	欅平	文	41
61	細蔵山	ほそぞうやま	1551	○	上市町	立山	劔岳	図	92
62	鬼場倉ノ頭	おんばぐらのずこ	1969	○	魚津市・上市町	黒部	毛勝山	文	58
63	大猫山	おおねこやま	2070	×	魚津市・上市町	黒部	毛勝山	文 Ⅲ2055.5	57
64	猫又山	ねこまたやま	2378.0	Ⅲ	魚津市・宇奈月町・上市町	黒部	毛勝山	図	56
65	釜谷山	かまたんやま	2415	○	魚津市・宇奈月町	黒部	毛勝山	図	55
66	毛勝山	けかちやま	2414.4	Ⅱ	魚津市・宇奈月町	黒部	毛勝山	図	52
67	大明神山	だいみょうじんやま	2082.6	Ⅲ	魚津市	黒部	毛勝山	図	54
68	西谷ノ頭	にしだんのずこ	1922	○	魚津市・宇奈月町	黒部	毛勝山	図	51
69	ウドノ頭	うどのずこ	1967	○	魚津市・宇奈月町	黒部	毛勝山	図	51
70	滝倉山	たきくらやま	2029	○	魚津市・宇奈月町	黒部	毛勝山	図	49
71	サンナビキ山	さんなびきやま	1949.2	Ⅲ	宇奈月町	黒部	毛勝山	図	49
72	モモアセ山	ももあせやま	1479.1	Ⅲ	魚津市	黒部	毛勝山	文	54
73	西鐘釣山	にしかねつりやま	740	×	宇奈月町	黒部	欅平	図	50
74	駒ケ岳	こまがだけ	2002.5	Ⅲ	魚津市・宇奈月町	黒部	毛勝山	図	47

中部山岳国立公園（後立山連峰側）

No.	山 名	ふりがな	標高(m)	点	所 在 地	五万分の一図	二万五千分の一図	備考	頁
01	鷲羽岳	わしばだけ	2924.2	Ⅲ	大山町・大町市(長)	槍ケ岳	三俣蓮華岳	図	126
02	ワリモ岳	わりもだけ	2888	○	大山町・大町市(長)	槍ケ岳	三俣蓮華岳	図	124
03	祖父岳	じいだけ	2825	○	大山町	槍ケ岳	三俣蓮華岳	図	125
04	赤岳	あかだけ	2910	×	大山町・大町市(長)	槍ケ岳	薬師岳	通	124

No.	山　名	ふりがな	標高(m)	点	所　在　地	五万分の一図	二万五千分の一図	備考	頁
05	水晶岳(黒岳)	すいしょうだけ	2986	○	大山町	槍ケ岳	薬師岳	図 Ⅲ2977.7	123
06	池ノ山	いけのやま	2270.7	Ⅲ	大山町	槍ケ岳	薬師岳	点	125
07	真砂岳	まさごだけ	2862	○	大山町・大町市(長)	槍ケ岳	烏帽子岳	図	120
08	野口五郎岳	のぐちごろうだけ	2924.3	Ⅱ	大山町・大町市(長)	槍ケ岳	烏帽子岳	図	119
09	三ツ岳	みつだけ	2844.6	Ⅲ	大山町・大町市(長)	槍ケ岳	烏帽子岳	図	118
10	赤牛岳	あかうしだけ	2864.2	Ⅲ	大山町	槍ケ岳	薬師岳	図	121
11	烏帽子岳	えぼしだけ	2628	○	大山町・大町市(長)	槍ケ岳	烏帽子岳	図	117
12	南沢岳	みなみさわだけ	2625.3	Ⅱ	大山町・大町市(長)	槍ケ岳	烏帽子岳	図	116
13	不動岳	ふどうだけ	2601	○	大山町・大町市(長)	槍ケ岳	烏帽子岳	図 Ⅲ2595.0	116
14	船窪岳	ふなくぼだけ	2459	○	大山町・大町市(長)	立山	黒部湖	図 山名位置移動	73
15	七倉岳	ななくらだけ	2509	○	大山町・大町市(長)	立山	黒部湖	通	72
16	北葛岳	きたくずだけ	2551	○	大山町・大町市(長)	立山	黒部湖	図	72
17	蓮華岳	れんげだけ	2798.6	Ⅱ	立山町・大町市(長)	立山	黒部湖	図	71
18	針ノ木岳	はりのきだけ	2820.6	Ⅲ	立山町・大町市(長)	立山	黒部湖	図	69
19	スバリ岳	すばりだけ	2752	○	立山町・大町市(長)	立山	黒部湖	図	69
20	赤沢岳	あかざわだけ	2677.8	Ⅲ	立山町・大町市(長)	立山	黒部湖	図	68
21	鳴沢岳	なるさわだけ	2641	○	立山町・大町市(長)	立山	黒部湖	図	68
22	岩小屋沢岳	いわごやざわだけ	2630.3	Ⅲ	立山町・大町市(長)	立山	黒部湖	図	68
23	爺ケ岳	じいがだけ	2669.8	Ⅲ	立山町・大町市(長)	大町	神城	図	67
24	布引山	ぬのびきやま	2683	○	立山町・大町市(長)	立山	十字峡	図	67
25	祖母岳	ばばだけ	2560	×	大山町	槍ケ岳	三俣蓮華岳	通	126
26	鹿島槍ケ岳	かしまやりがだけ	2889.1	Ⅱ	宇奈月町・立山町・大町市(長)	大町	神城	図	66
27	鹿島槍ケ岳北峰	かしまやりがだけほっぽう	2842	○	宇奈月町・大町市(長)	大町	神城	図	65
28	牛首山	うしくびやま	2553	○	宇奈月町・立山町	立山	十字峡	図	67
29	五龍岳	ごりゅうだけ	2814.1	Ⅲ	宇奈月町・大町市(長)	大町	神城	図	64
30	東谷山	ひがしだんやま	2380	×	宇奈月町	立山	十字峡	図 Ⅲ2297.3	65
31	白岳	しらだけ	2541	○	宇奈月町・白馬村(長)大町市(長)	大町	神城	図	64
32	大黒岳	だいこくだけ	2390	×	宇奈月町・白馬村(長)	白馬岳	白馬町	図	39
33	唐松岳	からまつだけ	2695.8	Ⅱ	宇奈月町・白馬村(長)	白馬岳	白馬町	図	38

No.	山名	ふりがな	標高(m)	点	所在地	五万分の一図	二万五千分の一図	備考	頁
34	不帰嶮	かえらずのけん	2614	○	宇奈月町・白馬村(長)	白馬岳	白馬町	図	37
35	天狗ノ頭	てんぐのあたま	2812.0	III	宇奈月町・白馬村(長)	白馬岳	白馬町	図	37
36	中背山	なかせやま	2074.7	III	宇奈月町	黒部	欅平	図	37
37	鑓ケ岳	やりがだけ	2903.1	III	宇奈月町・白馬村(長)	白馬岳	白馬町	図	36
38	杓子岳	しゃくしだけ	2812	○	宇奈月町・白馬村(長)	白馬岳	白馬町	図	35
39	丸山	まるやま	2768	○	宇奈月町・白馬村(長)	白馬岳	白馬町	通	35
40	白馬岳	しろうまだけ	2932.2	I	宇奈月町・白馬村(長)	白馬岳	白馬岳	図	29
41	旭岳	あさひだけ	2867	○	宇奈月町	黒部	黒薙温泉	図	31
42	裏旭岳	うらあさひだけ	2733	○	朝日町	黒部	黒薙温泉	通	31
43	小旭岳	こあさひだけ	2636	○	朝日町	黒部	黒薙温泉	通	32
44	餓鬼山	がきやま	2127.9	III	宇奈月町	黒部	欅平	図	39
45	下餓鬼	しもがき	1668.7	III	宇奈月町	黒部	欅平	点	40
46	奥鐘山	おくかねやま	1543	○	宇奈月町	黒部	欅平	図	40
47	名剣山	めいけんやま	1906	○	宇奈月町	黒部	欅平	図	34
48	百貫山	ひゃっかんやま	1969.8	II	宇奈月町	黒部	欅平	図	34
49	清水岳	しょうずだけ	2603	○	宇奈月町	黒部	黒薙温泉	図 III2589.8	32
50	不帰岳	かえらずだけ	2053.5	III	宇奈月町	黒部	欅平	図	33
51	猫又山	ねこまたやま	2308	○	宇奈月町	黒部	黒薙温泉	図	32
52	荒山	あらやま	1600	○	宇奈月町	黒部	欅平	点 III1596.3	34
53	東鐘釣山	ひがしかねつりやま	759	○	宇奈月町	黒部	欅平	図	35
54	突坂山	とっさかやま	1503.7	II	宇奈月町	黒部	黒薙温泉	図	33
55	三国境	さんごくざかい	2751	○	朝日町・糸魚川市(新)白馬村(長)	白馬岳	白馬岳	図	27
56	鉢ケ岳	はちがだけ	2563	○	朝日町・糸魚川市(新)	白馬岳	白馬岳	図	26
57	雪倉岳	ゆきくらだけ	2610.9	III	朝日町・糸魚川市(新)	白馬岳	白馬岳	図	24
58	赤男山	あかおとこやま	2190	×	朝日町・糸魚川市(新)	黒部	黒薙温泉	図	24
59	朝日岳	あさひだけ	2418.3	II	朝日町・糸魚川市(新)	黒部	黒薙温泉	図	22
60	前朝日	まえあさひ	2210	×	朝日町	黒部	黒薙温泉	図	23
61	イブリ山	いぶりやま	1791	○	朝日町	黒部	黒薙温泉	図	23
62	長栂山	ながつがやま	2267	○	朝日町・糸魚川市(新)	泊	小川温泉	図	5

No.	山　名	ふりがな	標高(m)	点	所　在　地	五万分の一図	二万五千分の一図	備考	頁
63	黒岩山	くろいわやま	1623.6	Ⅲ	朝日町・糸魚川市(新)	泊	小川温泉	図	5
64	サワガニ山	さわがにやま	1612.3	Ⅲ	朝日町・糸魚川市(新)	泊	小川温泉	図	4
65	横山	よこやま	1053	○	朝日町・宇奈月町	黒部	黒薙温泉	図	24
66	猪頭山	いのがしらやま	1353	○	朝日町・宇奈月町	黒部	黒薙温泉	図	28
67	瘤杉山	こぶすぎやま	1353.2	Ⅲ	宇奈月町	黒部	黒薙温泉	図	28

中級山岳（700m以上）

No.	山　名	ふりがな	標高(m)	点	所　在　地	五万分の一図	二万五千分の一図	備考	頁
01	大鷲山	おおわしやま	817.0	Ⅲ	朝日町	泊	親不知	点	9
02	白鳥山	しらとりやま	1286.9	Ⅲ	朝日町・青海町(新)	泊	親不知	図	2
03	焼山	やけやま	910	○	朝日町	泊	親不知	図	9
04	黒菱山	くろびしやま	1043.4	Ⅱ	朝日町	泊	親不知	図	8
05	菊石山	きくいしやま	1209.8	Ⅲ	朝日町・青海町(新)	泊	親不知	文？下駒ケ岳	3
06	黄蓮山	おうれんやま	1360	×	朝日町・青海町(新)	泊	小川温泉	文	3
07	大地山	おおちやま	1167	○	朝日町	泊	小川温泉	文	7
08	犬ケ岳	いぬがだけ	1593.0	Ⅱ	朝日町	泊	小川温泉	図	3
09	鍋倉山	なべくらやま	810	×	朝日町	泊	小川温泉	通	8
10	初雪山	はつゆきやま	1610	×	朝日町	泊	小川温泉	通 Ⅲ1595.7	6
11	白金ノ頭	しろがねのずこ	1491.5	Ⅲ	朝日町	泊	小川温泉	文	7
12	定倉山	じょうくらやま	1406	○	朝日町	泊	小川温泉	図	7
13	朴ノ木山	とちのきやま	1374.4	Ⅱ	朝日町・宇奈月町	泊	小川温泉	点	14
14	南保富士	なんぽふじ	727.1	Ⅲ	朝日町	泊	泊	通	11
15	二王山	におうざん	784	○	朝日町	泊	泊	図	11
16	負釣山	おいつるしやま	959.3	Ⅲ	入善町・朝日町	泊	舟見	図	14
17	負釣山南峰	おいつるしやまなんぽう	978	○	入善町・宇奈月町・朝日町	泊	舟見	文	16
18	水行山	すいぎょうやま	776.7	Ⅱ	宇奈月町	泊	舟見	通	17

No.	山　名	ふりがな	標高(m)	点	所　在　地	五万分の一図	二万五千分の一図	備考	頁
19	瓢山	ふくべやま	1261.4	Ⅲ	宇奈月町	黒部	黒薙温泉	点	28
20	鋲ケ岳	びょうがだけ	861.1	Ⅲ	黒部市・宇奈月町	黒部	宇奈月	図	44
21	臥牛山	ねうしやま	840.0	Ⅲ	宇奈月町	黒部	宇奈月	文	28
22	森石山	もりいしやま	1106.0	Ⅲ	宇奈月町	黒部	宇奈月	図	28
23	烏帽子山	えぼしやま	1274.2	Ⅲ	黒部市・宇奈月町	黒部	宇奈月	図	43
24	赤瀬良山	あかせらやま	824.7	Ⅲ	黒部市・魚津市	黒部	宇奈月	点	46
25	高倉山	たかくらやま	1053	○	魚津市・黒部市	黒部	宇奈月	通	45
26	三ツ倉山	みつくらやま	1480.5	Ⅲ	黒部市・魚津市	黒部	宇奈月	通・点	45
27	前僧ケ岳	まえそうがだけ	1775	○	魚津市・黒部市・宇奈月町	黒部	宇奈月	通	43
28	僧ケ岳	そうがだけ	1855.4	Ⅱ	魚津市・宇奈月町	黒部	宇奈月	図	41
29	北駒ケ岳	きたこまがだけ	1914	○	魚津市・宇奈月町	黒部	宇奈月	通	48
30	成谷山	なるたんやま	1600.0	Ⅲ	魚津市	黒部	毛勝山	通	46
31	伊折山	いおりやま	1370	×	魚津市	黒部	毛勝山	文	47
32	濁谷山	にごりだんやま	1238.0	Ⅰ	魚津市・上市町	黒部	毛勝山	点	60
33	カクレ山	かくれやま	1325	○	魚津市・上市町	黒部	毛勝山	通	60
34	大倉山	おおくらやま	1443.0	Ⅲ	魚津市・上市町	黒部	毛勝山	通	59
35	土倉山	どくらやま	1384	○	魚津市・上市町	黒部	毛勝山	文	59
36	大沼山	おおぬまやま	1404.0	Ⅲ	魚津市	黒部	毛勝山	文	55
37	刈安山	かりやすやま	1689.9	Ⅲ	魚津市・上市町	黒部	毛勝山	文	58
38	木ノ根山	きのねやま	1134.5	Ⅲ	上市町	立山	剱岳	文	92
39	中山	なかやま	1255.0	Ⅲ	上市町	立山	剱岳	図	93
40	大杉山	おおすぎやま	734.2	Ⅲ	魚津市	魚津	魚津	通	143
41	大平山	おおだいらやま	1090	×	魚津市	魚津	越中大浦	通 Ⅲ1084.7	143
42	白倉山	しらくらやま	878.3	Ⅲ	魚津市・上市町	魚津	越中大浦	図	147
43	尻高山	しりたかやま	772	○	上市町	魚津	越中大浦	図 ○753	147
44	千石城山	せんごくじょうやま	757.3	Ⅲ	上市町	五百石	大岩	通	152
45	あくみ山	あくみやま	750	×	上市町	五百石	大岩	通	159
46	赤谷ノ頭	あかだんのかしら	1046.1	Ⅲ	上市町	五百石	大岩	文	152
47	鍋冠山	なべかむりやま	900	×	上市町	五百石	大岩	通	157

No.	山　名	ふりがな	標高(m)	点	所　在　地	五万分の一図	二万五千分の一図	備考	頁
48	高峰山	たかみねやま	957.7	II	上市町・立山町	五百石	大岩	図	156
49	塔倉山	とのくらやま	730	×	立山町	五百石	大岩	図 III726.3	158
50	肉蔵山	にくぞうやま	1101	○	上市町	五百石	大岩	文	153
51	臼越山	うすごえやま	1421.1	III	上市町・立山町	五百石	大岩	文	153
52	前長尾山	まえながおやま	953	○	立山町	五百石	大岩	通	155
53	大辻山	おおつじやま	1361.0	III	上市町・立山町	五百石	大岩	図	154
54	奥長尾山	おくながおやま	1020	×	立山町	五百石	大岩	通	154
55	長尾山	ながおやま	1001	○	立山町	五百石	大岩	通	155
56	来拝山	らいはいやま	899.3	III	立山町	五百石	大岩	図	155
57	大丸山	おおまるやま	729	○	立山町	五百石	大岩	図	155
58	一山山	いっさんやま	780	×	立山町	五百石	大岩	通	156
59	極楽坂山	ごくらくざかやま	1043.3	III	大山町	五百石	小見	図	169
60	瀬戸蔵山	せとくらやま	1320	○	大山町	五百石	小見	通	168
61	大品山	おおしなやま	1420	×	大山町	五百石	小見	図 III1404.0	168
62	鳥ヶ尾山	とりがおやま	1145.1	III	大山町	五百石	小見	図	171
63	鍬崎山	くわさきやま	2089.7	II	大山町	五百石	小見	図	166
64	笹尾ノ頭	ささおのずこ	1396.8	III	大山町	五百石	小見	字	171
65	唇ノ頭	くちびるのずこ	1825.9	III	大山町	五百石	小見	字	169
66	高杉山	たかすぎやま	1408.9	III	大山町	五百石	小見	図	171
67	鉢伏山	はちぶせやま	1781.6	III	大山町	五百石	小見	図	170
68	大坂森山	おおさかもりやま	1792.0	III	大山町	五百石	小見	図	169
69	熊尾山	くまおやま	1518.5	III	大山町	五百石	小見	図	171
70	隠土山	おんどやま	786.5	III	大山町	五百石	千垣	字	173
71	二子山	ふたごやま	736	○	大山町	五百石	千垣	図	175
72	滝又山	たきまたやま	770.1	III	大山町	五百石	千垣	字	174
73	小佐波御前山	おざなみごぜんやま	754.2	II	大沢野町・大山町	五百石	千垣	図	177
74	割谷山	わりだんやま	761	○	大山町	五百石	千垣	通	175
75	日尾双嶺山	ひおぞれやま	750	×	大山町	五百石	千垣	通	176
76	小糸山	こいとやま	780	×	大山町	五百石	千垣	通	174

No.	山 名	ふりがな	標高(m)	点	所 在 地	五万分の一図	二万五千分の一図	備考	頁
77	水須山	みずすやま	1110	×	大山町	五百石	千垣	字Ⅲ1109.6	172
78	大双嶺山	おおぞれやま	717	○	大山町	五百石	千垣	通	176
79	薄波山	うすなみやま	753.6	Ⅲ	大山町・大沢野町	五百石	千垣	通	176
80	高頭山	たかずこやま	1210	×	大山町	五百石	千垣	図Ⅱ1203.3	172
81	猪ノ根山	いのねやま	1338	○	大山町	有峰湖	有峰湖	通	179
82	祐延山	すけのべやま	1689	○	大山町	有峰湖	有峰湖	他	179
83	東笠山	ひがしかさやま	1687	○	大山町	有峰湖	有峰湖	図	179
84	西笠山	にしかさやま	1697.0	Ⅲ	大山町	有峰湖	有峰湖	図	180
85	瀬戸谷山	せとだんやま	1699.0	Ⅱ	大山町	有峰湖	有峰湖	点	179
86	奥山	おくのやま	1067.5	Ⅲ	大山町	有峰湖	東茂住	点	184
87	奥山西ノ尾	おくのやまにしのお	1120	×	大山町	有峰湖	東茂住	通	183
88	鼠尾山	ねずおやま	1298.0	Ⅲ	大山町	有峰湖	東茂住	字	182
89	六谷山	ろくたんやま	1397.6	Ⅰ	大山町・神岡町(岐)	有峰湖	東茂住	点	182
90	キラズ山	きらずやま	1187.8	Ⅲ	大沢野町・大山町・神岡町(岐)	有峰湖	東茂住	通	183
91	横岳	よこだけ	1623.0	Ⅲ	大山町・神岡町(岐)	有峰湖	東茂住	図	181
92	高幡山	たかはたやま	1332.2	Ⅲ	大山町・神岡町(岐)	有峰湖	東茂住	図	181
93	池ノ山	いけのやま	1368.7	Ⅲ	大山町・神岡町(岐)	有峰湖	東茂住	図	182
94	和佐府ゼッコ	わさぶぜっこ	1730.9	Ⅲ	大山町・神岡町(岐)	有峰湖	有峰湖	通	179
95	夫婦山（女山）	めおとやま	740	×	八尾町	八尾	八尾	通	195
96	夫婦山	めおとやま	784.1	Ⅱ	八尾町	八尾	八尾	図	194
97	ジュッカの山	じゅっかのやま	800	×	庄川町・山田村	八尾	山田温泉	通	204
98	牛岳	うしだけ	987.1	Ⅱ	庄川町・利賀村・山田村	八尾	山田温泉	図	205
99	御鷹山	おたかやま	807.5	Ⅲ	八尾町・山田村	八尾	山田温泉	図	197
100	鉢巻山	はちまきやま	863.0	Ⅲ	利賀村	八尾	山田温泉	図	206
101	洞山	ほらやま	840	×	細入村	白木峰	猪谷	図831.8	210
102	大谷ノ頭	おおたにのあたま	961	○	細入村・八尾町	白木峰	猪谷	通	210
103	戸田峰	とだみね	1227.1	Ⅲ	八尾町	白木峰	猪谷	図	212
104	西新山	さいしんやま	1110.3	Ⅱ	細入村・八尾町	白木峰	猪谷	図	211
105	大高山	おおたかやま	1100.3	Ⅲ	細入村	白木峰	猪谷	図	211

No.	山　名	ふりがな	標高(m)	点	所　在　地	五万分の一図	二万五千分の一図	備考	頁
106	中尾	なかお	1328.9	Ⅲ	八尾町	白木峰	猪谷	字	213
107	唐堀山	からぼりやま	1159.5	Ⅲ	細入村・宮川村(岐)	白木峰	猪谷	図	211
108	山神堂	さんしんどう	1450.4	Ⅲ	八尾町・宮川村(岐)	白木峰	猪谷	点	213
109	祖父岳	そふだけ	831.6	Ⅲ	八尾町	白木峰	利賀	図	217
110	袖山	そでやま	851.8	Ⅲ	八尾町	白木峰	利賀	図	218
111	高峰	たかみね	1071.4	Ⅱ	利賀村	白木峰	利賀	図	224
112	栃平山	とちびらやま	790	×	利賀村・八尾町	白木峰	利賀	通 ○781.0	218
113	大明神山	だいみょうじんやま	1001.5	Ⅲ	利賀村・平村	白木峰	利賀	通	226
114	日尾御前山	ひおごぜんやま	1054	○	八尾町	白木峰	利賀	通	216
115	三ケ峰	みつがみね	1012.3	Ⅲ	利賀村・八尾町	白木峰	利賀	点	218
116	西山	にしやま	921.4	Ⅲ	利賀村	白木峰	利賀	字	225
117	ウスジョウ山	うすじょうやま	1067.9	Ⅲ	利賀村・八尾町	白木峰	利賀	通	218
118	葡萄原	ぶどうはら	1102.0	Ⅲ	平村・利賀村	白木峰	利賀	点	226
119	上西山	かみにしやま	992.2	Ⅲ	利賀村	白木峰	利賀	字	225
120	仁王山	におうざん	1516.6	Ⅲ	八尾町	白木峰	利賀	通	216
121	袖ノ谷山	そでのたんやま	1274.5	Ⅲ	利賀村・八尾町	白木峰	利賀	点	219
122	白木峰	しらきみね	1596	○	八尾町・宮川村(岐)	白木峰	白木峰	図 Ⅱ1586.4	214
123	尾洞山	おどうやま	943	○	利賀村	白木峰	白木峰	通	225
124	りゅうこ峰	りゅうこみね	1384.1	Ⅲ	利賀村・八尾町	白木峰	白木峰	通	219
125	小白木峰	こしらきみね	1436.7	Ⅲ	八尾町・宮川村(岐)	白木峰	白木峰	図	216
126	金剛堂山(前金剛)	こんごうどうざん	1637.9	Ⅰ	利賀村・八尾町	白木峰	白木峰	図	221
127	金剛堂山(中金剛)	なかこんごう	1650	○	利賀村・八尾町	白木峰	白木峰	通	221
128	奥金剛	おくこんごう	1616	○	利賀村・八尾町	白木峰	白木峰	通	221
129	奥座峰	おくざみね	1602	○	八尾町・利賀村・河合村(岐)	白木峰	白木峰	他	222
130	そばかど峰	そばかどみね	1567	○	利賀村	白木峰	白木峰	通	222
131	白谷山	しらたにやま	1411.1	Ⅲ	利賀村	白木峰	白木峰	点	222
132	向平	むかいびら	1455	○	利賀村	白木峰	白木峰	通	222
133	御鷹巣山	おたかすやま	1444.0	Ⅲ	利賀村・河合村(岐)	飛騨古川	角川	通	222
134	猿倉山	さるくらざん	1383.1	Ⅲ	利賀村・河合村(岐)	飛騨古川	角川	点	223

No.	山　名	ふりがな	標高(m)	点	所　在　地	五万分の一図	二万五千分の一図	備考	頁
135	水無山	みずなしやま	1505.7	II	利賀村・河合村(岐)	飛騨古川	角川	図	223
136	八乙女山	やおとめやま	756	○	井波町・利賀村	城端	城端	図 III751.8	257
137	大寺山	おおでらやま	927.8	×	井波町・利賀村・井口村	城端	城端	図 III919.1	257
138	扇山	おうぎやま	1033	○	井口村・利賀村	城端	城端	図	256
139	赤祖父山	あかそふやま	1025.5	×	井口村・利賀村	城端	城端	図	256
140	三千坊	さんぜんぼう	789.5	III	福光町・金沢市(石)	城端	福光	通	268
141	医王山	いおうぜん	920	×	福光町・金沢市(石)	城端	福光	図	270
142	ツンボリ山	つんぼりやま	786	○	福光町	城端	福光	点	269
143	奥医王山	おくいおうぜん	939.1	I	福光町・金沢市(石)	城端	福光	図	272
144	杉山	すぎやま	1110.5	II	城端町・利賀村・平村	下梨	下梨	点	275
145	つくばね山	つくばねやま	760	×	城端町	下梨	下梨	通 III747.4	278
146	高清水山	たかしょうずやま	1145	○	城端町・平村	下梨	下梨	図	275
147	奥つくばね山	おくつくばねやま	995	○	城端町	下梨	下梨	通	278
148	草沼山	くさぬまやま	1080.7	III	城端町・平村	下梨	下梨	通	277
149	大滝山	おおたきやま	1040	×	城端町・平村	下梨	下梨	通	277
150	高落場山	たかおちばやま	1122	○	城端町・平村	下梨	下梨	図	276
151	長尾山	ながおやま	562.0	III	平村	下梨	下梨	通	274
152	飛尾山	ひおやま	866	○	平村	下梨	下梨	通	274
153	高草嶺	たかそうれい	1075	○	平村・利賀村	下梨	下梨	通	274
154	山の神	やまのかみ	902.4	III	平村・利賀村	下梨	下梨	通	275
155	上松尾山	かみまつおやま	770.4	III	平村	下梨	下梨	通	282
156	道谷山	どうだんやま	954	○	平村	下梨	下梨	通	284
157	越形山	こしがたやま	933.5	III	平村	下梨	下梨	通	283
158	鍋床山	なべとこやま	1065.7	III	平村・上平村・城端町	下梨	下梨	字	285
159	袴腰山	はかまごしやま	1163	×	城端町・上平村	下梨	下梨	図	286
160	猪越山	ししごえやま	896	○	平村	下梨	下梨	通	284
161	高坪山	たかつぼやま	1013.9	III	平村・上平村	下梨	上梨	図	284
162	御世仏山	みよぶつやま	1031.3	II	平村	下梨	上梨	通	292
163	阿別当山	あべっとうやま	1056.9	III	平村・利賀村	下梨	上梨	通	291

No.	山　名	ふりがな	標高(m)	点	所　在　地	五万分の一図	二万五千分の一図	備考	頁
164	細島山	ほそじまやま	928.8	Ⅲ	上平村	下梨	上梨	字	300
165	マルツンボリ山	まるつんぼりやま	1236.8	Ⅲ	平村	下梨	上梨	図	293
166	大滝山	おおたきやま	1498.1	Ⅲ	上平村	下梨	上梨	通	299
167	春木山	はるきやま	1590	×	平村・利賀村	下梨	上梨	通 Ⅲ1583.6	294
168	カラモン峰	からもんほう	1679.3	Ⅲ	平村・白川村(岐)	下梨	上梨	通	298
169	人形山	にんぎょうざん	1726	○	平村・白川村(岐)	下梨	上梨	図	296
170	三ケ辻山	みつがつじやま	1764.4	Ⅱ	利賀村・白川村(岐)	下梨	上梨	図	294
171	笠かぶり山	かさかぶりやま	872	○	福光町	下梨	湯涌	文	281
172	大ジャラ	おおじゃら	810	×	福光町	下梨	湯涌	文	282
173	八丁山	はっちょうやま	970	×	福光町	下梨	湯涌	通 Ⅱ949.8	281
174	中ンジャラ	なかんじゃら	715	×	福光町	下梨	湯涌	通	282
175	中尾	なかお	976.9	Ⅲ	福光町	下梨	湯涌	通	287
176	順尾山	じゅんのざん	883	○	福光町・金沢市(石)	下梨	湯涌	図	303
177	奥山	おくやま	1103.9	Ⅲ	福光町・上平村	下梨	湯涌	字	287
178	三方山	さんぽうざん	1142	○	福光町・上平村	下梨	湯涌	図	287
179	三方山一峰	さんぽうざんいっぽう	1348	○	福光町・上平村	下梨	西赤尾	文	288
180	大倉山	おおくらやま	1004.6	Ⅲ	福光町・金沢市(石)	下梨	西赤尾	図	303
181	コイト山	こいとやま	723.1	Ⅲ	福光町	下梨	西赤尾	通	304
182	赤堂山	あかんどうやま	1059	○	福光町・金沢市(石)	下梨	西赤尾	図	302
183	猿ケ山	さるがやま	1447.8	Ⅱ	福光町・上平村	下梨	西赤尾	図	288
184	月ケ原山	つきがはらやま	1169.8	Ⅲ	福光町・金沢市(石)	下梨	西赤尾	図	302
185	ガンザオ山	がんざおやま	984.6	Ⅲ	上平村	下梨	西赤尾	通	289
186	多子津山	たごつやま	1311	○	福光町・金沢市(石)	下梨	西赤尾	図	301
187	大獅子山	おおじしやま	1127.1	Ⅲ	福光町・上平村	下梨	西赤尾	図	290
188	大門山	だいもんざん	1571.6	Ⅲ	福光町・金沢市(石)	下梨	西赤尾	図	301
189	タカンボゥ山	たかんぼうやま	1119.5	Ⅲ	上平村	下梨	西赤尾	図	290
190	赤摩木古山	あかまっこやま	1501	○	上平村・金沢市(石)	下梨	西赤尾	図	304
191	見越山	みこしやま	1621	○	上平村・金沢市(石)	下梨	西赤尾	図	305
192	奈良岳	ならだけ	1644.3	Ⅲ	上平村・吉野谷村(石)・金沢市(石)	下梨	西赤尾	図	306

No.	山　名	ふりがな	標高(m)	点	所　在　地	五万分の一図	二万五千分の一図	備考	頁
193	白子ノ頭	しらこのずこ	1525.6	Ⅲ	利賀村	白川村	鳩谷	点	295
194	岩長山	いわながやま	1631	○	利賀村・白川村(岐)	白川村	鳩谷	通	295
195	北ソウレ山	きたそうれやま	1555.1	Ⅱ	利賀村・白川村(岐)	白川村	鳩谷	通	296
196	大笠山	おおがさやま	1821.8	Ⅰ	上平村・吉野谷村(石)	白川村	中宮温泉	図	307
197	天ノ又	てんのまた	1550	×	上平村	白川村	中宮温泉	通	306
198	前笈ケ岳	まえおいずるがだけ	1522.1	Ⅲ	上平村	白川村	中宮温泉	点	306
199	宝剣岳	ほうけんだけ	1741	○	上平村・吉野谷村(石)	白川村	中宮温泉	通	308
200	錫杖岳	しゃくじょうだけ	1780	×	上平村・吉野谷村(石)	白川村	中宮温泉	通	308
201	笈ケ岳	おいずるがだけ	1841.4	Ⅲ	上平村・吉野谷村(石)・白川村(岐)	白川村	中宮温泉	図	309

低山丘陵 （700m 未満）

No.	山　名	ふりがな	標高(m)	点	所　在　地	五万分の一図	二万五千分の一図	備考	頁
01	押場峯	おしばみね	693.8	○	朝日町	泊	親知不	通	10
02	城山	しろやま	248.8	Ⅱ	朝日町	泊	泊	図	10
03	烏帽子山	えぼしやま	483.4	○	朝日町	泊	泊	図	10
04	諏訪山	すわやま	274.7		朝日町	泊	泊	通	10
05	馬蠶山	ばりょうざん	248	○	朝日町	泊	泊	通	14
06	千蔵山	せんぞうやま	291.2	○	朝日町	泊	泊	点	13
07	権現山	ごんげんやま	203.7	○	朝日町	泊	泊	通	13
08	雁谷峯	がんだんみね	556.7	○	朝日町	泊	泊	通	12
09	二王平峯	におうぶらみね	635	○	朝日町	泊	泊	通	12
10	南保山	なんぽやま	342.1	Ⅲ	朝日町	泊	泊	通	13
11	三峰	みつぽ	377	○	朝日町	泊	泊	文	13
12	樫倉山	かすくらやま	558.7	Ⅲ	朝日町・入善町	泊	舟見	通	16
13	道口山	どぐちやま	514.7	○	朝日町	泊	舟見	通	16
14	舟見山	ふなみやま	252.8	Ⅲ	入善町	泊	舟見	点	17

No.	山　名	ふりがな	標高(m)	点	所　在　地	五万分の一図	二万五千分の一図	備考	頁
15	鷹打山	たかうちやま	438.4	○	入善町・朝日町	泊	舟見	点	17
16	権現山	ごんげんやま	250	×	入善町	泊	舟見	通	18
17	舟平	ふなだいら	298.6	Ⅲ	宇奈月町	泊	舟見	点	19
18	高エ山	たかえやま	598.0	○	宇奈月町	泊	舟見	点	18
19	丸山	まるやま	359.3	○	宇奈月町	泊	舟見	点	19
20	山伏平	やまぶしだいら	417.6	Ⅲ	黒部市・宇奈月町	泊	舟見	点	19
21	小鹿熊山	おがくまさん	571.5	Ⅲ	黒部市	黒部	宇奈月	図	44
22	小原山	おはらやま	638	Ⅲ	宇奈月町	黒部	宇奈月	点Ⅲ618.0	44
23	七尾山	ななおやま	695	○	魚津市	黒部	宇奈月	文	47
24	園家山	そのけやま	17.4	Ⅰ	入善町	三日市	青木	図	138
25	宮野山	みやのやま	202	○	黒部市	三日市	三日市	通	138
26	尾山	おやま	241.9	Ⅲ	黒部市	三日市	三日市	通	138
27	天神山	てんじんやま	163.1	Ⅲ	魚津市	魚津	魚津	図	139
28	東山	ひがしやま	308.9	○	魚津市	魚津	魚津	点	139
29	御影山	みかげやま	469	×	魚津市	魚津	魚津	通	140
30	鋤山	すきやま	407.3	Ⅲ	魚津市	魚津	魚津	通	139
31	開木山	ひらきやま	245	×	魚津市	魚津	魚津	通	141
32	大谷山	おおたにやま	311.5	○	魚津市	魚津	魚津	通	141
33	東城山	とうじょうやま	611.0	Ⅱ	魚津市	魚津	魚津	通	140
34	荒惣山	あらそやま	404.4	Ⅲ	魚津市	魚津	魚津	通	142
35	笠取山	かさとりやま	432.2	○	魚津市	魚津	魚津	文	142
36	金山城山	かなやまじょうやま	301.5	○	魚津市	魚津	魚津	文	145
37	坪野城山	つぼのじょうやま	466	×	魚津市	魚津	魚津	文	145
38	背戸山	せとやま	391	○	魚津市	魚津	魚津	通	141
39	兜山	かぶとやま	595	×	魚津市	魚津	魚津	通	143
40	升方山	ますがたやま	241	○	魚津市	魚津	魚津	通	145
41	松倉城山	まつくらじょうやま	430.9	Ⅲ	魚津市	魚津	魚津	通	144
42	水尾城山	みずおじょうやま	310	×	魚津市	魚津	越中大浦	通	146
43	虎谷山	とらだんやま	686.9	Ⅲ	魚津市	魚津	越中大浦	文	146

No.	山　名	ふりがな	標高(m)	点	所　在　地	五万分の一図	二万五千分の一図	備考	頁
44	城山	じょうやま	490	×	滑川市・上市町	魚津	越中大浦	通 Ⅱ470.8	147
45	大山	おおやま	210	×	上市町	魚津	越中大浦	文	149
46	城山	じょうやま	348	○	上市町	魚津	越中大浦	図	149
47	笠尻山	かさじりやま	629.2	Ⅲ	上市町	魚津	越中大浦	点	148
48	升形山	ますがたやま	106.6	○	上市町	魚津	上市	図	150
49	城ケ平山	じょうがたいらやま	446.3	Ⅲ	上市町	五百石	大岩	図	161
50	ハゲ山	はげやま	455	×	上市町	五百石	大岩	通	159
51	そで山	そでやま	440	×	上市町	五百石	大岩	通	160
52	西山	にしやま	400	×	上市町	五百石	大岩	通	160
53	峠山	とうげのやま	477	○	上市町	五百石	大岩	通	160
54	丸山	まるやま	444	○	上市町	五百石	大岩	通	160
55	さるくら山	さるくらやま	540	×	上市町	五百石	大岩	通	161
56	経ケ峰	きょうがみね	292	○	上市町	五百石	大岩	文	162
57	樫ノ木平山	かしのきだいらやま	390	×	上市町	五百石	大岩	通	161
58	大観峰	だいかんぼう	332	○	上市町・立山町	五百石	大岩	通	162
59	宇津露	うつろ	484.3	Ⅲ	上市町・立山町	五百石	大岩	字	162
60	奥赤谷山	おくあかたんやま	558	○	立山町	五百石	大岩	通	159
61	大柏山	おおかしやま	335	○	立山町	五百石	大岩	通	159
62	逃山	にげやま	560	×	立山町	五百石	大岩	通	158
63	上寺	うわでら	431	○	立山町	五百石	大岩	通	163
64	北山	きたやま	650	×	立山町	五百石	大岩	通	156
65	美し山	うつくしやま	504	○	立山町	五百石	小見	通	156
66	千垣山	ちがきやま	660.9	Ⅲ	立山町	五百石	小見	字	165
67	与四兵衛山	よしべやま	623	○	大山町	五百石	小見	図	169
68	尼子谷山	あまごだんやま	333.8	Ⅲ	立山町	五百石	五百石	字	164
69	不動壁山	ふどうかべやま	337	○	立山町	五百石	五百石	通	164
70	祝坂	いわいざか	382	○	立山町	五百石	五百石	通	163
71	吉峰山	よしみねやま	339.2	Ⅲ	立山町	五百石	五百石	字	166
72	神宮山	しんぐうやま	210	×	立山町	五百石	五百石	文	166

No.	山　名	ふりがな	標高(m)	点	所　在　地	五万分の一図	二万五千分の一図	備考	頁
73	池田城の山	いけだじょうのやま	375	○	立山町	五百石	五百石	通	164
74	座主坊山	ざすんぼうやま	478.1	Ⅲ	立山町	五百石	五百石	通	163
75	上ノ山	うえのやま	317.0	○	立山町	五百石	五百石	通	166
76	マッキン平	まっきんだいら	316	○	大山町	五百石	五百石	通	175
77	尖山	とがりやま	559.2	Ⅱ	立山町	五百石	千垣	図	165
78	松ケ窪	まつがくぼ	430.5	Ⅲ	大山町	五百石	千垣	字	175
79	丸坪山	まるつぼやま	560	×	大山町	五百石	千垣	字	173
80	安蔵山	あんぞうやま	630	×	大山町	五百石	千垣	通	174
81	岩竹山	いわたけやま	560	×	大山町	五百石	千垣	通	174
82	麻谷山	あさだんやま	663	○	大山町	五百石	千垣	通	173
83	不動壁山	ふどうかべやま	480	×	大山町	五百石	千垣	通	173
84	後藤山	ごとやま	398	○	氷見市・七尾市(石)	虻ケ島	虻ケ島	通	230
85	大平	おおひら	200.7	Ⅲ	氷見市	虻ケ島	虻ケ島	点	230
86	八ケ山	はっかやま	31	×	富山市	富山	富山	通	186
87	呉羽山	くれはやま	76.8	×	富山市	富山	富山	図	186
88	城山	じょうやま	145.3	Ⅰ	富山市	富山	富山	図	187
89	大師ケ岳	たいしがだけ	253.6	Ⅲ	高岡市・氷見市	富山	伏木	図	240
90	鉢伏山	はちぶせやま	210.9	×	高岡市	富山	伏木		240
91	二上山	ふたがみやま	274	○	高岡市・氷見市	富山	伏木	図	241
92	城山	じょうやま	258.9	Ⅱ	高岡市	富山	伏木	図	242
93	古能久礼山	このくれやま	約30	×	大門町	富山	高岡	文	189
94	経嶽山	きょうがくざん	62	○	小杉町	富山	高岡	通	188
95	鳥越山	とりごえやま	77.6	Ⅱ	大門町	富山	高岡	字	188
96	大澤山	おおざわやま	約30	×	大門町	富山	高岡	文	189
97	丸山	まるやま	約70	×	大門町	富山	高岡	通	189
98	高津峰山	たかづみねやま	116.6	Ⅲ	小杉町・富山市	富山	高岡	図	187
99	市兵衛山	いちべやま	70.8	○	大門町	富山	高岡	文	189
100	長山	ながやま	118	×	八尾町	八尾	速星	通	192
101	ダイジロ山	だいじろやま	263.2	Ⅲ	大沢野町・大山町	八尾	八尾	図	190

No.	山　名	ふりがな	標高(m)	点	所　在　地	五万分の一図	二万五千分の一図	備考	頁
102	源平山	げんぺいさん	190	×	八尾町	八尾	八尾	通	193
103	京ケ峰	きょうがみね	200	×	八尾町	八尾	八尾	通	193
104	別荘山	べっそうやま	195.0	○	八尾町	八尾	八尾	図	193
105	城ケ山	じょうがやま	199.8	×	八尾町	八尾	八尾	通	194
106	猿倉山	さるくらやま	344.7	Ⅲ	大沢野町	八尾	八尾	図	190
107	鼻峰	はなみね	295.9	Ⅲ	大沢野町・八尾町	八尾	八尾	字	193
108	笹津山	ささづやま	532	○	細入村	八尾	八尾	図	191
109	御前山	ごぜんやま	559	○	大沢野町	八尾	八尾	図	191
110	大乗悟山	だいじょうござん	590	○	細入村・八尾町	八尾	八尾	文	191
111	竹原山	たけはらやま	308.4	Ⅲ	八尾町	八尾	八尾	通	194
112	カンナ尾山	かんなおやま	676.3	Ⅲ	大沢野町・細入村	八尾	八尾	文	192
113	御鷹山	おたかやま	675	○	細入村・八尾町	八尾	八尾	図	192
114	尾道	おどう	587.2	Ⅲ	八尾町	八尾	八尾	点	194
115	野手高津峰山	のでたかづみねやま	140.2	Ⅲ	小杉町	八尾	宮森新	通	199
116	亀山	かめやま	133.1	Ⅲ	砺波市	八尾	宮森新	通	200
117	増山	ますやま	120	○	砺波市	八尾	宮森新	通	200
118	中山	なかやま	158.2	○	富山市・婦中町	八尾	宮森新	字	198
119	猫坂山	ねこさかやま	130	×	婦中町	八尾	宮森新	通	199
120	富士屋権現山	ふじやごんげんやま	161.9	Ⅲ	婦中町	富山	宮森新	通	200
121	森田山	もりたやま	172.5	Ⅱ	婦中町	八尾	宮森新	点	198
122	天狗山	てんぐやま	192.5	Ⅱ	砺波市	八尾	宮森新	図	201
123	頼成山	らんじょうやま	197	×	砺波市	八尾	宮森新	通	201
124	ひよどり山	ひよどりやま	197	×	砺波市	八尾	宮森新	通	201
125	貉ケ城	むじながしろ	242.8	Ⅲ	山田村・砺波市	八尾	宮森新	点	202
126	オンダン山	おんだんやま	268.8	Ⅲ	婦中町・山田村	八尾	宮森新	通	202
127	城山	じょうやま	160	×	山田村	八尾	宮森新	図	202
128	清水山	しょうずやま	273.7	Ⅲ	八尾町・山田村	八尾	山田温泉	字	195
129	三条山	さんじょうやま	334.5	○	庄川町	八尾	山田温泉	図	205
130	鉢伏山	はちぶせやま	510.3	Ⅲ	庄川町	八尾	山田温泉	図	204

No.	山名	ふりがな	標高(m)	点	所在地	五万分の一図	二万五千分の一図	備考	頁
131	大峰	おおみね	360.9	Ⅲ	八尾町・山田村	八尾	山田温泉	点	196
132	天鳥山	てんどりやま	521.0	○	山田村	八尾	山田温泉	通	203
133	奥ノ山	おくのやま	632.4	○	砺波市・山田村	八尾	山田温泉	通	203
134	城ケ山	じょうがやま	259.9	○	八尾町	八尾	山田温泉	点	196
135	高尾山	たかおやま	544.1	Ⅲ	庄川町	八尾	山田温泉	図	204
136	上野山	うえのやま	217.6	○	八尾町	八尾	山田温泉	点	196
137	高場	たかば	651.4	Ⅲ	山田村	八尾	山田温泉	通	203
138	狢峰	むじなみね	477.3	Ⅲ	八尾町	八尾	山田温泉	図	196
139	城山	しろやま	639.3	○	山田村・八尾町	八尾	山田温泉	点	197
140	向山	むかいやま	542.6	○	八尾町	八尾	山田温泉	点	198
141	峯山	むねやま	854	○	八尾町・山田村・利賀村	八尾	山田温泉	通	207
142	蔵王山	ざおうやま	507.6	Ⅰ	氷見市・七尾市(石)	氷見	能登二宮	文	230
143	石場山	いしばやま	513.0	Ⅲ	氷見市・鹿島町(石)	氷見	能登二宮	他	230
144	桝形山	ますがたやま	486	○	氷見市・鹿島町(石)	氷見	能登二宮	通	231
145	大平山	おおひらやま	477.1	Ⅲ	氷見市・鹿島町(石)	氷見	能登二宮	通	231
146	鏡山	かがみやま	343.5	Ⅲ	氷見市	氷見	能登二宮	点	232
147	焼山	やけやま	258	○	氷見市	氷見	能登二宮	通	232
148	久江原山	くえはらやま	452.4	Ⅲ	氷見市・鹿島町(石)	氷見	能登二宮	通	232
149	エボシ山	えぼしやま	277	○	氷見市	氷見	能登二宮	字Ⅱ266.6	233
150	碁石ケ峰	ごいしがみね	461.1	Ⅱ	氷見市・鹿島町(石)・羽咋市(石)	氷見	氷見	図	234
151	御殿山	ごてんやま	167.2	○	氷見市	氷見	氷見	通	233
152	風吹	かざふき	320.8	Ⅲ	氷見市	氷見	氷見	点	234
153	西山	にしやま	226.5	○	氷見市	氷見	氷見	点	234
154	三角山	みすまやま	98.9	Ⅲ	氷見市	氷見	氷見	通	233
155	菅池山	すがいけやま	233.2	Ⅲ	氷見市・羽咋市(石)	氷見	氷見	通	237
156	法華ケ峰	ほっけがみね	260	×	氷見市・羽咋市(石)	氷見	氷見	通	237
157	蛭子山	えびすやま	75.3	×	氷見市	氷見	氷見	通	234
158	潟山	かたやま	33.2	×	氷見市	氷見	氷見	通	236
159	朝日山	あさひやま	42	×	氷見市	氷見	氷見	通	235

No.	山　名	ふりがな	標高(m)	点	所　在　地	五万分の一図	二万五千分の一図	備考	頁
160	長山	ながやま	25	×	氷見市	氷見	氷見	通	236
161	竹里山	ちくりさん	137.4	○	氷見市	氷見	氷見	通	236
162	蛇ヶ谷山	じゃがたんやま	166.8	II	氷見市	氷見	氷見	通	237
163	東山	ひがしやま	206.3	III	氷見市	氷見	氷見	字	238
164	虹岳	にじだけ	256.1	II	氷見市・志雄町(石)	氷見	羽咋	通	237
165	臼ケ峰	うすがみね	270	×	氷見市・志雄町(石)	氷見	羽咋	図	238
166	軍頭峰	ぐんとうみね	232.0	III	氷見市	石動	飯久保	点	245
167	御杯山	おはいやま	230	×	氷見市	石動	飯久保	図	245
168	布尾山	ぬのおやま	30	×	氷見市	氷見	飯久保	通	243
169	布施丸山	ふせのまるやま	30	×	氷見市	氷見	飯久保	図	244
170	鞍骨山	くらぼねやま	270.3	III	氷見市	氷見	飯久保	通	245
171	大高尾	おおたかお	376.6	×	高岡市・氷見市	石動	飯久保	通	246
172	三方峰	さんぽうみね	150	×	氷見市・高岡市	石動	飯久保	図	244
173	三千坊山	さんぜんぽうやま	264.2	II	氷見市・高岡市	石動	飯久保	図	244
174	奥山	おくやま	288.9	○	高岡市	石動	飯久保	点	246
175	高山	たかやま	232.4	III	高岡市	石動	飯久保	点	247
176	清水山	しょうずやま	170	×	福岡町	石動	戸出	図	247
177	城ケ平山	しろがひらやま	170	×	福岡町	石動	戸出	図	247
178	元取山	もととりやま	195.8	III	福岡町	石動	戸出	図	248
179	向山	むかいやま	203	○	福岡町	石動	戸出	図	248
180	奥山	おくやま	200	×	福岡町	石動	戸出	図	248
181	平尻山	ひらじりやま	119.0	III	福岡町	石動	戸出	図	248
182	大釜山	おおかまやま	501.7	III	福岡町・押水町(石)・氷見市	石動	宝達山	通	246
183	大嶺山	おおみねさん	397.5	III	小矢部市・津幡町(石)	石動	石動	通	249
184	後尾山	ごおやま	210.0	III	福岡町	石動	石動	字	248
185	焼山	やきやま	260	×	小矢部市・津幡町(石)	石動	石動	図 ○258.2	249
186	三国山	みくにやま	323.6	III	小矢部市・津幡町(石)	石動	石動	図	250
187	下山	しもやま	200	×	小矢部市	石動	石動	図	249
188	鍋山	なべやま	220	×	小矢部市	石動	石動	図	251

No.	山　名	ふりがな	標高(m)	点	所　在　地	五万分の一図	二万五千分の一図	備考	頁
189	稲葉山	いなばやま	346.9	II	小矢部市	石動	石動	図	250
190	御来光山	ごらいこうやま	252.6	III	小矢部市・津幡町(石)	石動	石動	通	250
191	矢部山	やべやま	221	○	小矢部市	石動	石動	図	251
192	平山	ひらやま	156.1	○	小矢部市	石動	石動	図	252
193	御坊山	ごぼうやま	199.6	III	小矢部市	石動	石動	図	252
194	城山	しろやま	186	○	小矢部市	石動	石動	図	253
195	砂山	すなやま	155	○	小矢部市	石動	石動	図	252
196	向山	むかいやま	243.9	○	小矢部市・津幡町(石)	石動	石動	点	252
197	千羽山	せんばやま	80	×	小矢部市	城端	砺波	図	259
198	安居山	やっすいやま	130	×	福野町	城端	砺波	通	260
199	興法寺山	こうぼじのやま	181.9	II	小矢部市	城端	倶利伽羅	通	260
200	前八乙女山	まえやおとめやま	592	○	井波町	城端	城端	通	258
201	丸山	まるやま	271.0	○	井波町	城端	城端	図	258
202	四十寺山	しそじやま	240.6	III	井口村	城端	城端	字	258
203	丸山	まるやま	497.0	III	井口村	城端	城端	図	259
204	丸山（池田）	まるやま	443.5	×	井口村	城端	城端		258
205	天摩山	てんまやま	220	×	井口村	城端	城端	通	259
206	瓦山	かわらやま	225	×	井口村	城端	城端	通	259
207	国見山	くにみやま	276.8	II	小矢部市・津幡町(石)	城端	倶利伽羅	図	262
208	砺波山	となみやま	260	×	小矢部市	城端	倶利伽羅	図	263
209	矢立山	やたてやま	205.7	○	小矢部市	城端	倶利伽羅	図	263
210	源氏ケ峰	げんじがみね	240	×	小矢部市	城端	倶利伽羅	通	264
211	大窪山	おおくぼやま	238.7	○	小矢部市・津幡町(石)	城端	倶利伽羅	図	264
212	枡山	ますやま	279	○	小矢部市	城端	倶利伽羅	図	264
213	梨ノ木平山	なしのきたいらやま	260	×	小矢部市・津幡町(石)・金沢市(石)	城端	倶利伽羅	図	265
214	火燈山	ひとぼしやま	92.3	○	小矢部市	城端	倶利伽羅	図	260
215	松根城の山	まつねじょうのやま	308.0	III	小矢部市・金沢市(石)	城端	倶利伽羅	通	265
216	小白山	おじろやま	120.9	III	小矢部市	城端	倶利伽羅		261
217	ジャクズイ山	じゃくずいやま	210.3	III	小矢部市	城端	倶利伽羅	通	260

No.	山　名	ふりがな	標高(m)	点	所　在　地	五万分の一図	二万五千分の一図	備考	頁
218	柿ケ原山	かきがはらやま	265.8	○	小矢部市・金沢市(石)	城端	倶利伽羅	通	265
219	平ケ原	ひらがはら	241.1	○	福光町	城端	福光	点	261
220	土山	どやま	261.3	Ⅲ	福光町	城端	福光	点	266
221	桑山	くわやま	292.5	Ⅲ	福光町	城端	福光	図	261
222	高松山	たかまつやま	326.3	○	福光町	城端	福光	点	267
223	坂本山	さかもとやま	405.0	○	福光町	城端	福光	点	267
224	笠取山	かさとりやま	530.6	Ⅲ	福光町・金沢市(石)	城端	福光	通	267
225	城山	じょうやま	353.4	×	福光町	城端	福光	通	267
226	岩崩山	いわくずれやま	648.3	○	福光町	城端	福光	通	268
227	前医王	まえいおう	554.2	○	福光町	城端	福光	通	268
228	御坊山	ごぼうやま	357.4	Ⅲ	福光町	城端	福光	点	269
229	長尾山	ながおやま	562.0	Ⅲ	平村	下梨	下梨	点	274
230	天王山	てんのうざん	310	×	平村	下梨	下梨	図	283
231	八若山	はちわかやま	405	○	上平村	下梨	上梨	通	300
232	輪撫山	わなでやま	672.1	Ⅲ	上平村	下梨	上梨	通	300
233	風吹山	かざふきやま	330	×	福光町	下梨	湯涌	文	280
234	北横根	きたよこね	602.1	Ⅲ	福光町・金沢市(石)	下梨	湯涌	点	280
235	横根山	よこねやま	606	○	福光町・金沢市(石)	下梨	湯涌	通	280
236	とぎのしま山	とぎのしまやま	632.0	Ⅲ	福光町	下梨	湯涌	点	279
237	すぎおい山	すぎおいやま	647	○	福光町	下梨	湯涌	文	281
238	丸山	まるやま	554	○	福光町・金沢市(石)	下梨	湯涌	文	280
239	タカツブリ山	たかつぶりやま	684	×	福光町	下梨	湯涌	文	281
240	雪持山	ゆきもちやま	545	×	福光町・城端町	下梨	湯涌	文	279
241	樋瀬戸山	ひのせとやま	579	○	福光町・城端町	下梨	湯涌	文	279
242	ソバツボ山	そばつぼやま	446	×	福光町	下梨	湯涌	文	282
243	高附山	たかつきやま	581.2	Ⅲ	福光町	下梨	湯涌	文	279

管見的平成富山山事情
— 『富山県山名録』の編集を終えて

橋本　廣・佐伯邦夫

「動かざること山の如し」というが、万物の移り変わりの中にあって、山また例外ではない。本書の編集を通じてそのことを改めて思わせられた。とりわけ20世紀は、社会構造がかつてない大変革をとげた。その変革の波が、「山」に何をもたらしたか。所感の一端をあげて、本書のひとまずのまとめとしたい。それについて、①北アルプス②中級山岳③里山と、三つの区分にしたがい述べていく。①②は佐伯邦夫、③は橋本廣が執筆した。

≪北アルプス≫

立山・黒部の変貌

立山・黒部峡谷といえば、富山の山というより、富山の風土そのものの代表といえよう。その立山、あるいは黒部は、変わりゆく山川のまた代表格であった。

立山は、白山や富士山などと共に、講中登山の山として長い歴史を刻んできた。その立山にケーブルカーが懸かり、山腹をバスが列をなして走り、室堂に大ターミナル施設が作られる。

黒部また、峡谷の深奥部にダムが構築され、巨大な堰き止め湖が現出した。そこへ、長野県の大町市から、バス・トロリーバスが通じ、またそれが、前記の立山につながり、一大観光ルートとなったことは衆知の通りである。いわゆる「立山・黒部アルペンルート」である。

自分史（佐伯邦夫）にこれを重ね合わせると、中2のときの立山初登山（1951年）では、山麓の粟巣野で電車を降り、称名滝、八郎坂とずっと歩きだった。立山三山をまわり、五色ケ原を見て、ザラ峠から立山温泉に下った。立山温泉は浴客で賑わっていて、泊まった部屋には床の間がついていた。

その3年後、高2のとき（1954年）には材木坂にすでにケーブルカーが懸かっていて、立山登山の正面コースは美女平に移っていた。弥陀ケ原はブルドーザーで掘り返されていた。

黒四ダム工事がはじまったのはその2年後の1956年。高校卒業の年だった。魚津大火の年で、焼け出された友人は、入ったばかりの大学を休学、長野側の扇沢と黒部を結ぶトンネル工事現場に出て学費をかせいだ。

以来、変わりゆく立山・黒部を眺めながらの半世紀だった。

アルペンルート繁栄の陰で

アルペンルートの全線開通は昭和46（1971）年。このことがもたらした影響を検証するのは、もとよ

千寿ケ原と美女平を結ぶ立山ケーブルは昭和29年8月開業（当時の写真）

り本稿の手に余る。したがって目についた変化の一端を記すにとどまる。

　立山は登り親しむ山から眺める、観光の山に変わった。登山口（スタート地点）が山麓から2400mの室堂平に移り、登山は、プロセスをすていきなり核心部にかかるという性急で唐突なものに変わった。芦峅寺の村落のたたずまい、ブナ坂の豊かなブナの森、一ノ谷あたりの美しい渓流などなど、かつての立山登山が持っていた豊饒なもののあらかたを捨てた。

　山に関わった人達も行政もマスコミも、アルペンルートの維持や後押しに忙しく、他には手がまわらず、山小屋は荒廃し、山道がまたすたれた。それらに何があったか。順不同になるが、松尾峠、八郎坂、ザラ峠、立山川…。ブナ小屋、弘法小屋、美松荘…。立山温泉は湯治場、登山基地として栄えたのだが、20年ほどの歳月をかけて完全に廃絶した。

　橋本廣著『山旅に描く』（窓出版会、1979年刊）は、昭和21（1946）年から同27（1952）年までに描かれたスケッチをおさめる。それには、当時の北アルプスの山小屋等の施設を描いたものが20点あまり収められている。立山温泉をはじめ、すでにない豊かな立山をビジュアルに伝えていて、なつかしさにかきくれる。

歩くアルペンルート・世界遺産

　さて、こうして失われたものを、一部なりととり返すべく「歩くアルペンルート」が計画される。立山山麓千寿ケ原から黒部湖まで約26キロの遊歩道がそれ。平成6（1994）年から6年間、約6億円を投じて平成11（1999）年に完成した。

　しかし、利用状況は必ずしも芳しくはない。無理からぬところ。バスを横目で見ながらその傍らを歩き通すにはかなりの意志を必要としよう。それは、すでに得た電灯の生活をランプに戻すのに似ているかも知れない。

　また、やむを得ない措置とはいえ、木道の果てしない連続も問題なしとしない。それだけの異物を山へ運び上げたことは明らかだからだ。

　立山・黒部を世界遺産に－との動きが（自治体の首長あたりを中心にだが）2001年を期してにわかに高まっていると報じられている。立山・黒部に近・現代の人間が為してきたことをかえりみるとき、それは、たとえば原爆ドームと同様の意味でのそれでなければなるまい。

劔岳とその周辺

　さて、とり急ぎ他の山域も眺めておこう。まず劔岳について。おかし難い威厳の山として立山の変貌を傍観してきた。立山に学ぶなら、これを人類の宝として今のまま次代に引き継がなければならない。

　黒部ダムが出来て、人の流れが変わった。このことは立山の所で述べてもよかったのだが、首都圏からは大町経由の入山が便利になり、その分相対的に富山側からの入山が不便になった。

　劔岳へは、黒部ダムから内蔵之助谷経由の入山路が新しく加わる。黒部峡谷左岸の丸山・黒部別山などが登攀の対象として注目を集め、特に冬季にはこれと劔岳をつなげたプログラムが、骨太の登山者によって実行されるようになった。

　昭和の10年代（1940年前後）のガイドブックにあった白萩川や立山川（共に早月川の上流）が登山コースから脱落、西面からのコースは早月尾根だけ

昭和22年（1947）の頃の「ブナ小屋」のスケッチ（橋本廣・画）

になる。山麓の馬場島は行楽地化したが、流域の伊折・折戸・蓬沢などの村落はなかば歴史の幕を閉じた。剱岳をふくめた流域の利用や保全は上市町に引き継がれることになるのだが、この点についての責任能力の成長が待たれる。

近年、ボランティアグループによって、早月から黒部峡谷への通い路であったブナクラ峠の古道が復旧、ここを足がかりに赤谷山、猫又山への登山コースが開かれる。日帰りで北アの名峰が登れるとあって、週末にはブナクラ谷の車道終点広場は近県ナンバー車をふくめて満杯である。

水口武彬氏らの10年にわたる努力を多としたい。これによって、道なき毛勝三山の一角が有登山道時代に入ることになったが、歴史の教訓を生かした管理が求められる。

朝日・白馬・有峰湖周辺

朝日岳・白馬岳方面は、北又小屋も朝日小屋も時代に合ったものに建て替わる。北又小屋まで車道が通じた。しかしそのあとの山道は昔のまま。この方面における大蓮華山保勝会のたゆまぬ活動の賜物といえよう。

さわがに山岳会（新潟県青海町）によって、新潟との県境稜線に栂海新道が開かれ、その分、この辺りの利用に多面性が加わった。白馬岳、あるいは唐松岳と黒部峡谷の祖母谷温泉を結ぶコースも昔ながらの静けさを保っている。百名山ブームとかで、登る山の寡占化が進み、オバーユースが深刻な問題になっているが、一つの山でまた利用されるコースに片寄りが生じている例といえよう。

大山町薬師岳、雲ノ平方面は有峰にダムが出来、

大正期の祖母谷温泉

これに伴ってアクセスが飛躍的に便利になり、夏山シーズンは登山口の折立峠へ富山市から直通バスが通うようになった。ために中高年者を主とした登山者が激増、踏みつけによる山道の荒廃が深刻な問題になっている。登山道の相当部分が木道化した。この方面における五十嶋文一、博文の父子二代にわたる尽力を多としたい。

（佐伯邦夫）

≪中級山岳≫

『越中の百山』が果たしたもの

以下の引用は『越中の百山』（1973年・北日本新聞社刊）に寄せられた藤平正夫氏の序文から。

「富山には立山・剱を主峰とする3000メートルに及ぶ大山岳がそびえているせいか、中級山岳については一部の愛好者が知っているだけで、ほとんど紹介されたことがない。ほかの地方でなら、けっこう大切にされそうな中級山岳が忘れられたままになっているといえよう。富山の中級山岳からは、必ずといっていいほど、中部大山岳の展望が素晴らしく、ほかの地方では見られないことである。白馬から剱・立山、槍、穂高、乗鞍、場所によっては木曾御岳、白山を一望におさめ、日本海、能登をのぞむ…」

同書出版からおよそ30年。状況はかなり変わった。文中に「ほとんど紹介されることがない」としている状況がその場で一挙逆転するのは劇的である。同書については本書の巻頭でも述べられているが、越中の中級山岳に焦点をあてた、中級山岳専門の書であった。

それは県北東端の「白鳥山」にはじまり、南西端の「笠ケ岳」まで123座をおさめる。偶然の一致だが、本書がまた白鳥山を最初に置き、笠ケ岳でしめくくっているのが暗示的である。このたびの越中総山のこころみは、30年前の『越中の百山』から出で、ふたたびその目指したものに帰ろうとしているようにも思われる。

『とやま山紀行』に結実

さて本書は、各見出しの山名のあとに、標高、所

在地などとともにそれを扱っているガイドブックを記号であげている。『越中の百山』収録の123座は㊉のマーク。整理しつつ気付いたことは、㊉と㊋がペアで上がっている山が少なくないことだった。㊋は『とやま山紀行』（1996年、桂書房）。これは県内で発刊されている、山岳会報などに発表されている登山記録集。

このことは何を意味するだろう。㊉で発掘、紹介された山が、登られ親しまれていったその過程が㊋によって検証された、と言えまいか。両書とも、その制作の一端にたずさわる身で言うのは、いささか気がひけるが、富山の中級山岳をめぐる状況が、この二つの書のはざまに凝縮されているように思われる。

中級山岳とは何か

そして今なぜ中級山岳なのか。ふたたび『越中の百山』を引こう。こんどはその「あとがき」（橋本廣）から。

「北アルプスの主稜線上の山は、旧来からたくさんのガイドブックに紹介されているので、ここでは割愛した。本書に挙げた山の中には、登山道のある比較的登りやすいものもありますが、半分以上は道のない山です。道がなければ藪をくぐったり積雪を踏んで登らなければなりません。それだけにルートの選び方、地図の読み方、雪上での技術、携行品についての吟味など、登山における基礎知識が必要ですし、行動にあたっては慎重を期さねばなりません。山へ登る人たちの間でも、案外気付かれずにいることに残雪期の低山歩きの楽しみがあります。雪のしまつた尾根にタムシバが芽吹き、クロモジが匂う頃、見知らぬ山の頂を求めて登ることほど楽しい山歩きはないでしょう。そういう山歩きをしながら、私はつくづくふるさと越中にいる喜びを感じるのです。その喜びを一人でも多くの人に知ってもらいたいというのが本書の目的の一つ……」

北アルプスの山々は「旧来からたくさんのガイドブックに取り上げられている…」としているが、情報ばかりでなく、登山道、山小屋等の受け入れ態勢も整っていて、登山の方法も確立しているのが北アルプス。便利ではあるが、お仕着せである。そこで

『越中の百山』（1973年）と『とやま山紀行』（1996年）

個性的創造的な登山をする可能性は極めて少ない。

一方、中級山岳となると、登山道のない場合が多く、状況は多種多様。山によっては北アルプスよりもはるかにやっかい。方法を手探りし、季節をかえて登るとき実に豊か。また、自分流のスタイルや方法を可能にしているのもこのランクの山といえよう。

「この喜びを一人でも多くの人に…」としているが、以来4半世紀、『とやま山紀行』に見る限りそれは見事に果たされたといえよう。

藪・沢・残雪・山スキー

『とやま山紀行』には『越中の百山』と直接リンクする記事がある。巻末「附編」の中の「『越中の百山』全山登頂の記録」がそれ。123座全山登頂者にはまず、宮脇昭一氏（高岡市）がいるのだが、同書はそれにつづく富樫正弘氏（上市町）と野口正行氏（滑川市）の記録を紹介している。それは簡単な数ページのリストに過ぎないのだが、読み込んでいくと中身は深い。

山毎に登頂年月日や同行者のほか、登山方法の欄があって、「藪」「残雪」などと一語で記されている。その項目で注目を引くのは「登山道」としているものがあることだ。富樫氏の中には37、野口氏のものは31だった。123中だから決して多いとはいえない。北アルプスの山々や、深田百名山などだったら登山道はあたりまえで、あえて記す必要はないはずだ。

それでは「登山道」以外に何があったのか。踏み跡、残雪、新雪、沢、山スキー、XCスキー……なんという多彩。中級山岳の一面をあざやかに語っていて見事といえよう。

開けゆくとやまの中級山岳

　本稿は冒頭で、越中山岳の主として変化について見てゆく旨述べているが、中級山岳における変化というと何になろう。答えはいささか遅くなったが、かくして見出され、そして認知され登山者の生活の中に組み込まれていったということになろう。

　それからもう一つ。というか、認知の一形態とも言えるが、新しく登山道が切り開かれた山が少なくないことを挙げられよう。『越中の百山』発刊当時登山道がなく、その後およそ30年のうちに新たに道が切り開かれた山が、中山・大倉山・鍬崎山・鉢伏山などおよそ30座をかぞえることができる。また、新コースが加えられたという山も二、三にとどまらない。

　これにたずさわった人またさまざまだった。地域おこしの一環として、あるいは登山グループで、あるいは個人で黙々と続けられたもの……。自治体が予算をつけて……という例もなくはないが、あらかたは手弁当の奉仕活動が基本。五箇山方面では、五箇山保勝会の努力が大きい。

今後に期待したい山

　県東部では初雪山、馬場島周辺ではクズバ山、大熊山、細蔵山などがあろう。有峰湖周辺も薬師岳のみというのはさびしい。西笠山、東笠山などすばらしいだろうと思うが、山頂周辺のヒメシャクナゲの群落などを思うと心がゆれる。果たしてそれが守られるかということだ。登山道の切り開きに功罪のあることをつねに忘れてはならないだろう。

　さて、西部では鉢巻山、八丁山、順尾山、大倉山などを期待したい。

　登山道の切り開きでもう一つ指摘しておきたいのはそのメンテナンスである。切り開いてもそのままうっちゃると数年で元にもどってしまう。そうならないために、まず利用の促進をはかり、手入れを継続させることだ。切り開きは、目的や成果がはっきりしていてはずみがつく。協力も集まる。しかし、その後の維持に、最初のときの半分くらいの手とカネを継続的にかけていかねばならないことを知らねばならない。理解者、協力者もない中、黙々とその任にあたっている人のいることを思わねばならない。　登山も、登山道の切り開きや手入れも現在の担い手はおおむね中高年者だが、これを断絶させないで次世代にどう引き継いでゆくかというのが現今の大きな問題であろう。

（佐伯邦夫）

≪里　山≫

山里を後にする人々

　平成4年に富山県過疎対策協議会から発行された『山村過疎地域対策資料』に、70余の廃絶集落名が挙げられている。ほかに、廃村ではないが、19戸以下の小さな山村集落名も列挙してある。なかには1戸、2戸あるいは老夫婦だけの集落も少なくない。

　19戸以下の小集落のないのは富山市、新湊市、舟橋村、大島町など山村のない8市町村だけで、他の27市町村にはかなりの数で分布している。

　総計およそ300。一番多いのが八尾町の39で、二番目が大山町の21、つづいて小矢部市、婦中町、利賀村、上市町、氷見市の順。山村の戸数が減っている分だけ、市街地の人口が増えていることになる。山里から灯が消えて、町はいよいよ殷賑を極め、飽食の世に生きて人々は幸せである。水は低きに流れるように、人もまた、山から里へと下りてゆく。

　炭焼きが不要になって久しい。ベニヤ板に駆逐さ

炭焼きの様子（明治末期）

れて屋根板も要らなくなった。養蚕、製紙、狩猟も
また、山村の生活を支えることができなくなった。
丹精こめて植樹した杉は伸びるにまかせて放置せざ
るを得ない。過疎化対策として始まった酪農、養魚、
山菜加工も、生計の決め手とはならない。粒粒辛苦
して拓いた田畑は減反を迫られ、起死回生策の各種
イベントも、盛大に報道されるほど地元をうるおし
ているかどうか。70余の廃村に続いて、300の小
山村からも灯が消えようとしている。

水を飲むものは、井戸を掘った人の苦労を考える
という。川下の町の賑わいの中で、時にはかつてあ
りし川上の山里にも思いをいたしたい。それが繁栄
の世をふり返るよすがになればと思う。

熊野川流域の場合

神通川の支流に熊野川がある。有峰湖の北西東笠
山と西笠山に源を発し、高頭山の西麓を流れ、大山
町上滝付近で平野部に出、富山市有沢付近で神通川
に合流する。延長58.9キロ。

熊野川流域で、灯が消えた村が11ある。本流流
域は下流から長瀬、手出、赤倉、小原、千野谷、河
内の六集落。支流流域は安蔵、隠土、小谷、大双嶺、
千長原の5集落。いずれも富山市から近い里山なの
で、私はこの辺をよく歩く。特に本流流域へは足繁
く通った。一番奥の村が、山岳人の大先達、槍ケ岳
開山の播隆上人の出生地ということにもひかれるも
のがあった。

播隆の生誕地河内の対岸の山が1203.3メート
ルの高頭山で、下流の熊野川ダムから見る双耳峰は
秀麗である。ダムの上から高頭山を眺めて思った。

播隆上人顕彰碑（河内村）

熊野川ダムの上部に姿を見せる高頭山

播隆のように槍ケ岳への道を拓けなくても、高頭山
への細道なら切れるかもしれない。

地元の小原や河内の元の住民たちに相談し、山の
仲間を誘い合って、高頭山への道を切り拓くことに
なった。足繁く熊野川流域へ通い始めたきっかけの
一つがその辺にあった。

村跡へ通う人々

熊野川流域の山へ通い始めて気の付くことがあっ
た。人気なき村跡へ毎日のように通う人たちがいる。
自家用車で、バイクで、歩いて、時には家族に車で
送り迎えさせて。そしてそこで杉の枝打ちをし、山
菜を採り、わずかな畑を耕し、昔の生活を続けよう
とする人たちである。

熊野川本流にあった6集落のほとんどの人たち
は、下流の大山町の中心部上滝方面へ出た。そして
初めて町の生活を体験することになる。若い者は近
郊もしくは富山市へ通勤するが、現役を退いた人た
ちは、昔の生活が懐かしく、ついかつての村跡へ足
が向いてしまう。残してきた家屋や物置小屋を根拠
地にして、働き、憩い、自然の中のひと時を過ごす。
冬は雪で近づきにくいが、雪が解けてから再び雪に
閉ざされるまで、せっせと山へ通う。

長瀬の谷口義松さん、赤倉の城野太次郎さん、河
内の河上勝信さんは、家や小屋の前に乗用車やバイ
クが置いてあるのでそれとわかるが、ほかの方法で
来ている人も少なくない。河内の林善一さんは、道
端の小屋ではたまに通る車の音がうるさいので、最
近上手の方に小さな小屋を建て、夫婦で泊まり込ん
で山仕事をしておられるということを聞いた。

登山や峠探訪や、一、二等三角点踏査などで訪ね

山名索引

*太字は見出しになっている山。細字は本文中に現れる別名、異名。

《あ》

- 青石山 ……………………………60
- 赤犬 ………………………………304
- 赤牛が嶽 …………………………121
- 赤牛三吉 …………………………121
- 赤牛岳 あかうしだけ ……………121
- 赤男山 あかおとこやま ……………24
- 赤木岳 あかぎだけ ………………134
- 赤沢岳 あかざわだけ ………………68
- 赤瀬良山 あかせらやま ……………46
- 赤祖父山 あかそふやま …………256
- 赤祖父山 扇山 …………………256
- 赤岳 あかだけ ……………………124
- 赤谷の頭 あかだんのかしら ……152
- 赤谷山 あかたんやま ………………78
- 赤ハゲ山 あかはげやま ……………80
- 赤摩木古山 あかまっこやま ……304
- 上處 ………………………………303
- 阿咸堂 ……………………………303
- 赤堂山 あかんどやま ……………302
- あくみ ……………………………159
- あくみ山 あくみやま ……………159
- 上路山 ………………………………2
- 麻谷山 あさだんやま ……………173
- 旭岳 あさひだけ ……………………31
- 朝日岳 あさひだけ …………………22
- 朝日岳 猫又山 ………………………32
- 朝日山 あさひやま ………………235
- 阿別当山 あべっとうやま ………291
- 尼子谷山 あまごだんやま ………164
- 荒惣城址 …………………………142
- 荒惣山 あらそやま ………………142
- 荒山 あらやま ………………………34
- 安蔵山 あんぞうやま ……………174

《い》

- 医王山 いおうぜん ………………270
- 伊折山 いおりやま …………………47
- 池田城の山 いけだじょうのやま …164
- 池田丸山 …………………………259
- 池ノ平山 いけのたいらやま ………81
- 池ノ山 いけのやま 大山町 ……125
- 池ノ山 いけのやま 大山町・神岡町 182
- 石崎の峰 …………………………218
- 石場山 いしばやま ………………230
- 伊豆部山 …………………………194
- 市兵衛山 いちべやま ……………189
- 一山山 いっさんやま ……………156
- 一服剱 いっぷくつるぎ ……………85
- 出山 ………………………………141
- 稲葉山 いなばやま ………………250
- 稲村の城山 ………………………149
- 犬ケ岳 いぬがだけ …………………3
- 猪頭山 いのがしらやま ……………28
- 猪ノ根山 いのねやま ……………179

- イブリ山 いぶりやま ………………23
- イモ谷の峰 ………………………218
- 祝坂 岩井坂 いわいざか …………163
- 岩崩山 いわくずれやま …………268
- 岩小屋沢岳 いわごやざわだけ ……68
- 岩竹の高 …………………………174
- 岩竹山 いわたけやま ……………174
- 岩長山 いわながやま ……………295
- 岩乗越の上 …………………………12

《う》

- 上ノ山 うえのやま 立山町 ……166
- 上野山 うえのやま 八尾町 ……196
- 牛首山 うしくびやま ………………67
- 牛岳 うしだけ ……………………205
- 烏瑟 …………………………………95
- 後立山 うしろたてやま ……………66
- 後谷 ………………………………139
- 臼ケ峰 うすがみね ………………238
- 臼越山 うすこえやま ……………153
- ウスジョウの頂点 ………………218
- ウスジョウ山 ……………………218
- 薄波山 うすなみやま ……………176
- 美山 うつくしやま ………………156
- 宇津露 うつろ ……………………162
- 独活谷 ………………………………50
- ウドノ頭 うどのずこ ………………51
- うの字谷 …………………………170
- 卯花山 ……………………………193
- 姥倉ケ岳 ……………………………55
- 厩窪の頭 ……………………………69
- 裏旭岳 うらあさひだけ ……………31
- 上寺 うわてら ……………………163
- 運段 ………………………………202

《え》

- 越中沢岳 えっちゅうさわだけ ……111
- 蛭子山 えびすやま ………………234
- えぶり ………………………………24
- エブリガタケ ………………………22
- 烏帽子岳 えぼしだけ ……………117
  大山町・大町市
- 烏帽子山 えぼしやま 朝日町 ……10
- 烏帽子山 えぼしやま …………………43
  黒部市・宇奈月町
- エボシ山 えぼしやま 氷見市 ……233
- エンコウヤマ ……………………105

《お》

- 笈ケ岳 おいずるがだけ …………309
- 負釣山 おいつるしやま ……………14
- 負釣山南峰 おいつるしやまなんぽう…16
- 扇山 おうぎやま …………………256
- 黄蓮山 おうれんやま ………………3
- 大鹿熊 ………………………………44
- 大笠山 おおがさやま ……………307

- 大柏山 おおかしやま ……………159
- 大釜山 おおかまやま ……………246
- 大窪山 おおくぼやま ……………264
- 大熊山 おおくまやま ………………91
- 大倉山 おおくらやま ………………59
  魚津市・上市町
- 大倉山 おおくらやま ……………303
  福光町・金沢市
- 大坂森山 おおさかもりやま ……169
- 大澤山 おおざわやま ……………189
- 大獅子山 おおじしやま …………290
- 大品山 おおしなやま ……………168
- 大ジャラ おおじゃら ……………282
- 大杉山 おおすぎやま ……………143
- 大鬆山 ……………………………182
- 大双嶺山 おおぞれやま …………176
- 大大日 ………………………………87
- 大平山 おおだいらやま …………143
- 大高尾 おおたかお ………………246
- 大高山 おおたかやま ……………211
- 大滝山 おおたきやま 城端町・平村 277
- 大滝山 おおたきやま 上平村 ……299
- 大タテガビン おおたてがびん ……77
- 大谷 …………………………………16
- 大谷ノ頭 おおたにのあたま ……210
- 大谷山 樫倉山 ……………………16
- 大谷山 おおたにやま ……………141
- 大地山 おおちやま …………………7
- 大辻山 おおつじやま ……………154
- 大津山 ……………………………182
- 大寺山 おおでらやま ……………257
- 大戸山 ……………………………225
- 大長谷 ……………………………147
- 大汝山 おおなんじやま ……………99
- 大沼山 おおぬまやま ………………55
- 大猫山 おおねこやま ………………57
- 大野丸山 …………………………259
- 大平 …………………………………19
- 大平 おおひら ……………………230
- 大平山 おおひらやま ……………231
- 大丸山 おおまるやま ……………155
- 大峰 おおみね ……………………196
- 大嶺山 おおみねさん ……………249
  小矢部市・津幡町
- 大見の辻 …………………………178
- 大山 櫛形山 おおやま …………149
- 大蓮花山 ……………………………30
- 大蓮華山 ……………………………30
- 大鷲岳 ……………………………109
- 大鷲山 おおわしやま ………………9
- 小鹿熊山 おがくまさん ……………44
- オガタキ …………………………210
- 奥赤谷山 おくあかたんやま ……159
- 奥医王山 おくいおうぜん ………272
- 奥大蔦山 …………………………109
- 奥鐘山 おくかねやま ………………40

奥木挽山 おくこびきやま …………112	笠かぶり山 かさかぶりやま ……281	経ケ峰 きょうがみね 上市町………162
奥金剛 おくこんごう ……………221	笠尻山 かさじりやま ……………148	京ケ峰 きょうがみね 八尾町………193
奥座峰 おくざみね ………………222	笠取山 かさとりやま 魚津市……142	京の保 ……………………………13
奥大日岳 おくだいにちだけ ………86	笠取山 かさとりやま ……………267	清水山 きよみずやま ……………247
奥つくばね山 おくつくばねやま …278	福光町・金沢市 石	キラズ山 きらずやま ……………183
奥長尾山 おくながおやま ………154	風吹山 かざふきやま ……………280	銀山（荒惣山）……………………142
奥ノ山 虎谷山 …………………147	貸倉山 ……………………………60	銀山（虎谷山）……………………147
奥ノ山 おくのやま 大山町………184	樫ノ木平山 かしのきだいらやま …161	金峰山 ……………………………89
奥ノ山 おくのやま ………………203	鹿島槍ケ岳 かしまやりがだけ……66	
砺波市・山田村	鹿島槍ケ岳北峰 かしまやりがだけ	《く》
奥山西ノ尾 おくのやまにしのお …183	ほっぽう……………65	久江原山 くえはらやま …………232
奥山 おくやま 高岡市 …………246	樫倉山 かすくらやま ……………16	草沼山 くさぬまやま ……………277
奥山 おくやま 福岡町 …………248	風吹 かぜふき ……………………234	櫛形山 ……………………………149
奥山 おくやま 福光町・上平村 …287	カタツブリ山 かたつぶりやま ……281	クズパの頭 ………………………93
小佐波御前山 おざなみごぜんやま …177	潟山 かたやま ……………………236	クズバ山 くずばやま ……………93
押場峯 おしばみね ………………10	桂の大笠 …………………………307	唇ノ頭 くちびるのずこ …………169
小白山 おじろやま ………………261	金山谷 ……………………………18	国見岳 くにみだけ 立山町………103
御鷹巣山 おたかすやま …………222	金山城山 かなやまじょうやま……145	国見山 くにみやま ………………262
御鷹山 おたかやま 細入村・八尾町…192	兜山 かぶとやま …………………143	小矢部市・津幡町
御鷹山 おたかやま 八尾町・山田村 …197	釜谷山 かまたんやま ……………55	熊尾山 くまおやま ………………171
オッキャマ…………………………246	上犬ケ嶽（唐松岳）………………4	倉谷三方山 ………………………305
尾道 おどう ………………………194	上犬ケ岳 …………………………38	くりから …………………………263
尾洞山 おどうやま ………………225	上西山 かみにしやま ……………225	倶利伽羅山 ………………………263
大蓮花山 …………………………30	上ノ岳 ……………………………132	鞍骨山 くらぼねやま ……………245
大蓮華山 …………………………30	上駒ケ嶽 …………………………430	呉羽山 くれはやま ………………186
男山（夫婦山南峰）………………194	上松尾山 かみまつおやま ………282	黒岩嶽 ……………………………5
鬼岳 おにだけ ……………………106	上龍虎峯 …………………………219	黒岩ケ嶽 …………………………5
御杯山 おはいやま ………………245	亀山 かめやま ……………………200	黒岩山 くろいわやま ……………5
おばたけのたかの山………………249	瓶山 ………………………………217	黒岳 ………………………………123
御林山 ……………………………245	伽羅陀山 からだせん ……………105	黒菱山 くろびしやま ……………8
小原山 おはらやま ………………44	唐堀山 からぼりやま ……………211	黒部五郎岳 くろべごろうだけ ……134
雄山 おやま ………………………99	唐松岳 からまつだけ ……………38	黒部別山 くろべべっさん …………75
尾山 おやま ………………………138	カラモン峰 からもんほう …………298	黒部別山南峰 くろべべっさんなんぽう…76
折岳 ………………………………117	刈安山 かりやすやま ……………58	黒部別山北峰 くろべべっさんほっぽう…76
オンゾー……………………………287	河内鐘釣 …………………………41	鍬崎山 くわさきやま ……………166
鬼谷 ………………………………202	瓦山 かわらやま …………………259	鍬崎山（牛岳）……………………206
オンダン山 おんだんやま ………202	ガンザオの差しあげ………………289	桑山 くわやま ……………………261
隠土山 おんどやま ………………173	ガンザオ山 がんざおやま ………289	軍剣 ………………………………85
女山（夫婦山北峰）………………194	鴈谷三山 …………………………12	軍隊剣 ……………………………85
鬼場倉ノ頭 おんばぐらのずこ ……58	鴈谷峯 がんだんみね ……………12	軍頭峯 ぐんとうみね ……………245
鬼菱山 ……………………………141	カンナ尾山 かんなおやま ………192	
	観音山 ……………………………189	《け》
《か》		毛勝三山 …………………………52
不帰岳 かえらずだけ ……………33	《き》	毛勝山 けかちやま ………………52
不帰嶮 かえらずのけん …………37	菊石山 きくいしやま ……………3	源氏ケ峰 げんじがみね …………264
加賀富士 …………………………301	北葛岳 きたくずだけ ……………72	源平山 げんぺいさん ……………193
鏡山 かがみやま …………………232	北駒 ………………………………48	
カカリノ宮 ………………………262	北駒ケ岳 きたこまがだけ ………48	《こ》
がきが嶽 …………………………64	北仙人山 きたせんにんやま ……74	小旭岳 こあきひだけ ……………32
柿ケ原山 かきがはらやま ………265	キトソウレ山 きたそうれやま ……296	碁石ケ峰 こいしがみね …………234
餓鬼岳（五龍岳）…………………64	キタノウエヤマ……………………210	小糸山 こいとやま 大山町………174
餓鬼岳（鬼岳）……………………106	北ノ俣岳 きたのまただけ ………132	コイト山 こいとやま 福光町……304
がきの嶽 …………………………65	北平 ………………………………19	鯉鮒岳（鷲岳）……………………108
餓鬼山 がきやま …………………39	北薬師岳 きたやくしだけ ………130	鯉鮒岳（鳶岳）……………………111
ガキヤマ …………………………138	北山 きたやま ……………………156	興法寺山 こうほうじのやま ……260
鹿熊山 ……………………………144	北山城 ……………………………145	後尾山 ごおやま …………………248
隠里嶽 ……………………………66	北檜 ………………………………65	極楽坂山 ごくらくさかやま ……169
カクレ山 かくれやま ……………60	北横根 きたよこね ………………280	越形山 こしがたやま ……………283
笠 ………………………………60	狐平 ………………………………17	小白木峰 こしらきみね …………216
カサイケヤマ………………………250	木ノ根山 きのねやま ……………92	御前山 ごぜんやま ………………191
笠ケ頭 ……………………………60	経嶽山 きょうがくさん ……………188	五岳 ………………………………67

御殿山 ごてんやま	233
後藤山 ごとやま	230
古能久礼山 このくれやま	189
木挽山 こびきやま	112
瘤杉山 こぶすぎやま	28
御坊山 ごぼうやま 小矢部市	252
御坊山 ごぼうやま 福光町	269
駒ケ岳 こまがだけ	47
小窓ノ王 こまどのおう	81
ゴミョウゴヤマ	18
小ヤリ岳	288
御来光山 ごらいこうやま	250
五龍岳 ごりゅうだけ	64
御菱	64
ごりんざん	245
ゴロク	67
五六嶽	120
権現山 ごんげんやま 朝日町	13
権現山 ごんげんやま 入善町	18
金剛岳	220
金剛堂山 こんごうどうざん	220

《さ》

西願寺山	143
西新山 さいしんやま	211
細辛山	211
蔵王山 ざおうやま	230
早乙女岳 さおとめだけ	90
境又	10
坂本山 さかもとやま	267
笹尾ノ頭 ささおのずこ	171
笹津山 ささづやま	191
座主坊山 ざすんぼうやま	163
猿ケ山 さるがやま	288
猿ケ山 三方山Ⅰ峰	288
猿倉山 さるくらざん	223
利賀村・河合村	
さるくら山 さるくらやま 上市町	161
猿倉山 さるくらやま 大沢野町	190
サワガニ山 さわがにやま	4
三角点の山	188
三角の山	188
三ケ国出合	128
サンガツジヤマ	294
三吉岳	118
三国境 さんこくざかい	27
三国三 つからみ	128
三条山 さんじょうやま	205
山神堂 さんしんどう	213
三千坊 さんぜんぼう	268
福光町・金沢市	
三千坊山 さんぜんぼうやま	244
氷見市・高岡市	
三名引	50
山麓	50
山麓岳	50
サンナビキ山 さんなびきやま	49
三方山 さんぽうざん	287
三方山Ⅰ峰 さんぽうざんいっぽう	288
三方峰 さんぽうみね	244

《し》

爺ケ岳 じいがだけ	67
祖父岳 じいだけ	125
猪越山 ししこえやま	284
シシ岳（鹿島槍ケ岳）	66
獅子岳 ししだけ	107
獅子岳 ワリモ岳	124
祖父岳	67
地蔵岳	69
四十寺山 しそじやま	258
シッタカヤマ	147
島の山	292
示ボラ	225
下餓鬼 しもがき	40
下駒ケ嶽	3
下山 しもやま	249
ジャノイの頭	282
蛇ケ谷山 じゃがたんやま	237
杓子岳 しゃくしだけ	35
ジャクズイ山 じゃくずいやま	260
錫杖岳 しゃくじょうだけ	308
ジュッカの山 じゅっかのやま	204
順尾山 じゅんのざん	303
城ケ平山 じょうがたいらやま	161
上市町	
城ケ平山 じょうがひらやま 福岡町	247
城ケ山 じょうがやま	194
八尾町 199.8m	
城ケ山 じょうがやま	196
八尾町 259.9m	
定倉山 じょうくらやま	7
しようじ山	258
清水岳 しょうずだけ 宇奈月町	32
清水山 しょうずやま	195
八尾町・山田村	
浄土山 じょうどさん	101
城山 蓑輪 じょうやま	147
滑川市・上市町	
城山 じょうやま 上市町	149
城山 じょうやま 富山市	187
城山 じょうやま 山田村	202
城山 じょうやま 福光町	267
城山（鞍骨山）	245
常楽園	162
小蓮華山	36
白木峰 しらきみね	214
白倉山 しらくらやま	147
白子ノ頭 しらこのずこ	295
白岳 しらだけ	64
白谷山 しらたにやま	222
白鳥山 しらとりやま	24
白萩山 しらはぎやま	80
尻高山 しりたかやま	147
尻太山	9
白馬三山	36
白馬岳 しろうまだけ	29
白馬鑓	36
白金ノ頭 しろがねのずこ	7
城の腰	14
白ハゲ山 しらはげやま	80

城山 しろやま 朝日町	10
城山 しろやま 八尾町・山田村	197
城山 しろやま 高岡市	242
城山 しろやま 小矢部市	253
白鷹山	129
神宮山 しんぐうやま	166

《す》

水行山 すいぎょうやま	17
水晶岳 黒岳 すいしょうだけ	123
須恵の高山	247
菅池山 すがいけやま	237
須加の山	245
すぎおい山 すぎおいやま	281
鋤山 すきやま	139
杉山 すぎやま	275
祐延山 すけのべやま	179
数合山	111
スゴのズコ	113
スゴノ頭 すごのずこ	113
砂山 すなやま	252
スバリ岳 すばりだけ	69
諏訪山 すわやま	10

《せ》

背比べ山	66
瀬戸蔵山 せとくらやま	168
瀬戸谷山 せとだんやま	179
背戸林	139
背戸山 せとやま	141
前剱 ぜんけん	85
千石城山 せんごくじょうやま	152
千丈平山	307
千蔵山 せんぞうやま	13
仙人山 せんにんやま	75
千羽山 せんばやま	259
千歩ケ平	44

《そ》

僧ケ岳 そうがだけ	41
僧馬岳	42
袖ノ谷山 そでのたんやま	219
そで山 そでやま 上市町	160
袖山 そでやま 八尾町	218
其木砂丘	138
園家山 そのけやま	138
そばかど峰 そばかどみね	222
ソバツボ山 そばつぼやま	282
祖父岳 そふだけ	217

《た》

大観峰 だいかんぼう	162
大黒岳 だいこくだけ	39
大師ケ岳 たいしがだけ	240
帝釈岳	96
大乗悟山 だいじょうこさん	191
ダイジロ山 だいじろやま	190
大澤山	189
大日岳 だいにちだけ	88
大日山	89
大明神山 だいみょうじんやま	54

魚津市
大明神山 だいみょうじんやま ……… 226
利賀村・平村
大門山 だいもんざん ……………… 301
鷹打山 たかうちやま ………………… 17
高工山 たかえやま …………………… 18
高落場山 たかおちばやま …………… 276
高尾山 たかおやま …………………… 204
高尾山（金剛堂山） ………………… 220
高倉山 たかくらやま ………………… 45
高坂山 ………………………………… 230
高清水山 たかしょうずやま ………… 275
高杉山 たかすぎやま ………………… 171
高頭山 たかずこやま ………………… 172
高草嶺 たかそうれい ………………… 274
高塚山 ………………………………… 199
高附山 たかつきやま ………………… 279
鷹つぶり山 …………………………… 182
タカツブリ山 たかつぶりやま ……… 281
高坪山 たかつぼやま ………………… 284
高津保理山 …………………………… 200
高津峰山 たかつみねやま …………… 187
鷹ツモリ山 …………………………… 182
高津山 ………………………………… 188
高鶴山 ………………………………… 173
高の山 ………………………………… 218
高場 たかば …………………………… 203
高幡山 たかはたやま ………………… 181
高松山 たかまつやま ………………… 267
高峰 たかみね ………………………… 224
高峰山 たかみねやま ………………… 156
高山 たかやま ………………………… 247
タカンボウ山 たかんぼうやま ……… 290
瀧倉ケ岳 ……………………………… 52
滝倉岳（滝倉山） …………………… 49
滝倉山 たきくらやま ………………… 49
タキノウエヤマ ……………………… 210
滝又山 たきまたやま ………………… 174
竹原山 たけはらやま ………………… 194
岳山 …………………………………… 163
多子津山 たごつやま ………………… 301
蛸頭山 ………………………………… 301
たちやま ……………………………… 94
立山 たてやま ………………………… 94
煙草山 ………………………………… 55
タバコ山 ……………………………… 55
太郎山 たろうやま …………………… 132

《ち》
千垣山 ちがきやま …………………… 165
竹里山 ちくりさん …………………… 236

《つ》
栂谷ノ峯 ……………………………… 67
栂山 …………………………………… 67
月ケ原山 つきがはらやま …………… 302
つくばね山 つくばねやま …………… 278
坪野城山 つぼのじょうやま ………… 145
つりがね山 …………………………… 41
剱御前 つるぎごぜん ………………… 86
剱岳 つるぎだけ ……………………… 82

ツル岳 ………………………………… 66
ツンボリ山 つんぼりやま …………… 269

《て》
寺地山 てらちやま …………………… 178
寺山 …………………………………… 4
天狗平嶺 ……………………………… 104
天狗ノ頭 てんぐのあたま …………… 37
天狗の山 ……………………………… 163
天狗山 てんぐやま 立山町 ………… 104
天狗山 大柏山 ……………………… 159
天狗山 てんぐやま 砺波市 ………… 201
天神山 てんじんやま ………………… 139
天鳥 …………………………………… 203
天鳥山 てんどりやま ………………… 203
天王山 てんのうざん ………………… 283
天ノ又 てんのまた …………………… 306
天摩山 てんまやま …………………… 259

《と》
峠山 とうげのやま …………………… 160
東城山 とうじょうやま ……………… 140
道谷山 どうだんやま ………………… 284
切利山 ………………………………… 96
尖山 とがりやま ……………………… 165
とぎのしま山 とぎのしまやま ……… 279
道口山 どぐちやま …………………… 16
土倉 どくらやま ……………………… 59
戸田峰 とだみね ……………………… 212
朴ノ木山 とちのきやま ……………… 14
栃平山 とちびらやま ………………… 218
突坂山 とっさかやま ………………… 33
ドナシ山 ……………………………… 218
砺波富士 ……………………………… 286
砺波山 となみやま …………………… 263
塔倉山 とのくらやま ………………… 158
土山 どやま …………………………… 266
虎谷山 とらだんやま ………………… 146
鳥ケ尾山 とりがおやま ……………… 171
鳥越山（座主坊山） ………………… 163
鳥越山（大門町） …………………… 188
とんがりやま ………………………… 165
トンビの巣 …………………………… 163
鳶山 とんびやま ……………………… 109

《な》
中尾 なかお 八尾町 ………………… 213
中尾 なかお 福光町 ………………… 287
中大平 ………………………………… 19
長尾山 ながおやま 立山町 ………… 155
長尾山 ながおやま 平村 …………… 274
長倉山 ………………………………… 155
中金剛 なかこんごう ………………… 221
中背山 なかせやま …………………… 37
中大日岳 なかだいにちだけ ………… 88
中嶽 …………………………………… 123
中嶽剣 ………………………………… 123
中谷ノ頭 ……………………………… 15
長栂山 ながつがやま ………………… 5
中剱岳 ………………………………… 123
中ノ俣岳 ……………………………… 134

中山 なかやま 上市町 ……………… 93
中山 なかやま 富山市・婦中町 …… 198
長山 ながやま 八尾町 ……………… 192
長山 ながやま 氷見市 ……………… 236
中ンジャラ なかんじゃら …………… 282
梨谷の山 ……………………………… 283
梨ノ木平山 なしのきたいらやま …… 265
七尾山 ななおやま …………………… 47
七倉岳 ななくらだけ ………………… 72
鍋冠山 なべかむりやま ……………… 157
鍋倉山 なべくらやま ………………… 8
鍋岳 …………………………………… 135
鍋床山 なべとこやま ………………… 285
鍋山 なべやま ………………………… 251
奈良岳 ならだけ ……………………… 306
なるおやま …………………………… 304
鳴沢岳 なるさわだけ ………………… 68
成谷山 なるたんやま ………………… 46
南保富士 なんぽふじ ………………… 11
南保山 なんぽやま …………………… 13

《に》
二王山 におうざん 朝日町 ………… 11
仁王山 におうざん 八尾町 ………… 216
二王平峯 におうぶらみね …………… 12
肉蔵山 にくぞうやま ………………… 153
迯山 にけやま ………………………… 158
濁谷山 にごりだんやま ……………… 60
西大谷山 クズバ山 ………………… 93
西大谷山 にしおおたんやま ………… 94
西笠山 にしかさやま ………………… 180
西鐘釣山 にしかねつりやま ………… 50
西白木峰 ……………………………… 220
西仙人山 ……………………………… 81
虹岳 にじだけ ………………………… 237
西谷ノ頭 にしだんのずこ …………… 51
西山 にしやま 上市町 ……………… 160
西山 にしやま 利賀村 ……………… 225
西山 にしやま 氷見市 ……………… 234
西山 貉城 …………………………… 202
人形山 にんぎょうざん ……………… 296

《ぬ》
布尾山 ぬのおやま …………………… 243
布引山 ぬのびきやま ………………… 67

《ね》
臥牛山 ねうしやま …………………… 28
猫躍場 ………………………………… 32
猫坂山 ねこさかやま ………………… 199
猫坂山（富士屋権現山） …………… 200
猫又山 ねこまたやま 宇奈月町 …… 32
猫又山 ねこまたやま 魚津市・宇奈月町 … 56
鼠尾山 ねずおやま …………………… 182

《の》
野口五郎岳 のぐちごろうだけ ……… 119
のたのお ……………………………… 223
野手高津峰山 のでたかづみねやま 199

《は》

袴腰山　はかまごしやま　……………286
白馬山………………………………253
ハゲ山　はげやま　………………159
鉢ケ岳　はちがだけ　……………26
鉢ケ嶽　……………………………25
鉢ケ嶽山　…………………………27
ハチケ嶽　…………………………26
鉢伏山　はちぶせやま　大山町……170
鉢伏山　はちぶせやま　庄川町……204
鉢伏山　はちぶせやま　高岡市……240
鉢巻山　はちまきやま　…………206
八若山　はちわかやま　…………300
初霞山　……………………………186
八ケ山　はっかやま　……………186
八丁山　はっちょうやま　………281
初雪山　はつゆきやま　……………6
鼻峰　はなみね　…………………193
祖母岳　ばばだけ　………………126
バリカン山　…………………………44
はり木山　はりきやま　…………294
針ノ木岳　はりのきだけ　………69
針ノ木岳（不動岳）　……………116
馬鬣山　ばりょうざん　……………14
春木山　はるきやま　……………294

《ひ》

火打ケ岳　…………………………120
日尾御前山　ひおごぜんやま　……216
日尾双嶺山　ひおぞれやま　………176
飛尾山　ひおやま　………………274
東笠山　ひがしかさやま　………179
東鐘釣山　ひがしかねつりやま　…35
東谷山　ひがしだんやま　………65
東山　ひがしやま　魚津市………139
東山　ひがしやま　氷見市………238
東鷲羽ケ岳　ひがしわしはがだけ　…126
光山　…………………………………7
ヒトカタヤマ　……………………296
火燈山　ひとぼしやま　…………260
樋瀬戸山　ひのせとやま　………279
火箱山　………………………………170
日干山　……………………………43
百貫山　ひゃっかんやま　…………34
鋲ケ岳　びょうがだけ　……………44
ひよどり山　ひよどりやま　……201
平ケ原　ひらがはら　……………261
開木山　ひらきやま　……………141
平尻山　ひらじりやま　…………248
平山　ひらやま　…………………252

《ふ》

瓢山　ふくべやま
富士ノ折立　ふじのおりたて　……99
富士ノ折立岩　……………………99
富士屋現権山　ふじやごんげんやま　200
布施円山　ふせのまるやま　……244
布勢円山　…………………………244
二上山　ふたがみやま　…………241
二子山　ふたこやま　……………175
不動壁山　ふどうかべやま　立山町…164

不動壁山　ふどうかべやま　大山町…173
不動岳　ふどうだけ　……………116
葡萄原　ぶどうはら　……………226
ぶどう原山　………………………143
ブドワラ　…………………………226
フナクボ　…………………………144
船窪岳　ふなくぼだけ　……………73
舟倉御前山　………………………191
ブナクラ岳　…………………………57
船倉ケ岳　……………………………57
船峠ケ嶽　……………………………57
掬倉ケ岳　……………………………57
ブナクラ山　…………………………57
舟平　ふなだいら　…………………19
舟見山　ふなみやま　………………17

《へ》

ヘイドの山　…………………………19
別山　べっさん　……………………96
別山　…………………………………86
別所の山　…………………………140
別荘山　べっそうやま　…………193

《ほ》

宝剣岳　ほうけんだけ　…………308
坊主山　ぼうずやま　………………41
坊主山（北仙人山）　……………74
鉾木山　……………………………198
細島山　ほそじまやま　…………300
細蔵山　ほそぞうやま　……………92
ほたるの清水　……………………159
法華ケ峰　ほっけがみね　………237
仏ケ岳　……………………………42
洞山　ほらやま　…………………210

《ま》

前朝日　まえあさひ　………………23
前医王　まえいおう　……………268
前笈ケ岳　まえおいずるがだけ……306
前金剛　まえこんごう　…………221
前僧ケ岳　まえそうがだけ　………43
前大日岳　まえだいにちだけ　……91
前剣　まえつるぎ　…………………85
前長尾山　まえながおやま　……155
前八乙女山　まえやおとめやま　…258
曲谷　…………………………………54
巻谷　…………………………………59
孫谷　…………………………………45
真砂岳（三ッ岳）　………………118
真砂岳　まさごだけ　立山町………98
真砂岳　まさごだけ　大山町・大町市…120
升方山　ますがたやま　魚津市……145
升形（升方山）　…………………146
升形　ますがたやま　上市町……150
桝形山　ますがたやま　…………231
　　　氷見市・鹿島町
枡形山　（枡山）　…………………264
増山　ますやま　…………………200
枡山　ますやま　…………………264
馬瀬谷山　……………………………28
馬瀬山　………………………………28

松尾の頭　…………………………147
松尾の山　…………………………282
松尾山　……………………………139
松ケ窪　まつがくぼ　……………175
マッキン平　まっきんだいら　……175
松倉城山　まつくらじょうやま　…144
松根城の山　まつねじょうのやま　…265
マナゴが嶽　………………………120
まむし山　…………………………140
間山　まやま　……………………130
丸岡　………………………………290
丸坪　………………………………204
丸坪山　まるつぼやま　…………173
マルツンボリ山　まるつんぼりやま…293
丸山　まるやま　宇奈月町…………19
丸山　まるやま　宇奈月町・白馬村　…35
丸山　まるやま　大山町…………114
丸山　まるやま　立山町……………77
丸山　まるやま　上市町…………160
丸山　まるやま　大門町…………189
丸山　まるやま　井波町…………258
丸山（池田）　まるやま　井口村…258
丸山（大野）　まるやま　井口村…259
丸山　まるやま　福光町・金沢市…280
円山　………………………………139
丸山南峰　まるやまなんぽう………78
丸山北峰　まるやまぼっぽう………78

《み》

御影岳　………………………………66
御影山　みかげやま　……………140
三国山　みくにやま　……………250
見越山　みこしやま　……………305
水尾城山　みずおじょうやま　……146
水須山　みずすやま　……………172
水無山　みずなしやま　…………223
三角山　みすまやま　……………233
三ツカシラ　………………………128
三ケ辻山　みつかつじやま　……294
三ケ峰　みつがみね　……………218
三ケ山　……………………………274
三ツ倉山　みつくらやま　…………45
三ツ岳　みつだけ　………………118
三ツ岳（真砂岳）　………………120
三峰　みつぽ　………………………13
三俣蓮華岳　みつまたれんげだけ　…128
三ツ山　……………………………147
南沢岳　みなみざわだけ　………116
南仙人山　みなみせんにんやま　……75
峰御前　……………………………262
蓑輪の城山　………………………147
宮野山　みやのやま　……………138
茗荷谷山　…………………………161
みょうぶつ　………………………292
妙仏山　……………………………292
御世仏山　みよぶつやま　………292

《む》

向嶽（座主坊富士）　……………163
向かいの山　………………………188
向平　むかいびら　………………222

向山 むかいやま 八尾町 …………198
向山 むかいやま 福岡町 …………248
向山 むかいやま …………………252
　　小矢部市・津幡町（石）
向山（岩長山）……………………295
貉ケ城 むじながしろ ……………202
狢峰 むじなみね …………………196
貉峰（貉ケ城）……………………202
峯山 むねやま ……………………207
室堂山 むろどうやま ……………102

《め》
名剣山 めいけんやま ……………34
夫婦山 めおとやま ………………194
夫婦山女山 めおとやまおんなやま 195

《も》
元取山 もととりやま ……………248
モモアセ山 ももあせやま ………54
桃山 …………………………………141
森石山 もりいしやま ……………28
森田山 もりたやま ………………198

《や》
八乙女山 やおとめやま …………257
焼山 やきやま 小矢部市・津幡町…249
薬師岳 やくしだけ ………………130
焼山 やけやま 朝日町 ……………9
焼山 やけやま 氷見市 ……………232
矢立山 やたてやま ………………263
安居山 やっすいやま ……………260
矢部山 やべやま …………………251
山の神 やまのかみ ………………275
山伏平 やまぶしだいら …………19
鑓ケ岳 やりがだけ ………………36
鎗ケ嶽 ………………………………31
鑓ケ嶽 ………………………………31
槍ケ岳 ………………………………69

《ゆ》
雪倉ケ嶽 ……………………………26
雪倉岳 ゆきくらだけ ……………24
雪見平 ゆきみだいら ……………91
雪持山 ゆきもちやま ……………279

《よ》
ようぜん ……………………………270
横尾城跡 ……………………………14
横岳 よこだけ ……………………181
横根山 よこねやま ………………280
横山（定倉山）……………………7
横山 よこやま ……………………24
与四兵衛山 よしべやま …………169
吉峰山 よしみねやま ……………166
与太郎………………………………162

《ら》
来拝山 らいはいやま ……………155
礼拝殿山……………………………155
頼成山 らんじょうやま …………201

《り》
立志ノ峰 ……………………………16
龍王岳 りゅうおうだけ …………105
りゅうこ峰 りゅうこみね ………219
龍蟠山 ………………………………194

《れ》
蓮華岳 れんげだけ ………………71
蓮花山 ………………………………30

《ろ》
六岳 …………………………………67
六谷山 ろくたんやま ……………182
六方石山……………………………123

《わ》
和佐府ゼッコ わさぶぜっこ ……179
ワシガタケ …………………………240
鷲ケ羽嶽 ……………………………128
鷲岳 わしだけ ……………………108
鷲羽岳 わしばだけ ………………26
輪撫山 わなでやま ………………300
割谷山 わりだんやま ……………175
ワリモ岳 わりもだけ ……………124
ワリモノ岳 …………………………124
割物岳 ………………………………124
割谷の頭 ……………………………60

あとがき

　本書の構想は、およそ15年前。橋本廣らが中心になってまとめた『越中山岳丘陵蒐索』（1986年・富山岳陵研究会刊）にさかのぼる。これは富山県内の山名をひろい出し、標高・所在地などのデータを付した小冊子。480余座をおさめる。その後、数次にわたる加除、修正を経て本書の巻末に付した「富山県山名一覧表」となった。本書の制作はこれにしたがって進められた。その作業中もさらに追加・修正があり、現在山名総数585座。

　本書はかくして、前段の山名採取、その執筆分担、出版準備などは橋本が担当、佐伯は出来上がった原稿の整理などにあたった。編集委員はこれを助けた。

　当初は1999年後半の刊行を目指していたが、不手際が重なり刊行が今になってしまった。この間に20世紀が去り、新しい世紀をむかえる。遅延を深くお詫びするとともに執筆にあたられた各位に改めてお礼申し上げる。

　とりわけ、序文をお願いした廣瀬誠氏には、病身をおして全巻をつぶさに校閲、誤りを正し、不備を指摘された。本書を後代に引き継ぐべき文化遺産としてとらえられてのことと拝察、事の重大さを改めてかみしめさせられる思いであった。

　さて、その上にもなお、山名の選定、その取り扱いに幾多の誤り、不適切があろうと思われる。しかし、誤脱を言うときにさえその基準が必要というもの。言わば、本書のようなものがあればこそそれが指摘され、話題にものぼってこよう。本書のこころみが、やがてより完全なものになるために、そうした声が上がってくるのを待ちたい。

　かえりみれば、20世紀後半の社会構造の変革は、山村の生活と山の文化を直撃、山村の過疎化は雪崩をうつ状況だった。それを思うと、本書の企画が遅きに失した。そのことが悔やまれる。同時にまた、今、不完全ながらその一部をとどめ得たことをよろこびたい。

　なお、類書として本書にさきがけて『日本山名総覧』（武内正著・1999年・白山書房）がある。これは2万5千分の1の地形図にある山名を日本全土にわたって拾い出したもの。18,000余座（うち富山県は259座）をおさめる労作。また、2005年、日本山岳会創立100周年に合わせて『新編日本山岳志』（仮題）の制作が同会において進められている。

　　2001年5月　　　　　　　　　　　　　　　　　　　　　編　者

◆編集委員

赤星正明…富山ハイキングクラブ会員
　　　　　婦中町ねむの木1-22
佐伯郁夫…チロル山の会
　　　　　魚津市佐伯1
佐伯邦夫…魚津岳友会（編集責任者）
　　　　　魚津市大海寺新573
富樫正弘…富山勤労者山岳会
　　　　　上市町湯上野17
橋本　廣…高志山の会（編集責任者）
　　　　　富山市田中町4丁目14-38
林　伯雄…双嶺グループ
　　　　　富山市粟島町3-7-19
山田信明…富山山想会
　　　　　小矢部市下後亟791
湯口康雄…朝日町殿町1961

◆編集協力

池田則章（富山市）・池原等（小杉町）・菊川茂（高岡市）・串田京子（富山市）・佐伯克美（魚津市）・谷村文平（福光町）・前田佳子（富山市）・松井和一（富山市）・山崎富美雄（平村）・吉本道子（富山市）

◆執筆者（50音順）

青江豊二（小杉町）・赤星正明（婦中町）・秋山照生（砺波市）・安宅繁正（富山市）・荒井共信（城端町）・粟野定芳（庄川町）・猪谷守（富山市）・池田則章（富山市）・池原等（小杉町）・石崎悟正（福光町）・伊藤了一（氷見市）・井上澄雄（滑川市）・上野光（富山市）・浦山悟子（婦中町）・江尻政昭（婦中町）・尾井和男（立山町）・大橋雪枝（富山市）・岡本邦夫（立山町）・小原耕造（城端町）・角谷隆光（福光町）・可西美智恵（小矢部市）・粕谷健一郎（富山市）・勝山敏一（新湊市）・川口一民（立山町）・河島博明（高岡市）・川辺須枝子（小杉町）・菊川茂（高岡市）・木谷トモ子（富山市）・串田京子（富山市）・越田勝子（富山市）・小林喜一（魚津市）・佐伯郁夫（魚津市）・佐伯克美（魚津市）・佐伯邦夫（魚津市）・酒井洋子（上市町）・佐藤武彦（立山町）・柴田一彦（高岡市）・柴田健次郎（富山市）・嶋本美智代（富山市）・志水哲也（宇奈月町）・清水正彦（氷見市）・新庄幸作（富山市）・須河隆夫（利賀村）・瀬川富士夫（福光町）・高井充（富山市）・高橋正光（大門町）・高緑喜代助（滑川市）・田子紀一（氷見市）・辰見昭子（富山市）・谷村文平（福光町）・辻信明（小矢部市）・津田清則（細入村）・筒井宏睦（朝日町）・釣賀正明（氷見市）・出口聡美（高岡市）・寺島満寿子（富山市）・土肥幸枝（立山町）・土井唯弘（上市町）・富樫正弘（上市町）・長崎喜一（朝日町）・西川雄策（城端町）・新田川雅好（入善町）・乗山博昭（八尾町）・橋本英司（城端町）・橋本准治（福光町）・橋本廣（富山市）・橋本康雄（舟橋村）・長谷川幹夫（富山市）・林伯雄（富山市）・廣瀬誠（富山市）・福呂況子（福岡町）・福呂道隆（福岡町）・藤田豊久（城端町）・藤森京子（庄川町）・細川一敏（富山市）・細川陽子（富山市）・細川正（上市町）・本多秀雄（大山町）・前沢功（宇奈月町）・前波宏（高岡市）・松井和一（富山市）・松田博紀（富山市）・松村至（富山市）・水上成雄（城端町）・宮崎護（下村）・本谷二三夫（城端町）・森田武夫（富山市）・柳忠志（婦中町）・山崎隆博（上市町）・薮中進（氷見市）・山崎富美雄（平村）・山田信明（小矢部市）・山本憲子（高岡市）・湯口敏明（朝日町）・湯口康雄（朝日町）・吉村猛（富山市）・吉本豊彦（富山市）・吉本道子（富山市）・米倉春子（井波町）・和田健（城端町）

◆執筆者以外の写真提供者

岡田順一・佐竹剛彦・井口洋孝・藤井昭二・富山市郷土博物館・富山県立図書館・立山砂防工事事務所・立山カルデラ砂防博物館

編者紹介

橋本 廣（はしもと・ひろし）

1921年生まれ。富山県山岳連盟元顧問。教職在職中は山岳部の育成に力を注ぐ。かたわら富山県内の中級山岳を踏査紹介。著書に『越中の峠』『北越の山歩き』『山景画集』。編著に『越中の百山』『とやま百川』ほか。近刊予定に『ヒマラヤ・富山県人100年の記録』（仮題）。

佐伯邦夫（さえき・くにお）

1937年生まれ。魚津岳友会会員として、剱岳や毛勝三山などを継続的に登る。かたわら文筆・写真の分野でも活躍。『越中の百山』をはじめ『とやま山歩き』『とやま山紀行』などの刊行にだずさわる。最近刊に写真集『美しき山河』がある。

ISBN4-905564-29-8 C0025 ¥4800E

富山県山名録

2001年6月10日　初版発行
2001年8月1日　第2版発行

定価　4,800円＋税

編　集Ⓒ　橋本　廣・佐伯邦夫
発行者　勝山敏一
発行所　桂書房

〒930-0103　富山市北代3683-11
電話 (076)434-4600　FAX 434-4617
振替　00780-8-167

印刷所　菅野印刷興業株式会社
製本所　株式会社 澁谷文泉閣